21 世纪特殊教育创新教材

主编单位
华东师范大学学前与特殊教育学院
南京特殊教育职业技术学院
华中师范大学教育科学学院
陕西师范大学教育学院
总主编：方俊明
副主编：杜晓新　雷江华　周念丽

学术委员会
主　任：方俊明
副主任：杨广学　孟万金
委　员：方俊明　杨广学　孟万金　邓　猛　杜晓新　赵　微
　　　　刘春玲

编辑委员会
主　任：方俊明
副主任：丁　勇　汪海萍　邓　猛　赵　微
委　员：方俊明　张　婷　赵汤琪　雷江华　邓　猛　朱宗顺
　　　　杜晓新　任颂羔　蒋建荣　胡世红　贺荟中　刘春玲
　　　　赵　微　周念丽　李闻戈　苏雪云　张　旭　李　芳
　　　　李　丹　孙　霞　杨广学　王　辉　王和平

21 世纪特殊教育创新教材·理论与基础系列

主编：杜晓新　　　　　审稿人：杨广学　孟万全

- 特殊教育的哲学基础（华东师范大学：方俊明）
- 特殊教育的医学基础（南京特殊教育职业技术学院：张婷、赵汤琪）
- 融合教育导论（华中师范大学：雷江华）
- 特殊教育学（雷江华、方俊明）
- 特殊儿童心理学（方俊明、雷江华）
- 特殊教育史（浙江师范大学：朱宗顺）
- 特殊教育研究方法（华东师范大学：杜晓新）
- 特殊教育发展模式（纽约市教育局：任颂羔）

21 世纪特殊教育创新教材·发展与教育系列

主编：雷江华　　　　　审稿人：邓　猛　刘春玲

- 视觉障碍儿童的发展与教育（华中师范大学：邓猛）
- 听觉障碍儿童的发展与教育（华东师范大学：贺荟中）
- 智力障碍儿童的发展与教育（华东师范大学：刘春玲）
- 学习困难儿童的发展与教育（陕西师范大学：赵微）
- 自闭症谱系障碍儿童的发展与教育（华东师范大学：周念丽）
- 情绪与行为障碍儿童的发展与教育（广东外语艺术职业学院：李闻戈）
- 超常儿童的发展与教育（华东师范大学：苏雪云；北京联合大学：张旭）

21 世纪特殊教育创新教材·康复与训练系列

主编：周念丽　　　　　审稿人：方俊明　赵　微

- 特殊儿童应用行为分析（天津体育学院：李芳；武汉麟洁健康咨询中心：李丹）
- 特殊儿童的游戏治疗（华东师范大学：周念丽）
- 特殊儿童的美术治疗（南京特殊教育职业技术学院：孙霞）
- 特殊儿童的音乐治疗（南京特殊教育职业技术学院：胡世红）
- 特殊儿童的心理治疗（华东师范大学：杨广学）
- 特殊教育的辅具与康复（南京特殊教育职业技术学院：蒋建荣、王辉）
- 特殊儿童的感觉统合训练（华东师范大学：王和平）

21世纪特殊教育创新教材·发展与教育系列

情绪与行为障碍儿童的发展与教育

李闻戈　编著

北京大学出版社
PEKING UNIVERSITY PRESS

图书在版编目(CIP)数据

情绪与行为障碍儿童的发展与教育／李闻戈编著. —北京： 北京大学出版社，2012.4
(21世纪特殊教育创新教材·发展与教育系列)
ISBN 978-7-301-20415-3

Ⅰ.①情… Ⅱ.①李… Ⅲ.①儿童教育：特殊教育—高等学校—教材 Ⅳ.①G76

中国版本图书馆CIP数据核字（2012）第049179号

书　　　名	情绪与行为障碍儿童的发展与教育
	QINGXU YU XINGWEI ZHANG'AI ERTONG DE FAZHAN YU JIAOYU
著作责任者	李闻戈　编著
丛书主持	李淑方
责任编辑	李淑方
标准书号	ISBN 978-7-301-20415-3
出版发行	北京大学出版社
地　　　址	北京市海淀区成府路205号　100871
网　　　址	http://www.pup.cn　新浪微博：@北京大学出版社
电子信箱	zyl@pup.edu.cn
电　　　话	邮购部 62752015　发行部 62750672　编辑部 62767857
印刷者	三河市博文印刷有限公司
经销者	新华书店
	787毫米×1092毫米　16开本　16印张　390千字
	2012年4月第1版　2023年2月第6次印刷
定　　　价	42.00元

未经许可，不得以任何方式复制或抄袭本书之部分或全部内容。
版权所有，侵权必究
举报电话：010-62752024　电子信箱：fd@pup.pku.edu.cn
图书如有印装质量问题，请与出版部联系，电话：010-62756370

顾明远序

去年国家颁布的《国家中长期教育改革和发展规划纲要》专门辟一章特殊教育，提出："全社会要关心支持特殊教育。"这里的特殊教育主要是指："促进残疾人全面发展、帮助残疾人更好地融入社会。"当然，广义的特殊教育还包括超常儿童与问题儿童的教育。但毕竟残疾人是社会的弱势群体中的弱势人群，他们更需要全社会的关爱。

发展特殊教育（这里专指残疾人教育），首先要对特殊教育有一个认识。所谓特殊教育的特殊，是指这部分受教育者在生理上或者心理上有某种缺陷，阻碍着他们的发展。特殊教育就是要帮助他们排除阻碍他们发展的障碍，使他们得到与普通人一样的发展。残疾人并非所有智能都丧失，只是丧失一部分器官的功能。通过教育我们可以帮助他们弥补缺陷，或者使他们的损伤的器官功能得到部分的恢复，或者培养其他器官的功能来弥补某种器官功能的不足。因此，特殊教育的目的与普通教育的目的是一样的，就是要促进儿童身心健康的发展，只是他们需要更多的爱护和帮助。

至于超常儿童教育则又是另一种特殊教育。超常儿童更应该在普通教育中发现和培养，不能简单地过早地确定哪个儿童是超常的。不能完全相信智力测验。这方面我没有什么经验，只是想说，现在许多家长都认为自己的孩子是天才，从小就超常地培养，结果弄巧成拙，拔苗助长，反而害了孩子。

在特殊教育中要重视自闭症儿童。我国特殊教育更多的是关注伤残儿童，不大关心自闭症儿童。其实他们非常需要采取特殊的方法来矫正自闭症，否则他们长大以后很难融入社会。自闭症不是完全可以治愈的，但早期的鉴别和干预对他们日后的发展很有帮助。国外很关注这些儿童,也有许多经验,值得我们借鉴。

  我在改革开放以后就特别感到特殊教育的重要。早在1979年我担任北京师范大学教育系主任时就筹办了我国第一个特殊教育专业,举办了第一次特殊教育国际会议。但是我个人的专业不是特殊教育,因此只能说是一位门外的倡导者,而不是专家,说不出什么道理来。

  方俊明教授是改革开放后早期的心理学家,后来专门从事特殊教育二十多年,对特殊教育有深入的研究。在我国大力提倡发展特殊教育之今天,组织五十多位专家编写这部"21世纪特殊教育创新教材"丛书,真是恰逢其时,是浇灌特殊教育的及时雨,值得高兴。方俊明教授要我为丛书写几句话,是为序。

中国教育学会理事长
北京师范大学副校长
2011年4月5日于北京求是书屋

沈晓明序

由于专业背景的关系，我长期以来对特殊教育高度关注。在担任上海市教委主任和分管教育卫生的副市长后，我积极倡导"医教结合"，希望通过多学科、多部门精诚合作，全面提升特殊教育的教育教学水平与康复水平。在各方的共同努力下，上海的特殊教育在近年来取得了长足的发展。特殊教育的办学条件不断优化，特殊教育对象的分层不断细化，特殊教育的覆盖面不断扩大，有特殊需要儿童的入学率达到上海历史上的最高水平，特殊教育发展的各项指标均位于全国特殊教育前列。本市中长期教育改革和发展规划纲要，更是把特殊教育列为一项重点任务，提出要让有特殊需要的学生在理解和关爱中成长。

上海特殊教育的成绩来自于各界人士的关心支持，更来自于教育界的辛勤付出。"21世纪特殊教育创新教材"便是华东师范大学领衔，联合四所大学，共同献给中国特殊教育界的一份丰厚的精神礼物。该丛书全篇近600万字，凝聚中国特殊教育界老中青50多名专家三年多的心血，体现出作者们潜心研究、通力合作的精神与建设和谐社会的责任感。本套丛书共22本，分理论与基础、发展与教育、康复与训练三个系列，全方位、多层次地展现了信息化时代特殊教育发展的理念、基本原理和操作方法。丛书选题新颖、结构严谨，拓展了特殊教育的研究范畴，从多学科的角度更新特殊教育的研究范式，让人读后受益良多。

发展特殊教育事业是党和政府坚持以人为本、弘扬人道主义精神和保障人权的重要举措，是促进残障人士全面发展和实现"平等、参与、共享"目标的有效途径。《国家中长期教育改革和发展规划纲要》明确提出，要关心和支持特殊教育，要完善特殊教育体系，要健全特殊教育保障机制。我相信，随着我国经济的发展，教育投入的增加，我国特殊教育的专业队伍会越来越壮大，科研水平会不断地提高，特殊教育的明天将更加灿烂。

沈晓明

上海交通大学医学院教授、博士生导师

世界卫生组织新生儿保健合作中心主任

上海市副市长

2011年3月

丛书总序

特殊教育是面向残疾人和其他有特殊教育需要人群的教育,是国民教育体系的重要组成部分。特殊教育的发展,关系到实现教育公平和保障残疾人受教育的权利。改革和发展我国的特殊教育是全面建设小康社会、促进社会稳定与和谐的一项急迫任务,需要全社会的关心与支持并不断提升学科水平。

半个多世纪以来,由于教育民主思想的渗透以及国际社会的关注,特殊教育已成为世界上发展最快的教育领域之一,它在一定程度上也综合反映出一个国家或地区的政治、经济、文化和国民素质的综合水平,成为衡量社会文明进步程度的重要标志。改革开放30多年来,在党和政府的关心下,我国的特殊教育也得到了前所未有的大发展,进入了我国历史上最好的发展时期。在"医教结合"基础上发展起来的早期教育、随班就读和融合教育正在推广和深化,特殊职业教育和高等教育也有较快的发展,这些都标志着我国特殊教育的发展进入了一个全球化、信息化的时代。

但是,作为一个发展中国家,由于起点低、人口多、各地区发展不均衡,我国特殊教育的整体发展水平与世界上特殊教育比较发达的国家和地区相比,还有一定的差距,存在一些亟待解决的主要问题。例如:如何从狭义的仅以盲、聋、弱智等残疾儿童为主要服务对象的特殊教育逐步转向包括各种行为问题儿童和超常儿童在内的广义的特殊教育;如何通过强有力的特教专项立法来保障特殊儿童接受义务教育的权利,进一步明确各级政府、儿童家长和教育机构的责任,使经费投入、鉴定评估等得到专项法律法规的约束;如何加强对"随班就读"的支持,使融合教育的理念能被普通教育接受并得到充分体现;如何加强对特教师资和相关的专业人员的培养和训练;如何通过跨学科的合作加强相关的基础研究和应用研究,较快地改变目前研究力量薄弱、学科发展和专业人员整体发展水平偏低的状况。

为了迎接当代特殊教育发展的挑战和尽快缩短与发达国家的差距,三年前,我们在北京大学出版社出版意向的鼓舞下,成立了"21世纪特殊教育创新教材"的丛书编辑委员会和学术委员会,集中了国内特殊教育界具有一定教学、科研能力的高级职称或具有本专业博士学位的50多位专业人员共同编写了这套丛书,以此联系我国实际,全面介绍和深入探讨当代特殊教育的发展理念、基本原理和操作方法。丛书分为三个系列,共22本,其中有个人完成的专著,还有多人完成的编著,共约600万字。

理论与基础系列

本系列着重探讨特殊教育的理论与基础。讨论特殊教育的存在和思维的关系,特殊教育的学科性质和任务,特殊教育学与医学、心理学、教育学、教学论等相邻学科的密切关系,力求反映出现代思维方法、相邻学科的发展水平以及融合教育的思想对现代特教发展的影响。本系列特别注重从历史、现实和研究方法的演变等不同角度来探讨当代特殊教育的特点和发展趋势。本系列由以下8种组成：

《特殊教育的哲学基础》《特殊教育的医学基础》《融合教育导论》《特殊教育学》《特殊儿童心理学》《特殊教育史》《特殊教育研究方法》《特殊教育发展模式》。

发展与教育系列

本系列从广义上的特殊教育对象出发，密切联系日常学前教育、学校教育、家庭教育、职业教育和高等教育的实际，对不同类型特殊儿童的发展与教育问题进行了分册论述。着重阐述不同类型儿童的概念、人口比率、身心特征、鉴定评估、课程设置、教育与教学方法等方面的问题。本系列由以下7种组成：

《视觉障碍儿童的发展与教育》《听觉障碍儿童的发展与教育》《智力障碍儿童的发展与教育》《学习困难儿童的发展与教育》《自闭症谱系障碍儿童的发展与教育》《情绪与行为障碍儿童的发展与教育》《超常儿童的发展与教育》。

康复与训练系列

本系列旨在体现"医教结合"的原则，结合中外的各类特殊儿童，尤其是有比较严重的身心发展障碍儿童的治疗、康复和训练的实际案例，系统地介绍了当代对特殊教育中早期鉴别、干预、康复、咨询、治疗、训练教育的原理和方法。本系列偏重于实际操作和应用，由以下7种组成：

《特殊儿童应用行为分析》《特殊儿童的游戏治疗》《特殊儿童的美术治疗》《特殊儿童的音乐治疗》《特殊儿童的心理治疗》《特殊教育的辅具与康复》《特殊儿童的感觉统合训练》。

"21世纪特殊教育创新教材"是目前国内学术界有关特殊教育问题覆盖面最广、内容较丰富、整体功能较强的一套专业丛书。在特殊教育的理论和实践方面，本套丛书比较全面和深刻地反映出了近几十年来特殊教育和相关学科的成果。一方面大量参考了国外和港台地区有关当代特殊教育发展的研究资料；另一方面总结了我国近几十年来，尤其是建立了特殊教育专业硕士、博士点之后的一些交叉学科的实证研究成果，涉及5000多种中英文的参考文献。本套丛书力求贯彻理论和实际相结合的精神，在反映国际上有关特殊教育的前沿研究的同时，也密切结合了我国社会文化的历史和现实，将特殊教育的基本理论、基础理论、儿童发展和实际的教育、教学、咨询、干预、治疗和康复等融为一体，为建立一个具有前瞻性、符合科学发展观、具有中国历史文化特色的特殊教育的学科体系奠定基础。本套丛书在全面介绍和深入探讨当代特殊教育的原理和方法的同时，力求阐明如下几个主要学术观点：

1. 人是生物遗传和"文化遗传"两者结合的产物。生物遗传只是使人变成了生命活体和奠定了形成自我意识的生物基础；"文化遗传"才可能使人真正成为社会的人、高尚的人、成为"万物之灵"，而教育便是实现"文化遗传"的必由之路。特殊教育作为一个联系社会学科和自然学科、理论学科和应用学科的"桥梁学科"，应该集中地反映教育在人的种系发展和个体发展中所发挥的巨大作用。

2. 当代特殊教育的发展是全球化、信息化教育观念的体现，它有力地展现了人类社会发展过程中物质文明与精神文明之间发展的同步性。马克思主义很早就提出了两种生产力的概念，即生活物资的生产和人自身的繁衍。伴随生产力的提高和社会的发展，人类应该有更多的精力和能力来关注自身的繁衍和一系列发展问题，这些问题一方面是通过基因工程来防治和减少疾病,实行科学的优生优育,另一方面是通过优化家庭教育、学校教育和社会教育的环境,来最大限度地增加教育在发挥个体潜能和维护社会安定团结与文明进步等方面的整体功能。

3. 人类由于科学技术的发展、生产能力的提高,已经开始逐步地摆脱了对单纯性、缓慢性的生物进化的依赖,摆脱了因生活必需的物质产品的匮乏和人口繁衍的无度性所造成"弱肉强食"型的生存竞争。人类应该开始积极主动地在物质实体、生命活体、社会成员的大系统中调整自己的位置,更加注重作为一个平等的社会成员在促进人类的科学、民主和进步过程中所应该承担的责任和义务。

4. 特殊教育的发展,尤其是融合教育思想的形成和传播,对整个教育理念、价值观念、教育内容、学习方法和教师教育等问题,提出了全面的挑战。迎接这一挑战的方法只能是充分体现时代精神,在科学发展观的指导下开展深度的教育改革。当代特殊教育的重心不再是消极地过分地局限于单纯的对生理缺陷的补偿,而是在一定补偿的基础上,积极地努力发展有特殊需要儿童的潜能。无论是特殊教育还是普通教育都应该强调培养受教育者积极乐观的人生态度和做人的责任,使其为促进人类社会的进步最大限度地发挥自身的潜能。

5. 当代特殊教育的发展,对未来的教师和教育管理者、相关的专业人员的学识、能力和人格提出了更高的要求。未来的教师和教育管理者、相关的专业人员不仅要做到在教学相长中不断地更新自己的知识,还要具备从事普通教育和特殊教育的能力,具备新时代的人格魅力,从勤奋、好学、与人为善和热爱学生的行为中,自然地展示出对人类未来的美好憧憬和追求。

6. 从历史上来看,东西方之间思维方式和文化底蕴方面的差异,导致对残疾人的态度和特殊教育的理念是大不相同的。西方文化更注重逻辑、理性和实证,从对特殊人群的漠视、抛弃到专项立法和依法治教,从提倡融合教育到专业人才的培养,从支持系统的建立到相关学科的研究,思路是清晰的,但执行是缺乏弹性的,综合效果也不十分理想,过度地依赖法律底线甚至给某些缺乏自制力和公益心的人提供了法律庇护下的利己方便。东方哲学则特别重视人的内心感受、人与自然、人与人之间的协调以及社会的平衡与稳定,但由于封建社会落后的生产力水平和封建专制,特殊教育长期停留在"同情"、"施舍"、"恩赐"、"点缀"、"粉饰太平"的水平,缺乏强有力的稳定的实际支持系统。因此,如何通过中西合璧,结合本国的实际来发展我国的特殊教育,是一个需要深入研究的问题。

7. 当代特殊教育的发展是高科技和远古人文精神的有机结合。与普通教育相比,特殊教育只有200多年的历史,但近半个世纪以来,世界特殊教育发展的广度和深度都令人吃惊。教育理念不断更新,从"关心"到"权益",从"隔离"到"融合",从"障碍补偿"到"潜能开发",从"早期干预"、"个别化教育"到"终身教育"及"计算机网络教学"的推广,等等,这些都充分地体现了对人本身的尊重、对个体差异的认同、对多元文化的欣赏。

本套丛书力求帮助特殊教育工作者和广大特殊儿童的家长:① 进一步认识特殊教育的本质,勇于承担自己应该承担的责任,完成特殊教育从慈善关爱型向义务权益型转化;② 进一步明确特殊教育和普通教育的目标,促进整个国民教育从精英教育向公民教育转化;③ 进一步尊重差异,发展个性,促进特殊教育从隔离教育向融合教育转型;④ 逐步实现特殊教育的专项立法,进一步促进特殊教育从号召型向依法治教的模式转变;⑤ 加强专业人员的培养,进一步促进特殊教育从低水平向高质量的转变;⑥ 加强科学研究,进一步促进特殊教育学科水平的提高。

我们希望本套丛书的出版能对落实我国中长期的教育发展规划起到积极的作用,增加人们对当代特殊教育发展状况的了解,使人们能清醒地认识到我国特殊教育发展所取得的成就、存在的差距、解决的途径和努力的方向,促进中国特殊教育的学科建设和人才培养。在教育价值上进一步体现对人的尊重、对自然的尊重;在教育目标上立足于公民教育;在教育模式上体现出对多元文化和个体差异的认同;在教育方法上本着实事求是的精神因材施教,充分发挥受教育者的潜能,发展受教育者的才智与个性;在教育功能上进一步体现我国社会制度本身的优越性,促进人类的科学与民主、文明与进步。

在本套丛书编写的三年时间里,四个主编单位分别在上海、南京、武汉组织了三次有关特殊教育发展的国际论坛,使我们有机会了解世界特殊教育最新的学科发展状况。在北京大学出版社和主编单位的资助下,丛书编委会分别于2008年2月和2009年3月在南京和上海召开了两次编写工作会议,集体讨论了丛书编写的意图和大纲。为了保证丛书的质量,上海市特殊教育资源中心和华东师范大学特殊教育研究所为本套丛书的编辑出版提供了帮助。

本套丛书的三个系列之间既有内在联系,又有相对独立性。不同系列的著作可作为特殊教育和相关专业的教材,也可供不同层次、不同专业水平和专业需要的教育工作者以及关心特殊儿童的家长等读者阅读和参考。尽管到目前为止,"21世纪特殊教育创新教材"可能是国内学术界有关特殊教育问题研究的内容丰富、整体功能强、在特殊教育的理论和实践方面覆盖面最广的一套丛书,但由于学科发展起点较低,编写时间仓促,作者水平有限,不尽如人意之处甚多,寄望更年轻的学者能有机会在本套丛书今后的修订中对之逐步改进和完善。

本套丛书从策划到正式出版,始终得到北京大学出版社教育出版中心主任周雁翎和责任编辑李淑方、华东师范大学学前教育学院党委书记兼上海特殊教育发展资源中心主任汪海萍、南京特殊教育职业技术学院院长丁勇、华中师范大学教育科学学院院长邓猛、陕西师范大学教育科学学院副院长赵微等主编单位领导和参加编写全体同仁的关心和支持,在此由衷地表示感谢。

最后,特别感谢丛书付印之前,中国教育学会理事长、北京师范大学副校长顾明远教授和上海市副市长、上海交通大学医学院教授沈晓明在百忙中为丛书写序,对如何突出残疾人的教育,如何进行"医教结合",如何贯彻《国家中长期教育改革和发展规划纲要》等问题提出了指导性的意见,给我们极大的鼓励和鞭策。

"21世纪特殊教育创新教材"

编写委员会

(方俊明执笔)

2011年3月12日

前　言

人们对盲、聋、智障、身体残疾与病弱等"残疾儿童",常常会充满了同情与怜悯,并主动地帮助他们克服由于身心障碍带来的重重困难。但是,大多数人初次面对一些有情绪与行为障碍的"问题儿童",无论是外向型(例如:校园暴力、不服管教、打架、说谎、抽烟、滥用药物、网瘾、恐吓勒索、逃学、离家出走、偷窃、暴虐、参加不良组织、沉溺于不良娱乐)还是内向型(例如:退缩自卑、抑郁、强迫症、人际交往障碍、厌学、青春期焦虑、习得性无助感、学业成就低)的儿童时,常会因其身体健全、头脑不笨却不行正道而"怒其不争",充满了指责和怨恨。另外,对于一些儿童日常生活中表现出的情绪与行为障碍问题(例如:神经性厌食症、贪食症、异食癖、排泄障碍、睡眠障碍)则很少给予足够的重视、关心和帮助。

其实,许多儿童在发展过程中都有可能出现以上种种情绪与行为障碍,这也是一种正常现象。多年来,我在和他们接触及研究的过程中深深地感到,每一个有情绪与行为障碍的"问题儿童"的形成都存在着各种复杂的原因,童年的不良经验,问题父母、问题家庭和问题社会等因素纠结在一起相互作用,形成一种合力和恶性循环。如果,我们能对他们进行必要的理解、信任、尊重、期望与教育,及时地纠正他们头脑中的"思维缺失"和"认知偏差",培养他们的责任感和自控能力,我相信就有可能打破他们个体发展与不良环境之间的非良性循环,启动相互促进的良性循环,绝大多数有情绪与行为障碍的特殊儿童也会和普通孩子一样走上正常的发展轨道。

作为一名特殊教育工作者,一方面要从群体和个体的不同角度深入地认识和了解他们,找出导致他们情绪与行为障碍的根本原因,更多地发现他们的优点和长处,帮助他们克服障碍、发挥积极作用;另一方面,又要清醒地认识到,"问题儿童"所面临的障碍有相当一部分是来自他人的成见、歧视和复杂的人文社会环境。因此,从事特殊教育的教师,应该尽可能地用平常的眼光和心态来看待这些有情绪与行为障碍的儿童,并诚恳热情地对待他们,用自己的言行获得他们的信任和尊重。当你找到了他们发展障碍的症结所在,发现他们身上的长处,并能有效地帮助他们克服障碍时,你会从他们的改变中感受到"浪子回头金不换"的欣慰。因为,每一个有严重情绪与行为问题儿童的转变,都会为整个人类社会进步和发展增添了一份稳定和安宁。

本书的撰写过程浸透着导师方俊明教授的鼓励和帮助。北京大学出版社李淑方老师诚恳、负责的工作作风令我十分感动。书中有不少粗糙和不妥之处,万望读者能批评和指正。

李闻戈

2011年3月20日于广州

目 录

顾明远序 ······(1)
沈晓明序 ······(1)
丛书总序 ······(1)
前　言 ······(1)

第1章　情绪与行为障碍儿童的概述 ······(1)
　第1节　情绪与行为障碍儿童的定义和特征 ······(1)
　　一、定义 ······(1)
　　二、特征 ······(4)
　　三、出现率 ······(6)
　第2节　情绪与行为障碍儿童教育的发展 ······(8)
　　一、儿童精神病院和收容所 ······(9)
　　二、流浪儿收容所 ······(9)
　　三、工读学校与青少年教养所 ······(9)
　　四、多元融合教育的发展 ······(15)
　第3节　情绪与行为障碍儿童的分类与障碍类型 ······(16)
　　一、分类 ······(16)
　　二、常见的儿童情绪与行为障碍的类型 ······(17)

第2章　情绪与行为障碍儿童教育的理论与评估 ······(21)
　第1节　情绪与行为障碍儿童的成因与教育理论 ······(21)
　　一、生物学理论和生理因素 ······(21)
　　二、心理学理论与心理因素 ······(23)
　　三、社会学理论与社会因素 ······(25)
　第2节　情绪与行为障碍儿童的评估与鉴定 ······(28)
　　一、评估鉴定过程 ······(28)
　　二、评估内容 ······(32)
　　三、评估工具 ······(34)
　　四、早期发现与评估 ······(40)
　　五、早期教育干预 ······(41)

第3章　多动症障碍儿童的发展与教育 ······(47)
　第1节　多动症障碍儿童的概述 ······(47)
　　一、多动症障碍的概念 ······(48)
　　二、多动症障碍儿童的类型和特征 ······(48)
　　三、多动症障碍儿童的自我控制 ······(50)
　　四、多动症障碍带来的负面影响和积极特征 ······(50)

第 2 节　多动症障碍儿童的成因 ……………………………………………… (51)
　　一、生物学因素 …………………………………………………………… (51)
　　二、环境因素 ……………………………………………………………… (52)
第 3 节　多动症障碍儿童的鉴定与发生率 …………………………………… (52)
　　一、多动症障碍的鉴定与评估 …………………………………………… (52)
　　二、多动症障碍儿童的比率 ……………………………………………… (55)
第 4 节　多动症障碍儿童的治疗和教育 ……………………………………… (55)
　　一、药物治疗 ……………………………………………………………… (56)
　　二、饮食治疗 ……………………………………………………………… (56)
　　三、行为的矫治 …………………………………………………………… (57)
　　四、教育干预 ……………………………………………………………… (58)

第 4 章　焦虑症、恐惧症、抑郁症和社交恐惧症儿童的发展与教育 ………… (62)
第 1 节　焦虑症、恐惧症儿童的发展与教育 ………………………………… (62)
　　一、焦虑与恐惧的概述 …………………………………………………… (62)
　　二、儿童焦虑症、恐惧症的特点 ………………………………………… (63)
　　三、儿童焦虑症、恐惧症的成因 ………………………………………… (64)
　　四、儿童焦虑症和恐惧症的教育干预 …………………………………… (66)
第 2 节　抑郁症儿童的发展与教育 …………………………………………… (67)
　　一、抑郁症的含义和表现 ………………………………………………… (68)
　　二、儿童抑郁症的诊断 …………………………………………………… (69)
　　三、产生抑郁症的原因 …………………………………………………… (70)
　　四、抑郁症的治疗和教育干预 …………………………………………… (72)
第 3 节　社交恐惧症儿童的发展与教育 ……………………………………… (77)
　　一、儿童社交恐惧症的含义和表现 ……………………………………… (77)
　　二、儿童社交恐惧症的诊断 ……………………………………………… (79)
　　三、儿童社交恐惧症的成因 ……………………………………………… (79)
　　四、儿童社交恐惧症治疗和教育干预 …………………………………… (80)

第 5 章　生活性情绪与行为障碍儿童的发展与教育 ………………………… (84)
第 1 节　进食障碍儿童的治疗与教育 ………………………………………… (84)
　　一、神经性厌食症 ………………………………………………………… (85)
　　二、神经性贪食症 ………………………………………………………… (88)
　　三、肥胖 …………………………………………………………………… (92)
　　四、儿童异食癖 …………………………………………………………… (94)
第 2 节　儿童排泄障碍的治疗与教育 ………………………………………… (96)
　　一、儿童遗尿症 …………………………………………………………… (96)
　　二、儿童遗便症 …………………………………………………………… (100)
　　三、神经性尿频症 ………………………………………………………… (101)
第 3 节　儿童睡眠障碍的治疗与教育 ………………………………………… (102)
　　一、儿童睡眠障碍的概述 ………………………………………………… (103)

第6章 攻击性行为儿童的发展与教育 ···································· (109)
第1节 攻击性行为的概述 ···································· (109)
一、攻击性行为的定义 ···································· (109)
二、攻击性行为的分类 ···································· (110)
第2节 产生攻击性行为的原因 ···································· (111)
一、生物因素 ···································· (111)
二、社会环境因素 ···································· (113)
三、社会认知因素 ···································· (118)
第3节 攻击性行为的教育干预 ···································· (123)
一、教育干预模式的理论依据 ···································· (123)
二、攻击性行为儿童的干预模式 ···································· (124)
三、干预内容 ···································· (127)
四、干预过程中应注意的问题 ···································· (130)

第7章 网络成瘾儿童不良行为的矫正 ···································· (136)
第1节 网络成瘾的概述 ···································· (136)
一、网络成瘾的概念 ···································· (136)
二、网络成瘾的分类 ···································· (138)
三、网络成瘾的检出率 ···································· (139)
第2节 网络成瘾的表现和产生的不良影响 ···································· (140)
一、网络成瘾对儿童身体的损害 ···································· (141)
二、网络成瘾对儿童心理的损害 ···································· (142)
三、网络成瘾导致社会性功能受损 ···································· (144)
四、网络成瘾的社会危害 ···································· (146)
第3节 网络成瘾的诊断与评估 ···································· (147)
一、金伯利·扬的网络成瘾诊断标准 ···································· (147)
二、美国心理学会的网络成瘾诊断标准 ···································· (149)
三、陈淑惠的网络成瘾诊断标准 ···································· (149)
第4节 网络成瘾的戒除 ···································· (150)
一、网络成瘾干预的误区 ···································· (151)
二、网络成瘾"五位一体"的干预模式 ···································· (152)
三、网络成瘾的治疗方式 ···································· (155)

第8章 创伤后情绪与行为障碍儿童的辅导与教育 ···································· (161)
第1节 儿童创伤后情绪与行为障碍概述 ···································· (161)
一、创伤后情绪与行为障碍的定义 ···································· (161)
二、创伤后情绪与行为障碍的特点 ···································· (162)
三、创伤后情绪与行为障碍的检出率 ···································· (163)
第2节 创伤后情绪与行为障碍儿童的行为特征与评估 ···································· (164)
一、不同年龄段儿童创伤后情绪与行为障碍的表现 ···································· (164)
二、儿童创伤后情绪与行为障碍的诊断与评估 ···································· (165)

第3节 创伤后情绪与行为障碍儿童的心理辅导与教育干预 ……………… (167)
　　一、创伤后情绪与行为障碍儿童心理辅导概述 …………………………… (167)
　　二、创伤后儿童心理辅导的内容和方法 …………………………………… (169)
　　三、儿童创伤后情绪与行为障碍干预的层次与实施 ……………………… (174)

附录　工读生攻击性行为的社会认知的实验研究 …………………………… (178)
第1节 攻击性行为外显和内隐社会认知特点的实验研究 ………………… (178)
　　一、实验设计 ………………………………………………………………… (178)
　　二、实验结果与分析 ………………………………………………………… (180)
　　三、讨论与结论 ……………………………………………………………… (182)
第2节 攻击性行为情绪状况的实验研究 …………………………………… (185)
　　一、实验设计 ………………………………………………………………… (185)
　　二、实验结果与分析 ………………………………………………………… (186)
　　三、讨论与结论 ……………………………………………………………… (188)
第3节 攻击性行为归因方式的研究 ………………………………………… (190)
　　一、研究设计 ………………………………………………………………… (190)
　　二、结果与分析 ……………………………………………………………… (191)
　　三、讨论与结论 ……………………………………………………………… (192)
第4节 攻击性行为环境线索发生变化后的信息识别 ……………………… (196)
　　一、研究设计 ………………………………………………………………… (196)
　　二、结果与分析 ……………………………………………………………… (197)
　　三、讨论与结论 ……………………………………………………………… (199)
第5节 攻击性行为问题的解决 ……………………………………………… (203)
　　一、研究设计 ………………………………………………………………… (203)
　　二、结果示例 ………………………………………………………………… (204)
　　三、讨论与结论 ……………………………………………………………… (208)
第6节 攻击性行为的自我效能感和行为反应后果的评估 ………………… (209)
　　一、研究设计 ………………………………………………………………… (209)
　　二、结果与分析 ……………………………………………………………… (212)
　　三、讨论与结论 ……………………………………………………………… (214)
第7节 工读生攻击性行为社会认知偏差及其影响因素 …………………… (215)
　　一、工读生在攻击性行为社会认知方面明显不同于普通生 ……………… (216)
　　二、工读生攻击性行为社会认知偏差的影响因素 ………………………… (218)

参考文献 ………………………………………………………………………… (228)

第1章　情绪与行为障碍儿童的概述

1. 掌握情绪与行为障碍儿童的定义和主要特征。
2. 了解情绪与行为障碍儿童教育发展阶段和发展趋势。
3. 了解情绪与行为障碍儿童的分类标准和主要类型。

第1节　情绪与行为障碍儿童的定义和特征

大多数儿童的童年是在玩耍、学习和交友的美好时光中度过的,生活对于他们来说充满了阳光和希望。但也有些儿童却生活在持续的情绪紊乱和行为不当的混乱状态中,生活就像灰暗的天空、翻滚的乌云,像没有绿叶的孤树、墙角下低垂的小花,充满着悲哀、沮丧、孤独和无助。有些少年,因为攻击和伤害他人,给社会、他人和自己都造成了灾难性的后果;有些儿童长期生活在自我封闭的世界里,因过于害羞和畏缩,不会与别人玩耍和交流,他们很少获得别人(包括同伴、老师、兄弟姐妹和父母)的赞许和喜爱,甚至于自己也不能接纳自己。他们甚至对世界和他人充满着敌意和不信任,善意的帮助也会遭到他们的拒绝,有时甚至会遭到他们的反唇相讥和人身攻击。这些儿童便是有情绪与行为障碍的儿童,虽然他们中的大多数人心智和身体都很健全,但由于紊乱的情绪和不当的行为,造成了他们严重的适应障碍①,因此需要通过特殊教育予以矫正和帮助。

一、定义

从20世纪60年代开始,特殊教育界开始采用不同的名称和术语来描述有情绪与行为障碍的儿童,有的将他们称为社会适应不良儿童(socially maladjusted children)、行为失调儿童(behavior disorder children),有的则将他们称为严重的情绪困扰儿童(seriously emotion disturbed children),有的将他们简称为有严重情绪困扰的问题儿童(problem children)。这些儿童的共同特点是,他们在没有智力障碍和精神失常的情况下,情绪与行为表现显著地异于常态,违背社会要求及社会评价,妨碍个人对正常社会生活的适应。这些表现不仅影响他们的社会适应和人际交往,甚至产生危害他人、危害集体、危害社会的行为倾向。②

对于情绪与行为障碍儿童,目前国内外并未有一个统一而严格的定义,已有的定义大多

---

① William L. Heward. 特殊需要儿童教育导论(第八版)[M]. 肖非,等译. 北京:中国轻工业出版社,2007:199.
② 朴永馨. 特殊教育学[M]. 福州:福建教育出版社,1997:224.

只是进行一些描述性的界定。有的将情绪障碍与行为障碍分开,分别下定义。有的则从医学的角度,认为这是一种心理疾病,有的从教育学的角度,认为这是一种可矫正的情绪不稳和行为不良。近十余年来,人们越来越重视从教育的角度来认识、矫治有情绪与行为障碍的儿童,强调发挥他们的潜能并体现可教育性。

关于情绪与行为障碍的定义有很多,在美国有两个最具影响的界定:一个是美国的《所有残疾儿童教育法》的定义,另一个是由专业团体——"情绪与行为障碍研究理事会"提出的定义。

(一) 美国《所有残疾儿童教育法》的定义

美国《所有残疾儿童教育法》(The Individuals with Disabilities Education Act,简称 IDEA)对特殊儿童的分类中将他们简称为有严重的情绪困扰的问题儿童(problem children)或情绪障碍儿童,并作了如下描述和概括:

情绪障碍儿童可能具备以下一种或者多种特征,并持续较长的时间,程度较为严重,已对学生的学业和生活产生了不利的影响。

(1) 既不是由智力、感官残疾,也不是由其他健康条件引起的学习低能。
(2) 不能与同龄人、伙伴、家长、教师建立或维持令人满意的人际关系。
(3) 在正常的环境条件下,也会出现过度的情绪困扰和令人难以接受的行为方式。
(4) 长期伴有不愉快的心境和抑郁、沮丧、压抑感。
(5) 在个人和学校的生活中遇到困难时,有出现生理症状或恐惧的倾向。

上述描述特别强调了如下三种情况:一是长时间的情绪与行为异常;二是达到一定的严重性;三是学校适应困难,学业不良。在儿童发展的某一阶段,尤其是在几个逆反期里,大多数儿童都有可能和他们的父母、老师或朋友由于种种原因发生冲突,也可能学习成绩不佳,但不能把他们都看成是情绪与行为障碍儿童。换言之,情绪与行为障碍儿童和偶尔有任性、胆小和打架等行为问题儿童之间应该做严格的区分。由于教师和家长对这类学生行为的容忍度和期望值都不同,这导致对情绪与行为障碍的学生的界定有一些困难。

美国《所有残疾儿童教育法》的概括,来源于 50 多年前在洛杉矶郡县学校的伊莱鲍尔(Eli Bower,1960)所做的一项研究。他从来就没有区分过情绪障碍和社会适应不良之间的异同。定义虽然描述了情绪与行为障碍儿童的主要特征,但对这类儿童和青少年的不良社会行为强调不够。这使得很多学校认为他们仅是一般的纪律问题,而被排除在特殊教育之外(Formess & Kavale,2000)。因此,更多专家更倾向于使用情绪与行为障碍这个定义。

(二) 美国行为障碍儿童研究理事会的定义

为了更明确界定这类儿童,美国行为障碍儿童研究理事会(Council for Children with Behavior Disorder,简称 CCBD,1989)采用了情绪与行为障碍这个新的定义并相继被国家精神卫生和特殊教育联盟(由 30 个教育、精神卫生和儿童拥护组织组成)所采纳,最后提交到美国国会,作为《所有残疾儿童教育法》替代重度情绪障碍的定义。

CCBD 对情绪与行为障碍的界定如下:

(1) 这种情绪与行为障碍表现出以下一些症状:① 在学校日常生活中的情绪与行为反应与同龄人的平均水平,以及同一文化背景、同一种族平均水平相比差异很大,而且这种反应对学习成绩、社会适应、职业技能和个人技能的发展都有极为不利的影响;② 对周围环境中有压力的事件,表现出非暂时性的过激反应;③ 在两种不同的环境中表现出一致的障碍,至少其中之一是在学校;④ 对普通教育的直接干预反应效果很差。或者说普通教育对这类学生的干预是非常不充分的。

（2）情绪与行为障碍可能与其他几方面的障碍并存。

（3）情绪与行为障碍可能伴随精神分裂症、情绪失调、焦虑症,其他行为或者适应方面相类似的失调。如果这种失调影响到儿童的学业表现,就会影响到儿童的全面发展(Federal Register,February 10,1993,p.7938)。

CCBD 的定义是直接针对儿童在学校中行为的界定,着重阐明情绪与行为障碍儿童的教育难度。这一定义认定所谓情绪与行为障碍是与适当年龄、种族和文化标准下的行为相比而言的。因此,这个定义也增加了早期鉴定和干预的可能性(Mcintype & Formess,1996)。更重要的是,它肯定了情绪紊乱和行为异常的相对稳定性和一致性。正如弗莫斯(Formess)等人所指出的,没有要求人们"在社会和情绪适应不良之间做无意义的区分,当严重的问题已经明显存在时,这种区分只会浪费诊疗资源"(Formess & Kavale,2000)。[①]

1988 年,我国台湾地区新制定的《身心障碍暨资质优异鉴定原则鉴定基准》将严重情绪障碍定义为:"指长期情绪与行为反应显著异常,严重影响生活适应者,其障碍并非智能、感官或者健康等因素直接造成之结果。"[②]这一界定也进一步从持续时间、严重性和起因三个维度说明了这类儿童的特点。

根据上述界定和我国的社会文化背景,我们认为情绪与行为障碍儿童和青少年是那些有长期的情绪困扰和有不良行为习惯的儿童和青少年。他们在家庭里经常和父母吵闹、欺负弟妹,在学校里屡受批评和纪律处分,在社会上严重违反公共秩序、打架斗殴成性,甚至染上如吸毒、偷窃、赌博等不良习性。

在特殊教育界,社会适应不良的儿童是否符合接受特殊教育以及相关的服务的条件,同样是一个颇有争议的问题。例如,在美国精神健康和特殊教育联合会(Mental Health and Special Education Committee,简称 MHSEC)的文件中指出情绪与行为障碍儿童包括社会适应不良的学生。而在《所有残疾人教育法案》中却不包括这类学生。有的人认为,将社会适应不良儿童纳入特殊教育的范畴,将会使特殊教育"不堪重负",但越来越多的人认为,不能把他们排斥在学校之外,如果能给予这类儿童一定的教育和帮助,他们中的一部分完全有可能成为良好的社会公民。

此外,不仅在有关情绪与行为障碍的定义和是否属于特殊教育的对象等问题上,有过很多争论,在社会适应失调是否属于情绪与行为障碍的问题上,同样有一些复杂的争论。例如,在美国的一些州,行为障碍被认为是社会适应不良,而不是情绪与行为障碍。一些研究者认为,应该为那些有情绪与行为障碍的儿童提供一些支持,因为这类儿童"被认为是他们自身情绪与行为障碍的受害者和牺牲品"。但是,对那些被认为有反社会行为和社会适应不良的学生,由于他们身上表现出令人厌恶的、不适应的行为方式则应该"毫不掩饰地用控制、

---

① William L. Heward. 特殊需要儿童教育导论(第八版)[M]. 肖非,等译. 北京:中国轻工业出版社,2007:200-201.

② 顾定倩. 特殊教育导论[M]. 大连:辽宁师范大学出版社,2001:167.

遏制或者惩罚的方式来对待他们。"(Walker,Stieber & O'Neal,1990,p.62)。

(三) 我国对情绪与行为障碍儿童的界定

我国对情绪与行为障碍儿童的界定多从人格障碍出发,也参照了美国和苏联的界定,从情绪与行为两者之间的关系来讲,更倾向于从行为的外在表现来进行界定。例如,由朴永馨主编的《特殊教育词典》中对行为障碍(Behavior disorders)的界定是:"主要发生在儿童及少年期的行为偏离。主要表现有:① 不良行为动作。如吮吸手指或衣物、咬指(趾)甲或其他物品、手淫、拔头发等;② 退缩行为。表现出胆小、害怕、孤独、退缩、不愿到陌生的环境中去,也不愿与其他儿童交往,常一人独处,与玩具相伴,但没有精神异常;③ 生理心理性行为异常。如遗尿症、遗粪症(4~5岁后仍不能控制大小便)、厌食、夜惊、噩梦、口吃等;④ 习惯性品行问题或违法行为;如经常说谎、逃学、偷窃、打架、破坏财物等。其原因与个体素质、环境和社会影响,特别是家庭教养方式有关,宜早期发现,进行心理治疗和教育矫正,必要时需辅以药物治疗。"①

在现实生活中,有情绪与行为障碍儿童的表现往往是异质性的,形成原因也是多种多样的,但他们每个人都有不同的潜能和需求。在日常生活中,也有一部分情绪与行为障碍儿童,可能因为未干扰到他们的学业成绩,而没有被鉴别出来。比如一个恐高症患者,就可能不需要接受特殊教育服务,但一个上学恐惧症的学生,可能会被认为需要接受必要的特殊教育服务。

二、特征

尽管对情绪与行为障碍儿童的界定颇有争议,但他们的主要行为特征却是比较明显的。主要表现在其行为表现大幅度地落后于与他们文化和年龄相匹配的群体。通常表现为两个维度和两个方面:两个维度是指外倾型和内倾型,两个方面是学业方面和人际交往方面。

(一) 外倾型情绪与行为障碍儿童的特征

外倾型情绪与行为障碍儿童最常见的行为方式。通常表现为固执,好斗,爱挑衅,也包括了反社会行为,也被描述为对抗挑衅型行为障碍(Walk et al,1995),这类儿童在学校的表现通常是:

(1) 打架斗殴,甚至于打群架。反复地出现攻击性行为。

(2) 经常表现出冲动和缺乏自控的行为,喜欢乱喊乱叫、无理取闹、爱发脾气和抱怨。

(3) 用言语或武力的方式胁迫同伴、欺负弱小同学,阻碍了良好的人际关系的发展和维持,因而常被排除在同伴活动之外。

(4) 逃避要求或任务,经常说谎、强词夺理、争辩、不服从命令,不听从教师的教导,对纠错没有反应。

(5) 无视组织纪律、损坏公物、有偷盗之类的不良行为和反社会行为。

(6) 学习态度很不认真、不完成作业、学习成绩差。

有外倾型行为特征的学生,和其他有情绪与行为障碍的学生有所不同,他们会扰乱教学和整个课堂秩序,影响教师上课的情绪(Rubin,Chen,McDouGall,Bowker & McKinnon,

---

① 朴永馨.特殊教育词典[M].北京:华夏出版社,1996:264

1995)。

美国心理学家如特(Rutter,1976)认为,这些孩子随着时间的推移,会慢慢成长为正常的成人,这种乐观的观点用在部分有退缩、畏惧心理和语言障碍的孩子身上也许比较合理,但研究表明,对于那些一贯有攻击性、强迫症、反社会以及过失行为的孩子来说,却并非如此(Pattereson,Cipaldi Bank,1991;Trembley,2000; Wahler & Dumas,1986)。很多教育工作者指出,那种认为随着年龄的增长,学前儿童能自己从这种反社会行为的状态中走出来的假想是非常危险的,它会导致教育工作者们在问题可以被有效解决时,没有及时采取相应的措施及早地进行干预(Walker,Colvin & Ramsey,1995,p.47)。

儿童发展早期表现出的反社会行为,是青少年时期出现过失犯罪行为的一个最好的预测。早期表现出反社会行为倾向的儿童,随着年龄的增长不会有所变化,相反,这种不好的行为模式如果得不到纠正在小学和中学会进一步发展,会给自身和他人带来灾难性的后果。有很长攻击性行为史的儿童在进入青春期后,很容易发生辍学、被拘留监禁、滥用毒品和酗酒、过早开始成人生活以及过早死亡等。情绪与行为障碍学生是正常学生在学校活动中被拘留频率的13.3倍(Doren,Bullis & Benz,1996a),58%的情绪与行为障碍的学生在高中毕业后5年内会被拘留(Chesapeake Institute,1994)。[①]

(二) 内倾型情绪与行为障碍儿童的特征

内倾型情绪与行为障碍儿童的明显表现是社会性退缩、沮丧、自卑和焦虑,甚至陷入深度的抑郁。有些人毫无理由地恐惧外物,经常性地抱怨身体不舒服或有病,他们较少表现出困扰和强制性行为(Milby & Weber,1991),缺乏和别人交往、参与娱乐的社会技能,很少和别人说话,或者参加一些游戏活动,常陷入白日梦和幻想之中。很明显,这些行为限制了儿童参与学校生活和业余活动,以及学习知识的机会。在日常生活中,内倾型情绪与行为障碍儿童通常表现为:

(1) 经常表现出忧伤、沮丧和无价值感。
(2) 经常出现幻觉和无法使思维摆脱某种错误的观念和情景。
(3) 无法克制自己停止一些重复的和无用的行为。
(4) 喜怒无常,在某种情境下经常表现出怪异的情感。
(5) 由于恐惧或焦虑,经常伴随头疼或其他身心疾病(例如:胃疼、恶心、头晕呕吐等)。
(6) 曾有过自杀的想法和言谈,过分关注死亡。
(7) 对学习和其他一切活动兴趣很低,多半学业不良。
(8) 常被同伴忽视或拒绝,或遭受过分的嘲笑,攻击和欺辱,但反抗性差。

内倾型情绪与行为障碍儿童尽管不像外倾型情绪与行为障碍儿童那样对他人造成威胁,但他们会对自身的发展造成严重的障碍。儿童早期所表现出的社会性退缩行为的水平,会帮助预测出他将来表现出的低自尊和孤独情绪(Rubin et al,1995)。内倾型情绪与行为障碍的儿童,如果早期没有及时采取有效的教育干预措施,不仅会引起学业上的广泛性落后,甚至会药物滥用、酗酒、自我伤害,严重者会表现出自杀行为。

---

① William L. Heward. 特殊需要儿童教育导论(第八版)[M]. 肖非,等译. 北京:中国轻工业出版社,2007:201-202.

（三）学业成绩

美国特殊教育领域相关的研究认为,大多数被鉴定为有情绪与行为障碍的儿童,从小学开始在学业成绩水平上就表现出低于同龄儿童1年或1年以上,其中,有些儿童在阅读和数学方面都有明显的学习困难,大部分至少会遇到一种确定的学习障碍(Richards,Symons,Greene & Szuszkiewicz,1995;Cullinan,2002)。与有其他障碍类型的学生相比,这些学生不及格的课程更多,缺勤率最高,经常留级,只有20%～25%的学生能取得高中毕业证书,50%以上的学生在毕业之前就辍学。相比之下,有50%的残疾学生和76%的来自正常群体的青年人能顺利从高中毕业。情绪与行为障碍学生的破坏和对抗行为"经常导致学业上的失败,进而导致他们将来产生反社会行为"(Hellenbeck & Kauffman,1995,p.64)。

也有些研究结果表明,有的情绪与行为障碍儿童的智商在通常情况下比正常儿童要低。但也有一部分学生是资质优异儿童(Cullinan,Epstein & Saborne,1992;Duncan,Forness & Hartsough,1995)。情绪与行为障碍儿童是否比正常儿童智力低下,还很难定论,但可以肯定的是,他们不适当的行为会导致学业不良。更多的研究却认为,很多情绪与行为障碍儿童学业不良与智商没有直接的关系,而主要是由于学习态度不端正、学习目的不明确、学习方法不得当、学习基础不好等方面的原因造成的。正如罗德(Rhode,1998)等人的研究指出,正常儿童大约用85%的时间积极完成老师布置的学习任务,但情绪与行为障碍儿童只会用60%或者更少的时间进行学习,因此,对学习成就有巨大的影响。[①]

（四）社会技能和人际关系

在儿童发展过程中,是否有能力建立和维持良好的人际关系,是对将来适应性的一个重要的预测指标。多项研究都显示情绪与行为障碍儿童比正常的同龄人更少对他人有同情心,更少参与课程活动,更少与朋友联系,因此也很难建立起高质量的友谊。有外倾型情绪与行为障碍的儿童,常因不遵守规章制度,违反课堂纪律等不良行为表现反过来影响他们与教师和同伴之间的关系。[②] 当然,也有部分有外倾行为特征的学生,偶尔也会得到同伴的接纳,但由于他们缺乏同情心,也很难建立和发展与同伴间的友谊。

沃克和布力(H.M.Walker & Bullis,1991)认为有内倾型情绪与行为障碍的儿童,经常表现出一些退缩和消极的行为,逃避与教师和同伴之间的人际交往,不经常参与学校的各类活动。由于缺乏发展和保持友谊的社会交往技巧,通常在学校的社会地位比较低,常常成为别人嘲笑和欺负的对象。

三、出现率

由于国内外对情绪与行为障碍的评价标准不尽相同,所以情绪与行为障碍儿童的出现率也是一个不确定的问题。

据卡利南和爱泼斯坦(Cullinan & Epstein,1995)采用"三分之一法则"的调查方法的研究结果表明,在任何一学年中,大约会有33%的儿童会发生让教师能觉察到的一般性的情绪与行为问题,但其中只有3%～5%的儿童有比较严重的情绪与行为障碍问题并需要接受特

[①] William L. Heward. 特殊需要儿童教育导论(第八版)[M]. 肖非,等译. 北京:中国轻工业出版社,2007:203.
[②] 肯塔基(Kentuky)大学,特殊教育和康复咨询部,1997. http://www.state.ky.us/sgencies/behave/beesaman.html.

别的干预。也有一些特殊教育的研究者和工作者估计,在不同年龄段的儿童中,都可能有1%～7%之间的儿童有不同程度的情绪与行为障碍问题,需要进行干预(Sugai,Sprague,Horner & Walker,2000)。

1997—1998学年期间,美国根据《所有残疾儿童教育法》做统计,年龄在6～21岁,接受特殊教育服务的情绪与行为障碍学生的数量是454363,还不到在校的接受特殊教育服务的学生的1%(0.74%)。成为第四大接受特殊教育服务的学生的类型(美国教育部,1999)。

在21世纪早期,美国大约有93000所公立学校,300000名教师为4800000名有情绪障碍的学生提供服务(NCES,2003a,2003b,2004a,2004b),其中大约有600000名学生在私立学校和家庭接受服务。从年龄阶段上看,有420000名情绪障碍儿童在早教中心和幼儿园,1850000名情绪障碍儿童在小学1～7年级,1120000名情绪障碍儿童在小学的6～8年级,还有1370000名情绪障碍儿童在9～12年级接受特殊教育服务。其中50%是女性。[1]

美国接受特殊教育服务的学生的数据表明,联邦政府早先对那些情绪与行为障碍学生在资金和人力需求上的估计比实际需求要少得多。考夫曼(Kauffman,2005)认为,社会政策和经济因素使得政府降低了对行为障碍出现率的估计(从2%降到1.2%),政府明显不希望估计的数目和接受特殊教育的儿童的实际数目有较大的差异,如果无法保证让情绪与行为障碍的儿童接受特殊教育,政府宁愿降低对出现率的估计。

在情绪与行为障碍儿童的鉴别过程中,女性比男性更不容易被鉴别出来(美国教育部,1998)。有几种原因可解释这种现象。首先,女性更倾向于出现内倾型行为问题,如焦虑、社会孤独问题,不会扰乱课堂秩序常常容易被忽视。而男性更倾向于表现出外倾型行为和反社会性的攻击性行为问题,因为会扰乱社会秩序和课堂教学,因此更容易被教师推荐去接受特殊教育服务(Caseau,Luckasson & Kroth,1994;Talbott & Lioyd,1997)。第二,女性由于性格特点,评估的程序也存在对女性不太适合的问题(Wehby,Symons & Hollo,1997;Zoccolillo,1993)。但研究表明,女性也有攻击和反社会的行为问题(Talbott & Thiede,1999)。此外,相对而言,在鉴别的过程中,还容易存在黑人男性在情绪困扰的分类中被过于强调的问题(美国教育部,1998)以上都是在鉴定的过程中容易出现的问题。

在我国,根据北京医科大学精神卫生研究所1989年对北京2432名小学生进行的抽样调查发现,情绪与行为障碍的出现率为13.16%,其中家庭情绪与行为障碍的出现率为6.95%,学校情绪与行为障碍的出现率为8.34%,男生与女生情绪与行为障碍的出现率为4.9∶1。由此可见,对这一部分儿童的教育是一项十分艰巨的任务。[2]

据2005年教育部关工委提供的资料显示,在我国17岁以下的儿童中,至少有3000万人受到各种情绪障碍与行为问题的困扰,其比率呈明显上升的趋势。目前我国儿童行为问题检出率在6%～22%之间。北京地区的抽查显示,1993年儿童行为问题的比率为10.9%,2003年则增加到18.2%。专家分析,造成这些"问题"的原因主要是儿童过度沉溺于恐怖片、武侠片、电脑游戏甚至色情片,导致出现性格缺陷;家长过高的期望值,使儿童身心负担

---

[1] Douglas Cullinan. Students with Emotion and Behavioral Disorders(Second Education)[M]. PEARSON:Merrill Prentice Hall,2007:19.

[2] 方俊明.特殊教育学[M].北京:人民教育出版社,2005:367.

过重;家庭经济突变,给孩子带来不安定的情绪;有的父母离异或者死亡,使子女缺乏关爱,情感冷漠等。

对情绪与行为障碍儿童检出率的高低,还受以下几个方面因素的影响:

(1) 有些教育工作者认为,有情绪与行为障碍的儿童没有身体障碍和智力障碍,多半是故意在制造麻烦,不愿意专门为他们,尤其是对那些有敌对性行为障碍的儿童提供特别的帮助。

(2) 对这类儿童和青少年的教育和治疗相关的花费过于巨大(如食宿安排,精神治疗及住院治疗个别教育等服务),所以,对这类学生的训练和矫治,美国联邦政府有所压缩和限制(对于 IDEA 认为应受特殊教育的学生,学校无权开除)。

(3) 对类似于抑郁、焦虑、同伴间的忽视和拒绝、情绪困扰等一些内倾型情绪与行为障碍儿童不够敏感,同时也担心会因为鉴别的错误,给这些儿童打上另类的标记,对他(她)将来的成长发展不利。[1]

无论在哪个国家,"青少年犯罪行为"也是行为障碍的一个重要的组成部分。例如,美国在 1999 年,法律强化机构拘留了 250 万 18 岁以下的青少年(Snyder,2000)。占总人口 20%的青少年在所有暴力犯罪中占 16%,在财产犯罪中占 32%。青少年犯罪率急剧上升,给社会带来极大危害。纵火被拘留的青少年中,15 岁以下的青少年约占 67%。过去,男孩通常是因为攻击性行为(如袭击、盗窃),女孩通常是因为与性有关的犯罪(如诈骗、卖淫),然而现在越来越多的女孩参与到暴力犯罪中(Siegel & Senna,1994;Snyder,2000),1999 年的一项统计,因为攻击性行为被拘留的女孩就占所有被拘留少年的 27%。而且发现,一半的少年罪犯都是累犯。累犯在他们早年(通常 12 岁)就开始犯罪了,导致成年后形成反社会行为。

从上述有关出现率的研究资料中,我们不难看出,无论是鉴别和确定一个孩子是否是情绪与行为障碍儿童,还是把他们列入特殊教育的对象都涉及诸多的因素,都是有待于进一步深入研究和解决的问题,随着这些问题的有效解决,才能很好地帮助成千上万的有情绪与行为障碍的学龄儿童能接受到他们真正需要的特殊教育。

第 2 节 情绪与行为障碍儿童教育的发展

从人类发展的历史来看,普通教育已有几千年的历史,但特殊教育的发展仅仅是近 200 余年的事情。

世界各国的特殊教育都是从盲、聋、哑教育起步,然后逐渐发展到智障教育和其他特殊儿童的教育。20 世纪六七十年代,北美和欧洲一些国家特殊教育的对象除残疾儿童(包括感官残疾、肢体残疾、智力残疾及病弱)之外,还包括智力超常儿童。20 世纪八十年代以后,除残疾儿童和超常儿童以外,各种问题儿童(包括学习问题、情绪问题、行为问题、过失儿童和青少年罪犯等)也成为特殊教育的对象。特殊教育的重心从残疾儿童的教育转向了问题儿童的教育。在特殊教育的对象中,单纯的生理致残比例下降,而心理失调、行为方式不当

---

[1] H. M. Walker, M. Bullis. 行为障碍与普通课堂统合的社会背景:概念的两难[J]. J. W. Lioyd, N. N. Singh, and A. C. Repp. 普通教育改革:概念、问题与模式[M], Pacific Grove, CA: Brooks/Cole Publishing Co, 1991:78-79.

的问题却越来越突出。①这里,我们将采用比较狭义的情绪与行为问题儿童的概念,聚焦于被收留的流浪儿、有严重的反社会性行为的儿童,从当代融合教育的角度来考察情绪与行为障碍儿童教育的发展历程。

一、儿童精神病院和收容所

情绪与行为障碍儿童的教育起源于欧洲,但在美国和苏联得到较快的发展。早在17世纪,欧洲最早建立起儿童精神病院和收容所,收容有一定身心障碍和行为问题的无家可归的儿童。这种条件很差的收容机构,仅仅是为他们提供了一个可以勉强生存的空间,还谈不上提供任何形式的教育。即使在精神治疗方面,使用的手段也大多是一些惩罚性的措施,从人格和肉体上对他们进行全面的摧残。②到了19世纪上半叶美国精神病治疗机构与教育机构的条件尽管有了较大的改善,但对这类儿童治疗和矫治的水平都很有限。

二、流浪儿收容所

流浪儿童收容所是专门用来收容有严重情绪与行为问题儿童的机构。这种收容所选择性地收留一些无家可归的流浪儿童和犯罪青少年。这种机构19世纪始建于美国。在此之前,人们很少考虑到流浪儿童与犯罪青少年的生活、教育等问题。但美国许多教育改革家都认为,这些孤苦无助、心理脆弱的儿童,如果得不到应有的集中教育,等他们长大之后,可能会成为品行恶劣、不负责任,甚至危害社会安定的成年人。

建立流浪儿童收容所的模式,当时得到了世界上很多国家的仿效和推广。例如,在美国发起的"拯救儿童"的运动,这个运动不久也传到了英国,并引发了英国关于慈善问题的大讨论。通过大讨论,也拉开了英国用慈善基金开办工业学校和管教所的序幕。在以后的十年中,这种机构在英国得到了迅速发展,并很快证明了它存在的价值。

三、工读学校与青少年教养所

进入20世纪后,世界上几次社会危机和世界战争,使得经济、道德文化都遭受到严重的破坏,许多家庭也处于崩溃之中。贫困的家庭生活和疏远的亲情关系,使得青少年的身心遭受到极大的伤害。残酷的现实使那些贫穷无助的孤儿,很容易滑向犯罪的边缘。因此,有些国家纷纷建立工读学校对犯罪的青少年进行集中的教育和改造。

(一)美国与加拿大的农业学校和工业学校

19世纪初,美国政府警觉到城市中流浪和犯罪儿童日益增多,如果要做到防止和减少城市儿童犯罪,就必须努力改变流浪儿童所处的恶劣环境,将他们送进专设的改良学校、农业学校和工业学校等教养机构接受特殊教育。

美国最开始推行公立学校时,对心理上受到伤害、情绪和行为上存在障碍的儿童还没有充分的认识和理解,没有考虑到应从改变他们的生存环境,给他们应有的人格尊严等方面给予帮助,而是排斥他们,剥夺他们受教育的权利,结果造成这类儿童的情绪更加不稳定。他

---

① 方俊明.当代特殊教育导论[M].西安:陕西人民教育出版社,1998:39.
② 张福娟,马红英,杜晓新.特殊教育史[M].上海:华东师范大学出版社,2000:46.

们自由散漫、缺乏自主意识、逃学、无事生非，导致了公立学校更不愿意接纳他们。但是后来人们逐渐认识到，将这些孩子赶出校门，只会助长青少年犯罪，严重影响社会未来的发展和安定。基于这样的认识，教育改革者们再一次呼吁政府和社会要关心流浪儿童和有情绪障碍与行为障碍的儿童，给正在滑向犯罪边缘的青少年提供专门接受教育的场所，建立特殊学校，希望通过改变他们的生活环境，并有针对性地进行教育，使他们获得宗教意识和道德品质，教给他们参与未来生活的技能，避免他们长大后成为缺乏责任心、危害社会的人。这些建议很快得到政府的采纳。

19世纪初，美国政府建立了大量旨在矫正青少年因心理障碍所导致情绪与行为出现偏差的学校。学校教育的重点是隔离—防止犯罪—惩罚犯罪。但很快有人批评这种"教育"过于严厉。同时，人们也意识到，儿童犯罪并非是他们想犯罪，而是由于缺乏社会关爱，政府和成年人对他们的忽视所致。在新观念的促动下，人们开始寻找对这些特殊儿童实施保护的措施，寻求一种更人道、更有利于儿童身心健康发展的新的教育体制。改革者们相信，社会完全可以通过训练和教育，使这些在发育成熟中的有情绪与行为问题的儿童成为新人，提议为流浪儿童建立一种介于教育与惩罚性质之间的特殊学校——工业学校。

工业学校接纳了一群智力正常，但在情绪与行为上有较严重问题的儿童，教育内容主要是福音传递、道德教育（主要是中产阶级的道德观和价值观）、劳动改造和工业技术的培养等。有些学校提供日间学习服务，还有些学校是寄宿制的。采用基督教的家庭模式去改变生活无依无靠的儿童的生存环境，并以此进行感化和教育。寄宿制的学校以几十个孩子为一个家庭，女教师既是他们的老师，又是他们的代理母亲，负责他们的生活、道德、宗教意识的发展及诸多品质、能力的培养。政府不再以惩罚作为管教儿童和青少年的唯一手段，而代之以帮助建立和调节儿童与家庭的关系。当家长因各种原因无法尽到做家长的义务时，国家有权以"家族父母"代替家长做好儿童的教育与养育工作。

最初，工业学校在课程设置上多采用中产阶级的社会意识、道德规范、社会习惯和言谈举止等，教育者希望能改变流浪儿童和犯罪青少年原已形成的错误的道德意识和不良的生活习惯。宗教学习是一项非常重要的内容，学生每天要做祈祷，每周上《圣经》课，经常去教堂参加各种服务，学科知识的学习是相对薄弱而不完善的，主要有阅读、写作、数学、地理等。后来，为了适应工业发展的需要，在强调职业教育的同时，也逐渐重视文化知识的学习。希望他们既有较好的生存能力，又能在道德准则上符合中产阶级的要求，能更好地适应社会。许多工业学校的学生，除了开设与普通学校的学生基本相同的文化课外，还学习制鞋、印刷、木工、园艺、农业种植、烘焙、农产品出售等课程。女孩子还要学习烹饪、缝纫和清洁居室等家务劳动。工业学校的教育模式，为后来特殊教育的进一步发展开创了一条很好的道路。[①]

加拿大的对情绪与行为障碍儿童的教育的发展与美国的发展轨迹基本相同。据统计，在19世纪中叶的加拿大监狱收押着六七百名16岁以下的儿童。进入19世纪下半叶开始，美国"拯救儿童"的运动在加拿大也得到了积极的回应。1862年，加拿大成立了专门的机构——"缺陷学校"，这使得过去受忽视的孩子能够用诚实的劳动来养活自己。

---

① 张福娟,马红英,杜晓新.特殊教育史[M].上海：华东师范大学出版社,2000：144-146.

（二）苏联的"高尔基工学团"和"捷尔任斯基儿童公社"

苏联在第一次世界大战及其后的自然灾害中，出现了数百万年龄在8～18岁的被家人遗弃或因战争而成为孤儿的流浪者。他们没有受过教育，缺乏起码的道德观念，毫无责任心，许多流浪儿童和青少年因生活所迫，靠乞讨、偷窃、抢劫、卖淫为生，最后沦为青少年犯，被送到收容所和工学团。大批的流浪青少年，由于生活和情感得不到社会的帮助和关心，于是就用他们的方式来滋扰社会，造成严重的社会问题。

在苏联教育史上，马卡连柯（1888—1939）是大家熟知而敬仰的教育家，十月革命以后，马卡连柯着手开始了对苏联流浪儿童和犯罪青少年的教育实践。他成立了"高尔基工学团"和"捷尔任斯基儿童公社"，充分体现了苏维埃教育的思想和原则。马卡连柯所开办的教育机构，不但要通过实验探索如何为犯罪青少年施以挽救教育和改造，而且还要给普通教育作出楷模。他的教育绝不是一般的道德和生活能力的教育与培养，他要将这些流浪儿童和青少年培养成有文化、有道德的共产主义"新人"。马卡连柯设计了一套特殊教育的方案，在教育中他从培养孩子的自尊心和分辨是非的能力入手，给予教育者充分的理解和信任，强调用情感教育和相互信赖替代单纯的指责和惩罚。与学生之间的信任建立起来以后，逐步培养工学团成员的集体主义精神和责任心。经过艰苦的工作，他终于成功地将数千名有犯罪倾向或已经犯罪的青少年，培养成有较高思想觉悟的、有一技之长的，并有吃苦耐劳精神的劳动者。他的学生在后来的生活和工作中表现极为出色，有的成了飞行员，有的成了工程师和大学教授，许多人在卫国战争中成为英雄，而更多的人则继承了马卡连柯的事业，做了工学团的教师。

马卡连柯的成功，引起世界特殊教育界的广泛关注。他的著名的教育小说《教育诗篇》成为20世纪40年代苏联最畅销的小说，是教育工作者和家长最爱读的作品之一。

（三）中国的工读教育

中国工读教育目前被定位成我国基础教育中的一种特殊教育形式。它是中华人民共和国成立后日趋完善的教育体系的一个重要的组成部分，是一种具有中国特色的社会主义教育形式，它代表了人道主义精神的社会价值取向。由于其独特的教育对象，教育规律和教育效益决定了它在中国教育史上独特的地位。

1. 工读教育与工读学校

工读教育是一种以犯罪儿童青少年为施教对象的特殊教育。在工读教育中，多采用早期干预的有效手段，对有不良行为习性和违法犯罪记录的工读学生进行矫治和训练，防止他们因屡教不改而进入司法程序。此外，工读教育也对那些有行为偏差及濒临犯罪深渊的家教托管学生进行挽救和帮助，保障广大中小学学校教育、教学秩序和社会的稳定。[1]

工读学校是一种专门对犯罪儿童青少年和行为偏差家教托管学生进行教育和训练的特殊学校。这一特殊的教育场所，由训练有素的专业教师对那些品德行为偏常，有轻微的违法犯罪行为的青少年学生实施与普通中小学既有区别又有联系的教育训练活动。

我国最早的一所工读学校诞生于1955年7月1日，它借鉴了苏联早期教育家马卡连柯的教育理论和经验，从苏联创办"工学团"的经验衍生出中国的"工读学校"。这所学校的办

---

① 江晨清，杨安定，等. 中国工读教育[M]. 上海：上海教育出版社，1992：15.

学方向是半劳作半读书,借用劳动的方式来改变一批犯罪青少年的恶习,故被称为"工读学校"。最早的学生大多为"工读生",是指已有违法或轻微的社会犯罪行为,但由于年龄原因不足以判刑,由公安部门和教育部门强制委托工读学校,对其进行教育和矫治的一类学生。现在的工读教育经过五十多年的发展,其办学性质和教育对象的范围都有了较大的变化。大多数学生来自于普通中学,在原校属于学习和品行表现双差生。他们多来自于问题家庭(父母离异、父母没有时间管教、家长无力或无法管教),在品德、心理和行为表现上偏常,经常扰乱正常的课堂教学和学校生活秩序,对本班和本校的学生产生不良的感染和影响。与普通学校的老师及家长无法保持良好的沟通,甚至有很强烈的抵触情绪,但尚未达到违法和轻微犯罪的严重程度。属家庭和学校难以管教的学生,故被称为"家教托管生"。现在的工读学校,原先以轻度犯罪儿童为对象的工读生只占 10% 左右,家教托管生占 90% 以上。那种专收犯罪儿童青少年的工读学校已经不复存在。

1990 年以后,由于工读学校生源萎缩,为了消除家长和学生的顾虑、恐惧和逆反心理,也出于为学生将来的发展前途考虑,工读学校纷纷采取更改校名、保留学生原校学籍、由原校发放毕业证等手段,尽量做到让学生不留"工读痕迹"地走向社会。这样对心理和行为偏常的学生既实施了学校保护,也使工读学校的发展更具有生命力。另外,对于问题不太严重的学生,采取在原校建立工读预备生档案,由工读学校的教师定期到学校进行辅导和帮助,就地转化的方式。目前工读学校已经发展成了一个具有工读部、家教部、职教部、校外部、咨询部的五部制新型寄宿制学校。因此,原来那种意义上的工读生所占的比例已相当小,甚至基本上消失。工读教育如今只是作为教育学上的一个分类名称。

工读学校的学生的不良行为千差万别,具有异质性。据 1996 年 6 月在上海 15 所工读学校的问卷调查,其偏差行为主要表现为偷窃、抢劫、打架斗殴、各种诈骗犯罪、逃学旷课、夜不归宿、顶撞教师家长、不服管教、参与黑社会的帮派、卖淫、吸毒等。①

对违法和轻微犯罪青少年学生通过工读教育这一形式进行司法前干预和挽救,体现了党和政府对青少年一代的无比关怀与爱护,以及全国教育工作者在保护和尊重这部分特殊青少年应享有的人权方面的不懈努力。工读教育的作用体现在以下几个方面:① 有效地控制和预防了一定数量的处于犯罪边缘的学生;② 把大批失足青少年造就成为现代化建设的各种层次的人才;③ 对社会治安的综合治理发挥有效的作用;④ 工读学生教育转化的成功经验,给中小学"差生"教育提供了借鉴,给家庭教育以富有说服力的指导。

2. 中国工读教育发展的历史回顾

中国的工读教育起步异常艰难,走过了一条艰难曲折的道路。工读学校的起伏,在客观上几乎成了我国青少年犯罪率高低的"晴雨表"。中国几代工读教育工作者几十年来,以崇高的理想、执著的追求以及深沉的爱心和流血流汗的实践,使工读教育得以在艰难的条件下顽强的生长和发展。它的发展经历以下四个阶段:

(1) 初创阶段(1955—1966)

1955 年 7 月 1 日,在中华人民共和国的首都北京诞生了第一所工读学校——北京温泉工读学校。此后,全国相继举办了 20 多所工读学校。这一时期工读教育主要是探索着前

---

① 张民生.上海工读教育四十年[M].上海:上海教育出版社,2001:12.

进,积累经验。有以下一些特点:

① 以招收流浪儿和孤儿为主,兼收有违法行为和扰乱普通学校秩序的青少年学生。

② 办学的指导思想和形式,主要借鉴马卡连柯办工学团的经验。办学方向应是半工半读,用劳动改变恶习。

③ 工读教育和工读学校的性质、任务、功能的定位尚处在摸索的过程中,隶属于国家教育、公安与民政部门,但有些省市是与少管所、少教所、劳动教养院合在一起。不久逐步转变为严格意义上的工读学校。

④ 有些地方办学明显属于短期行为,由犯罪现象的多寡来决定工读学校的办学数量和规模。

(2) 遭受破坏与复苏阶段(1966—1982)

"文化大革命"期间,全国各地工读学校因遭受毁灭性的冲击而陆续停办,唯有重庆沙坪坝工读学校坚持办了下来。1977年11月上海卢湾工读学校在全国率先复办。为挽救失足青年,降低违法犯罪率,中央有关部委对此给予高度的重视和关怀,联合发文要求办好工读教育。许多中央领导亲临工读教育的第一线,关心指导工作,还成立了工读教育研究会。这一时期学校的数量达到创历史纪录的150多所。这从一个侧面反映"文化大革命"中"四人帮"倒行逆施对青少年一代的毒害,使一部分青少年成了"文盲、法盲加流氓"。社会发出了"救救孩子"的强烈呼声。这一时期的主要任务是支持普通教育拨乱反正,恢复正常的教学秩序,其特征是:

① 工读学校的数量和工读学生的人数均为历史最高水平。所犯错误性质较为严重,学生的年龄普遍偏大。

② 工读学校的大量设立对于普通教育系统进行全面的拨乱反正,恢复正常的教育教学秩序,提高教育质量都发挥了重要的作用。

③ 工读学校与公安部门相互配合,严厉惩治青少年违法犯罪现象,教育教学的职能相对较弱,尤其是文化教育仍是薄弱环节。但劳动教育却办得很有特色,它在矫治工读学生的工程中起了较大的作用。

④ 工读学校的体制较弱,接近于少管所或公安部门的临时收容机构。全国各工读学校的办学条件普遍较差,校舍简陋,所处地区多较偏僻,师资普遍紧缺,高学历教师少。

⑤ 社会新闻媒体曾对此做过大量而频繁的社会宣传。工读教育在矫治青少年犯罪,稳定社会治安上取得的成绩,引起社会各界的关注。以柯岩为代表的一大批作家介入工读教育的宣传报道工作。电影《绿色钱包》、电视剧《寻找回来的世界》、话剧《救救她》等成为当时很有影响的文艺作品。社会宣传使工读教育的概念几乎家喻户晓。这些宣传使社会在了解、同情工读生的同时,对他们的歧视和偏见也增大。社会负面效应的产生,给工读生和他们的家长带来了很大的心理压力。工读生回归社会后,在就业和家庭生活诸方面都受到歧视,用人单位不愿录用,回到原校遭到另眼相待,有的学生痛苦地对工读学校的教师说:"工读学校救我一时,却害我一世。"工读学校对自身精心矫治、培养的毕业生难以回归社会也爱莫能助。而且这种社会歧视问题不是短时期内就能彻底解决的。

工读学校复办后,在较短时期内的确取得了显著的效果,抑制了青少年违法犯罪率迅猛上涨的势头,为广大中小学教育和教学秩序的正常化作出了巨大的贡献,给许多家庭带来了安宁,通过教育挽救了一大批违法犯罪的青少年。

(3) 调整与改革阶段(1982—1992)

随着"严厉打击严重刑事犯罪"活动的开展和普通学校教学秩序的建立,青少年学生违法犯罪率逐年下降。工读学校也逐渐的撤并为100多所,数量减少,质量逐渐提高。这一时期工读教育的特点是:① 工读学校的数量和学生的人数逐年递减。一些省市的教育行政部门调整和撤并了一批工读学校。如何提高工读学校办学效益的问题日益摆上了意识日程。② 工读学生未来的出路,就业困难的问题逐渐凸显出来,为了解决这个困难,出现了工读教育和职业教育相结合的新尝试。③ 工读教育的科学研究取得了新的进展,成立了全国工读教育研究会,完成了中国工读教育"七五"国家哲学和社会科学研究的重点项目。并提出工读学校向多功能转变的建议。工读教育在教育矫治、造就人才方面发生了四大变化:

首先,思想认识上发生了变化。因为这一时期招收的学生年龄偏小,初犯、偶犯人数占相当大的比例。罪错程度较轻。所以,工读学校进一步明确了自己是学校,不是监狱,应该按社会对人才的要求,培养各种层次的现代化建设人才。

其次,教育的内容和形式发生了变化。由以前的"思想教育为主,劳动教育为辅"向"以思想教育为首位,文化教育和职业技术教育为主体的方向转变"。改变了过去那种单纯的"谈心,挖思想根源,写认识检查。"的做法。而通过文化知识学习,进行潜移默化的引导。

再次,教育管理形式从"封闭式严管控制型",向"开放式民主管理型"转变。重点放在学生自我管理及自我控制能力的培养上。实行各种形式的民主管理,让学生参与学校管理。主动争取社会各方面力量的参与,然学生在社会复杂的大环境中接受各种有意义的教育。

最后,对工读教育职能的认识由过去单一的转化矫治违法和轻微犯罪青少年学生的场所,向教育转化与预防、预测青少年违法犯罪的多功能方向转变。对在校学生的教育挽救更趋科学化,并走向社会参与综合治理。

此外,经过长期的实践和研究,积累了一些各具特色的教育和矫治的成功经验,对工读生的教育更多的注重从青少年生理和心理成长规律出发,注重借鉴教育学、心理学、犯罪学等新的研究成果。而且,工读教育的国际交流也日益扩大。工读教育也引起了国际教育界的普遍关注。

1986年4月,国家《义务教育法》的颁布,工读学校依法成"承担义务教育任务的学校"。普通中学原则上不能再开除学生,对于严重影响教育秩序或有违法行为的学生,只能通过行政渠道送入工读学校接受九年义务教育。正是《义务教育法》的颁布和实施,工读学校招生的主渠道向普通学校转移。据北京1991年统计全市6所工读学校中,共有600名学生,95%以上是从普通学校招收的生源。

(4) 深化改革与发展阶段(1992—至今)

在邓小平南方讲话精神的鼓舞下,工读教育改革的步子迈的越来越大。各地工读学校的数量虽然有所减少,1999年总数为82所。但在一些新的省份和城市又开设了新的工读学校。这一时期工读教育的发展是拓宽功能,办出特色。其主要特点是:

● 工读学校的办学功能进一步拓宽,出现了像上海卢湾工读"一校五部制"等多种办学形式。重视文化学习和职业教育。教育管理形式上,从"封闭式的严管控制型",向"开放式民主管理型"转变。重视学生的自我管理和自我控制能力的培养上。对工读教育职能的认识上,从过去单一的转化矫治违法和轻微犯罪青少年学生的场所,向教育转化与预防、预测青少年违法犯罪的多功能方向转变。

● 工读教育和职业教育密切结合,在教育矫治的同时,注重授予学生谋生的一技之长,为工读生日后的就业和出路提供了条件。

● 工读学校从招生到办学逐步走上了一条以法治教的路,对教育对象的提法,也从"违法与轻微的犯罪"到"品德行为偏常与有违法行为"。因为定罪与非罪,有着严格的界限及法律规定。

● 工读教师总体状况也有所改善。在年龄、学历、知识结构上都有了不同程度的改善。

四、多元融合教育的发展

伴随 20 世纪后期,世界融合教育的兴起和发展,特殊教育逐步从隔离走向融合,情绪与行为障碍儿童的教育也不例外。问题儿童的教育也进入了一个多元的、最大限度地与普通教育融为一体的新的发展阶段,多元融合成为当前世界情绪与障碍儿童教育的发展趋势。

就我国情况来看,经过 1982—1992 年间的调整与改革,工读学校也逐渐撤并为 100 多所。在读学生人数逐年减少,年龄偏小,初犯、偶犯人数占相当大的比例。在这种情况下,我国工读学校开展了一些工读教育与职业教育相结合的新的尝试。

一是进一步明确了工读学校也和其他学校一样是学校,不是监狱,应该根据社会对人才的要求,培养各种层次的现代化建设的人才。二是改变了教育的内容和形式。由以前的"思想教育为主,劳动教育为辅"向"以思想教育为首位,文化教育和职业技术教育为主体"的方向转变,改变了过去那种单纯的"谈心,挖思想根源,写认识检查"的做法,而通过文化知识学习,进行潜移默化的引导。三是将教育管理形式从"封闭式严管控制型"向"开放式民主管理型"转变。重点放在学生自我管理及自我控制能力的培养上。实行各种形式的民主管理,让学生参与学校管理。主动争取社会各方面力量的参与,让学生在社会复杂的大环境中接受各种有意义的教育。四是对工读教育职能的认识由过去单一的转化矫治违法和轻微犯罪青少年学生的场所,向教育与预防、预测青少年违法犯罪的多功能方向转变。五是对在校学生的教育挽救更趋科学化,并走向社会参与综合治理。

1986 年 4 月,国家《义务教育法》颁布,工读学校依法成为"承担义务教育任务的学校"。普通中学原则上不能再开除学生,对于严重影响教育和教学秩序或有违法行为的学生,只能通过行政渠道,送入工读学校接受九年义务教育。正是《义务教育法》的颁布和实施,工读学校招生的主渠道向普通学校转移。据北京 1991 年统计,全市 6 所工读学校共有 600 名学生,95% 以上是从普通学校招收的。

1992 年后,随着改革的深化,工读教育积累了一些教育和矫治的成功经验。教育者更多地注重从青少年生理和心理成长规律出发,借鉴教育学、心理学、犯罪学等新的研究成果,更多地考虑有情绪与行为问题儿童的教育需要。

2004 年 6 月,针对当前较为突出的单亲家庭子女、贫困家庭子女、农村"留守子女"的教育问题和校园侵害案件、未成年人犯罪呈上升趋势等问题,国家对有情绪与行为问题儿童的教育加强重视,进一步加快落实用于资助这部分儿童实行融合教育的经费问题。

工读学生不像残疾学生那样有明显的生理缺陷,对教育设施也没有特殊的要求,长期以来,针对情绪与行为问题儿童的教育,基本上遵循的是普通教育的办学思路和办学模式,学校采取的多是一种"粗放式"的行为约束矫治方式。习惯于在半封闭式的环境中,对他们的行为进行半军事化的管理。通过谈话的方式,对他们的心理做一些简单的调控,教育手段较为单一,缺乏适合这类儿童身心特点的、在教育上行之有效的思路、模式和矫治方法。我国情绪与行为问题儿童的教育也将和其他类型的特殊教育一样,需要开展更加深入细致的研究。

第3节 情绪与行为障碍儿童的分类与障碍类型

由于对情绪与行为障碍儿童的概念和哪些儿童该被列入特殊教育服务的对象的认识还不统一,目前学术界对情绪与行为障碍儿童的分类,尚无统一的规定。

一、分类

有些研究者根据情绪与障碍的程度进行分类,有的根据情绪与行为的控制方式来进行分类,有的根据情绪与行为的性质和后果来进行分类。

(一)根据障碍程度分类

从情绪困扰和不良行为的严重程度,可将问题儿童划分为轻度、中度和重度三类。

1. 轻度

轻度情绪与行为障碍儿童一般没有很明显的外倾行为,但情绪不稳定,多愁善感,害羞和爱乱发脾气,还可能伴有某些焦虑型的学习与生活习惯,如不自觉地咬手指头、扯自己的头发等。但这些并不太顽固的行为方式在家长和教师的提醒、教育和帮助下多半能得到纠正。这些儿童一般都被安排在普通班级学习,不需要特别的教育安置。他们的不良习惯和行为表现大多数会随着生活环境的改变和年龄的增长而自行转变。

2. 中度

中度情绪与行为障碍儿童伴有较严重的不良情绪与行为表现。例如,在课堂上乱喊乱叫、扰乱教师授课、经常和同学吵架,但他们的行为表现多属于不被社会所接纳的非社会行为(unsocial behavior),而不是给社会造成很大的危害的反社会行为(antisocial behavior)。这些不良行为习惯经过特别的教育和矫治也能得到较好的纠正。

3. 重度

重度情绪与行为障碍儿童情绪状况非常差,多伴有长期形成的比较顽固的不良行为。有些儿童已经形成了反社会性行为习惯,如偷窃、赌博、吸毒、自杀、虐待狂等。这种不良行为的矫正往往需要较长的时间和特定的条件。

长期以来,特殊教育中情绪与行为问题儿童的教育主要是针对中度和重度情绪与行为障碍儿童的教育。

(二)根据自我控制能力分类

根据儿童对自身情绪与行为的控制能力和表达方式来划分,可将情绪与行为障碍儿童分为超控制型与低控制型两大类。

1. 超控制型(over controlled)

这类儿童由于对自己的情感和行为过分地加以控制和限制,从而表现出害羞、焦虑、孤独、胆怯等行为特征。他们常常很不合群,从而也就失去了许多与人交流和沟通的锻炼机会。这类儿童中女孩占的比例较大。对这类儿童首先应当为之提供一个相对比较宽松和自由的教育环境,帮助他们树立信心,减少心理防卫,鼓励他们勇敢地参与社会活动,在实践中锻炼自己。

2. 低控制型(under controlled)

这类儿童对自己的情感和行为缺乏控制,在行为上经常表现为多动、侵犯、攻击等行为特征。他们常常习惯将自己受到的挫折发泄到他人身上。这类儿童中男性占的比例较大。对这类儿童的教育,主要是培养他们的自控能力,学会心平气和地从多方面观察、分析事物,弹性灵活地处理各种问题。

(三) 根据行为的性质和后果分类

按行为的后果和错误的性质,情绪与行为障碍儿童可分为非社会行为和反社会行为两类。

1. 非社会行为

非社会行为指虽然不合乎社会规范,但对社会影响程度不大的行为。例如,外倾型非社会行为表现为上课不遵守纪律,和同学吵架、和教师对抗、与家长斗嘴。内倾型非社会行为多表现为内向性行为和逃避性行为。个人的自怨自艾、抑郁自责、内疚焦虑、自暴自弃等。这种非社会行为较反社会行为更容易得到教育和矫正。

2. 反社会行为

反社会行为指违反了社会生活准则,对社会造成一定的危害和不良影响,甚至于触犯了法律,为社会所不容的行为。例如偷窃、赌博、吸毒、酗酒、诈骗、聚众斗殴、网络犯罪、用暴力手段伤害他人等,有些行为已经触犯了法律。我国少管所收容的青少年多有反社会行为表现。

总的来讲,由于对情绪与行为障碍儿童概念的理解有一定的差异,分类也是相对的。[①]

二、常见的儿童情绪与行为障碍的类型

被美国《所有残疾儿童教育法案》鉴定为"情绪与行为障碍",并需要接受特殊教育的儿童主要涉及以下障碍类型:焦虑症,恐惧症,强迫症,神经性厌食症和神经性狂食症,创伤后应激障碍,社交焦虑和社交回避症,抑郁症,攻击性行为等。

(一) 焦虑症

焦虑症是由过度的、经常发生的、不合理的恐惧和焦虑而引起不适当的情绪状态或者行为表现。是儿童时代最普遍的一种症状。其典型的特征是过分的恐惧、担忧或不安。症状是焦躁、疲倦、难以集中注意力、肌肉疼痛、失眠、恶心呕吐、心跳加速、眩晕、头疼、易怒和其他生理症状。焦虑症患者的共同经历,是在这些儿童早期发展的恐惧、担忧、紧张以及相关的情绪体验,使他们在社会交往、自我决断和参与日常生活时,信心受到很大的损害。他们

---

① 方俊明. 特殊教育学[M]. 北京:人民教育出版社,2005:365-367.

对自己要求苛刻,过于追求完美,有时重复做同一件事情,他们总想得到别人不断的肯定和安慰。儿童通常在6~11岁容易出现这类现象。

（二）恐惧症

恐惧症儿童对特定的物体或情形(如蛇、狗和高处)有强烈的恐惧反应,患者对事物产生的恐惧程度不适当,会被认为失去理性,会导致对日常普通事物的逃避。

例如,言语恐惧症儿童只对特别的人群(如家庭成员、熟悉信赖的朋友)说话,拒绝与他人谈话。多数表现为在某种情境下或对某个人或人群说话时,产生焦虑或恐惧。这种现象可能由于患者在成长过程中遭受的身心创伤所引起,大多数的恐惧症患者都能通过行为治疗而成功地摆脱恐惧症,治疗技术包括系统脱敏法(在放松的同时逐渐地、不断地暴露在恐惧的物体和情形中,以达到逐渐摆脱恐惧的效果)和自我管理法等。

（三）强迫症

强迫症患者的表现是反复出现而且持久不退的强迫思想,伴有夸大的焦虑或恐惧情绪。典型的强迫思想包括:害怕自己会感染某种疾病,反复出现一些和死亡有关的念头,或者有不当的行为或暴力倾向。强迫思想可能会导致个人反复地出现强迫行为,类似反复洗手、不停地数数,重复说话或者储藏某些物品等强迫性的刻板行为表现,这些行为的目的是为了缓和因强迫思想引起的焦虑。

强迫症大多发生在青少年或者成人早期阶段,大多数人能意识到他们的强迫思想是不合理的,对强迫症的治疗最有效的方式是行为治疗,药物有时也对症状有一定的缓解作用。

（四）神经性厌食症和神经性狂食症

神经性厌食症和神经性狂食症的表现,都是强迫性地关注自己的体重和体型,以及过度进行自我评价。很多患者表现出厌食和狂食两种混合的行为。厌食症患者迷恋于减肥,即使已经骨瘦如柴,对增重和变胖也有强烈的焦虑感。因此拒绝适当的饮食,甚至极端到拒绝饮食(对食物产生生理性的排斥和呕吐的反应)。狂食症患者反复出现两种情况:暴饮暴食(在连续不断的时间内比大多数人吃得更多,并且感觉无法停止),为了不增加体重而采取不当的惩罚行为(比如,自我催吐,滥用泻药和其他药物,禁食或过度锻炼等)。

神经性厌食症和神经性狂食症主要发生在女性身上,尤其是青年女性。患者在早期,通常否认自己患病,通过限制饮食和吃泻药的方式以减轻体重。神经性厌食症和狂食症患者同时还伴有抑郁症,焦虑症,强迫性锻炼和药物滥用等。患者这样做只是为了使自我感觉好一点,帮助提高自我功能,以对付各种威胁和令自己沮丧的外部世界,但这样对身心所造成的伤害是巨大的。

（五）创伤后应激障碍

创伤后应激障碍的表现是遭受和经历了极端痛苦和异常危险的创伤事件(如遭受暴力事件、身体攻击、性侵害;遭遇台风、地震、洪水等自然灾害的袭击;成为战争或恐怖事件的受害者和目击者;亲人或心爱之物的意外死亡或遗失等)后,对这些事件的回忆表现出异常和极端的悲伤。过去受伤的经历不停地在脑海里回溯盘旋,避免接触与该事件相关的地点或事物,与他人情感疏离,不良心境挥之不去。长时间地、无理由地感觉不高兴。拒绝社会,易被惹怒,有负罪感或无用感,注意力难以集中,对日常活动失去兴趣,体重、饮食和睡眠状态明显改变,自杀的念头反复出现,形成心境障碍、抑郁障碍等。教师可以为创伤后应激障碍儿童提供一个感觉安全的环境，在参与正常活动时感受到来自社会的积极关注。

（六）抑郁症

抑郁症是一种情绪障碍。由弥漫性悲伤情绪和无助感为特征，其特点表现为长时间的，无理由的情绪低落。有些患者是由单独或混合出现的极端的情绪沮丧，或者极端的情绪亢奋构成。所以，又被称为躁狂抑郁症。这类患者有时会体验到一种极度的沮丧，有时又会体验到一种高度的兴奋与激动。

抑郁症最主要的表现是：自怨自艾、自我责备，还表现为易被激惹、敏感、哭闹、好发脾气、不安、厌倦、孤独和无价值感。对周围环境不感兴趣、退缩、抑制、缺乏愉快感。有的还表现为自暴自弃，感觉生活和世界那么的无望。常有离家出走、自残的行为、自杀的念头反复出现，希望用自杀来引起父母的重视和人们的关注。与成年人不同的是，抑郁症儿童很少主动诉说抑郁情绪，因而通常会被忽视，只有通过敏锐的观察和详细的了解才会发现儿童的抑郁症状。还有些抑郁症儿童除了情绪障碍外，还可能伴有各种行为障碍，如表现为多动、具有攻击性、逃学、成绩差、甚至违法犯罪等。此外，抑郁症儿童还可能出现多种躯体症状，如睡眠障碍、食欲低下、疲乏无力、胸闷气短、心悸肉跳、头疼胃疼等，通常患者对身体的不适感觉反应比较迟钝。儿童抑郁症常常容易被误诊为单纯的躯体疾病。

据统计15%～20%的青少年都曾经历过抑郁症，而青年女性抑郁症患者是青年男性抑郁症患者的两倍。出现这些症状的高峰年龄段是15～19岁。教师应该对任何抑郁的信号引起关注。日常生活的常规模式，包括睡眠、饮食、身体活动和社会情绪刺激都会对症状有所帮助。药物治疗有助于预防症状加剧以及稳定情绪。

（七）社交恐惧症

社交恐惧症的基本特征是：对可能引起困窘的社交场合或表现场合表现出显著和持久的恐惧、焦虑或回避行为。总的说来，社交恐惧症患者与自己认识的人（如家庭成员）相处时社交功能良好，但当他们与陌生人交往，或者当他们处于自己认为会得到负面评价、会丢脸或困窘的场合中时，就会引起社交恐惧。当他们遇到上述社交情景时，他们通常会表现出惊恐的症状。如果是儿童，可能会哭叫、发脾气、发冷或者退缩，有些人会表现出神经紧张、不安、难受、恶心、发抖、害羞、担心别人嘲笑、缺乏信心、口吃、表述不清、躲避他人的视线、脸面发红发热、躯体紧张、僵硬等症状。社交恐惧症患者能够认识到自己的恐惧是不合情理的，但这种恐惧和痛苦往往是无法自控的。

（八）攻击性行为

攻击性行为是一种有目的有意图地伤害他人，给他人带来不愉快或痛苦的行为。攻击性行为给对方造成的伤害不仅包括生理上的伤害，还包括心理上的伤害。它分为直接攻击和间接攻击。直接攻击行为是一种明显的，直接对准攻击对象的攻击行为，包括打、踢、推、搡、抓、咬等直接的身体攻击及勒索、打架斗殴、抢夺物品、纵火、破坏物品等具有暴力倾向的违背社会规范和准则，侵犯他人或公共利益的反社会行为。还包括直接的言语攻击，如辱骂、起外号、奚落、嘲弄、戏弄、威胁等行为。间接攻击是攻击者借助于第三方或中介手段实施的攻击行为，如背后说人坏话、散布谣言、号召群体排斥孤立他人等。间接攻击通常没有很明显的外显行为，加上攻击者通常又会隐藏自己的身份，不易引起人们的重视，但事实上，他同样会给对方造成严重的伤害，尤其是持久的心理伤害。我们对这一类行为的具体成因和机理,总体上认识还很有限,更多的是一种教育理论的研究,而不是心理实证的研究。

本章小结

从 20 世纪中叶开始,世界特殊教育界就开始用不同的术语来描述和界定什么是情绪与行为障碍儿童,由于社会文化的差异和评估标准不一致,有关情绪与行为障碍儿童的定义并不统一,出现率和是否列入特殊教育的对象也存有争议。但是,对情绪与行为障碍儿童特征的描述基本一致。从近百年世界情绪与行为障碍儿童教育发展的历程来看,大致上经历了从儿童精神病院和收容所、流浪儿收容所、工读学校与青少年教养所到多元融合教育等不同的发展阶段。情绪与行为障碍儿童可以根据障碍程度、控制能力和不良行为的性质和行为后果进行分类。常见的情绪与行为障碍类型包括:焦虑症、恐惧症、强迫症、神经性厌食症和神经性狂食症、创伤后应激障碍、抑郁症、社交恐惧症、攻击性行为等。

思考与练习

1. 我国特殊教育界是如何界定情绪与行为障碍儿童的?界定的不确定性说明了什么?
2. 从世界情绪与行为障碍儿童教育的发展历程中我们可得到什么启发?
3. 情绪与行为障碍儿童的分类标准是什么?
4. 简述情绪与行为障碍的主要类型。

第 2 章 情绪与行为障碍儿童教育的理论与评估

学习目标

1. 了解情绪与行为障碍儿童教育的理论基础。
2. 学习从多学科的角度来解释儿童形成情绪与行为障碍的原因。
3. 掌握情绪与行为障碍评估鉴定的程序、内容和主要的工具。
4. 深刻认识情绪与行为障碍儿童早期评估和预防的意义。

如何认识、理解和解释儿童的各种情绪与行为障碍,这既是一个涉及多学科的理论问题,同时也是一个能否对这些儿童进行全面了解、科学评估、有效干预的实际问题。换言之,对情绪与行为障碍儿童的理论与评估的探讨是对这类儿童教育的基础,它将能帮助教师和家长更深入地认识这类儿童存在的问题,从而做好有效的预防和干预。

第 1 节 情绪与行为障碍儿童的成因与教育理论

严重情绪与行为障碍儿童所表现出的行为具有明显的无逻辑性和自我破坏性,很多研究人员都想借助一定的理论来观察和研究这类儿童,并合理地解释这类复杂的现象,以便进行有效的干预。考夫曼(Kauffman,2005)指出,情绪与行为障碍的研究经常是和犯罪问题的研究及各种精神病问题的研究联系在一起的。19 世纪法国统计学家凯特莱和格鲁雷等就明确地提出了犯罪的多因素论(multiple-factor theory of crime),反对以单因素的片面观点来解释原因。他认为任何犯罪,包括青少年犯罪不仅要考虑到青少年作为个体的生理因素,也要考虑到以生活环境为中心的社会因素,更要考虑到各种因素的相互作用。同样,美国精神病学家希里(W. Healy),布朗纳夫妇(A. F. Bronner)也认为未成年人的违法犯罪行为的原因是受多方面因素影响的,既有生物因素,也有社会文化因素和学习的因素。

情绪困扰和不良行为习惯同样很少是受单一因素的影响,而是由多种原因造成的。目前,人们主要是从生物学、心理学和社会学的角度来考虑导致儿童情绪与行为障碍的生理因素、心理因素和社会因素。

一、生物学理论和生理因素

情绪与行为障碍,尤其是严重的违法犯罪行为,都不同程度地受到个体的生物和生理因素影响。这些生物和生理因素一般包括:遗传、脑损伤、生物化学失衡和生理残疾等方面。它们会不同程度地影响个体的情绪和行为,影响个体的性格特征,但单纯地用某种生物和生理因素来解释复杂的情绪和行为问题,即使是明显的犯罪行为也是不够的。

（一）情绪与行为障碍的染色体学说（chromosome theory of Emotion and behavior problem）

长期以来，人们认识到基因会影响到人类的生理特征。在近期，人们才发现，基因还会影响到人类的行为特征。许多研究结果都表明，基因的变化可能是导致人类行为改变的一个重要因素。染色体的变异可能引起严重的行为问题。

美国医学博士韦纳（Weina）从染色体异常的角度来解释各种犯罪和严重的情绪与行为障碍产生的原因。他认为，在正常情况下女性有22对常染色体和两个相同的性染色体（XX），男性有22对常染色体和两个不同的性染色体（XY）。在研究染色体与犯罪行为的关系时发现：有的男性施暴犯有两个Y的"超男性"染色体（XYY）。这种有"超男性"染色体的人的犯罪率是常人的4～5倍。当然，这种犯罪染色体学说并没有拿出结论性的研究成果，而且也无法解释女性犯罪的问题。

随着近几十年基因研究的深入，有更多的研究证据表明，一些情绪与行为障碍的形式与基因有一定的关系。例如，戈特斯曼（Gottesman）和韦纳（Weiner，1999）等人的研究表明，抑郁症和精神分裂症与基因的联系相当紧密（Gottesman，1991；Weiner，1999）。精神分裂症是由于大脑神经化学因素的失衡造成的。精神分裂症患者的亲属有患此病的风险。而这不能仅用环境因素来解释。亲属关系越密切，此风险就越大（Gottesman，1991）。

（二）情绪与行为障碍的内分泌学说（endocrime theory of Emotion and behavior problem）

这是用内分泌失调来解释个体情绪与行为障碍产生原因的生物学说，着重探讨内分泌状况与个体行为之间的关系。最早由罗马的法医提出，近代曾在意大利和美国风行。随着科学研究的进展，也得到一些医学统计资料的支持。例如，美国学者波多尔斯基（E. Podolsky）提出，人体内分泌腺的兴奋性、侵犯性和反社会冲动性三者之间存在着密切的关系。近年来，人们对复杂的生物系统的平衡的知识有了更深入的了解，也为情绪与行为障碍的内分泌方面原因的解释提供了越来越多的证据。例如，研究证明攻击性与激素尤其是雄性荷尔蒙（如睾酮激素）的分泌有关。注入睾酮激素会增加人和动物的攻击性已被不少的实验所证实。詹姆斯·布达斯（Bud James）及其同事发现因暴力犯罪入狱的囚犯的睾酮激素的自然水平，远远的高于那些非暴力犯罪入狱的囚犯，而且入狱后不断地违反狱规并与管理者发生冲突。

在现代的学校教育过程中，儿童、青少年的许多社会适应不良行为（如学习压力症、考试焦虑症、学校生活恐惧症等）的发生都与情绪压力有关。都和大脑的下丘脑领域释放出的特殊化学信号诱发脑垂体神经组织释放出来的"促肾上腺皮质激素"有密切的关系。对这一课题的进一步研究，将有助于解决儿童、青少年的学习压力症、考试焦虑症或学校恐惧症等情绪压力的问题。

（三）情绪与行为障碍的大脑功能异常学说（Theory of brain dysfunction）

伴随脑科学研究的进展，从大脑功能方面来解释情绪与行为异常的观点比较普遍。例如，美国普通外科科学2000年的一些报道强调了神经科学和神经化学对了解精神疾病的重要作用："大脑拥有成千上万的神经元，每一个神经元的化学成分、形状和连接方式都是截然不同的。脑的工作效率就依赖于神经细胞彼此之间的交流能力。""在精神健康和精神疾病方面生物学和物理学的影响永远是深远的"。①

关于脑外伤、脑功能的一些比较研究表明,某些情绪与行为障碍儿童的脑电波和正常儿童相比,有异常现象。例如,注意缺陷多动症,就是由于脑功能失常、前庭系统反应不足或异常、感觉统合功能失调,引起孩子多动、注意力缺陷以及学习困难,进而引发情绪与行为障碍等问题。②

目前,有关情绪与行为障碍与脑功能异常的研究结论大致可以概括为以下几点③:

(1) 严重的情绪与行为障碍可能伴有脑功能失调。(2) 有些多动症与脑功能失调有关。(3) 大多数的情绪与行为障碍不是由脑功能失调引起的。(4) 并不是脑功能失调都会产生情绪与行为障碍。

此外,严重的营养缺乏也可能导致情绪与行为障碍。例如,维生素的严重缺乏会影响情绪的稳定性。其他病理因素,如高血压、甲状腺功能亢进等,也可能导致情绪与行为障碍。随着科学的进步,越来越多的情绪与行为障碍的生理方面的病因被发现,而且发现可以通过药物有效地进行控制和改善。另外,生物因素和环境因素也会产生相互的作用。如果经常性的处于压力之下,显然对大脑化学结构的精确性和平衡性会产生非常不利的影响(Soulsman,1994)。有些孩子在父母离婚之后表现出的抑郁症状,就是行为和环境压力相互作用的结果。

二、心理学理论与心理因素

情绪与行为都是心理学研究的重要内容,因此,不同的心理学流派对导致情绪与行为障碍的心理因素有不同的解释,形成了不同的观点。

(一) 精神分析学派的观点

精神分析学派从动力学说和挫折理论出发,来解释情绪与行为障碍形成的原因。弗洛伊德认为,性压抑、性发展障碍是情绪与行为障碍形成的原因。荣格(Carl Jung)认为力比多(libido),即性欲和性的冲动会导致反社会行为。阿德勒(A. Adler)认为早期不良教育会影响情绪和行为的发展。新弗洛伊德学派霍尼(Karen Horney)、弗洛姆(Erich Fromm)、沙利文(Harry Sulliven)等从愿望与满足的矛盾和冲突方面,解释形成情绪与行为障碍的心理因素,认为情绪与行为障碍是由本人素质、家庭、环境等因素交互作用而形成的。例如,布朗纳(A. F. Bronner)指出,儿童、青少年情绪与行为障碍的成因是:

(1) 由于儿童时期受到了精神和心灵上的损害而产生了异常的愿望,并引起深刻的体验。

(2) 在家庭、学校、交友方面产生强烈的不适应而形成的负面感受的积累。

(3) 由于内心长期的压抑所造成的不幸感、报复感和捣乱破坏欲。

此外,由19世纪英国法学家边沁(J. Bemtham)提出的犯罪和捣乱快感理论(theory of

---

① [美] 马克·杜兰德,戴维·巴洛. 变态心理学纲要[M]. 王建平,张宁,等译. 北京:中国人民大学出版社,2009:47-51.
② 方俊明. 特殊教育学[M]. 北京:人民教育出版社,2005:368-369.
③ J. S. Werry, The Childhood Psychoses, In H. C. Quay, J. S. Werry(eds.), Psychopathological Disorders of Childhood (2nd), New York: John Wiley & Sons, 1979.

pleasure crime),认为犯罪和捣乱是为了给自己带来快感和成就感。人的天性是避苦求乐,追求快乐是人产生不良行为的动机。正如弗洛伊德所说:"孩子都是作为犯罪者来到世间的",这是因为孩子不懂得善与恶,正义与非正义,只会按快乐原则行事。当然,用这种快感理论来解释全部的不良行为是不科学的。但无可否认,有些青少年犯罪,例如,高智商的计算机犯罪,也未必有很强的功利性目的,而只是寻求一种给他人制造麻烦和显示自己才能的快感。

（二）行为主义学派的观点

行为主义者依据条件反射学说和社会学习理论,来解释形成情绪与行为障碍的心理因素,认为情绪与行为障碍的形成是由于建立了某种错误的条件反射和某种错误的社会学习方法。行为主义者主张采用行为矫正(behavior modification),即采用正负强化,通过奖惩的方法来矫正错误的行为方式,并建立正确的行为方式。

近几十年来,行为主义者向意识心理学做出了不同程度的妥协,对古典行为主义进行了一定的修正和发展。例如,英国心理学家艾森克(H. J. Ensenck)认为,"良心"的培养也是一种条件反射,必须从小形成。社会化的关键是朝着正确的方向,形成一系列社会规范所能接受的条件反射,建立良好的行为模式。个体如果在社会化的过程中,未能顺利且成功地建立这些条件反射,就有可能产生情绪与行为障碍。此外,行为主义者还从行为环境(behavior-environment),即从行为与心理物理场的因果关系方面,来解释情绪与行为障碍。行为环境理论认为,人所反映的不是一种单纯的客观环境,而是含有意识成分的行为环境。由于个人的年龄、性别、教养、经验不同,即使处在相同的客观环境中,也会有不同的认识,采取不同的行为方式。因此,行为环境理论主张从改变行为环境入手,来解决情绪与行为障碍。

犯罪模仿论(imitation theory of crime)就是从行为模仿的角度来解释不良行为,包括犯罪行为的一种行为主义的社会理论。例如,法国的塔尔德(J. G. Tarde)总结了不良行为的模仿规律,认为一是接触亲密的人之间有更多的模仿;二是身份低劣者多向优胜者模仿;三是当两个互相排斥的东西同时流行时,复杂困难的、要付出较大努力的,经常被简单容易的、付出较少努力的所替代。正如人们常说的"近朱者赤,近墨者黑",青少年与不良行为者接触的机会越多,越容易通过模仿染上很多不良的习性。

（三）认知学派的观点

美国心理学家利昂·费斯汀格(Festinger)于1957年提出认知失调理论(theory of cognitive dissonance)来解释情绪与行为障碍。他认为,两个对立的认知推断同时存在于一个人的认知之中时,常会产生不舒适感和不愉快的情绪体验。认知成分之间的相互矛盾如果长期得不到解决,便会产生情绪与行为障碍。随着认知失调的不断增加,个体要求减少和消除心理失调的张力就会越来越大。因此,要通过教育来减少不协调的认知成分,增加相互协调的认知成分。有时,必须建立某种强制性的认知结构,才能引起态度和行为方式的改变。

除此之外,各种儿童发展理论、人格理论也从不同的角度对导致情绪与行为障碍问题形成的心理因素,进行了一定的探讨,为情绪与行为障碍儿童与青少年的教育和训练提供了理论基础。

总之,心理因素是指个体在一定的生理基础上,在生活实践中已经形成,但可以改变的心理品质和心理发展水平。然而,人的心理是人脑对客观事物的能动反应,情绪与行为障碍儿童的心理也不例外。但是,这种反映不是简单的、机械的反映,而是一个不断地从量变到质变的相互作用的过程。任何一种严重的情绪障碍和不良行为习惯的形成,往往都是外界不良因素引起的个体品德和人格方面质的变化。因此,许多研究人员发现,除了生物因素和心理因素之外,社会因素是形成情绪与行为障碍的重要原因。

三、社会学理论与社会因素

有不少学者从社会学的角度来探讨情绪与行为障碍儿童的形成与发展,以及青少年犯罪的问题。社会学派都强调社会环境对情绪与行为障碍儿童发展的影响,因此,也被称为社会环境学派。它主张从儿童生活与学习的环境,即家庭、学校和社会三方面来探讨形成情绪与行为障碍的原因,尤其是关注那些对儿童健康成长不利的环境因素。例如,道奇(Dodge, 1993)把导致儿童产生情绪与行为障碍,包括反社会行为发展的因素归为三类:一是早期不利的养育环境;二是在学校中形成的攻击性行为模式;三是广泛的同伴和社会拒绝。他认为这些因素都是相继发生的,相关研究也支持这一观点(Patterson, Reid & Dishion, 1992; Sprague & Walker, 2000)。这些事件发生的背景分别是家庭、学校以及社区。

(一)家庭环境

大量的调查与统计资料表明,儿童和青少年情绪与行为障碍的形成与家庭功能不全,父母教养方式不当,家庭经济状况较差,社会地位较低,都有着非常密切的关系。来自环境的压力——生活条件差、缺乏支持和遭受身心虐待,都会增加学生产生情绪与行为障碍的可能性(H. C. Johnson & Friesen, 1993)。

主要表现在如下几个方面[①]:

(1) 家庭结构不完整。由于父母离异或父母早逝等原因,造成家庭结构不完整,不能很好地发挥家庭的教育功能,容易使儿童产生情绪与行为障碍。

(2) 家长本身有情绪与行为障碍。一些调查表明,有些情绪与行为障碍的儿童和青少年的家长本身也存在情绪失调、行为不当的问题。例如,家长有酗酒、赌博、吸毒、行凶、偷窃等劣行,势必不同程度地影响儿童的身心发展。

(3) 家庭成员之间感情冷漠缺乏交流。这类家庭最主要的特征是缺乏家庭温暖,家庭成员之间缺乏良好的感情和思想上的沟通与交流。这样,儿童感情上的需求得不到相应的满足,从而影响情感的发展和良好行为模式的建立。最典型的是"早期母爱匮乏"(mathernalde privation),不少对父母和孩子交流模式的观察和分析都表明:6个月到3岁这段时期的幼儿,如果缺乏母爱,容易导致日后产生情绪、行为与人格障碍。而对孩子充满爱的父母对孩子的需求很敏感,并能及时恰当地给予满足。而且对孩子的行为表示赞赏和关注,这样能使孩子形成更多积极的行为特征。

(4) 家庭教育方法不当。家长过于溺爱、护短或者要求过于苛刻、严厉,都容易引起儿童的情绪与行为障碍。例如,溺爱和护短会影响儿童行为控制能力的发展,过于苛刻和严厉则会增加儿童的焦虑,形成双重人格。很多父母经常有矛盾冲突、用严厉和苛刻的惩罚来处

---

① E. M. Hegherington, B. Martin. Family Interaction, In H. C. Quay, J. S. Werry(eds.). Psychopathological Disorders of Childhood (2nd). New York: John Wiley & Sons, 1979.

理孩子的行为问题,很少花时间和孩子一同参与亲子社会活动,不关心孩子的行为和活动,对好的行为也不予以重视和关切。这样年幼的孩子就会在家庭成员间一系列的冲突中,被养育成具有攻击性行为的人。

(5) 家庭的经济状况较差,社会地位较低。许多研究结果证明,家庭经济状况不佳和社会地位较低与儿童、青少年的情绪与行为障碍,有着非常密切的关系。例如,美国的一项关于情绪与行为障碍学生的跟踪研究显示:38%的有情绪与行为障碍的儿童和青少年,来自年收入低于12000美元的家庭,32%的来自于年收入在12000~24999美元之间的家庭,44%的来自于单亲家庭。低收入、单亲家庭和较低的社会阶层有很高的相关性(Fujiura & Yamaki,2000)。儿童和青少年身处家庭经济困境的状况下,身心发展可能会受到资源不足的影响,而不利于适应生活。他们会表现出无组织的生活习惯、无远谋的思考方式和消极被动的生活态度(谢青屏,1994)。

在实际生活中,这些家庭问题常常是交织在一起的。有时,情绪与行为障碍儿童作为家庭中的一个成员,也会影响家庭气氛与生活环境,形成恶性循环。这些都是开展家庭教育,帮助儿童克服情绪紊乱和纠正不良行为习惯时需要考虑的问题。

基于对父母抚养孩子的方式与行为问题关系的研究,我们更加清楚地看到,与家庭的物质环境、经济收入和父母的教育程度相比,父母对儿童的关爱和教导更为重要。例如,很多孩子虽然生活在经济条件贫困和社会地位较低的家庭中,但他们依然有着健康的情绪状态和良好的行为表现,这主要得益于父母正直的为人和言传身教。

(二) 学校环境

学校是儿童、青少年活动的主要场所,是学生在家庭以外停留时间最长的地方。因此,仔细观察儿童在学校里的表现,分析影响儿童形成不良情绪与行为的因素是很有必要的。大量的相关研究表明,学校环境中导致学生情绪与行为问题的主要因素包括:① 无效的教育、教学指导,导致学业的失败;② 不清晰、不合理的规章制度和过高的期望;③ 矛盾的、不协调的或过于苛刻的纪律要求;④ 教师缺乏对学生的学业和社会行为的赞扬和批评,或给予不公正的赞扬和批评;⑤ 教师失去威信,对学生个人指导的全面失败;⑥ 不良的校风、班风和缺乏良好的校园文化和正确的舆论。

有情绪与行为障碍的儿童由于自身的特点,大多较难与同伴建立和维持良好的人际关系。有的因为经常打架斗殴、辱骂同学、违反纪律而受到学校的处分,开始厌恶集体和学校的生活。这些儿童缺乏安全感、归属感。不适当的学校教育往往又会造成情绪与行为障碍儿童出现抵触和破坏校园环境的行为。在学校教育环境中,教师的态度和同学之间的关系对儿童情绪与行为发展的影响最为明显,教师的偏见、同学的疏远或捉弄嘲笑,最易助长这类儿童消极情绪与不良行为的发展。

来自学校环境的紧张性刺激,如过多的被指责和忽视,会增加学生产生情绪与行为障碍的可能性(H. C. Johnson & Friesen,1993)。美国的一项曾对556名有情绪与行为障碍的学生的教师进行调查。调查报告指出,有82%的教师对学生施过虐。他们的学生中大约有38%的人曾遭受过恶毒的、侮辱人格的责骂,有41%的人经常被忽视,有51%的人被伤害过感情,有些人不止遭受过一种虐待(oseroff,Westling & Essner,1999)。有受虐经历的学生会有以下几个方面的表现:① 自我想象力贫乏;② 不信赖也不依靠别人;③ 表现出挑衅和破坏行为,有时会表现出非理性的行为;④ 表现出一些消极和退缩的行为,对参与一些新的活动,建立一些新的人际关系表现出恐惧;⑤ 考试不及格;⑥ 有严重的吸毒和酗酒现象(美国儿童和青少年精神病学研究会,1996)。

儿童在学校的主要任务是学习,他们学业的水平将直接关系到儿童的自信心、成就感和人际关系。但大多数情绪与行为障碍儿童的学习成绩不佳,除了个别的有智力方面的原因之外,主要是学习态度不端正,缺乏学习热情和学习动机,加上伴随着懒散、贪玩、违反纪律等不良习惯,不愿意用心听讲,不完成作业。这些与学习直接相关的行为方式如果得不到及时而有效的矫正,就可能无法打破学业不佳和学校整体生活不适应之间的恶性循环。

(三) 社会环境

任何家庭、学校都不可能离开社会这个大环境而独立存在。正如著名的儿童心理学家希尔(Hill)所指出的:家庭、学校和社会是不同半径的同心圆。里面最小的圆表示家庭,中间那个圆表示学校,外面最大的圆表示社会。因此,社会环境也在不同程度上影响着儿童、青少年情绪与行为的发展。

社会环境大致上可以分为两大类,即物质环境和文化环境。已有大量的调查资料表明,凡是经济萧条、失业率上升、社会治安条件差的时期,学校中情绪与行为问题的比率也呈上升的趋势。也正因为这样,在世界战争结束后的几年,社会上的流浪儿和有情绪与行为障碍的儿童的比率明显增加。

文化环境对儿童的发展会产生深远的影响。美国犯罪学家塞林(T. Selling)曾经提出文化冲突理论(cultural conflict theory)来解释当代青少年的越轨和犯罪行为。他认为,社会中占统治地位的文化必然要同化其他文化,但原有文化集团的成员,会从心理上抵制这种被同化,因而在情绪和行为上都会表现出敌视和反抗。当不同文化的各种道德规范和价值体系发生明显的冲突时,就有可能引发更多的越轨和犯罪行为。此外,近代社会为了维持其体制和社会职能,形成了更多的小集团和小社会,对每个个体来说,也可能同时从属于不同的小集团和小社会,于是,相互重叠的不同的价值判断标准和行为规范,可能会引起个体的内心冲突和人格分裂,从而激发出某些越轨或犯罪行为。也正因为这样,有的学者从生态学的观点来探讨社会环境对儿童的身心发展所产生的影响,把这种不良的社会文化环境称为"心理污染"(psychonoxious)。例如,随着社会进入信息化的时代,传媒和娱乐设施的增多,互联网的扩展,多元文化和多元价值观的出现,也容易增加儿童和青少年内心的冲突,都会导致情绪与行为障碍的滋长。①

此外,人作为一个社会成员而存在,必然会有不同的人际关系和交往团体,而这些交往团体也是一种特别的物质环境和文化环境的组合。当学生与有反社会行为的同伴在一起时,同伴群体的吸毒、酗酒、性行为等都会对其产生不良的影响,不良团体的行为也会给社区和学校带来消极的影响,不良环境的影响使得反社会生活方式得以形成和维持(Biglan,1995;Harland,1997;walker et al.,1995)

综上所述,影响情绪与行为障碍的因素是多方面的和复杂的。这些影响个体发展的生物因素、心理因素和社会因素常常交织在一起发生作用。正如综合动因理论(synthetic

---

① 方俊明. 特殊教育学[M]. 北京:人民教育出版社,2005:267-273.

agent theory)所指出的,在对情绪与行为障碍的因素以及犯罪行为的成因进行分析时,要具有系统和整体的思想,不是各种要素孤立地产生作用,也不是把各种因素简单的相加,而是不同层次的相互作用。也正因为这样,对情绪与行为障碍儿童进行教育矫治时,要采用综合治理的方式,把矫治个体的行为方式和改变个体的生存环境紧密地结合起来。

第2节 情绪与行为障碍儿童的评估与鉴定

与所有特殊儿童的评估与鉴定一样,对情绪与行为障碍儿童的评估和鉴定的目标是为了确定特殊教育的对象,全面了解特殊儿童的教育需要,以期能清楚地回答以下四个基本问题:

(1) 谁可能是和真正是情绪与行为障碍的儿童,是否需要为他们提供特别的指导和帮助?

(2) 根据评估结果,确定需要提供什么样的帮助?

(3) 如何针对情绪与行为障碍儿童的具体情况,制订个别教育计划,进行有效的教育和帮助?

(4) 采取的帮助对这些有情绪与行为障碍的儿童有用吗?

尽管在理论上明确地界定什么是情绪与行为障碍并不容易,但相对而言,似乎在实践中认识和辨别情绪与行为障碍儿童显得比较容易,尤其是对那些有明显的外倾型行为或有反社会行为的儿童而言。其实,对这类儿童的鉴定同样会比较困难,原因有三:① 所有儿童,尤其是幼儿处在迅速发展的时期,行为变化很快;② 在儿童发展的过程中都有可能出现不同程度的情绪困扰和不适应行为,如何将一般性的发展阶段中的冲突和"危机"与长期的情绪与行为障碍区分开来并不容易;③ 很多内倾型的情绪与行为障碍儿童往往不易引起父母和教师的注意,在鉴定时常被忽略。此外,情绪与行为障碍儿童的外部表现、内部心理特征以及形成的原因是错综复杂的,因此,只有从多方面去搜集资料,通过纵向和横向的比较,才能对他们进行正确的早期诊断、鉴别并给予适当的教育训练。

下面我们将讨论情绪与行为障碍儿童的评估与鉴定过程、内容、方法和一般程序。

一、评估鉴定过程

与其他特殊儿童的评估和鉴定一样,情绪与行为障碍儿童的评估和鉴定也是采用定量和定性分析、纵向与横向比较相结合的综合评估与鉴定的方法。在评估与鉴定的过程中,先成立由心理学工作者、学校教育工作者、儿童家长以及医务工作者参加的评估鉴定小组;再由评估鉴定小组搜集和分析有关儿童的身体状况、家庭教育状况、学习成绩、人际关系、行为表现等各方面的过去和目前表现的资料,对儿童情绪紊乱、行为失调的类型、程度等做出评估与鉴定;最后,经过上述评估、鉴定的结果为诊断者制订出一段时期的教育训练方案。

一般来讲,在确定了学校评估的组织机构之后,将通过调查问卷、个别访谈、量表评估等方式对儿童进行评估。为了遵守 IDEA 客观公正的评估要求,确保对情绪与行为障碍儿童的行为进行恰当的评估。泽波利(Zirpoli)和莫利(Melloy)曾提出以下七步模式(Zirpoli & Melloy,2001):

第一步——确定发展性障碍是否存在。
第二步——确定是否需要提供特殊教育服务。
第三步——确定儿童存在的情绪和行为问题的性质、程度和成因。
第四步——进行相关的功能性评估,了解儿童发展的水平和障碍的程度。
第五步——明确儿童存在的问题,是否是由于技能或能力的缺乏而导致。
第六步——进行发展性的行为干预与教育。
第七步——运用进行性行为评估来了解提供的干预与教育的绩效如何。

正如我们前面所提到的,学校教育很容易注意到外倾型情绪与行为障碍倾向和教育需要的儿童,而比较容易忽视有内倾型情绪与行为障碍倾向和教育需要的儿童。因此,我们在鉴定时要给予内倾型情绪行为障碍儿童充分的关注。

如表 2-1 所示,整个的评估和鉴定程序按观察—筛选—预诊—转介—教育等不同的步骤进行。

表 2-1 情绪与行为障碍学生的评估

客观公正的评估

观　　察

教师和家长的观察	学生在社会适应问题上存在困难;也许没有能力建立和维持良好的人际关系;也许有攻击性行为;也许有弥漫性的不愉快和沮丧的情绪体验;也许会在教室里和独自活动的时候,表现出外张行为和退缩性行为。而且在不止一种场合表现出以上问题行为

筛　　选

评估方式	表明有必要采取进一步的评估和测查
课堂作业	学生在完成作业时,需要得到一对一的帮助。在课堂教学和完成作业的过程中,学生的行为不符合基本的课堂行为预期,导致无法完成或无法令人满意地完成作业
团体智力测验	大多数学生智力测量所得的智商要低于平均水平,属于学习迟缓者。但成绩不一定能很精确地反映出他的实际水平。因为情绪与行为障碍会干扰学生对测验任务的专注
团体成就测验	学生的学习成绩低于同伴,但成绩不一定能很真实地反映出他的能力,因为情绪与行为障碍会干扰学生对测验任务的专注
视觉和听觉的筛选	结果无法用来解释行为。

预　　诊

教师对学校小组建议的执行	学生对课程的合理调整和行为管理技术没有做出积极的反应

转　　介

客观公正的评估的程序和标准

评估方式	测查结果表明有情绪与行为障碍
个体智力测验	智力虽正常，但智力测量成绩不稳定。多学科专家组证明，测验的结果并不反映文化差异。所测量的确实是个体的能力。评估者有时可以通过学生在智力测验的子测验中的成绩和行为表现，来诊断学生的情绪与行为障碍
个体成就测验	在学业领域与同伴相比，学生的得分经常但不总是低于平均水平。评估者可能会发现影响学生测验成绩的一些外张和退缩行为
行为等级评定量表	这些学生的得分在一个有显著性差异的范围内，与相同文化背景，相同发展阶段的其他学生相比，其特定行为总是表现为过量或严重不足
社会适应技能，自尊，个性和自我调节能力的评估	依据测验的制定者所制定的标准，学生的测验成绩表明他在一个或多个领域里存在明显的困难。与相同文化背景，相同发展阶段的学生相比，学生的表现也表明他存在明显的困难
特征事件的记录	学生表现出的异常行为并不是短期的，而是贯穿在他整个学校生活中。另外，记录也表明，这些行为在不止一种的场合中表现出来，对其教育的过程正产生不利的影响
基于课程的评估	这些学生在学习相应年龄段的课程时，在一个或多个学习领域中均存在困难
直接观察	学生在与同伴或成人交往的过程中，以及在适应学校或班级制度和常规的过程中，均表现出困难

客观公正的评估小组认为该生有情绪与行为障碍，需要接受特殊教育和相关服务

适当的教育

（一）观察

观察是指教师和家长对儿童情绪状态和行为表现进行观察，它是评估过程的起点。观察分为两大类型，即直接观察和间接观察。直接观察包括现场观察和近距离观察，教师、家长与研究人员都可以通过直接观察，和记录单个儿童或一组儿童，在特定的时间段的情绪状态和行为表现。为了避免直接观察对儿童产生干扰和影响，还可以利用单向玻璃观察室对其进行观察，这样儿童的行为表现更真实和自然。间接观察是指一种非现场的远距离观察，例如，通过听录音和看录像材料来观察和了解儿童的表现。无论是直接观察还是间接观察都可以在儿童的自然环境中进行，也可以在设计的环境中进行。一般来讲，要想得到更为集中的，可供分析和比较的材料，多半要设置一定的场景，集中观察儿童在从事某项特殊的任务，完成一定的作业，或在同伴交往时的情绪状态和行为表现，并按照预设的提纲和结构性问题进行观察和记录。对于一些重点观察的"靶行为"要设置统一的记录符号。例如，发脾气的代号是"T"，退缩行为的代号是"W"，攻击性行为的代号是"A"等。为了便于统计分析和比较，还可以考虑将这些可观察的行为赋值量化。例如，观察者可以从以下五个方面来评估某种突出的靶行为：

出现频率：行为在单位时间内出现的次数（例如：每分钟 6 次大声说话）。有行为障碍的儿童与其他儿童最大的不同，就是问题行为发生的频率和程度。

持续时间：每次行为持续的时间和同一行为出现的总时间（如做数学题 12 分钟）。有行为障碍的儿童参与某项活动的时间与其他孩子相比，经常会不同，不是很长就是很短。例如，大多数儿童脾气不好时，发脾气的时间只有几分钟，一个有情绪与行为障碍的儿童，每次可能持续到一个小时以上。又如一些有情绪与行为障碍的儿童，每次专注做作业的时间都不超过几秒钟。

潜伏期：某种行为再次出现之前内部酝酿的时间的长短。一个孩子的行为潜伏期可能很长（如学生对老师提出的要求作出反应之前的时间），或者太短（如孩子会立刻开始哭喊或发脾气，所以根本没有时间考虑到更恰当的行为）。

反应类型：情绪与行为反应是直接的还是含蓄的，是积极的还是消极的，是攻击性的还是友善的。

反应程度：情绪与行为反应的强烈程度。一个孩子的反应程度可能太小（如说话声音太小，以至于别人听不见）或太大（如使劲关门）。

通过以上这些细致的观察和数据分析，就有可能对儿童的情绪与行为表现有一个大致的了解。它将决定某个儿童是否有必要进入更专业的评估程序，接受更全面的评估。如果观察中发现某一个学生持续的出现某些不适当的行为，而且这些行为严重地干扰了自己和他人的正常活动，甚至对自己或他人构成了威胁和伤害，教师和家长就有充分的理由，将他存在的问题及相关的资料提交由多方人员组成的个别教育方案制定（Individualize Education Plan，简称 IEP）会议，开始进入筛选性评估阶段。

（二）筛选性评估

筛选性评估是在前期观察的基础上所进行的鉴定性评估，旨在进一步确定评估对象是否属于某种特殊教育的对象。筛选性评估包括通常的医学生理检查、团体智力测验或成就测验、学业成绩的评估等方面，可以帮助我们获得更多的有关儿童发展水平的资料。如果通过筛选性评估认定评估对象的确存在一定的情绪与行为障碍，就进入预诊阶段。希望在预诊阶段，通过适当的课程调整与加强管理，改变儿童的情绪状态和行为表现。这样，就可能不需转介而进入更有针对性的专业评估。如果一段时期的课程调整与加强管理无效，则需要转介到一个更为客观、公正和全面的评估程序。例如，发现一个在筛选和预诊过程中有自杀意念的学生出现过一次自杀行为，评估小组应立即将该生转介到一个客观公正的评估过程。

（三）转介后评估

转介后评估是在筛选和预诊的基础上进行的评估，旨在进一步确定评估对象是否应该接受特殊教育和提供哪些特殊的帮助和指导。转介后评估应该是一种由专业人员执行的更为客观、公正和全面的评估。如果说观察、筛选和预诊主要是解决前面提到的第一个问题，即谁可能是真正的情绪与行为障碍儿童，是否需要提供特别的指导和帮助，那么，转介后评估是根据评估结果，确定该儿童需要提供什么样的帮助，如何针对其具体情况，制订个别教育计划，并进行有效的教育和帮助。

转介后评估可通过一系列更为专业的，更能反映个体发展水平的量表和测量方法完成。

31

其中包括个体智力和成就测验、行为等级评定量表、社会适应量表、个性与自我控制能力测验、分科性的学习能力评估等。近年来,有些评估还增加脑电图、脑成像等方面的评估资料。通过这些综合性的评估,加上有针对性的进一步观察,来确定评估对象的障碍程度,为下一步的教育干预提供资料和背景。如果这一转介后评估的总结论确定了接受评估儿童确有严重的情绪与行为障碍,通过一般性的课程调整和加强管理都不能有较大改变的话,就应该接受特殊教育的相关服务。

二、评估内容

情绪与行为障碍儿童评估的内容一般包括四个方面:一是基本情况,包括个人、家庭和学校学习以及在社区和参加社会团体的基本情况;二是发展水平和特点,包括生理水平、心理水平和学习水平,其中心理水平又包括认知水平、智力水平、情感发展水平;三是各项能力的评估,包括生活自理能力、学习能力、人际交往能力、自我控制能力;四是障碍程度的评估。

(一)基本情况

基本情况包括儿童的姓名、性别、出生年月、实足年龄、身高、体重、父母姓名、年龄、职业、兄弟姐妹年龄、健康状况、学习情况等基本信息。

1. 健康状况

一般健康状况资料包括以下几个方面:儿童个人生长发育史(了解母亲孕期的身体和心理状况,有无重大疾病感染、药物滥用、是否受过环境辐射和污染)、家族史(家族三代亲属中,有无遗传疾病、精神病、酒精中毒)、体格检查,尤其是有关神经系统和精神状态检查,以往的诊断结果和处理方案。儿童是否患有先天性疾病,身体的健康及强健状况如何?是否有器质性疾病,心身疾病?视力、听力状况如何?营养状况是否良好等。

2. 家庭情况

儿童的家庭情况一般包括:

(1) 父母的年龄、受教育的程度、工作性质与就业情况、健康状况等。

(2) 家庭经济情况,家庭成员关系的亲密度和家庭气氛,是否发生过重大的家庭变故。

(3) 兄弟姐妹的数量、祖父母和外祖父母的一般情况和人格特点。

(4) 儿童在家庭中所处的地位,是被家人溺爱,还是遭受歧视,甚至虐待?亲子关系和父母的教养态度如何?兄弟姐妹能否得到父母公平的对待。

3. 学校情况

学校情况包括儿童的学习成绩,与同学和教师的人际关系,在学校的表现,包括:遵守学校的规章制度、上课听讲、参加集体活动、参加课外活动和兴趣小组,是否曾转学或者调班等各方面的情况。

4. 社会情况

社会情况包括被调查儿童的种族、生活环境状况等。参加过哪些社团活动,是否参加了当地组织的儿童活动中心的活动等。在有关的调查中,特别要注意儿童是否参与过青少年打架斗殴的团伙、青少年犯罪团伙等社会不良组织;是否染上了偷窃、吸毒、赌博和打群架、耍流氓等不良行为。

(二)发展水平和特点

发展水平一般是指被调查儿童与同龄人相比的发展水平,评估旨在确定儿童身心发展情况是否与其年龄相称?有何不同于同龄人的显著的特点?对情绪与行为障碍儿童发展水平和特点的评估内容,主要涉及认知、智力和人格发展水平的评估。

(1) 认知发展水平。认知发展水平包括感知水平、运动水平、语言水平、思维水平等与认知密切相关的信息加工水平。感知觉发展水平的评估除了敏感度外,还涉及有无感知综合障碍?有无出现过幻觉?幻觉的内容是什么?思维和语言发展水平涉及词汇量的多少,语音语调的谐调,语言的逻辑性、清晰度、流畅性以及使用是否得当等。

(2) 智力发展水平。应结合儿童的年龄和文化背景来进行测量,主要是根据团体智力测验量表和个体智力测验量表来测量儿童的智力发展水平,其中也包括语言水平和操作水平。

(3) 人格发展水平。用人格量表来测量儿童的社会认知、角色认同、自我概念、动机水平等人格发展水平。

(三) 能力评估

能力评估,包括生活自理能力、学习能力、人际交往能力、自我控制能力的评估。

(1) 生活自理能力。能否自己穿衣、如厕、进食?能否自己洗衣、做饭和从事一定的家务劳动?

(2) 学习能力。注意力能否集中?能否较长时间地关注某一个问题?文字信息和图像信息的加工能力如何?短时记忆和长时记忆的能力如何?是否有偏好?是擅长于理解记忆还是机械记忆?是否有明显的记忆偏向?语言学习、数学计算、动手操作的能力如何?是否有明显的学习偏向?理解判断力如何?能否对事物进行分析、比较,提出一定的解决方法?

(3) 人际交往能力。能否与周围人群和伙伴融洽相处?人际关系如何?人际交往中是主动大方还是羞怯、紧张、违拗、哭闹?有无沟通、协调人际关系的能力?有无自伤、伤人和攻击性行为?

(4) 自我控制能力。自我控制能力差是情绪与行为障碍儿童的共同特征。通过相关量表测查和行为观察,可以从认识环境、适应环境、控制感情、控制语言、控制行为、抗诱惑能力等不同的角度来测评儿童的自我控制能力。

(四) 障碍程度评估

对儿童情绪与行为障碍程度的评估。一般将考虑如下几个方面:

(1) 意识是否清晰?有无自我意识及环境意识的障碍?有无思睡、昏睡,萎靡不振的状态?

(2) 是否有一定的逻辑思维能力?在认知上是否能够区分是非曲直?

(3) 情绪是否很不稳定?是否伴有经常性的任性、退缩、冷漠、乖僻、紧张、恐惧和愤怒行为?

(4) 能否与人相处和交谈,表达自己的内心体验?是否经常与同伴、教师、家长发生冲突?冲突程度如何?儿童是否在课堂上经常用不适当的方式打断教师的讲课?破坏正常的课堂教学秩序?

(5) 是否染上酗酒、偷窃、吸毒、赌博、打架等不良行为?其发展趋势如何?是否经常有轻举妄动和肆无忌惮等明显的冲动性行为和反社会行为?不良行为是偶尔发生,还是经常出现?

(6) 有无特殊的姿势、刻板的或不随意的动作？有无呆坐，吵闹、过度兴奋等表现。

(7) 儿童的社会适应能力如何？是仅在一方面不适应，还是在多方面表现出不适应？经过教育和帮助后，是否得到一定程度的改变？教育效果如何？

上述评估内容是相互联系的，例如，发展水平和各种能力之间就有非常密切的关系。

总之，对情绪与行为障碍儿童的评估和鉴定，要采取多种方式，从不同的渠道和方面来进行。在评估的过程中，既要充分考虑到儿童不同的年龄、性别、社会文化背景，也要考虑到各种测试量表的信度和效度。

此外，对情绪与行为障碍儿童的鉴定和评估，还要注意和被评估的问题儿童进行交流和沟通。

首先，要确定和理解情绪与行为障碍儿童存在的问题。如果经评估小组确认的问题并不为情绪与行为障碍儿童、青少年本人所认同，就有可能失去他们的配合。那么所有的干预策略和付出的努力，都有可能失去重点，甚至没有价值。

其次，要给予他们充分的理解、同情、接纳和尊重。与儿童的沟通和交流非常重要。评估者不要去评价他们的经历和感受，而要尽最大的努力使儿童相信："这里有一个人确实很关心他。"

最后，给情绪与行为障碍的儿童、青少年提供适当的解决他们问题的方法和途径。我们可以从三个方面给他们提供支持和帮助。① 寻求环境的支持。包括确定所有能够为他们提供及时的支持和帮助的个人、团体和相关的机构等。让他们知道，现在有哪些人能关心他们。这是提供帮助的最佳资源。② 调动应对机制。帮助他们制订能战胜目前的危机和不利因素的行动计划，分析实现行动计划的有效策略和可以利用的环境资源。③ 建立积极的有建设性的思维方式，改变他们对问题的看法，以利于对问题的最终解决。

在制订和实施计划的过程中，取得情绪与行为障碍儿童、青少年的认可和合作显得非常的关键。应该让他们感到，这个计划和他们自己密切相关，在这个过程中，没有人能够剥夺他们的权利、独立性和自尊。有些问题儿童并不反对帮助者决定他们应该做什么以及怎么做。他们能够接受善意的，强加给他们的计划。他们只是在实施计划的过程中更多的，更过分地关注自己所遇到的挫折及不利因素，而忽视自己的能力。所以，在计划制订和实施的过程中，培养他们的自控能力、自主性和自信心，从他们那里得到诚实、直接和适当的承诺，增强其能动性和主动性，才是解决问题的关键。①

三、评估工具

情绪与行为障碍儿童的测评，除了借助细致的观察之外，就是使用一系列的行为测评和心理测评的工具。这里对两类测评工具分别进行简单介绍。

（一）行为测评量表

西方常用的测定情绪与行为障碍儿童的量表有：《儿童行为测查表》(CBCL)、《儿童行为检核表》、《行为障碍系统筛查量表》(SSBD)、《行为与情绪等级量表》(BERS)，康纳斯问卷

---

① G. Norris, Haring & Linda McCormick, Exceptional Children and Youth: An Introduction to Special Education, Columbus: C. E. Merrill Publishing Co., 1986.

（包括康纳斯父母问卷、康纳斯教师问卷）。下面对上述几个行为测评量表作一简单的介绍。

1. 儿童行为测查表（Child Behavior Check List，简称 CBCL）

儿童行为测查表是现代西方应用较多的一种综合式的大型量表。该表由托马斯·艾春贝区（Thomas Achenbach，1991a；1999）和他的同事设计，是评估 4～18 岁儿童和青少年行为问题的最主要的测查表。它的信度和效度在许多的研究中均得到验证，被广泛地应用到学校和治疗环境中。该量表包括父母版、教师版和青少年自陈版等版本，还有一套课堂观察量表和访谈量表。

儿童行为测查表主要是针对特定障碍的儿童，例如，抑郁症、焦虑症、孤独症、注意缺陷多动症（ADHD）和反社会行为，或者针对特殊的功能领域，例如，社交能力、行为适应和学习表现等。儿童行为测查表包括两大部分，第一部分是 7 大项目，包括儿童在社会、学校、体育竞技活动及在家庭中与其他成员的关系方面相关的问题。经统计处理后，可归纳为三个主要的分量表：活动情况、社会行为和学校行为。第二部分包括 113 个项目，每个题目均为三级记分，即："0"代表全无此种表现，"1"代表有一些表现。"2"代表表现非常明显。此量表共可评定以下 9 方面的内容，即：精神分裂症、抑郁症、社交障碍、强迫症、躯体诉述、社会退缩、多动、攻击及违法行为。这些问题又分别可归纳为内向及外向行为两大类型。还可根据所获得的数据，画出剖面图，使儿童的行为问题一目了然。

此量表可用手工计算分析，但比较烦琐，目前国内外已有本量表的计算机软件，大大简化了运算的过程，便于临床科研的使用。

2. 儿童行为检核表

儿童行为检核表包括教师、家长和儿童量表，它可以适用于 5～18 岁的儿童（Achenbach & Edelbrock，1991）。其中，教师量表包括 112 种行为（例如："不停地哭"，"不受其他同学喜爱"），对每个行为进行 3 分评定："不正确"，"有时正确""非常正确或时常正确"。这个量表也包括能反映社会能力和适应功能的项目，如与他人交往以及表现愉悦等。

3. 行为障碍系统筛查量表（Systematic Screening for Behavior Disorder，简称 SSBD）

这个筛查量表是目前对情绪与行为障碍最系统和发展最完备的多级筛查（Multiple gating sceening）工具（Walker & Severson，1990）。它通过三个筛查步骤，逐步筛查出被怀疑有严重情绪和行为问题的儿童。

第一步，教师按照外部行为问题和内部行为问题两个维度来给学生排序。在教师的名单中排在前三名的学生接受第二步筛查。

第二步，关键事件（Critical events）是指程度非常明显，不需要依靠发生频率来界定其严重性的行为。这些目标行为可被认为是在学校社会行为适应过程中主要的破坏行为的指标。关键事件用"行为地震"这一术语来形容其生态上的破坏性和严重性（Todis，Severson & Walker，1990，pp.75—76）。

关键事件由 33 个项目组成，包括外部行为，如"对他人进行身体攻击"和"对他人做淫秽手势"。还包括内部行为，如"饭后呕吐"和"幻听、幻视"。在关键事件项目中超过指定指标的学生进入筛查的第三步。

第三步，需要对第二步筛查出的学生在教室和操场上的独立活动进行直接和反复的观察。若观察结果达到或超过标准，那么该儿童将被纳入儿童研究小组，需对其进行进一步的评估来确定他们接受特殊教育的资格。

4. 行为与情绪等级量表(Behavioral and Emotional Rating Scale,简称 BERS)

这个量表通过52个项目来评价儿童5个功能领域的表现:个人能力、家庭参与、人际交往能力、学校功能以及情感(Epstein & Sharma,1998)。以此量表评估的数据可以被用来反映学生在个别化教育计划中的积极态度,也能帮助制定个别化教育目标,也能记录学生在与强项相关的个别教育计划目标下取得的进步(Epstein,Hertzog & Reid,2001)。

5. 康纳斯(conners)问卷

康纳斯(conners)问卷是一个系统的调查量表,分康纳斯父母症状问卷和康纳斯教师问卷。

康纳斯父母症状问卷,有48个问题分四级评分(见表2-2)。此量表有六个维度,分别测量:品行、学习、身心、冲动—多动、焦虑、多动6个方面的问题。其中与多动指数有关的问题:1,5,7,8,10,11,14,15,21,26等;品行问题:2,8,14,19,20,21,22,23,27,33,34,39;学习问题:10,25,31,37;身心问题:32,41,43,44,48;冲动—多动问题:4,5,11,13;焦虑问题:12,16,24,47。多动问题:4,7,11,13,14,25,31,33,37,38。

表2-2 康纳斯父母症状问卷

	0	1	2	3
1. 撕扯东西(包括指甲、手指、头发、衣服等)				
2. 对成人冲撞,言语行为冒失				
3. 与小朋友和同学合不来				
4. 容易激惹,冲动				
5. 做事情时,喜欢控制、操纵				
6. 吸吮和咀嚼(拇指、衣服、毯子等)				
7. 容易哭或者常常哭				
8. 容易被激怒				
9. 做白日梦(即好空想)				
10. 学习方面有困难				
11. 总觉得"局促不安"				
12. 害怕(新情况、生人或新地方)及怕去学校等				
13. 不安静,常常十分活跃				
14. 好破坏				
15. 说谎或者说些无中生有的事情				
16. 害羞				
17. 比其他同龄儿童更容易闯祸				
18. 语言与同龄儿童不同(如像婴儿一样说话、口吃、语言难于理解等)				
19. 不承认错误或责怪他人				
20. 好争吵				
21. 好撅嘴,生闷气				
22. 有时偷拿父母或他人的钱和东西				
23. 不服从,或虽然做了但常常抱怨				
24. 较其他人更怕孤独、疾病或者死亡				
25. 做不完一件事情				
26. 容易感觉受到了伤害				
27. 恃强凌弱,霸道				
28. 重复做同一件事情				
29. 残酷				

	0	1	2	3
30. 行为幼稚(对一些不需他人帮助的事也要别人替他做,好纠缠别人,需要成人反复向他保证)				
31. 易分心,注意力保持时间很短				
32. 头痛				
33. 情绪变化很快,很激烈				
34. 不喜欢约束或者不遵守规则				
35. 好打架				
36. 不易与兄弟姐妹相处				
37. 对于困难的事容易受到挫折				
38. 喜欢打扰其他儿童				
39. 总是不高兴				
40. 饮食问题(食欲不佳,边吃饭边起身玩)				
41. 肚子痛				
42. 睡眠问题(不易入睡,起床太早或半夜惊醒)				
43. 全身不是这里痛就是那里痛				
44. 呕吐或者恶心				
45. 在家中总觉得受了骗				
46. 自吹自擂,好吹牛,说大话				
47. 常假想自己受到威胁				
48. 排便问题(常常腹泻、排便不规律,经常便秘)				

此量表的使用方法是:先通过临床观察对儿童有一个初步诊断的意向。要求父母如实准确地填写每个问题。本量表每个项目分为四级计分,即:某一个问题若一点也不,则在"0"项打钩。偶尔有一点,表现轻微则在"1"项打钩。若常常出现,问题较为严重,则在"2"项打钩。若很常见或者十分严重,则在"3"项打钩。然后通过统计可知该儿童哪方面,或者哪几个方面的评分较高。

根据量表各相关问题得分的总和,除以问题的数目,即可得到各有关的分量表得分。例如,多动指数与10个问题有关,将患者的10个问题的得分相加再除以10,即得到患儿的多动指数。若多动指数平均分高于1.5,则提示该儿童有多动症。根据统计研究,患儿的任何一个分量表得分高于同年龄、同性别正常儿童的平均值,均表示该分量表所测量的方面表现异常。

康纳斯教师问卷包括28个问题(见表2-3)。此量表的评分方法与表2-2相似。包括以下5个方面的问题,即:攻击性行为、白日梦、注意力不集中、焦虑、恐惧、多动、社会合作等。计算方法与表2-2相同。

康纳斯简明量表是由父母或教师填写(见表2-4)。主要用于观察治疗多动症患儿主要症状的前后变化,比较敏感,且简单易行。

量表的使用,是研究儿童行为问题方法学上的一大进步。我们在工作和研究中,可根据自己的需要及条件采用不同的量表,也可自行设计量表,但需要经过信度和效度的检验。[1]

---

[1] [美]艾里克·J.马施,大卫·A.沃尔夫. 儿童异常心理学[M]. 孟宪璋,等译. 广州:暨南大学出版社,2004:111-112.

表 2-3　康纳斯教师问卷

	0	1	2	3
1. 总在教室里走来走去				
2. 经常制造出一些不应该有的噪音				
3. 有要求必须立即给予满足				
4. 行为快捷(莽撞,冒昧)				
5. 好突然发脾气和有一些无法预料的行为				
6. 对批评过分敏感				
7. 易分心,注意力保持短暂				
8. 喜欢打扰其他同学				
9. 喜欢做白日梦,好幻想				
10. 好撅嘴,生闷气				
11. 情绪改变迅速和激烈				
12. 好争吵				
13. 对权威很顺从				
14. 不安静,常常十分忙碌				
15. 易激惹,好冲动				
16. 需要老师给予极大的关注				
17. 显然不受班级同学的欢迎				
18. 易于接受其他同学的领导				
19. 玩游戏时不能公平对待他人——只能赢不能输				
20. 显然缺乏领导能力				
21. 常不能完成已开始做的事情				
22. 幼稚,不成熟				
23. 不承认错误或责怪别人				
24. 与其他同学相处不好				
25. 不能与同学合作				
26. 做事易受挫折				
27. 不能与老师合作				
28. 学习困难				

表 2-4　康纳斯简明量表

	0	1	2	3
1. 不安宁或活动过多				
2. 易激惹,好冲动				
3. 打扰其他儿童				
4. 难以完成已开始的工作,注意力保持时间短暂				
5. 经常坐立不安				
6. 注意力不集中,易于分心				
7. 要求必须即刻得到满足——易于受挫折				
8. 常常容易哭				
9. 情绪变化迅速且激烈				
10. 易发脾气,暴躁,容易出现无法预料的行为				

(二) 心理测验

用于情绪与行为障碍儿童的心理测验很多,可根据儿童的实际状况和需要选用相应的不同测验。

1. 一般智力测验

在我国常用的智力测验有:《中国比奈测验》及量表、经过修订的《韦克斯勒学前和小学智力量表》、《瑞文推理能力测验》、《丹佛小儿智能筛选测验》、《格赛尔发展程序量表》、《0～4岁婴幼儿神经、心理发育诊断量表》和《五十项儿童智能筛查量表》。现将上述量表简单介绍如下：

(1)《中国比奈测验》，是在1924年和1936年由陆志韦等修订的比奈西蒙智力测验的基础上，1982年由吴天敏主持再修订的智力测验量表，适用年龄范围是2～18岁。

(2) 修订版《韦克斯勒学前和小学智力量表》是世界范围内通用的量表之一。学前和小学量表适用于4.5～6.5岁，儿童量表适用于6～16岁。

(3)《瑞文推理能力测验》是纯粹的非文字智力测验，适用的年龄范围非常广泛，6岁以上任何年龄都可以使用。后来又编制了《瑞文彩色推理能力测验》，适用于5～11岁儿童和有心理障碍的成人。

(4) 修订的《丹佛小儿智能筛选测验》可以用来初步区分儿童智力是否正常。

(5) 修订的《格赛尔发展程序量表》是对1个月至6岁的婴幼儿神经心理发展的评定量表。

(6)《0～4岁婴幼儿神经、心理发育诊断量表》和《五十项儿童智能筛查量表》是由首都儿科研究所编制的，主要用来测验学前儿童的综合能力，且操作方法简单。

2. 神经心理测验

常用的神经心理测验有哈斯特-瑞坦(Halstead-Reitan)儿童成套神经心理测验及拉芮-内布拉斯加(Luria-Nebraska)儿童成套神经心理测验。

(1) 哈斯特-瑞坦儿童成套神经心理测验

这一测验主要由两大类供不同年龄段的儿童使用的成套的测验组成，分别供5～8岁和9～14岁的儿童使用。本测验包括11大项目：侧性优势检查，握力测验，连线测验，触摸测验，声调节律测验，手指敲击测验，语言测验，范畴测验，感知觉测验，触觉辨别测验及失语甄别测验，可测验儿童的半球优势(左利手还是右利手)，视觉空间，触觉分辨，空间知觉，听觉分辨能力，手指精细活动能力，抽象思维及概括能力以及记忆等多种神经功能，还可根据检查结果，算出损伤指数，此测验已有经过信度和效度检验的不同年龄性别的正常值。另外，此测验设备较简单，操作简便对儿童没有伤害性，结果比较可靠，但由于此测验内容繁多，每次检查需要数小时，且又需儿童能很好地配合。因此，限制了其在临床上的广泛应用。

(2) 拉芮-内布拉斯加儿童成套神经心理测验

供8～12岁儿童使用。对11个行为方面进行评定，即运动、节律、触觉、视觉、接受性语言、表达性语言、写、读、算、记忆及智力等方面。此测验已有经过信度和效度检验的儿童正常值。

3. 人格测验

经常使用的儿童人格特征测验有艾森克(Eysenck)个性(幼年)问卷等。

艾森克(Eysenck)个性(幼年)问卷用于调查7～15岁幼儿的个性类型。不同文化程度的被试者均可使用，包括精神质(P)、由外向(E)神经质(N)和说谎(L)四个量表，88个项目。对儿童的个性特质和心理健康都能较好的测查。而且操作简单、易于评分。

4. 投射测验

投射测验有模糊刺激(例如："你认为这个墨点像什么？")或者是开放式结尾任务(例如："完成这个句子'大多数女孩喜欢……'")，对各个项目的回答没有对错之分，只是展现一个人真正的个性特征。最著名的投射测验是罗夏克(Rorschach)墨迹测验,它有一套共计10张的卡片,每一张卡片上有一个墨迹图,图形两边呈镜面对称。每次向被试出示一张卡片,问:"告诉我你看到了什么,它对你来说是什么东西,答案没有对错之分。"

另一个著名的投射测验是由摩尔根和莫瑞在1935年提出的主题统觉测验(Thematic Apperception Test,简称TAT)。测试时给被试出示一组图片,然后让被试针对每幅图片编一个故事,叙述这些人都是谁,他们在做什么,想什么,感觉怎样,以及事情将如何发展等。

投射测验只是评估儿童行为的一种间接而又非常有限的方式,尽管有时很有趣,但其测验的结果在评估特殊教育对象的情绪行为障碍时价值甚微。主要是它无法对儿童在一段时期内典型行为表现进行评估。只凭这种测量方法不足以去确定情绪与行为障碍的表现以及确定教育和治疗的计划。

四、早期发现与评估

(一) 早期发现与评估的意义

早期发现与早期干预既是特殊教育的新理念,也是特殊教育必须遵循的基本原则。情绪与行为障碍儿童与其他类型的特殊儿童一样,同样也需要早期发现和早期干预。任何行为都有一个发展的过程,如果当某些不良行为还是偶尔出现,尚未形成牢固的行为习惯时,多半都可以得到矫正和根除。但若得不到应有的重视和及时的干预矫正,就有可能在日积月累的过程中,从量变引起质变。例如,有的儿童从情绪急躁变成极其暴躁。从偶尔的一次偷窃,变成惯偷。从好奇的尝试,到染上了烟瘾、赌瘾、网瘾和毒瘾。一旦形成了顽固的不良行为模式,任何纠正和改变都要付出很大的代价。但是,由于情绪与行为障碍儿童的发展障碍不像其他类型的特殊儿童那样明显,加上部分家长对孩子的溺爱和护短,常常会失去早期发现和干预的良机。

据美国的一些调查资料表明,美国每年有45万名学龄青少年进入收容中心或者训导学校,30万名进入成人监狱(Leone,Rutherford & Nelson,1991)。这些人中大部分都很少接受,或者是接受过某些不合标准的特殊教育服务(Leone & Meisel,1997),甚至根本就没有接受过特殊教育服务(Mcintyre,1993)。这一现象提醒人们:一是必须充分认识到对情绪与行为障碍儿童早期发现的重大意义,二是对必须早期发现和干预本身的难度有充分的认识。

在日常生活中,我们除了要给已经表现出情绪与行为障碍的儿童提供支持性的服务以外,我们还需要更加努力地鉴别那些处于行为问题边缘的孩子,以防止其反社会行为的进一步发展。社会普遍很关注学校和学生的安全,以及青少年犯罪的问题,而且广泛意识到反社会行为是一种严重损害社会安定,需要付出巨大财政支出与情感和精神代价的顽疾。但我们的学校和家长在预防情绪与行为障碍方面却做得非常有限。当情绪与行为问题表现得很轻微时,进行早期干预更可能产生好的效果,但并没有引起足够的重视,也没有给予及时的干预,总是等到孩子长大了,有了更多的反社会行为,也更难以改变的时候,才惊慌失措地进行干预、阻止和惩罚,这应当引起我们的充分警戒。

(二) 影响情绪与行为障碍早期发现和评估的因素

影响情绪与行为障碍早期发现和评估的因素通常有家长、学校和社会方面的因素,下面将进行简单的介绍。

1. 家长方面的因素

从家长方面的情况来看,通常有如下几个因素妨碍了对儿童情绪与行为障碍的早期发现和早期干预。

(1) 有些家长平时对孩子关心太少,对他们的情绪与行为问题视而不见、置若罔闻,直到孩子有明显的反社会行为时,才引起重视或进行简单粗暴的惩罚性教育。

(2) 有些家长把孩子早期的混乱情绪和不良行为,看成是发展阶段中不可避免的现象和过程,认为随着孩子年龄的增长,自然会慢慢懂事,这些不良行为自然就会消失。

(3) 有些家长担心对这种有情绪与行为障碍倾向的孩子进行早期鉴别并贴上标签,会让孩子及其家庭受辱,对孩子将来的发展产生负面影响。

(4) 有些家长对使用问卷和量表来鉴定儿童的情绪与行为障碍的科学性抱有怀疑的态度,对筛选工具的完善性不够信赖,担心自己的孩子被误诊。

(5) 有些情绪与行为障碍儿童的形成与儿童的家庭环境、家长的素质和态度等都有着密切的联系,情绪与行为障碍儿童的早期评估很难得到家长的支持和配合。

2. 学校和社会方面的因素

(1) 学校和教育部门常常会因为经费得不到保障,不愿花太多资金对情绪与行为障碍疑似儿童进行筛选、鉴别和早期干预。

(2) 由于情绪与行为障碍儿童大多会拒绝教师的教导和帮助,而且矫治过程非常艰难,需要花费大量的精力和心血,且不容易看到教育的效果,因此有些教师不愿意承担对他们的教育服务。也正因为这样,有些人始终坚持认为:情绪与行为障碍儿童不属于特殊教育服务的对象和范围。认为当这些儿童的行为违反校纪校规时,按学校纪律处分条例处理就行。如果儿童的反社会行为发展到违反国家的法律法规时,就应该依法处理。

正是鉴于上述种种因素,情绪与行为障碍儿童往往得不到及时的早期评估、鉴定和医教结合的早期干预。

五、早期教育干预

很多情绪与行为障碍儿童和他们的家庭成员,都需要接受一系列的心理健康咨询和社会服务,如寄养监管、儿童福利和社区康复计划。美国近年来一个增长的趋势就是发展以社区为基础的照顾体系,即为儿童提供心理健康咨询和社会服务的各个机构协同努力的综合服务体系。最有效的相关计划就是以儿童为中心和以家庭为中心的干预和支持计划。越来越多的学校也参与到相关服务计划的协作中来,共同提供相关的服务项目(Anderson & Matthews,2001;Duckworth et al.,2001;Eber,Neason,& Miles,1997)。(伍德鲁夫,1999)确定了以学校为中心的相关计划的几个特点:① 强调学校范围内的干预;② 学校人员要鼓励家庭成员成为帮助其子女或兄弟姐妹的协作者;③ 来自儿童和家庭服务机构、心理健康中心、青少年司法处以及其他社区机构的专家,要同时在学校和社区为儿童提供服务;④ 以学校为中心的服务管理者要提供相关的服务来保证学生在学校、家庭和社区里的学习和生活得到有效的帮助。[①]

---

① William L. Heward. 特殊需要儿童教育导论(第八版)[M]. 肖非,等译. 北京:中国轻工业出版社,2007:224.

情绪与行为障碍儿童的教师有两个重要的任务,即帮助学生:① 用更加适当的社会性行为来代替反社会行为和非社会行为;② 获得专业知识和技能。很多情绪与行为障碍学生频繁地表现出反社会行为、适应社会技能的缺乏以及专业知识的匮乏,这对每位要帮助他们的教师来说,都是极大的挑战。以下从课程目标、行为管理、建立密切的师生关系和教育安置的选择四个方面,谈谈情绪与行为障碍儿童的早期干预。

(一)课程目标

对情绪与行为障碍学生的教育和干预,最重要的是控制他们的反社会行为。多年来,针对情绪与行为障碍学生的项目大都集中在不适应性行为的矫正上,结果导致他们在学业知识和技能方面比其同龄人落后很多。所以,给情绪与行为障碍学生提供的特殊教育必须包含在学校、社区中所需的社会技能和学业知识技能的学习。

1. 社会技能

社会技能的学习是情绪与行为障碍学生课程的一个重要的组成部分,很多学生很难和人进行交流和沟通,不善于用恰当的方式表达他们的情感,很少用积极的建设性的方式来对待失败和批评。因为他们解决刺激性事件时缺乏社会技能,所以经常用打架或吵架的方式来作出反应。轻微的冷落、被人嘲笑或忽视,都会激起他们的攻击性行为。我们也可以通过课程设计、电视节目和儿童读物来帮助情绪与行为障碍儿童掌握一些社会技能。包括:与他人相处的技能,帮助儿童学会交流情感、自我表达、同伴协作、问题解决、控制愤怒、压力管理、集体游戏以及对攻击和冲突作出反应。在社会技能的学习方面,可以设计一些能增强自尊及发展与同伴、家庭和师长关系的活动。

2. 学业技能

虽然情绪与行为障碍学生最重要的是需要通过特殊教育,来解决特殊行为问题和社会技能方面存在的缺陷,但不能忽视学业教育。大多数情绪与行为障碍儿童是学业的失败者,他们基础较差,在知识方面比正常的同龄儿童要获得的少。学科知识的掌握对他们来说非常重要,正是因为他们知识的贫乏,才使他们缺乏明辨是非的能力,没有美丑之分。教师应该避免因为学生的不服从和对抗而降低对他们学业的要求,如布置简单的任务,更少提供回答问题的机会、更低的学业期望(Cunter et al. ,1993;Sutherland, Alder & Gunter,2003;Wehby,Symons,Canale & Go,1998)。当为他们提供了明确而系统的学业教育,大多数情绪与行为障碍儿童都能取得一定的收获和进步。

(二)行为管理

1. 纪律与学校范围内的行为支持系统

学校的纪律是为了控制特殊学生的不良行为而采取的一种处罚措施。但是,处罚在对问题行为的长期抑制上,已经没有了普遍的效力,而且也不能帮助学生掌握所需的亲社会行为。在近年来,与学生良好纪律形成的相关研究中,取得的最为有效的干预方式是学校范围内行为支持系统的建立和发展。这个成功的学校行为支持系统的特征如下:

(1)描述期望的行为。明确规定了一些行为期望的目标。例如:"对人尊敬,有责任感,不要伤害他人"或"尊重自己,尊重他人,尊重和爱护公物"。

(2)具体明确地讲授期望的行为。行为期望的要求是用一种系统的形式直接教给学生的。先说明基本的规则,然后讨论规则的合理性,分别用正面和负面的典型范例来描述和演示,然后让学生用正面的模式来实践,直到他们熟练掌握为止。在掌握行为期望的要求时,要举出典型的范例(例如:对人尊敬就是当你回答问题或需要请人帮助时,要举手示意。当你和某人说话时,要称呼别人的名字)。

(3) 训练并掌握适当的行为。一些学校通过正规的系统来进行教育(如使用代币制,奖励的方式),还有一些学校则是通过社会实践来实施。

(4) 纠正错误的行为。当学生违反了行为期望的要求时,要明确提示他们的行为是不被接受的。可接受的行为是什么。

学生的支持体系要整合到学校纪律体系之中。学校行为支持不能替代对1%～7%学生的综合干预措施,这些学生需要的是更加有个别针对性的、持续的行为支持(见图2-1有效行为支持的连续阶段)。

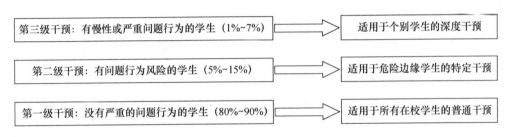

图 2-1　有效行为支持的连续阶段

2. 课堂管理

情绪与行为障碍学生的教师必须营造和管理班级环境来减少反社会行为,同时增加师生积极交流的频繁性,并将此作为学生形成积极行为和获取学业成功的基础(Gunter et. al.,1993 Shores,Gunter & Jack,1993)。①

大多数的课堂行为问题可以通过积极的行为管理来阻止。主动应对策略是一种事先设计好的干预方式,可以在问题行为发生之前就制止。"矫正一个淘气孩子的行为问题比制止问题行为的发生更加困难。一旦教师没有及时采取行动加强管理,事情就会变得失去控制,再要重新控制就会更加困难"(Rhode et al,1998,p.19)。

主动应对策略包括建构课堂的自然环境(如,让最有问题的学生坐在最靠近教师的地方);建立清晰的规则和对适当行为的期望;对学生进行指导;用赞扬和正强化来激励学生的适当的行为。

管理课堂环境要求大量的知识和技能,教师必须了解何时及怎样运用行为矫正技术。例如:塑造(提供榜样、示范)、临时合同(和学生口头约定行为要求和奖惩方式)、消退(对破坏行为不予理睬)、对不同行为的区别强化(除不适当的行为外,给予其他任何行为以强化)、使用代币制、暂停(学生做出不适当的行为后,被限制一段时间内不能接近强化物)以及过度纠正(要求对反社会行为的危害性进行补偿,如当一个孩子拿了其他孩子的东西,他必须归

---

① William L. Heward. 特殊需要儿童教育导论(第八版)[M]. 肖非,等译. 北京:中国轻工业出版社,2007:213-214.

还,而且还要将自己的东西给那个孩子)。不能单独施行这些技术,而要综合运用到一个整体的建设性的课堂管理计划中,才能起到好的作用。(Anderson & Katsiyannis,1997;Barbetta,1990a;Cruz & Cullinan,2001)。

在设计和实施班级管理策略时,情绪与行为障碍学生的教师必须谨慎,避免用强制的方法来促使学生遵守规则,强制手段除了会引起学生的逃避行为外,并没有教会学生该做什么,只关注了学生不做什么(Sidman,1989)。

3. 自我管理

很多情绪与行为障碍儿童认为自己缺乏自控能力,自我管理能力的培养能够帮助他们形成责任感,获得自我控制的力量(Wehmeyer & Schalock,2001)。

自我管理的形式很多,目前运用最广、研究最多的是自我监控和自我评估。前者主要是通过学生对自己的行为进行观察和记录。后者是将自己的行为与标准和目标行为进行比较。罗德(Rhode),摩根(Morgan),客格(Young,1983)曾提出了在课堂环境下提高行为的自我管理技术的一种有效的方式。六个有情绪与行为障碍的学生被带到一个资源教室里,因为他们有严重的破坏性行为和不完成任务的行为。在资源教室里,对他们采取了自我监控和自我评估联合的方式进行干预研究。开始,教师对每个人进行评估,在一刻钟内,对他们的课堂行为和学业成绩给出从5(优)到0(差)五个等级的依次评分。然后,学生开始根据相似的评价系统来对自己的行为进行评估,教师继续对个人进行评估,将教师和学生的评估进行比较。如果教师的评估和学生的评估差异不大,说明学生的评估基本客观;如果差异太大,就需要教师帮助学生正确认识自己的行为。然后教师开始逐渐地减少对学生评估的次数。当学生的行为表现达到可接受的水平,而且能正确评估自己的行为时,允许他们回到普通教室,继续做自我评估。在此项研究的最后阶段,学生在普通教室里行为表现水平已能达到正常学生的水平。大量的研究表明,有行为问题的学生能有效地运用自我监控和自我评估方式,来帮助规范自己的行为。

4. 同伴的干预和支持

同伴的干预和支持是使情绪与行为障碍儿童产生积极改变的一种有效方式(Barbetta,1990a;Coleman & Webber,1988)。指导同伴帮助另一个问题儿童减少不适当行为的策略如下:

(1)同伴监控。学会观察和记录其同伴的行为,并且做出反馈。

(2)同伴对积极行为的报告。鼓励学生学会并加强对他人积极行为的观察和报告。

(3)同伴指导。相互之间在学业和社会技能方面进行交流,帮助情绪与行为障碍儿童掌握更多的学业知识和社会技能。

(4)同伴对抗。同伴要学会对正在发生或即将发生的不适当行为进行恰当的分析,要给他们示范适当的行为反应方式是什么。

大多数有重度情绪与行为障碍的儿童,经常游离于群体,还没有学会对自己的行为负责。对于教师来说,首要的也是最困难的挑战,就是促进群体间的凝聚力,促进团体内部的互帮互助(Hallenbeck & Kauffman,1995)。

(三)建立密切的师生关系

除了学业和行为管理技能外,情绪与行为障碍学生的教师还需要建立起积极、健康的师生关系。威廉·莫尔斯(William Morse,1976,1985)认为教师应该具备两种必要的情感特征,即区别性接纳和同感关系。

区别性接纳要求教师能够接受学生频繁表现出的愤怒、憎恨和攻击。对他们的行为表现要给予理解而不是指责。当然,说比做容易的多,教师必须认清情绪与行为障碍学生破坏行为的实质,这种行为反映了学生过去所遭受的挫折经验、自己内心的纠结以及和他人曾有过的冲突。教师必须帮助他们认识到自己的反应是不适当的,要学会采用正确恰当的行为方式。

教师与学生同感关系的建立,需要教师有能力识别和理解情绪与行为障碍儿童表现出的许多非言语线索。这些线索通常是理解情绪与行为障碍儿童个别需要的关键。教师应该直接而真诚地与情绪与行为障碍儿童进行沟通。这类儿童中的许多人曾有与不真诚对待他们的成人打交道的经历,这些成人自以为能给情绪与行为障碍儿童一些帮助,但他们并未真诚地关心他们的需要和利益,或者总是错误地解读他们的需要,这将严重影响干预矫治的效果。

教师必须了解教师的行为本身就是情绪与行为障碍的学生学习的榜样。因此,教师的行为和态度显示出足够的成熟、自控和自信是非常重要的。理查森(Richardson)和苏珀(Shupe)指出,教师可以适当地表现出一定的幽默感,这样有利于和学生建立良好的关系、解决冲突、使学生能积极地参与学习,并帮助他们学会自我管理。教师如果过于严肃,会引起学生情绪上的宣泄和爆发。

(四)教育安置的选择

情绪与行为障碍儿童可以接受连续的教育安置服务。在美国2003—2004学年,在校的情绪与行为障碍学生中,大约有30%能够在普通教室里得到咨询指导,23%在资源教室里接受教育,30%在特殊教室,12%在特殊学校,还有5%在寄宿式和家庭式安置机构里接受教育(U.S.A. Department of Education,2004)。虽然近年来的趋势是将情绪与行为障碍学生安置在普通教室里,但是一半以上的这类学生还是在特殊教室、特殊学校以及寄宿机构里接受特殊教育。

与其他类型的特殊学生相比,大部分情绪与行为障碍的学生,只有被鉴定为有严重的情绪与行为问题时才能接受特殊教育。所以大多数情绪与行为障碍学生接受特殊教育时,其问题已是长期存在,并且相当严重了,故需要进行深度干预。但是在普通教室里,针对这类儿童持续实施特别支持和计划是十分困难的(Brigham & Kauffman,1998)。

情绪与行为障碍学生的教育面临的最大挑战,就是创造一个可以让所有学生既能掌握知识,学习社会技能,又能使特殊需要的儿童得到保护的安全的环境。融合教育的支持者认为,普通教室就可以为所有特殊学生创造这样的环境,而且在普通教室里学习的情绪与行为障碍学生也取得了良好的效果。一项研究发现,与那些全天待在隔离式教室学习的学生相比较,让他们每天至少花一个小时到普通教室里学习,他们会取得更好的学习成绩并形成更好的学习习惯(Meadows,Neel,Scott & Parker,1994)。这些研究结论支持将情绪与行为障碍的学生安置在普通教室里接受教育,但也有研究者指出,学生在普通教室里不会表现出在特殊班级里所表现出的极端的攻击行为、缺乏自我控制和畏缩等行为。普通教育班级这种安置形式,对学生的不同教育计划也会产生一定的影响。也就是说,普通教育的教师所进行的指导有时不能满足有行为问题的学生的需要。如果没有专门的指导和建议,很难想象有严重的情绪与行为障碍的学生能在普通班级里接受到适当的教育。

施耐德(Schneider)和勒鲁(Leroux)(1994)在总结了对情绪与行为障碍儿童不同教育安置的研究之后认为,特别计划(包括资源教室、自足式教室、特殊学校和治疗中心)似乎比在普通教室里学习更能提高成绩,但是儿童的自我概念需要在受限制较少的环境下获得。但美国行为障碍儿童研究理事会(CCBD,1993)并不认为普通班级是安置情绪与行为障碍学生的最佳方式。选择何种教育安置方式,取决于学生的个人需要在哪种安置方式下能够获得最大的满足。

当决定将情绪与行为障碍学生安置到普通班级,或将其从限制性更多的环境中转介到普通班级时,学生和普通班级的教师必须在前期做好准备,并且在安置实施后给予支持。前期准备包括:教师确定他们在普通教室里应有的行为和对他们学习的期望与要求,评估学生目前的行为表现与这些期望之间的差距,按照要求教授这些学生所需要的各项技能。教师要接受在职培训,以掌握行为管理的特殊技能(Nelson,2000;Rhode et al,1998)。学生被安置到普通班级后提供的支持包括:紧急干预支持计划,后续咨询,课堂示范以及对教育者与参与情绪与行为障碍学生矫治工作的同学进行干预方式的培训。①

 本章小结

本章分两节,第1节从多学科的角度,讨论了当代情绪与行为障碍儿童的理论基础。从生物遗传学、内分泌学和脑功能学说的角度探讨了形成儿童情绪与行为障碍个体的生物因素;从精神分析学、行为心理学和认知心理学的角度探讨了形成儿童情绪与行为障碍个体的心理因素;从社会环境学的角度探讨了家庭环境、学校环境和社会环境对儿童情绪与行为障碍形成的影响。

第2节介绍了情绪与行为障碍儿童评估的一般程序、过程、内容和常用的工具,强调了早期评估与早期教育干预的重要意义和存在的问题。情绪与行为障碍儿童的评估程序也和其他类型的有特殊需要的儿童的评估一样,要在评估小组的直接参与和监督下,经过观察、筛选、转介三个流程,评估的内容涉及儿童的一般情况、发展水平、能力水平、障碍程度,使用的量表主要是行为测量量表和相关的心理测量量表。如何根据我国社会文化的特点,编制和修订相关的评估量表是我国特殊教育面临的任务。

 思考与练习

1. 为什么要从不同的学科角度来探讨情绪与行为障碍儿童的成因?
2. 为什么说家庭教养环境比其他环境对儿童早期情绪与行为障碍的形成有更大的影响?
3. 简述情绪与行为障碍儿童评估的主要内容、工具和程序。
4. 谈谈情绪与行为障碍儿童早期评估和预防的意义和有待解决的问题。

---

① William L. Heward. 特殊需要儿童教育导论(第八版)[M]. 肖非,等译. 北京:中国轻工业出版社,2007:222.

第3章 多动症障碍儿童的发展与教育

学习目标

1. 了解多动症障碍的概念和这类特殊儿童的基本特征。
2. 探讨形成多动症障碍儿童的成因。
3. 掌握多动症障碍儿童的鉴定和综合评估的方法。
4. 了解和掌握对多动症障碍儿童进行治疗和教育的一般原理和方法。

听到多动症障碍儿童这一概念时,许多人的脑海里可能会浮现出以下猜想:这种障碍的儿童是由于意志力较差而缺乏自我控制的能力,或者是因为家长教育方式不当而导致的一种道德和行为上的缺失。如果你是这样认为的,那么你对多动症障碍儿童理解的偏差就太大了。

多动症障碍是常见的可诊断的儿童期精神障碍,是神经生物性疾病。障碍儿童会遭受学习或适应无能带来的种种痛苦,如果没得到及时的治疗和有效的特殊教育帮助,可能会受到他人的排斥并遭受学业和生活方面的各种失败。

第1节 多动症障碍儿童的概述

早在1902年,伦敦的一位医生乔治·斯蒂(George Still)就已经鉴定出一类新的"病"孩,他们的智力达到或高于平均水平,存在"指令性道德控制的缺陷",即他们不能听从成年人的指令或达不到成年人对他们的要求(Lang,1996)。后来,威廉·詹姆斯(William James)认为孩子缺乏的是选择他们行为的能力和"持续注意能力的缺失"(Lang,1996)。1917—1918年间病毒性脑炎流行之后,有些医生发现许多受到感染的孩子有类似的后遗症,故进一步认为,注意缺陷和行为多动的问题可能是由轻微的脑部损伤所导致的,所以又被称为"轻微脑功能失调(Minimal Brain Dysfunction,简称 MBD)"。

多动症障碍儿童的界定、发生率、成因分析和治疗与教育方法,在医学界和特殊教育学界都有很多争论。正如美国国家多动症障碍儿童与成人组织主席马修·科恩(Matthew Cohen)指出的:"近十年,没有一种精神障碍像多动症障碍这样受到这么多的批判、怀疑和嘲弄……尽管多动症障碍会带来严重的后果,尽管所有的研究都证实了多动症障碍是一种严重的神经生物性疾病,而且大量的研究也表明这一障碍可以被有效地治疗,但是仍有多动症障碍患者未被诊断出来,我们仍是低估了它的发生率,而仍有少数社区和媒体回避这一问题(Garner,1999b)。"

一、多动症障碍的概念

根据美国精神病学会的《精神障碍诊断与统计手册》(第四版)(DSM-IV)中将多动症障碍归类为"注意缺失障碍"(Attentional Deficit Disorder,简称ADD),认为多动症障碍的基本特征是缺乏持续的注意力和具有多动性-冲动性,其严重程度和持续时间与其年龄发展水平不相适应。

由此可见,持续时间和严重程度是多动症的两个很重要的、限制性的判断标准。这是因为每个人都会有健忘和心不在焉的时候,特别在压力较大时。而且,每个人的精力也不同,有的比较旺盛,有的较差。但只有那些长期的、严重和持续的与其年龄发展水平不相适应,并已妨碍其日常生活的多动性-冲动性,才被诊断为多动症障碍。

二、多动症障碍儿童的类型和特征

多动症障碍的学生与其他同龄人的显著区别在于:他们集中注意和控制冲动的能力很差,但也并非所有多动症障碍的学生都有明显的快速多动反应。实际上,有些人属于弱活动性(hyperactive)多动症障碍,即他们的运动和反应都比较慢。

美国精神病学会界定了多动症障碍的三种子类型:以注意缺乏为主型、以多动-冲动为主型和两者兼有的复合型,每一种都有自己的一系列特征。因此注意力缺失/多动症(Attentional Deficit/hyperactivty Disorder,简称AD/HD)代表了所有的三种子类型:注意缺乏症、多动症和注意缺乏多动症。

(一) 注意缺乏型

多动症障碍以注意缺陷为主要特征,这类儿童在课堂上难以集中注意力、易健忘和分神。哈洛韦尔(Hallowell)和瑞特(Ratey)曾这样形容这类学生:

他们经常做白日梦,分神发呆,小孩子,特别是女孩,常常坐在教室的后面,一边用手指卷着自己的头发,一边望着窗外发呆。成年人,则常常在谈着话或读书读到一半,就开始想别的东西了。他们的想象力通常非常丰富,交谈时在脑海里想着建筑通往天堂的云梯、边写作业边在脑子里编写剧本、或者不停地点头赞许,而实际上根本就没听对方在说什么。他们一般没有多动症障碍外显性的多动行为(Hallowell & Ratey,1995)。

这类儿童倾向于把注意力集中在自己的内部世界,做白日梦或头脑不清楚,常常表现出冷漠和没有兴趣,动作缓慢,常凝视某处发呆。他们的思维可能十分活跃——不停地思考,而且富有创造性——但他们的身体却似乎是懒洋洋的。

有研究认为,注意缺乏型的学生似乎表现出"回忆或提取词汇或概念"的困难(Barkley,1998b,p.8)。这些症状可能出现得比较晚(8~12岁),而且他们的预后效果要优于其他两种类型。由于注意缺乏型的孩子通常没有患多动-冲动型的孩子那么具有破坏性,故容易被老师忽略。如果缺乏专门的诊断和有效的干预,这些儿童很容易在学业、社交和情绪上出现问题(Epstein,Shaywitz, Shaywitz & Woolston,1991)。

还有的研究认为,注意力缺乏至少持续6个月,其严重程度与其发展水平不相适应符合下列注意力缺乏症状中的7条:① 在课堂作业、工作或其他活动中,常不能对细节给予充分注意或容易犯粗心的错误;② 对任务或游戏活动经常难以保持长久的注意,难以组织任务和活动;③ 似乎经常不听别人正在对他或她说的话;④ 经常不听从和不跟随指令,且无法完成学校作业、家务或工作中应负的责任(不是因为抵触情绪或不能理解指示造成的);⑤ 常逃避或非常厌恶需要长久恒心和毅力的任务(诸如,学校内作业或家庭作业);⑥ 常想不起任务目标或丢失活动必须的物品(如学校作业本、铅笔、书本、工具或玩具);⑦ 常容易被外部新异刺激吸引而分散注意力,在日常活动中常表现出健忘。

(二) 多动-冲动型

多动-冲动型学生时常表现出坐不安稳,话过多,而且很难安静下来。这类孩子还容易伴有尿床,睡眠障碍,执拗和发脾气,容易意外受伤。马克·伯耐特(McBurnett,1995)认为多动-冲动型儿童多在学前阶段就能发现,但等这些儿童进入小学后,大多数还会出现注意缺乏的问题。

海因德(Hynd,1995)认为,相比而言,多动-冲动型障碍的儿童少于注意缺乏特征型的儿童。有些多动-冲动型患者工作起来可以十分卖力,很少需要休息。尽管他们在特定的工作中可以完成很多任务,但因为他们毫无顾忌的"坦率"和冲动的言行,周围人常会觉得他们很烦,他们还会经常打扰别人的交谈。

研究认为,多动-冲动型障碍儿童至少有下列两种持续6个月以上,程度严重且与其发展水平不相适应的行为。① 多动性。例如,手脚常不停地动,在座位上辗转不停。随意离开座位,不经允许随意奔跑或攀爬,平常似乎受"马达驱动",无法保持安静。常说话过多。② 冲动性强。例如,不经老师允许就抢答问题,不习惯排队等候,常无礼地打断或打扰别人。

上述症状开始时间不晚于7岁,必须在两个或更多的场合中出现(如学校、工作中或家中)。在临床上这种障碍会造成显著的痛苦后果,或造成对社交、学业或职业方面的不良影响。

我们对两种不同类型的多动症儿童的行为特征进行了比较和区分(见表3-1)。美国相关的法规认为:如果最近六个月内A1与A2兼而有之,则为多动症障碍,复合型。如果最近六个月以A1症状为主,而非A2,则为多动症障碍,注意力缺乏型。如果最近六个月以A2症状为主,而非A1,则为多动症障碍,多动-冲动型。

表3-1 注意缺乏型和多动-冲动型的区别[①]

特点	多动-冲动型(A2)	注意缺乏型(A1)
决策	冲动	迟钝
遵守规定	违背、反叛	遵守规定、温和、顺从
表达	专横、使人不愉快	不够自信、过于礼貌、顺从
注意选择	炫耀、自我中心、走极端	谦虚、害羞、离群
同伴关系	对新朋友有吸引力,但保持不久	朋友关系持久但无吸引力
最普遍的诊断特征	对抗行为、品行障碍	抑郁症、能量向内

(三) 复合型

第三种类型为注意缺乏和多动-冲动两者兼有的复合型多动症障碍。据有关研究认为,大约85%的多动症障碍属于第三类(Barkley,1998)。

巴克利(Barkley,1996,1998)认为注意缺陷类儿童的主要问题在于,集中注意或选择注

---

① John F. Taylor,Ph. D.,Salem,OR.. 帮助注意缺乏和多动-冲动的孩子.(1997)Rockin,CA:Prim

意的能力薄弱,而其他两类的主要问题却是目标坚持性薄弱和控制障碍。如果班里有一个注意缺乏型的孩子,当教师让他在座位上完成所布置的作业时,他会很难把注意力集中在任务的重点上,也很难完成任务。而两者兼有型的多动症障碍,同样也很难完成任务,但主要的原因是被周围事物所吸引而导致注意力分散。

研究表明,为了排除由于抑郁症或高度精神压力造成的类似多动症的行为障碍,不论何种类型的多动症障碍,以下两项标准是准确诊断时所必须坚持的:一是其症状必须始于7岁之前,二是症状至少持续了半年以上。

三、多动症障碍儿童的自我控制

患有多动症障碍的儿童通常容易出现低自尊、学习成绩差、退学、人际关系紧张、品行障碍、青少年违法等问题,但最突出的表现是缺乏自我控制能力(Barkley,1998b)。

巴克利(Barkley,1998b)提出了行为抑制困难理论来解释多动症障碍。他认为,行为抑制包括延缓个人需要的满足或延缓强化的能力;将无效的反应转化为更有效行为的能力;排除干扰、继续一个合乎需要的行为的能力等。行为抑制困难会影响时间知觉和执行机能,形成不恰当的行为反应和运动控制。他认为多动症障碍不是单纯性的技能薄弱,而是一种操作控制性的无能。患多动症障碍的儿童往往知道该做什么,但无法改变错误的行为和态度。

巴克利还认为,在应对变化和计划未来的行为过程中,涉及如下四种执行机能(Barkley,1998b)。第一种执行机能是可以提取听觉、视觉表象和其他的感觉表象的非语言工作记忆;第二种重要的执行机能是内部言语。大部分人可以把要做的事情说一遍给自己听,需要把自己的思想大声表达时,也可以组织好并有条理地说出来;第三种执行机能是对情感、动机和唤醒的自我控制;第四种执行机能是重构(reconstitution),即分析综合行为的能力。多动症障碍的儿童很难把他们的行为分解成小的步骤或个别任务,以上四种执行机能都比较困难。

研究还表明,伴随着执行机能方面的困难,多动症障碍患者同时还有时间知觉上的障碍。他们倾向于过长的估计时间的间隔(CHADD,1996a),经常会拖拉,以为还有很多时间。他们很讨厌最后期限,会经常不赴约或迟到。因为总觉得时间过得慢,等待对于他们来说是一种折磨。[①]

四、多动症障碍带来的负面影响和积极特征

有关研究认为,多动症可能在智力水平、语言能力、运动能力、学业成绩等方面给儿童带来一些负面影响。例如,有8%~39%的多动症儿童伴有阅读障碍,12%~26%的儿童伴有拼写障碍,12%~33%的儿童伴有数学学习障碍,10%~54%的儿童伴有不同类型的语言障碍,在学习上需个别指导的儿童高达56%,大约有10%~35%的多动症儿童无法达到高中毕业的水平。

此外,哈洛韦尔(Hallowell,1996)等人的研究认为,一部分多动症障碍儿童也有许多长处。例如,他们中有的具有很丰富的想象力、创造力和很强的直觉,对新事物充满求知欲有

---

① Nussbaum,N., Bigler,E. 注意缺乏障碍的鉴别和治疗. Austin,TX:Pro-Ed. 1990.

旺盛的精力而不知疲倦，有的儿童富有艺术天赋和超集中（hyperfocus）的能力（Hallowell & Ratery,1995；Wells,Dahl & Snyder,2000）。

第 2 节　多动症障碍儿童的成因

相关研究认为，多动症障碍儿童的成因分为两大类，即个体的生物学因素和环境因素，且两者之间有一定内在的联系。

一、生物学因素

影响多动症障碍的生物学因素包括产前、产中和产后的损伤，脑部差异和基因缺陷。

（一）产前、产中和产后的外伤

母亲在怀孕期间，尤其在怀孕的早期，如果感染了风疹、流感和其他一些病毒，就可能通过胎盘影响胎儿，导致胎儿脑损伤。产中和产后损伤包括脑部损伤、感染、缺铁性贫血以及暴露于化学有毒物质中，这些都会增加儿童患多动症障碍的可能（Baren,1994；Schmidt,1999）。

（二）脑部差异

脑科学的研究成果显示，多动症障碍的成因与控制注意、抑制反应的前额叶，影响情绪、记忆和动机的边缘系统的发展障碍有密切的联系。正如巴克利指出的，这些区域不仅控制注意，还帮助"组织行为、防止注意力分散和发展对自我和时间的意识"。"前额叶皮层、小脑的一部分和脑部较深的至少两组神经细胞是基本的神经节"可能与多动症障碍有关（Barkley,1998b；Castellanos,1997）。福瑞斯（Friss）认为，多动症障碍患者的右脑，在把葡萄糖转化为能量的过程中，没有正常人那么有效，因而在按时完成任务方面会遇到较多的困难（Friss,1998）。

美国神经学家莫斯托夫斯克（Mostofsky）认为，"有大量的证据显示，人脑的右半球支配注意过程，脑的右前区的异常结构和功能，可能是导致多动症障碍相关的行为损伤的原因"（Friss,1999,p.1）。不同类型的多动症障碍可能会有不同的病因（Barkley,1998a）。脑电波显示注意缺乏型的学生更容易表现出对感觉信息早期反应的混乱。而两者兼有型的学生则是在信息加工的后一阶段表现出混乱。这种差异可以解释为：注意缺乏型的学生觉得开始做一件事很难，而其他两类学生则觉得完成任务是件烦心的事。

（三）基因缺陷

美国马萨诸塞州公共医院儿童神经病治疗中心主任波德曼（Bierderman）认为"最近十年来，关于多动症障碍研究的最重大的突破，在于界定了多动症障碍的神经生物学内容，并把之视做一种脑部障碍。研究清楚地表明，多动症障碍是一种脑部基因问题"（Friss,1998,p.2）。研究认为，多动症障碍是由于多基因（polygenetic）原因造成的，即认为是由不止一个基因的变异引起。多巴胺（一种在神经细胞间起交流信息作用的神经递质）输送和感受体基因可能受到损害，因此导致患多动症障碍的学生出现缺乏抑制的自我控制的症状。

斯莫利（Smalley,2000）有关双生子和其家庭的研究，也同样证明了基因在多动症障碍发展过程中起着一定的作用。对于同卵双生子和异卵双生子的研究表明：同卵双生子患多动症障碍的概率要比异卵双生子高2倍(同卵双生子两个人同时被诊断为多动症障碍的比例为60%~80%;异卵双生子两个人同时被诊断为多动症障碍的比例仅为20%~30%),这证明了遗传的作用。而关于儿童家庭的追踪研究也表明,父母或兄弟姐妹中如有患多动症障碍的,其孩子该障碍的发生率也会较高。

研究者对多动症障碍基因组进行了扫描,以寻找较易引起多动症障碍的"敏感性基因"(Smalley,2000)。如果他们最终可以找到这些"敏感性基因",那么将会带来很多积极的好处。首先,如果多动症障碍明显地鉴定为是基因问题导致的,就可以改变以往对多动症障碍的错误看法,洗清这类孩子"懒虫"的罪名。其次,对多动症障碍的诊断,只要采用简单的血液检查就行了,而且排除了错误诊断的可能性,有利于进一步的治疗和干预。

二、环境因素

这里所指的环境因素既包括儿童出生前在母亲胎内的环境,也包括个体成长的家庭、学校和社会环境。例如,如果母亲在怀孕期间服用了大量的抗精神病类药物、镇静药物、激素,接触或吸入了大量有毒物质,如苯、铅、一氧化碳等就有可能造成胎儿脑组织损伤。儿童出生后通过玩具、废气等吸入过量的铅,可造成铅中毒,轻微的铅中毒会影响神经生理功能,导致学习效率下降,注意力不集中和多动。有大量研究认为,随着儿童体内血铅含量的增高,行为问题会逐渐增加。

此外,如果母亲在怀孕期间,腹部受到过度的挤压或打击等物理刺激,或者有过量的X射线照射,也可能会给孩子留下行为障碍等问题。最近还有些研究发现,剖宫产也可能是造成儿童多动的原因之一。当然,如果母亲在妊娠期间,由于各种原因(躯体疾病、妊娠反应、贫困、习俗)摄食过少,使胎儿大脑发育所必需的蛋白质、维生素、微量元素等供应不足,就会影响胎儿的发育。在营养方面,常出现的病症是:由于维生素缺乏或糖分过多,易引起的儿童情绪与行为问题有多动、抑郁、自闭等。

家长教养方式的研究表明:"父母对于患多动症障碍的孩子的消极行为,似乎是对这些儿童的令人头痛的行为的反应,而不是造成这些孩子这种行为的原因"(Barkley,2000)。泰勒(Taylor)认为,多动症障碍也不是因为儿童处在大家庭里,受热闹嘈杂的环境的影响,如果这是原因,那么他的兄弟姐妹也应该患有多动症障碍。环境或家庭的压力有时候确实会引起多动症障碍的症状,却不能导致多动症障碍。例如,为考试而熬夜,在心理压力和缺乏睡眠的共同作用下,可能使学生第二天暂时的活动过度、焦虑。但这些症状都是暂时性的,考试完后充分的休息就会使上述状况消失。

综上所述,对多动症障碍儿童成因的探讨表明,儿童成长的生物性因素和环境因素是影响多动症障碍儿童的主要因素。

第3节 多动症障碍儿童的鉴定与发生率

一、多动症障碍的鉴定与评估

多动症障碍的鉴定与评估多采用一些行为等级评定量表来进行。例如,专门为诊断多动症障碍而设计的《多动症障碍等级量表4》是临床诊断中常用的一个有效的评估工具（DuPaul，Power，Anastopoulos & Reid，1998）。儿童的父母或教师可以依据标准尽可能准确地记录下儿童每一种症状的频率，然后进行等级评定，奇数题表示注意缺乏症状，偶数题表示多动-冲动症状。障碍儿童行为表现的等级评定分为四等（"从不或极少"，"有时候"，"常常"，"很多时候"）。

因为多动症障碍会影响"长时/短时记忆、言语的内化、情感的分离和自我控制、分析/综合或重构"（Barkley，1995），但并非必然导致智力或学习能力低下。有些研究者发现，尽管患多动症障碍的儿童有些测验做得很差，但某些测验的分数又可能高于正常学生（Pineda，1999）。因此，在对多动症障碍儿童的鉴定和评估过程中，常使用多种评量工具和方法，从多种途径获得信息，进行综合评定。

目前，一些神经病治疗和研究的医生和心理学家开始把最初用来检测大脑损伤病人的注意缺损程度的连续性操作测验（Continuous Performance Tests，简称CPTs）用于多动症障碍的评估中（Stein，Szumowski & Halperin，1994）。正如史坦福（Standford）和特纳（Turner）宣称的，《中级视力和听力连续性操作测验》"可以准确地鉴别出临床诊断为多动症障碍儿童的92.3%，错误率低于10%"。但由于在测量儿童的学业成绩和完成任务能力方面缺乏效度，也有一些学者认为，CPTs最好是作为临床医生诊断工具的有力补充，而不是作为临床诊断测验唯一的工具（Stein等，1994）。

脑科学的研究正在探讨一种可能清晰地鉴定多动症障碍潜在性的方法。例如，费希尔（Fischer）的研究发现，11名被诊断为多动症障碍的儿童，有6名儿童在脑功能成像中显示出和非多动症儿童脑部存在差异。被试的症状越严重，脑部用来控制注意力和身体运动的尾壳核（putamen）区域的活动就越少。此外，研究还发现，这6名学生服用长效的利他林后，已经可以在一整天的学校学习中集中注意，完成两个小时的家庭作业和钢琴练习等活动（Frischer，2000，p.48）。

如表3-2所示，对多动症障碍儿童的鉴定与评估，也和其他类型儿童的无歧视评估过程一样，需要一个由儿科医师、心理学家或精神病治疗医生和教师组成的评估小组。评估小组的主要任务就是通过观察、测评和访谈来评估他的障碍程度和对儿童智力学习、情绪、行为等方面的影响。

表3-2　多动症障碍儿童的鉴定与评估程序

	观　察
教师和家长的观察	注意缺乏型：学生易犯粗心错误、集中注意力困难、不专心听课、难以完成任务、常丢三落四、容易健忘。多动-冲动型：学生总是躁动不安、在要求其坐下的环境中随意离开位置、过度或不合时宜地奔跑或攀爬、很难安静地玩、说话过多、不假思索地说出答案或发表意见、难以排队等候或似乎受"马达驱动"表现出旺盛的精力。两者兼有型：上述两种特征都可观察到

筛 查	
评估工具	表明需进一步评估的结果
教室中的作业	作业一般或一贯差。学生很难保持注意力,故作业常不完整或杂乱
团体智力测验	因学生很难保持注意力,所以测验很难测出其真实的能力水平
团体成就测验	因学生很难保持注意力,所以成绩不一定能反映其成就和水平
医学筛查	内科医生或精神病科医生没有发现引起注意缺乏或多动-冲动症状的生理原因。可以服药
视力和听力筛查	不存在因视力或听力的原因而导致的学业不良

预 推 荐	
为学校评估小组提供建议	已进行了合理的课程变动和行为矫治,但学生仍有挫败感和注意缺乏或多动-冲动症状

转 介

无歧视评估过程和标准	
评估工具	表明为多动症障碍的结果
心理学评估	精神病医生或心理学家决定学生是否符合《精神障碍诊断与统计手册》中多动症的标准
个别化智力测验	学生的智力可能处于中等偏下到超常水平
个别化成就测验	成就测验的成绩表明学生的教育成绩已受到多动症障碍的不利影响
行为等级量表或多动症障碍特殊量表	学生的分数表明其患有明显的注意缺乏或多动-冲动症状
教师观察	其症状已影响了学生的学业成就。症状不只在一种情境中出现,开始时间早于7岁,且持续时间不少于6个月
课程为基础的评估	由于学生的行为引起必要学习技能的缺乏,使学生在学习地区学校的课程时,在一个或多个领域存在学习困难
直接观察	在观察时,学生表现出注意缺乏或多动-冲动症状。

无差别评估小组评定该学生患多动症障碍,需提供特殊教育和相关服务

通过以上评估程序,评估小组必须鉴定出该学生是否为多动症障碍,为何种类型的多动症障碍,其严重程度和对学生的教育进度有何影响。与此同时,评估小组还要对如何提供相应的特殊教育服务和制订个别化教育计划(IEP)提出具体的建议。

以美国的特殊教育为例,特殊教育法案在"其他健康损伤"条目里规定,学校须提供给那些由于多动症障碍明显并严重地影响了他们的教育进度的儿童提供特殊教育和相关服务。对那些经过药物治疗后,能在普通教室里正常学习的多动症障碍,也需要根据实际情况在学习内容和时间上做一些必要的调整。

二、多动症障碍儿童的比率

有关调查和统计数据认为,大约3%~6%的学龄儿童患有多动症障碍(Robison,Sclar,Skaer & Galin,1999)。在一个普通班级中,可能会有1~2名患多动症障碍的儿童(Barkley,2000)。近年来,研究发现患多动症障碍的儿童的男女比例有所变化。例如,在20世纪80年代的研究报告中明确地指出患多动症障碍的男女比例为9:1,但近年的研究显示所有三种类型的多动症障碍的男女比例是3:1(Nolan等,1999;Robison等,1999)。

不同子类型的多动症障碍的发生率也有所不同。诺兰(Nolan)等人研究了由门诊提供的380名被转介的儿童,其中276名被诊断为多动症障碍患者(McBurnett,1995),152名为两者兼有型(占55%);74名为注意缺乏型(占27%);50名为多动-冲动型(占18%)。幼儿(4~6岁)约占多动-冲动型的76%。女孩最多的一类是注意缺乏型占27%;而多动-冲动型中女孩占20%;两者兼有型中女孩占12%。患有两者兼有型多动症障碍的女孩往往比男孩表现出更严重的注意缺乏、多动和冲动症状(Nolan,1999)。

多动症障碍常伴随其他症状,特别是反抗行为和品行障碍(Nolan等,1999)。例如,戈德斯坦(Goldstein)等人的研究发现,在多动症障碍儿童中,大约50%都有语言障碍;三分之一伴有反抗-挑衅行为障碍;四分之一伴有品行障碍;少于五分之一伴有抑郁症;多于四分之一伴有焦虑症;三分之一的同时伴有一种以上的其他障碍。此外,伴随症状的发生率从12.36%(伴有学习障碍)到35.15%(伴有品行障碍)(健康问题政策与研究机构,1999)。另外,研究还发现,在一些智力落后儿童,自闭症儿童以及智力超常儿童中也出现多动症障碍的症状。

由于下列原因,在实际诊断过程中,多动症障碍儿童的诊断和评估确实存在一定的困难:① 缺乏连续完整的鉴定多动症障碍的诊断实践;② 很难区分多动症障碍伴随的行为和其他问题引起的相似的行为;③ 临床诊断中对障碍程度的掌握比较困难;④ 社会环境的变化,尤其是儿童生活环境中特殊事件的影响可能会对非多动症障碍的儿童的诊断和评估形成误导。因此,有学者认为,近年来,诊断出患有多动症障碍儿童的总数有不断上升的趋势,这可能与整个社会环境的变化有关。

第4节 多动症障碍儿童的治疗和教育

以往人们认为,多动症障碍的儿童随着年龄的增长,到了青春期其症状会逐渐消失。但近十几年的研究表明,如果在学龄前期和学龄期没有接受诊断、治疗和干预,大约70%以上的成年人仍继续存在与多动症障碍相关的症状(Murphy,1999)。但如果能够及早地给予适当的治疗与教育,能使这一部分儿童较好地掌握一些知识技能,有效地处理多动症障碍患者一生都有可能面对的在自我效能、学业、社会适应、生理和行为方面出现的困难。通常对多动症障碍儿童的治疗和教育分为以下四个方面:一是药物治疗,二是食物辅助,三是行为矫正,四是教育干预。

一、药物治疗

大部分小儿科和精神病科的医生已经意识到多动症障碍的生物学基础,并认为可以适当地给这类儿童提供某些药物治疗,以消除其不良症状。利他林是一种控制多动、提高注意力和改善同伴关系的兴奋剂,对很多患多动症障碍的学生而言,使用像利他林一类的药物,是整个干预中较为有效的手段。据报道,有60%～80%的患多动症障碍的学生服用小剂量的兴奋剂类药物效果较好(Barkley,2000)。对于其他的患注意缺乏型多动症障碍的学生来讲,服用抗抑郁类药物(对神经递质的作用与兴奋剂不同)或两者同时使用的效果要好一些。但也有报道认为,对多动症障碍而言,药物并不是万能的,一些学生服药后会有副作用或根本没有效果,而一些轻度症状的儿童,可能根本无须借助药物来改变症状。药物治疗的副作用也是显而易见的,就是学生服药后就可能产生对药物的依赖性。所以,在儿童服药前,医生和家长必须加强交流,告知特定药物潜在的副作用,并根据儿童自身的生理发育情况,对服药的剂量和时间进行不断的调整。

采用药物治疗时,一个最令人担心的问题是,有些家长、老师和学生会对兴奋剂类药物抱有不切实际的期望(Copps, N. D)。兴奋剂类药物可能会提高学生在一段时间内的耐心、帮助注意保持在有效活动上的时间,但同时它还会降低冲动性、使儿童滋长厌倦情绪。尽管药物可以帮助改善学生的认知功能和行为效果,但药物治疗不能代替行为矫正和教育训练。况且,大多数儿童会厌恶吃药,因为这样会让他们觉得自己与同伴不同,是依赖药物的异类。

二、饮食治疗

有关研究表明,多动症儿童常与体内"高铅低锌"有关。大量进食含有谷氨酸、水杨酸盐的食物以及过多食入调味品、人工色素和受铅污染的食物,均可能诱发儿童的多动症,或者使多动症状加重。相反,多动症儿童只要限制这类食物,症状就可以明显减轻。因此,医生建议多动症儿童的饮食应注意以下几个方面:

(1) 少食含谷氨酸的食物,如挂面和糕点等。少食含有甲基水杨酸的食物,如西红柿、苹果、橘子等。饮食中不要加入辛辣的调味品,如胡椒之类,也不宜使用酒石黄色素,如贝类等。

(2) 多食含锌丰富的食品,锌是人体内所需的微量元素,与人体的生长发育密切相关。缺乏锌常使儿童食欲不振,发育迟缓,智力减退。研究发现,学习成绩优良的学生,大多数头发中锌含量较高。所以要常吃蛋类、肝脏、豆类、花生等对提高智力有一定帮助的食物。

(3) 多食含铁丰富的食物。因为铁是造血的原料,缺铁会使大脑功能紊乱,影响儿童的情绪,加重多动症状,因此多动症孩子应该多吃肝脏、禽血、瘦肉等。

(4) 少吃含铅的食物,铅会使孩子的运动、记忆、感觉和形象思维、行为等发生改变,出现多动。所以多动症儿童应少食含铅的皮蛋、贝类食品。

(5) 少食含铝食物。铝是一种威胁人体健康的金属,食铝过多可使智力减退,记忆力下降,食欲不振,消化不良。多动症儿童应该少吃油条,因为做油条的面粉通常添加明矾,它的成分是硫酸钾铝,油条对小儿的智力发育不利。①

三、行为的矫治

美国国家精神卫生机构(CHADD,1999b)的一项研究表明,药物结合精心的行为矫治,是所有治疗方法中疗效最显著的方法。行为治疗是由治疗者设计治疗计划来改变多动症儿童存在的注意力难集中,多动及情绪不稳定等问题,强调矫治目前存在的异常行为,建立正常的行为。需要利用儿童日常生活情景,发挥儿童在治疗中的主动积极配合。"行为管理策略"、"匹配游戏"和自我效能感的培养在行为治疗中都是比较有效的方式。

行为管理策略对许多多动症障碍儿童来讲都是很有帮助的。例如,把任务分解成小的较易完成的步骤,学生每完成一步就给予奖励,或使用代币系统,对良好行为进行经常性的强化。行为管理策略与自我管理策略共同使用时,似乎特别有效。这些策略可以使学生对个体行为进行监督,并承担责任。服药并同时参加自我强化方案的学生比起只服药或只参加自我强化方案的学生,在完成阅读题方面进步更快(Ajibola & Clement,1995)。在自我强化方案中,学生每完成一道阅读题,就可以在手腕的计数器上加分,如果一天内他们达到或超过了目标,就可以在支付本上贴一枚邮票。而当他们得到一定数量的邮票后,就可以拿支付本去换取一定的奖励。需要注意的是,奖励一定要频繁,每完成一题就要给予外在的奖励。

"匹配游戏"的训练效果也很不错(Frazier & Merrill,1997)。这一游戏的目的是帮助学生"依照老师对他们行为的评价学会对自我的行为进行评估"。教师逐渐地减少对学生行为评价的反馈,直到学生可以比较客观的自己评价自己的行为,而无须老师的指导。最初,老师每15分钟把学生的行为从1(差)到5(优)量化为五个评定等级的一张表。学生朝着共同认定的目标努力,以改变他们行为的等级,达到某一水平后教师就给予他们奖励。然后,学生就要把自己评定的行为等级与教师的相比照,看两者之间匹配的程度以及学生完成的情况,并据此决定学生达到了哪一级水平。逐渐地,评定的间隔时间增长,得到奖励的次数减少。有时候在消退期,教师可以采用"意外匹配",即增加额外的奖励来激励学生。最后,书面等级可换成口头等级,教师只要偶然提醒学生回想前一段的行为表现就行了。

有时教师会降低对多动症障碍学生的期望,常喜欢提供帮助,而不是教给他们成功生活所必需的一些技能,这样是不恰当的。班杜拉(Bandura)认为,教师应对他们进行自我效能感的训练。教学生掌握以下的技能:① 计划、组织和管理活动;② 在适当的时候,获取帮助和资源;③ 调整自己的兴趣,使自己在活动中始终保持兴趣;④ 在完成任务的过程中,应用元认知的知识和策略;⑤ 获得应对和管理环境的必要的知识和技能。②

要发展自我效能,其前提是学生需要了解自己的长处和需要。自我效能任务中很重要的内容是:知道什么时候需要别人帮助和发展组织技能。根据上述原理,可以通过自我调节技能的训练来培养多动症障碍的儿童获得自我效能。例如,用英语的首写字母的缩写

---

① 唐健.情绪行为异常儿童教育[M].天津:天津教育出版社,2007:130.
② Eisenberger,Conti-D'Antonio & Bertrando,2000:17.

HOPE(希望)来说明一般辅导人员经常可以问多动症障碍学生的问题:Help(帮助):你需要什么帮助?Obligations(责任):下面要做什么了,你做好了什么样的准备?Plans(计划):你的目标是什么?Encouragement(鼓励):你又进步了!

多动症障碍儿童组织能力比较薄弱,通常需要由一个指导者来教他们怎样组织安排他们的生活并学会承担责任。

在行为矫正和训练的过程中,不要过多地限制儿童。应充分发掘学生的个人优势,培养他们勤奋、自信的品质,发展其自我认知能力,是帮助多动症障碍儿童在他们选择的领域内取得成功的重要法宝。

如前所述,多动-冲动型和两者兼有型的学生通常有较多的暴力行为,更容易惹怒他们的同伴,而患注意缺乏型的学生则更容易表现出退缩,容易被同伴所忽视。所以我们需要通过合作来帮助他们。例如,贾德(Chadd,1996c)建议用以下步骤来改善他们的同伴关系:① 观察学生并确定其存在的不良行为;② 集中改变1~2种行为;③ 通过直接辅导、树立榜样、角色扮演来学习重要的行为并进行排练;④ 矫正反馈,对学生的良好行为进行表扬和奖励。不难看出,这种训练主要是教会儿童如何介入社交,如何与同伴进行交谈,如何控制愤怒和学会解决冲突的技巧。

在行为矫正和训练的过程中,要协调好家庭关系,缓和家庭气氛,防止因家庭因素使儿童心神不宁、焦虑、紧张和兴奋。父母既不能歧视、责骂或殴打他们,也不能让儿童以"病"为借口而无理取闹,应从小培养儿童有规律的生活习惯,按时饮食起居,有充足的睡眠时间,不能让他们看电影、电视至深夜,以致影响了睡眠。

四、教育干预

对多动症障碍的教育干预,应加强集中注意力的培养,逐步培养其静坐集中注意力的习惯。可以从看图书、听故事做起,逐渐延长其集中注意力的时间。也可以把他们安排在前排座位上,以便在上课时随时得到教师的监督和指导。下面着重介绍课堂学习的干预方法。

(一)设定和调整课程目标

多动症障碍对儿童学业的影响各不相同,但大部分学生都会遇到学业、行为、身体和自我功效等方面的问题。有关调查资料表明,多动症障碍儿童常伴有学习障碍,而且只有大约25%的患有多动症障碍的学生没有显著的学业困难(Barkley,1998a)。大部分学生可能会存在阅读困难和其他科目的学习困难。他们的阅读困难可能包括诵读困难。而注意缺乏型的学生比多动-冲动型的学生更易患阅读障碍(Willcutt & Pennington,2000)。注意缺乏型的学生在数学计算上困难较大,而多动-冲动型的学生似乎在应用题上存在的问题更多(Marshall,Schafer,O'Donnell,Elliott & Handwerk,1999)。因此,在教育干预过程中,通常需要采用多种形态的策略和方法。正如古德斯汀(Goldstein)所指出的,多动症障碍是"一种可以控制但却无法彻底治愈的障碍",而且"很少有单一的干预方式可以达到有效的控制"(Goldstein,1998,p.41)。

研究认为,引起多动症障碍不良行为的主要因素是四种损伤:① 行为技巧的缺乏——不知道怎样完成适当的行为;② 问题解决技能的缺乏——无法产生合理的选择或选择一个适当的解决办法;③ 认知变形——常错误的理解情景或结果;④ 缺乏自我控制——行动前常不假思索(Maag & Reid,1994)。

要想实现有效的行为目标,制定出有效的干预计划的前提是必须要了解这个学生所缺乏的特定的技能是什么。对多动症儿童的要求必须切合实际,要对课程设计做一些调整,如缩短学习时间,减少工作数量,增加学习任务的新奇性和趣味性。增加儿童积极参加各种活动的机会等。表 3-3 是在学校为多动症障碍儿童提供帮助的简单对照。

表 3-3 为多动症障碍学生所作的各项调整①

注意缺乏型:	情绪
• 将位置安排在安静的区域 • 旁边安排好的学习榜样 • 旁边安排"学习伙伴" • 增加桌子间距 • 允许注意缺乏的学生用更多的时间来完成作业 • 根据学生注意持续时间布置作业,使用计时器 • 把长的任务分解为小的步骤,以便学生可以看到结果 • 帮助学生设定短期目标 • 每次布置一项任务,避免负担过重 • 需要的正确反应数量可以降低一个等级 • 减少家庭作业 • 教育学生学会自我监督 • 用口语教学内容匹配相应的书面内容 • 让同学作为其助手,帮助他记笔记 • 教学语言简洁准确 • 使学生融入课堂教学 • 指导学生把注意力保持在任务上,使用个别的信号 冲动-多动型: • 忽略小的不良行为 • 奖惩要紧跟在行为之后 • 对于错误行为采用忽视策略 • 过渡期要加强监督 • 对错误行为尽量避免训斥(如避免口头批评) • 对良好行为给予表扬 • 表扬周围同学的良好行为 • 让学生坐在榜样或老师的旁边 • 订立行为契约 • 指导学生对行为进行自我监督,如举手、喊报告 • 只有学生举手行为表现恰当时才叫他回答 • 当学生举手回答问题时,要给予鼓励	• 出现良好行为或作业完成较好时给予表扬 • 当学生紧张时,不要用逼迫的语气,要轻声说话 • 布置新任务时要重复指令,以确保学生理解指令 • 创造机会让学生在班级中担任领导 • 经常与家长交流,了解学生在校外的爱好和成就 • 让学生带好的评价记录回家 • 找时间与学生单独交谈 • 当学生退缩或极度害羞时,鼓励他参与同学之间的社会交往 • 当学生受挫败时,给予鼓励 • 注意学生承受压力时,常给予鼓励或减少工作量以减缓压力,避免发脾气 • 多花时间与容易抑郁或发怒的学生交谈 • 提供基本的情绪控制训练:鼓励学生先走开;使用冷静策略;如果要发火了,先告诉旁边的大人 学业技能 • 对阅读薄弱的儿童:提供额外的阅读时间;使用预习策略;材料要短,限于一页;减少要读的材料量;避免朗读 • 对口头表达薄弱的儿童:接纳他所有的口头表达的表现;用其他方式代替口头报告;鼓励学生说出新的观点或经历;选择学生易于讲的话题 • 对写作薄弱的儿童:允许非书面形式的报告(如图片、口头或计划等);允许使用打字机、文字处理机和录音机;不布置大量的书面作业;考试为多选题或填空 • 对数学薄弱的儿童:允许使用计算器;使用方格纸来写数字;提供额外的数学学习时间;通过改正计算过程中的错误,及时提供给学生正确的反馈和指导

---

① H. C. Parker,1996,ADD Warehouse Articles on ADD。适应:为帮助注意缺陷障碍学生做的调整。http://www.addwarehouse.com.

续表

运动和活动	组织计划
• 允许学生有时可以站着工作 • 提供离开座位的机会，如跑步任务 • 任务期间提供短时间休息 • 过渡期要密切监督学生 • 当学生的作业完成得十分匆忙和粗心时，提醒他仔细检查 • 给学生额外的时间完成作业（特别是那些动作慢的学生） • 监督学生记下家庭作业 • 让家长了解每日/每周进度报告 • 定期检查书桌和笔记本的整洁度；赞扬整洁而不是惩罚杂乱 • 允许学生在家里有另一套课本 • 一次布置一份作业 • 帮助学生确定短期目标 • 当学生存在视觉运动缺陷时，不要因其书写潦草而惩罚他 • 鼓励用电脑学习 • 允许学生用录音带来完成任务或家庭作业 **承诺** • 鼓励遵守承诺的行为 • 反馈要及时 • 忽略小的不良行为 • 教师要对良好行为多加关注以强化该行为 • 对不良行为的训斥要"谨慎"（避免责备或批评）	• 请求父母帮助鼓励学生组织事情，帮助学生了解组织规则 • 鼓励学生用笔记本来记录分类工作 • 提供给学生一个记录家庭作业的笔记本 • 鼓励旁边有良好行为的同学 • 过渡期要密切监督学生 • 让学生坐在老师的旁边 • 订立行为契约 • 教育学生学会对行为进行自我监督管理 **社会化** • 表扬学生的良好行为 • 监督学生的社会交往互动 • 与学生共同建立社会行为目标，并且同时实施奖励计划 • 使用口头表扬或特定的信号鼓励学生得体的社会行为 • 鼓励学生与其他学生进行合作来完成学习任务 • 提供小组进行社会技能训练 • 经常表扬学生 • 在集体活动时，让学生承担特别的责任，使其他学生能用积极的眼光来看待他

（二）实施教学

杉克（Shank）认为，为了激发多动症障碍学生的学习兴趣，在实施教学时，需要注意七个关键词：关联、新颖、变化、选择、活动、挑战和反馈（Shank，2000）。

在教学时我们都曾问过自己，学习这类东西有何用？当学生不了解"关联"，即不知道学习对他们自身有何意义时，他们很难产生兴趣。对于多动症障碍的儿童来讲，也许前途并不是他们考虑的目标，对他们而言，"关联"就是教他们学习一些他们马上可以应用到生活中的东西。告诉他们"今天下课后你可能要去商店买一瓶可乐，你想知道售货员找给你的钱数对不对"比"你长大后去买东西时，你需要知道付多少钱给收银员"会更适合多动症障碍儿童的认知水平。

"新颖"是指讲课的内容要新，或重复学过的内容时要更换新的方法。如学生都要练习乘法表，如果我们把乘法表换成"财富转盘"，让学生往里面填数字或猜数字，他们就会觉得新颖，为了赢得比赛，他们肯定会背熟整张乘法表。

"变化"多进行动手的示范和实验。同样，让学生有"选择"也能增加学生的兴趣。把"活动"融入了教学。"挑战"对于激发多动症障碍儿童的兴趣是很关键的，在教学过程中多使用"变化"的教学方式教师多进行示范，让学生去操作和实践。要注意把"活动"融入教学过程中。有些老师可能会认为对多动症儿童的课程目标做调整，就意味着降低课程要求。实际上,如果不做调整,将很难实现教学目标,但"挑战"对于激发多动症障碍儿童的兴趣是很关键的,但要确保挑战能为学生提供展示其优势的机会。否则很难激发多动症儿童的内部动机,所以还需要通过及时"反馈",使他们看到活动效果并保持兴趣,并通过不断地鼓励而巩固成绩。

有调查资料表明,进入少年期后,有 30% 的多动症儿童的症状会基本消失,身体也能得到恢复。部分患儿,特别是家庭环境不良和父母教育方式不当的患儿,容易发展成为品行障碍的或违法的少年,部分多动症儿童因学习成绩不良,会辍学。约 1/3 的多动症儿童将发展成为多动症成人,他们成年后仍然不喜欢从事安静的活动,难以完成持久和需要耐心的工作,表现出好冲动的特点。在社交场合中不愿意倾听别人说话,常打断别人的话题,做事缺乏计划,工作任务拖拉,行动不假思索,轻率做出决定。多动症成人的生活质量和婚姻质量偏低,发生精神病的概率增高,一些人容易发展成为反社会人格和物质依赖者。

 本章小结

本章第一节阐述了多动症障碍的概念和这类儿童的基本特征,认为多动症障碍儿童的主要特点,是缺乏持续的注意力和具有多动性-冲动性,其严重程度和持续时间与其年龄发展水平不相适应。多动症障碍儿童可以分为注意缺乏型、多动-冲动型、两者兼有的复合型。多动症障碍会给儿童的发展带来许多负面的影响,但也会出现某些积极的特征。第二节从生物学和环境的角度探讨了形成儿童多动症障碍的原因,并认为两者之间有一定的内在联系。第三节讨论了对多动症障碍儿童进行鉴定和综合评估的过程,常用的工具以及多动症障碍儿童所占的比率。第四节介绍了对多动症障碍儿童进行药物治疗、饮食治疗、行为矫正和教育干预的原理和方法,讨论了多动症障碍儿童的发展趋势和巩固性治疗和教育的问题。

 思考与练习

1. 为什么说注意力缺乏或多动、冲动性行为的持续时间和程度是鉴别多动症儿童的重要标准?
2. 多动症儿童的主要类型有哪些?
3. 如何认识多动症儿童的成因?
4. 如何对多动症儿童进行综合评估与鉴定?
5. 怎样对多动症儿童进行治疗、干预和教育?

第4章 焦虑症、恐惧症、抑郁症和社交恐惧症儿童的发展与教育

学习目标

1. 了解焦虑症、恐惧症、抑郁症和社交恐惧症儿童的概念。
2. 探讨形成儿童焦虑症、恐惧症、抑郁症和社交恐惧症的原因。
3. 掌握对焦虑症、恐惧症、抑郁症和社交恐惧症儿童治疗和干预的一般原理和方法。

第1节 焦虑症、恐惧症儿童的发展与教育

大多数人经常会在生活中体验到某种程度的焦虑和恐惧,如考试的焦虑、谋职的焦虑、检查身体的焦虑等。因此,总觉得儿童,尤其是年幼的儿童是那样的无忧无虑。其实并非如此,儿童也有儿童的焦虑,例如,当年幼的儿童最初离开父母家人来到陌生的幼儿园时,他(她)们有可能会产生母子分离焦虑,进入陌生环境的焦虑,如果这种焦虑程度不断加重,就有可能形成儿童焦虑症。焦虑是一个复杂又神秘的问题,但从某种意义上说,焦虑都是因恐惧而引起的,许多人在童年也经历过怕黑、怕某种小动物、怕打针吃药等的过程。近年来,儿童焦虑症和恐惧症的问题引起了儿童精神病治疗和特殊教育领域的共同关注。

一、焦虑与恐惧的概述

焦虑(Anxiety)是以一种伴随紧张的躯体症状的负面情绪。焦虑可能给人带来某种忧心忡忡或烦躁不安的感觉。由于焦虑是源于对未来事件的无法预测或不可控感而产生的担心,所以,很长时期,儿童焦虑症的问题并没有引起人们足够的注意(American Psychiatric Association,1994;Barlow,2002)。

其实,早期的焦虑研究是在对动物进行的实验中发现的。例如,当实验鼠知道闪光的信号一旦出现就会遭受电击后,只要闪光信号一出现时,它就会表现得很紧张、焦虑、烦躁不安、发抖,甚至退缩到墙角。此时,如果给实验鼠一些抗抑郁的药物,也能观察到它们的焦虑状态慢慢缓解的过程。正是这类动物实验的结果,粗略地提示了焦虑的特征并提示我们儿童也并非像人们想象的那样"无忧无虑",他们同样也可能受到焦虑情绪状态的影响。

随着心理学对焦虑问题研究的深入,许多学者发现,并非所有的焦虑都是有害的负面情绪状态。换言之,至少中、低程度的焦虑能帮助我们调动内在的潜能,积极面对未来,并进行必要的筹划和准备,人在轻度焦虑的情况下,会表现出更好的成绩。例如,有关考试心理的研究结果表明,轻度焦虑可以激发,甚至提高人们在体力和智力活动中的成绩,促使人们在面试前准备得更加充分,取得更好的成绩。但是,当焦虑过度的时候,满脑子想到的可能只

是自己的失态或失败的严重后果,又会妨碍人们集中注意力和影响各种能力的发挥。严重的焦虑并不容易消失,即使人们意识到担心是没有必要的,但它仍然可能作为一种无法自控并挥之不去的负面情绪,对人们的情绪和行为产生不良的影响。因此,增加自我调控能力,克服焦虑症仍是需要进行深入探讨的课题。

与焦虑相比,恐惧(fear)是一种对危险的及时的警觉反应。恐惧也像焦虑一样,会激发自主神经系统作出一系列的应急反应(例如,增加心跳和血压)来保护自身和提高对环境的应付能力。换言之,这些应急反应与主观恐惧感会促使我们作出逃跑还是战斗的决定,即被心理学家称为"逃跑或战斗"的决策性反应。但大量的证据表明,恐惧反应和焦虑反应在生理和心理两个方面不仅有量的差别,而且也有质的区别。概括起来说,焦虑是一种指向未来的情绪状态,而恐惧则是对当前危险情境作出的即时性的情绪反应(Barlow,2002)。

二、儿童焦虑症、恐惧症的特点

在现实生活中,很多人都有可能会在一段时间内体验到焦虑,并希望通过完成任务,排除困难等有效的途径来缓解焦虑。人的焦虑分为情景性焦虑和广泛性焦虑两种。情景性焦虑是针对某一情景或某一事件产生的焦虑。一旦时过境迁,焦虑也就没有了。但如果有人对日常生活中的每一件小事都会感到担心和焦虑,那就意味着他(她)可能患上广泛性焦虑障碍。

广泛性焦虑障碍(Generalized Anxiety Disorder,简称GAD)是在儿童无明显原因的情况下发生的发作性紧张、莫名的恐惧与不安,常伴有自主性神经补充功能的异常,是一种比较常见的情绪障碍。通常是对一些生活事件、行为过度焦虑或担心达到或至少连续6个月以上,中间没有间断;个体难以控制和停止这种焦虑和担心的过程。而且至少出现以下症状中的3种:烦躁不安或感到持续的紧张;容易变得疲劳(可能是因为慢性肌肉过度紧张而导致的);当意识到很快从一个危机切换到另一个危机时,通常注意力集中困难;易激惹,易怒;精神兴奋;肌肉紧张;睡眠困难。这种焦虑不只局限于某个具体问题,具有临床意义上的痛苦感或功能受损。在现实生活中,成年人的焦虑症通常是由于担心工作和经济状况;青年人的焦虑多半是担心学习、就业和恋爱等问题;老年人的焦虑则会担心子女的安全、家庭成员和自己的健康状况,那么,儿童焦虑症又有哪些不同的特点呢?

相关研究表明,儿童焦虑(Children's Anxiety)也是对可观察到的威胁和不利情景的一种情绪反应。与成人的焦虑一样,本来这也是个体的一种必要的、保护性的生理机制。当真正的威胁和危险存在时,儿童会产生适度的焦虑,甚至产生恐惧情绪都是非常正常的。问题是当不存在威胁和危险的时候,儿童仍然持续地产生不必要的焦虑和恐惧,就意味着可能染上了儿童焦虑症或儿童恐惧症,这会使儿童长期处在焦虑和恐惧的负面情绪之中,影响儿童正常的生理和心理机能的发展。

不同年龄特征的儿童的焦虑症和恐惧症有不同的特点。一般来讲,年幼儿童的焦虑和恐惧的指向更为具体。比如,有的儿童惧怕蛇,有的惧怕狗,还有的儿童怕黑暗或闪电打雷,这些都和他们的生活经历有着密切和直接的联系。学龄儿童的焦虑和恐惧更多的是指向学习、考试、同学的欺负和老师的批评。青少年和青年的焦虑和恐惧更多地是指向对自身能力的怀疑和处理不好社会关系的担忧。另外,年龄较大的儿童发生率较年龄小的儿童高,大龄女孩较男孩发生率高。例如,艾琳已经是一个步入了大学生活的青年,她却不能摆脱焦虑症的困扰。

艾琳在当地的一所大学就读,尽管她的平均成绩达到 3.7 分,但仅学习了一个月就退学了。后来,在当地的一所专科学校就读两年,她每年都得 A,于是她再次在一所四年制的大学注册成为三年级的学生。尽管她修完的所有课程的考试成绩都在 A 和 B 之间,但她仍然患上了焦虑症,担心每一次考试会不及格,担心自己不能理解或不能完成功课。艾琳不仅担心学校的事情,也担心和朋友之间的关系,每当和男朋友在一起的时候,她总担心自己会做什么愚蠢的事情让男朋友对她失去兴趣。实际上,每次约会都非常顺利,但是她还是认为下一次约会将会是一场灾难。艾琳还非常担心自己的健康,她有轻度的高血压,部分原因是因为她有些偏胖,她严格限制自己的饮食,还是担心自己没有成功减肥。因为担心血压会很高,她不愿意去量血压;因为害怕长胖,她也不敢去称体重,除了高血压外,艾琳还有点紧张性头疼和神经性头疼。她的生活就像是由一连串的即将到来的灾难组成的。但当她偶尔不焦虑的时候,艾琳还是很好相处的。[①]

三、儿童焦虑症、恐惧症的成因

造成儿童焦虑症和恐惧症的原因概括起来有以下三个方面。

一是儿童的气质类型。大凡抑郁质气质类型的儿童对威胁和危险因素更为敏感。二是个人的经历。例如,曾被狗咬过,被猫抓过,被雷电惊吓过等特殊的经历会给儿童留下深刻的印象,并时时唤起恐惧性的回忆。三是不切实际的过度推理和想象,例如,对神奇古怪事物的想象,也可能激发某种焦虑和恐惧。但儿童的焦虑症和恐惧症的形成往往是多方面的因素作用的结果,而不是单一因素引起的。概括起来说,既受生物因素的影响,也受心理因素的影响,还受环境因素的影响。

(一)生物因素

越来越多的证据表明,紧张不安的情绪状态与个体的遗传倾向有着密切的联系(Eysenck,1967;Gray & McNaughton,1996;Lader & Wing,1964;McGuffin & Reich,1984)。尽管单一基因的影响在适当的条件下也能产生焦虑的易感性,但焦虑症的形成更多地是受多种基因的影响,有关双生子的研究也证实了这一推测。如果同卵双生的姐妹中有一个患有广泛性焦虑症,另一个患有这种障碍的危险性要比异卵双生姐妹的患病的概率要高。肯德(Kender,1995)等人的研究进一步揭示:更多受遗传影响的是焦虑的特质,而非广泛性焦虑障碍本身。

脑科学的研究表明,焦虑也与大脑中特定的脑部通路和神经递质有关。例如,r-氨基丁酸(GABA)水平的下降会与焦虑水平的提高相伴出现。近年来,与焦虑情绪有关的促肾上腺皮质释放因子(CRF)系统的作用受到越来越多的关注。研究还表明,与焦虑情绪关系最为密切的脑区是边缘系统,它就像一个协调员,负责平衡和控制脑干和皮质对情绪信息的处理(Charney & Drevets,2002;Gray & McNaughton,1996;LeDoux,1995,1996)。还有实验结果显示,少年时的吸烟行为会极大增加其成年后患焦虑障碍的可能性,特别是可导致恐

[①] [美]V. Mark Durand, David H. Barlow. 王建平,张宁,等译. 变态心理学纲要(第四版)[M]. 北京:中国人民大学出版社,2009:152.

惧障碍和广泛性焦虑障碍的形成(J. G. Johnson et al.,2000)。与那些很少抽或不抽烟的少年相比,那些平均每天抽烟 20 支以上的少年,将来患广泛性焦虑障碍的可能性要高出 5 倍,患恐惧障碍的可能性要高出 15 倍。一个可能的解释是尼古丁会增加焦虑并引起呼吸道的疾病,并以某种方式激活与焦虑相关的大脑回路,从而增加个体患严重焦虑障碍的生物易感性。虽然我们对焦虑的神经生物学的研究还很有限,但毫无疑问,随着脑科学的进一步发展,今后我们能更深入地揭示生物因素对焦虑症和恐惧症的影响。

父母的焦虑性人格特征可以通过遗传基因传递给下一代,从而使儿童容易发生焦虑,在双胞胎的高同病率,家族中的高发病率的许多统计数据都显示了这点。

(二) 心理因素

弗洛伊德把焦虑看做是对危险情境的一种神经性反应,而这种危险情境重新激活了个体在婴儿时期存留在大脑中的恐惧情境。行为主义理论家班杜拉则认为,焦虑是早年的经典条件反射、是模仿或其他学习形式的结果(Bandura,1986),但越来越多的心理学实验证据支持焦虑的多因素交互作用模型。在儿童时期,我们可能就会意识到并不是所有的事情都在我们的掌控之下(Chorpita & Barlow,1998)。这种意识的一端是我们对控制生活各个方面的完全自信,另一端是我们对自身处理问题能力的极端不确定。这种无法控制事态的感觉可能会变为一系列的危机四伏的紧张感。

(三) 环境因素

在儿童成长的早期,父母对孩子的态度和行为方式,对儿童控制能力的形成有着极其重要的影响(Chorpita & Barlow,1998)。一般来讲,父母对孩子积极的关注,满足儿童正当的需求,能促使孩子意识到他们的能力能够控制周围的环境,有助于孩子情绪与行为的健康发展。此外,父母要鼓励孩子去探索周围的世界,并传授必要的应对意外情况的知识和技能,也有助于培养孩子的控制能力(Chorpita & Barlow,1998)。相反,那些对孩子过于溺爱保护、过度限制的父母以及处处为孩子"扫清前进道路上的障碍",从不让孩子经历任何逆境和挫折的父母,会影响儿童控制能力的发展。因为当孩子遇到逆境和遭受挫折时,孩子不知道如何处理它,更不知道如何控制环境,容易产生强烈的焦虑感。

心理学家卡美隆(Cameron)1963 年提出以下 9 条,会成为儿童焦虑的诱因。[①]

1. 父母或老师有焦虑,儿童对其进行模仿,可以导致儿童的焦虑。

2. 父母对某些危险估计过高,因此常给子女一些多余的劝告、威胁、警告、禁令等,使儿童整天焦虑不安。

3. 父母视子女为自己的"知心人"向他倾诉许多家里的事情,如经济问题、婚姻问题等,而年幼的儿童无法理解这些复杂的情绪,在矛盾重重的处境下,儿童容易产生焦虑。

4. 父母与老师的苛求,对儿童做任何事情总是表示不满意,反复要求要做得更好一些,而这些高标准超过了儿童的实际能力,让儿童对自己感觉不满意,对自己不能实现预期的要求出现焦虑反应。

5. 父母或老师对儿童过度放纵,也会导致焦虑。对儿童有明确具体的要求,才会使他们更有安全感。没有一定的限制,儿童会常常不知活动的界限在哪里。外界环境对他们的行为没有要求而他们也不知进一步该如何提高,因此也会出现焦虑。

---

① 李雪荣编著. 儿童情绪与行为障碍[M]. 上海:上海科学技术出版社,1987:178.

6. 经常性地遭受惩罚,常常会使儿童产生焦虑。惩罚带来的肉体伤痛,或他人的排斥、嘲笑、蔑视等,都会使儿童恐惧和焦虑。当他不能短期完成任务时,对将要受到的惩罚感到十分焦虑。

7. 如果学校的课程设置没有考虑到学生的能力、需要、文化背景,等等,而且没有较大的灵活性,容易使儿童对自己的能力产生怀疑,担心自己无能力完成老师安排的任务,因而会产生害怕、焦虑。

8. 学校对于学生的学业成就、能力等持续不断地提出高要求,学生在学校中获得优异成绩的自我要求,也会构成极大的精神压力,从而导致焦虑。

9. 在青少年时期,对个人今后生活的探索,如何达到自己追求的目标,如何克服自己的缺点,如何适应这个时期自己生物和心理的变化,也可能成为焦虑的诱因。

总之,不良的环境因素、不恰当的教育方法,是导致或加重儿童焦虑反应的重要因素。

综上所述,我们对儿童焦虑症和恐惧症的形成仍可以概括为三因素理论(Barlow, 2002)。这三个因素分别涉及个体的生物易感性、心理易感性和环境经验的易感性。图4-1广泛性焦虑和恐惧障碍形成的模型表明了生理易感性和心理易感性如何在环境因素的影响下形成个体焦虑和恐惧的过程。

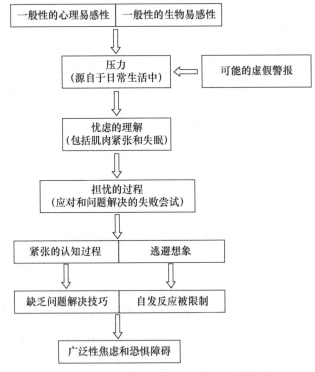

图 4-1 广泛性焦虑和恐惧障碍形成的模型

四、儿童焦虑症和恐惧症的教育干预

儿童焦虑症和恐惧症的教育干预,首要问题是要改善环境及教育方式,家长和老师要改变对儿童的不合理要求,例如,超负荷的过高的要求,达不到要求的严厉惩罚以及家长过分溺爱等,都应该加以纠正,家长需要克服自己的缺点和神经质倾向,从小鼓励、帮助儿童学会克服困难,建立自信心,培养坚强的意志和开朗的性格,对于预防儿童焦虑症的产生有十分重要的意义。

儿童广泛性焦虑症和恐惧症的治疗多采用以药物治疗为辅以心理治疗为主的方法。

1. 药物治疗:作为药物治疗,苯二氮䓬类药物(一种弱镇静剂)如安定、利眠宁等是最常用的治疗广泛性焦虑障碍的药物。有证据显示,它至少在短时间内能起到暂时性缓解压力事件导致的焦虑,但为了避免药物的副作用和对药物的依赖性,每次治疗时间不宜超过两周。

2. 心理治疗:在心理治疗时,首先要查明原因,解除诱发焦虑症的心理应激因素,在治疗过程中首先要与儿童建立良好的信任关系和密切的合作关系,耐心听取儿童的主诉和家长的介绍,并认真仔细的分析。认知疗法的重点在于将儿童的焦虑思维,调整至正常的结构,从而形成合理的适应行为、解除焦虑症状。包括重现自我、榜样、暴露、角色扮演、认知增强辅导训练等方法。

从长期治疗效果的角度来看,对广泛性焦虑障碍儿童进行心理治疗更为妥当。通常,临床心理学家通过让患者用想象的方法体验焦虑,帮助他们提高情绪信息加工水平和通过深度放松来应对紧张等。松弛疗法是自我全身的肌肉松弛训练,对缓解焦虑状态非常有效,年龄较小的孩子还可以配合游戏和音乐疗法进行训练。

20世纪90年代以来,被广泛采用的消除和缓解焦虑障碍的心理疗法是认知行为疗法(CBT)。在治疗期间,认知行为疗法通过诱发患者的焦虑,让患者直接面对那些引发焦虑的事件,对事件的想象和观念,来帮助焦虑消除或得到缓解。将注意力转移到对痛苦的想象和情绪的感受方面,而不是简单地回避焦虑(Craske,Barlow & O. Leary,1992)。更多的实践经验表明,对焦虑症儿童的心理治疗要采取适应他们年龄特征和发展水平的多种方法,才能取得比较理解的效果。

第2节 抑郁症儿童的发展与教育

在现今社会,人们已经习惯于把一切对困难、危机或者对不顺利的经历的反应,一律说成是"抑郁"。抑郁症看起来已成为人们在生活中经常会体验到的一种情绪。例如,和上级领导产生了矛盾会抑郁;工作和学业没有太大的进展会让人感到抑郁;阴雨连绵,潮湿灰霾的天气会让人感到抑郁;亲人的逝去和朋友的离开,都会让人非常抑郁……据有关资料显示,近年来,抑郁症已在心理疾病中占据了特殊的地位,其发病率,要比50年前高出10倍。而且大多数人的抑郁症出现在生命的中兴时期。正如美国社会心理学家马丁·塞利格曼(Martin P. Seligman)描述的那样:"我们现在正处在一场抑郁症的传染时期。"

抑郁症常会使患者及其亲属痛苦不堪。公众一般很少能听到抑郁症患者诉说自己所遭受到的痛苦,只是在名人患有抑郁症或结束自己的生命时,才对此有所察觉。著名作家海明威在长期患病之后饮弹自尽,著名影星玛丽莲·梦露(Marilyn Monroe)服用安眠药结束了自己的生命。她的丈夫曾以为,"她是一个受到所有男人所钟爱的幸福的姑娘",但很快就发现,"恰恰相反,她是一个不幸的女人,不论她向何方寻找出路,最终都以更大的绝望而告终。"①抑郁症患者是不分社会阶层高低、社会名誉多少和财富多寡的,就算有富足的生活和优裕的社会地位,都不能充实患者内心的空虚。抑郁患者也是不分年龄的,在任何一个年龄段和任何时候都有患上抑郁症的可能。甚至幼童也不能幸免。

正常的儿童在遇到某些应激事件时,也可能会表现出心境不佳和抑郁的情绪,但这种不良的心情能很快在适应中消失。而某些遗传素质不良的,或者有早期特殊经历的儿童,抑郁的情绪可能会持续很久,这种长期存在或过于严重的抑郁情绪可能会发展成为儿童抑郁症。

一、抑郁症的含义和表现

抑郁症是一种情绪障碍,其特点表现为长时间的,无理由的情绪低落。它是由单独或混合出现的极端的情绪沮丧或者极端的情绪亢奋所构成。所以,抑郁症也被称为躁狂型抑郁症。这类患者有时会体验到一种极度的沮丧,有时又会体验到一种高度的兴奋与激动。重度抑郁症发作(Major depressive episode),表现为持续两周以上的情绪低落。

儿童抑郁症的表现主要有以下几方面。

儿童常常会表现出自艾自怨、自我责备,还表现为易激惹、敏感、哭闹、违拗、好发脾气、不安、厌倦、孤独,认为自己笨拙、愚蠢、丑陋和无价值感;对周围环境不感兴趣、退缩、抑制、缺乏愉快感;有的还表现为自暴自弃或感到愤懑,常有离家出走、自残、自杀的念头,希望用自杀来引起父母的重视和人们的关注。与成年人不同的是,抑郁症儿童很少主动诉述抑郁情绪,只有通过敏锐的观察和详细的了解才会发现儿童的抑郁症状。

还有些抑郁症儿童除了情绪障碍外,还可能伴有各种行为障碍,如表现为多动、攻击性、逃学、成绩差、甚至违法犯罪等。此外,抑郁症儿童还可能出现多种躯体症状,如睡眠障碍、食欲低下、疲乏无力、胸闷气短、心悸肉跳、头疼胃疼等,所以,儿童抑郁症常常被误诊为单纯的躯体疾病。

儿童抑郁症可以分为急性抑郁症、慢性抑郁症、隐匿性抑郁症等几种不同的类型。

1. 急性抑郁症。这类儿童在发病前常有明显的精神诱发因素,如重大疾病或父母死亡,遭遇天灾人祸,或目击重大的刺激或意外事故。这类儿童在病前精神正常,仅在精神诱发因素出现后,才突然出现明显的抑郁症状。例如,出现整天流泪、动作迟缓、声音低沉、食欲不振、日渐消瘦、孤独自闭和懒于交往等特征,有时还会流露出绝望的情绪。

2. 慢性抑郁症。这类儿童有多次与父母分离的经历或其他精神创伤的历史,但并没有一次突然的重大的诱发因素,抑郁是日渐积累,逐渐发生的。他们患病前适应环境的能力不佳,面临挫折和创伤缺乏承受能力和应对策略,表现出明显的抑郁情感及与抑郁相伴的其他心理特征。

3. 隐匿性抑郁症。此类儿童抑郁情绪十分隐匿,表面上看起来是亢奋、好动并具有攻击性,但通过仔细观察和评估才能发现其抑郁情绪的存在,有的儿童还可能出现周期性抑郁情绪。

---

① [德]乌尔苏拉·努贝尔. 不要恐惧抑郁症[M]. 王泰智,沈惠珠,译. 北京:生活·读书·新知三联书店. 2003:2-3.

美国曾在全国范围内对8～10年级的学生进行过有关情绪状态的调查,调查结果显示了一幅令人震惊的画面:61%的少年男女患有抑郁性情绪低落和失望感,其中,有45%的人表示,他们承受不了学校和家庭的重负;43%的人认为,生活中根本就没有使他们高兴的事情;另外43%的人曾经考虑过自杀的问题。① 卡蒂就是其中的一个患有严重抑郁症的少女,她的案例说明了抑郁症的严重性和早期干预的必要性。

卡蒂是一个16岁的女孩,漂亮但很害羞。几年来,她很少与外人接触,患上了严重的社交焦虑症。随着交往活动的减少,她的日子变得空虚和枯燥。全面而深度的抑郁遮住了她生命的阳光,影响着她待人接物和自我认识的方式。她曾对着镜子想象自己是这个世界上最丑陋的人。她沉浸在深深的绝望中,经常在晚上哭上几个小时。也许是医生开的药并不见效,她在父母的默许下开始喝酒,而且越喝越多,以至于只能靠酒精才能入睡。她的生活每况愈下,亲人们已对她感到失望,她变得更易产生愤怒、怨恨,沉浸在深深的痛苦之中,并曾想过用自杀来结束自己的痛苦。

日复一日地应付焦虑和抑郁,使她感到筋疲力尽。她几乎断绝了与为数不多的朋友的交往,甚至于断绝了与最亲密的妈妈和大哥的交往。有一天她终于到了崩溃的边缘,为了一些不重要的小事和妈妈产生矛盾,冲进卧室,拿出一瓶酒,喝了一杯又一杯,直到自己十分麻木,什么感觉也没有,然后拿起一把锋利的匕首,向自己的手腕猛割了下去,除了从手腕中流出了温暖的鲜血外,她什么感觉也没有。

她躺在床上,鲜血流淌在床边的地板上,她从床上起来,开始大笑,很平静地试着用纸止血,似乎感到非常愉快。她向厨房走去,无法想象她妈妈看到她的衬衫和裤子上布满了鲜血时的感受。母亲立刻把她送进医院。

从那以后,卡蒂自杀的想法变得越来越频繁和真切。她爸爸让她许诺不要再做傻事,她答应了,但是那种许诺毫无实际意义。卡蒂知道那种虚假的承诺会减轻父亲的痛苦和担心,但那不能减轻她自己的痛苦。因此,她想死的念头仍然持续地存在。②

二、儿童抑郁症的诊断

抑郁症的诊断主要依据是对抑郁情绪及其相关症状的观察和判断。例如,儿童情绪恶劣、自我评价过低,多次出现攻击性行为、长期伴有睡眠障碍、孤独懒散、不愿上学、成绩下降、精力不足、食欲不振和体重下降等症状如果持续一周以上,就应该引起家长和教师的警觉。

在儿童抑郁症的诊断过程中,也常使用一些由一系列表述句组成的调查量表。例如,下列的测验题可以帮助确认自己和他人是否患有抑郁症。检查的目标是了解在上一周内或近期内,表4-1中的状况以何种程度困扰过受测对象,其中,根本没有选1;稍有符合选2;基本符合选3;完全符合选4。

---

① [德]乌尔苏拉·努贝尔. 不要恐惧抑郁症[M]. 王泰智,沈惠珠,译. 生活·读书·新知三联书店,2003:4.
② [美]马克·杜兰德,大卫·巴洛. 变态心理学纲要(第四版)[M]. 王建平,张宁,等译. 北京:中国人民大学出版社. 2009:253.

表 4-1 儿童抑郁症症状测试

编号	症状描述	符合程度判断			
		1	2	3	4
1	我感到全身乏力和懒懒散散				
2	我想结束自己的生命				
3	我的食欲很差,吃什么都没味				
4	我很容易伤心和哭				
5	我感到很压抑,已经与外界隔离				
6	我感到莫名其妙的恐惧				
7	我感到非常悲伤				
8	在工作时,我感到处处受到阻碍				
9	我常常为自己的处境而担心				
10	对很多事情我都失去了兴趣				
11	我很难对事物做出判断和决定				
12	我觉得我的未来是没有希望的				
13	我觉得自己很难集中精力				
14	我常想到死亡的问题				
15	我无论干什么,都感觉到很费力				
16	即使处在人群中间,我仍然感到很孤独				

相关的统计结果表明,当把符合自己状态的每题的评分数字加在一起,总分在30分以下者,说明您虽然有时感到沮丧,但远还没有染上抑郁症。如总分超过30分有可能是轻度抑郁症,总分超过40分的测试者建议找专家咨询,以便得到帮助。当然,这个简单的测试只是提供一些线索和参考,并不能作为确诊的依据。此外,我们还应该关注过去的一些与抑郁症密切相关的警戒性症状,以便能够及时发现初期隐蔽性抑郁症的迹象。这些症状包括睡眠障碍、突然出现头疼、背疼或胃疼等身体不适。在抑郁症的初期,女性可能会借助食物和过多的购物来"奖励"自己;男性则一般借助酒精来"麻醉"自己。

三、产生抑郁症的原因

早在1621年罗伯特·伯顿(Robert Burton)在他毕生之作《伤感的解剖》中就提出在古希腊希波克拉底时期就提出了三分法模式。分为"由大脑引起的头脑伤感",由"黑胆汁"失去平衡而引起的波及全身的伤感,以及由内脏引起的"多疑性"或"夸张性"的伤感。伯顿还认为,"伤感症常常和其他病症结合在一起,即使行医经验丰富的医生,也难免诊断失误。"

引起抑郁症的病因较多,大致可以分为生物因素、心理因素和环境因素三大类。

（一）生物因素

遗传因素在抑郁症的发病中起一定的作用。有研究表明,约50%的抑郁症儿童的父母中,至少有一人曾患过抑郁症。特别是慢性抑郁症儿童常有明显的家族史。隐匿性抑郁症儿童的家族中,常有人伴随明显的病态心理,但不是真正的抑郁症患者。而急性抑郁症儿童的家族中,往往无明显的抑郁症患者,而且家庭气氛也比较和睦。泰森(Tsuang)1978年对双胞胎的研究发现,抑郁症患者中,同卵双胞胎的同病率为70%以上,而异卵双胞胎的同病率仅为 19%。①

法国心理学家达尼埃尔·维德洛谢认为,受到一次痛苦悲伤的事件打击的人,在几小时内会出现生物化学反常,其变化的情况和严重的抑郁症状态完全一样。所以抑郁应该看成是心理的社会影响和神经生理因素相互间作用的结果。基尔大学心理学教授约尔格·阿尔登霍夫曾提出了一个完整的说明抑郁症产生机制的模式:有些人患上了抑郁症,可能是因为在他(她)们大脑中继承了"生物疤痕"。这些"疤痕"可能来自亲情的缺少、严重的疾病,或者来自由遗传带来的对紧张反应敏感的性格。成年以后,这些"疤痕"会通过特殊的生活经历(亲人的死亡、疾病、孤寂)重新破裂,引起相应的荷尔蒙或神经生物的基础再次活跃起来。根据这一模式,后来发生的抑郁症的生理基础是在早期奠定的。至于说这种潜在性的损伤是否真的引起抑郁症的发病,这就要看后来的生活环境了。

(二)心理因素

"神经官能型"和"反应型"抑郁症,是大部分患者所具有的形式。他们占全部抑郁症患者的 70% 左右。这类抑郁患者在发病之前常常经历过一些消极的事件,在过去长期的生活史中,能找到精神创伤经历或家庭环境的异常情况。

英国心理学家乔治·布朗(George W. Brown)和蒂里儿·尔哈里斯(Tirril Harris)所进行的一系列调查都发现,并不是事件本身增加了发病的危险性,而是当事人对事件评价的方式,以及当事人在危机时刻所获得的社会支持的程度,使发病成为可能。影响力低且得不到周围的人认可和喜爱的人,对"命运打击"的评价就较为消极。而那些长期不把所遭受的消极压力说出来的人,容易患生理和心理的疾病。如果一个人很少能左右和控制自己的生活,或者环境总是违背他的基本需要,那么就会表现出无助的状态,也就容易患上抑郁症。

调查还发现,患抑郁症的儿童有着较明显的性格特征。急性抑郁症儿童病前个性多倔强、违拗,有被动攻击性人格。慢性抑郁症儿童病前多表现无能、被动、好纠缠、依赖和孤独。隐匿性抑郁症儿童病前多有强迫症、癔症性人格。

近年来,心理学的有关研究发现,现实生活中很多人显示的是"虚假的自我"。所谓"虚假的自我"是指所做的一切都是别人所要求的,不是自己的需要和愿望。为了保持这种"虚假的自我"付出的代价是很高的,可能会从空虚、无为和无家的感觉,最终发展成为精神抑郁症。在他(她)的内心深处只知道在别人面前保留一个"乖孩子"的假象,并不能得到他人真心的喜爱。他(她)对外的表现虽然是成绩斐然或强大无比,但与内心的真实感受却大相径庭。因而,真实的感受长期遭受压抑而无处表白。这种压抑的情感成年以后可能就会用其他的方式发泄出来,例如,会借助教育来压制自己的孩子,也可能表现出各种心理疾病,或者吸毒、犯罪甚至自杀。

(三)环境因素

环境因素,尤其是儿童早期生活环境给他(她)留下的经历,会形成一种无意识的思维模式,如果从小就得不到理解,关注和呵护,合理的需求无法得到满足,为了迎合父母的心愿而忍受伤害、屈辱,那么,这个儿童就可能成为一个习惯于压抑自己情感的孩子,也不可能形成健康的自我价值观,这些都可能导致儿童患上抑郁症。会在后来的生活中诱发神经性抑郁

---

① 李雪荣. 儿童行为与情绪障碍[M]. 上海:上海科学技术出版社,1987:202.

症。当然，童年经历同样也可帮助儿童摆脱抑郁情绪的缠绕。如果孩子从小就能得到很多真诚的爱和呵护，学会了信任别人和心胸开阔，那就为他（她）成为一个心理健康的人奠定了基础。

儿童心理学家和心理治疗师约翰·鲍尔比（John Bowlby）曾对6个月到3岁之间母子分离的幼童进行调查。发现三个典型的阶段：第一阶段是幼童的抗议；第二阶段是抗议升级到绝望程度，他们大哭大叫，拒绝同任何人接触；第三阶段孩子突然安静下来，以无动于衷的态度认可了他们所处的环境。如果一个幼童在很短的时间内就对分离做出退缩和无动于衷的反应，那么，他整个童年时期就很有可能受到这种情绪倾向的影响，这是"感情依附型抑郁症"的雏形。当然，也不是所有的孩子都对分离作出这种淡漠的反应，这取决于孩子受到别人呵护的情况。

随着儿童年龄的增长，对每一个人在学业、人际交往、社会适应上都提出了更高的要求，这在不同程度上给一部分人带来了更重的精神压力。人们的生活日益更多的顾忌"个性化"和"自我"，这些都是促使个体染上抑郁症的环境因素。实际上，我们头脑中的想象和生活的现实经常会发生碰撞，失意、挫折和碰壁是我们在日常生活中难以避免的经历。急于求成的功利主义，低估了在现实生活中解决问题时所需的努力和耐心。于是，一旦发现目标不能很快实现，就会产生自卑感、自我价值低落，以及对下一个挑战的恐惧。理想与现实之间的落差都有可能使人容易染上抑郁症。

四、抑郁症的治疗和教育干预

与其他精神疾病一样，抑郁症的治疗和教育干预同样可以采用药物治疗与心理治疗相结合的方法，患者的自助治疗也是非常重要的干预手段。对于重度抑郁症患者，我们还要预防他（她）自杀行为的发生。

（一）药物治疗

对于抑郁症患者，尤其是严重的抑郁症患者，使用药物治疗是非常必要的。一般选用苯甲二氮卓类抗抑郁类药物，但是长期服用会产生副作用，他会使服用者产生药物的依赖性，如果突然停药，也可能会诱发心理障碍。

常用的治疗抑郁症的各类药物有下列几种。

1. 三环类抗抑郁药物（Trizyklische Antidepressiva）

三环类抗抑郁药（其中包括丙咪嗪（Imipramin）或阿米替林（Amitriptylin）可能会导致去甲肾上腺素和血清素含量的增多。这类药物的药性不会立即出现，定期服用合适的剂量，一般在两周后才见效，睡眠得到改善，食欲增加。大部分患者开始时会感到它的副作用（口干、嗜睡、血压不稳、心率障碍等），但在治疗过程中会逐渐减弱。服药时间最多3个月，然后逐渐减下来。

2. 血清素再生抑制剂

再生抑制剂类药物包括百优解、左洛复等。20世纪80年代末，这类药物被看成是新的一代抗抑郁药物，新闻界甚至号称"百优解将把抑郁症赶出世界"。尽管如此，它的副作用也是不容轻视的：恶心、腹泻、疼痛、快感障碍、睡眠障碍等。

3. 单胺氧化酶抑制剂

这类药对破坏神经递质（血清素、去甲肾上腺素）的单胺氧化酶起抑制作用。以前使用这类药物的患者不得不遵守固定的食谱。禁用的食品有：奶酪、酸腌食品、巧克力、鸡肝、干腊野味和红葡萄酒。一般在三环类抗抑郁症药物无效时才使用。"新一代"的单胺氧化酶抑制剂已经不需要特殊的食谱了。

4. 锂盐

锂盐疗法主要适用于躁狂抑郁症或者单纯狂躁症的预防和治疗，其他类型的抑郁症患者使用非但没有疗效还很危险。所以在使用之前必须进行缜密的诊断，正确的使用这种药物。服用锂盐需要几个月才能见效，而且任何不规范的用药都会前功尽弃。

5. 草药类

几千年来，人们就知道，使用草药治疗抑郁症有良好的效果。轻度抑郁症状可使用穿叶金丝桃。内燥、神经质和激动，可使用缬草根和啤酒花。紧张疲劳状态，可使用缬草和穿叶金丝桃。睡眠障碍则可使用缬草、滇荆芥和啤酒花。草药可以在药店非处方购买，优点是无副作用。

（二）心理治疗

药物治疗可以缓解抑郁症患者现有的症状，给患者带来暂时的轻松，但无法彻底治愈。但要使一个抑郁症患者的内在倾向和态度有较大的改变要靠心理治疗。

心理治疗的效果与医患间良好人际关系的建立有很大的关系。患者对医生真诚的信任，可以帮助和解除患者的心理负荷，调整亲子关系，朋友与同事间的关系，改变认知习惯，逐渐解除患者的诱发因素。

以下介绍几种比较有效的治疗抑郁症的心理治疗方法。

1. 认知疗法

美国心理学家阿伦·贝克指出，一个人的情感和行为是由其思维方式决定的。一个人的早期经历不同，将决定他会以不同的态度和方式来评价自己的经历。抑郁症患者的一个典型的特征，就是从根本上消极地评价自己的经历，因为他在童年就已经形成了固定的思维模式，并且占据了他思维活动的空间。例如，"我不论做什么都是不够好的。"这种观念很可能长期停留在他的潜意识里。

认知疗法可以帮助患者第一次意识到自己的思维模式，并对照现实加以验证，直到最后得到纠正。阿伦·贝克列举了一些可能诱发抑郁症的思维模式："为了幸福，我必须永远被所有的人所接受。""如果犯了错误，就意味着我是无用的。""没有你，我无法生活。""如果其他人的观点和我的不同，就意味着他不喜欢我。""做人的价值，取决于别人对我的看法是什么。""为了幸福，我必须在一切事情上都获得成功""对我来说，失败才是规律，成功只是偶然的。""我总是遇到一些可能最坏的事情"等。长期抑郁的人根本就不知道，这些并不正确的想法潜伏在他（她）心灵的深处，成为主宰其思想和控制其行为方式的指令。也正是上述这种消极的思维方式和信念，导致他们进入认知的误区而不能自拔，使抑郁症患者只能抛开理智和根据感觉来处理问题，并无法摆脱其抑郁情绪的困扰。

认知疗法，是帮助患者认识到自己内心深藏的错误的认知模式和信念，认识到消极的思维方式对他的影响，通过理性的力量帮助自己不再纠缠过去，而是面对未来，逐步建立起正确的认知，培养积极的生活态度，最终摆脱抑郁情绪的困扰。

2. 理性情感疗法（Rational Emotion Therapie）

心理医生艾伯特·艾利斯（Albert Ellis）在20世纪70年代创立了理性情绪疗法。这一疗法的核心来自哲学家爱比克泰德(Epiktet)的一句名言:"不是事物本身,而是对事物的看法使人类感到不安。"不是某个固定的事件,而是我们如何看待这一事件导致了心理问题。比如,一个人得了抑郁症,不仅仅是因为生活伴侣离开了他,而是因为他不适当地过于夸大了这一事件带给他的消极影响。

3. 躯体疗法

很多抑郁症患者没有学会用语言来表达自己的感情,他们甚至没有学会仔细体验自己的感情。很早就忽视了自己的感情和需求。他们出于害怕失去爱和遭到拒绝而一味适应别人的好恶,把自己的需求深深地埋在心间。躯体的治疗性锻炼比较适合抑郁症患者摆脱退缩,重新获得失去的温馨。躯体疗法是用躯体反应来唤起患者重新体验被隐藏起来的感情。以下是一名女患者对躯体疗法经历的体验。

开始时,我还感到有些拘谨。女医生和我谈论我的问题,回答了我对这种疗法的疑虑。然后她开始非常温柔地触摸我的手、胳膊和脚。她知道我以前非常惧怕身体的接触,所以也就特别小心。就在第二次治疗的时候,意想不到的情况发生了,她用这种特殊的方法抚摸我的胳膊时,我突然开始哭泣,哭泣触动了我的全身,我抽泣着,抽泣着,突然有一种感觉,永远不想再停下来。我从来没有这样哭过,从来没有像这一刻这样强烈地意识到我的绝望。这种经历使我震惊,治疗过后,我感到从未有过的舒服。我们虽然也谈到了过去所发生的一切,但我知道,并不是谈话导致了这一结果。女医生通过触摸在我身上解开了我在过去治疗中通过谈话和分析没有摆脱的困惑。通过这种触摸,使我感觉到我是多么的孤独和寂寞,我是多么渴望这种从未得到过的温馨。这些道理我从理性上都知道,我们在分析疗法上也谈论过此事。但直到这一刻,我才感到我找到了一条可以把我从抑郁的"鬼圈"中解救出来的道路。

(三) 抑郁症患者的自助治疗

如果抑郁症已发展到严重的程度,没有外界的帮助,患者是很难使自己从中解脱出来的,很难做到自我治愈。我们说的自助,不是类似掩耳盗铃的规劝:比如"你不要想它就是了","你别老是胡思乱想",或者"去干点美好的事情来充实自己。"轻度抑郁的时期,也就是抑郁的阴影尚未完全控制一个人的时候,这个时期,自助使人有机会为自己做些预防抑郁的准备。心理学家和医务人员确信,即使在精神症状严重的人身上,也潜伏着自愈的力量,一旦被激活,就可以成为心理治疗和药物治疗的得力助手。

心理治疗师查德·奥康纳(Richard O'connor)坚信,"人是能够克服抑郁的,而且自助治疗和心理治疗及药物治疗一样,也可以成为治疗手段的重要组成部分。"他把抑郁症患者比作不会游泳的人,不会游泳的人缺乏在深水中存活的能力,而抑郁症患者则不知道如何在生活的"深处"存活。游泳是可以学会的,对付抑郁症也是如此。有效的自助手段包括:

(1) 由于抑郁症患者以自损的方式对待自己的感觉,所以他们应该学会恰当的感觉。
(2) 由于抑郁症患者常常思维消极,所以他们应该学会以乐观的态度来看待事物。
(3) 由于抑郁症患者处于长期紧张的状态之中,所以他们应该学会轻松地对待生活。
(4) 由于抑郁症患者倾向于退缩,所以他们应该去寻求社会支持。

RET(Rational Emotion Therapy)是美国临床心理学家艾里斯在20世纪50年代创立的合理情绪疗法的ABCDE理论认为,情绪并不是由某一诱发事件本身直接引起的。而是由对这一事件的解释和评价引起的。A(Activating Event)指诱发事件;B(Belief)指个体在诱发事件后产生的相应的信念;C(Consequence)指在特定的情景下,个体的情绪及行为的结果。D(Disouting)指驳斥、对抗。当我们与不合理的信念辩论对抗、驳斥成功后,便能产生有效的治疗效果 E(Effect)。

ABCDE 理论特别适用于教会儿童掌握乐观的思维方式,以防产生抑郁倾向。例如,训练儿童对已成事实作正面反应。A:女孩理完发回家,B:可她不喜欢这个发型,她站在镜子面前会对自己说些什么呢?这时,心理咨询人员或家长可以和孩子设计各种可能的自我对话内容,并分别写在纸片上:负面的反应"我怎么是这个模样?""别人会笑话我的。"正面的反应"它还会长出来的。""我把它梳成髻,看起来潇洒一点。"心理咨询人员或家长要充分估计到,孩子既可能作出正面的反应,也可能作出负面的反应。然后画一张高兴的脸,一张难过的脸。心理咨询人员或家长可以问孩子,如果对发型反应消极,她会怎样感觉,如果她对她的模样不在乎,又怎么样?"这时,心理咨询人员或家长可以让孩子把写在纸片上的不同反应,配到相应的脸型上去。如果孩子已经习惯于负面反应的思维模式,则需通过辩论和驳斥,重建积极正面的反应。

心理咨询人员或家长可以从现实生活中选择适当的事件,帮助儿童进行自我对话,并用这种方式让孩子知道思维和感觉之间的关系,更新观念,改变态度和排解抑郁的情绪。在这一正面解释的过程中,必须注意如下三点:

(1) 强调任何消极的事件都只是暂时的。使儿童自己懂得,如果朋友今天不想和你说话,这并不等于她就不想再理你了。你可以说:"她今天可能没有兴致,这没有什么要紧的,也许,她明天又会高兴地和你说话了。"

(2) 强调任何糟糕的事件都只是个别的事件,不应该把它普遍化。当孩子洗碗时把碗打碎了,你千万不要训斥说:"你总是这样不小心!"这样你就不恰当地把事情普遍化了,使你的孩子产生"我就是没用,总是不停的犯错"。应该教会儿童一种正面的解释方式,比如说:"你今天可能有些走神了,下次留心点,就不会了。"

(3) 要指导孩子不要把本不属于自己的责任错误地归因到自己身上。如果由于坚持正义,得罪了同学,也只能坦然处之。不要用他人的过失来折磨自己。建议家长要尽可能地在每天晚上睡觉之前,和孩子一起回忆一下自己一天的经历,并为每一件事情都尽可能地找出不同的解释。

(四)抑郁患者自杀的预防

很多抑郁症患者因为摆脱不了抑郁的困扰,最终走上了自杀的绝路。试图自杀的年轻人和成年人中有 60%～80% 患有抑郁症。每一个抑郁症患者都有或强或弱的死亡欲望,65% 的抑郁症患者都有过一次自杀的尝试,15% 的人死于自杀。很多人放弃了重建无抑郁生活的希望,把自杀看成是摆脱难以忍受的状态的唯一出路。

一个想自杀的人,总有很多的预兆,这些预兆应该被看成是求救的信号。70%～80% 的企图自杀者都在自杀之前找过医生,诉说自己奇怪的病痛和表现。同样对身边的亲人也作出过某种暗示,亲朋好友也能够从他(她)的某些情绪和行为的变化中发现蛛丝马迹。这些都应该引起周围的人们充分的警觉。

1. 征兆警示(Kerns & Lieberman,1993)

(1) 个性的变化:一个喜爱社交的孩子突然变得内向孤僻,或者一个害羞的孩子突然变得非常喜欢社交。

(2) 不修边幅:一个一向很谨慎很注重穿着打扮的年轻人,突然变得不在乎自己的外貌、穿着打扮和个人卫生。

(3) 在社会行为方面表现出退缩。

(4) 把自己贵重的物品随意送给别人,开始有条理地安排一些事情。

(5) 开始专注于摇滚乐、图画、诗词和散文里的关于死亡或病态、恐怖的主题。

(6) 出现公然的或潜台词性的自杀恐吓。比如"我不会在这世上活很久了。""如果没有我,他们会生活得更好的。""我希望我已经死了。""我对任何人都没有价值,我是个没有用的人,最好杀死自己。"

(7) 先前曾有过自杀的意图。

(8) 获得自杀的工具(绳子、枪、长筒袜、安眠药、农药等)。

(9) 滥用资产,浪费金钱。

(10) 在学校里经常遭受挫败。

(11) 情绪抑郁的孩子突然表现出高涨的情绪。这也许意味着抑郁症的孩子已经发现了一个解决问题的方式,就是自杀。

(12) 意外事故增多,没有医学依据的多重身体疾病。

当儿童有以上的症状时,应该问他以下几个问题(McCoy,1994):"看起来你好像不太愉快。是吗?""你有没有这种感觉,觉得活着真没意思?""你是不是有时会感觉不想再活下去了?""你想怎样结束你的生命?"

如果学生没有自杀的冲动,你可以向他表示应有的关心,不必再给他什么建议。如果这个学生有自杀的冲动,你关心的询问和关怀会使他对你产生一份信赖感。如果这个学生已经有了自杀的计划,不要让他一个人独处,要立即给予帮助。

2. 什么是不应该去做的(Oster & Montgomery,1995)

面对抑郁症患者,不要发誓替他保密。不要让有自杀意图的人独处。不要表现出很吃惊或很惊恐的样子。不要试图去做心理治疗师,只要去倾听和关注,不要去做论断。不要讨论自杀的道德性问题,这会增加他的负疚感和悲伤情绪。不要在他面前说,别人遇到的困难和麻烦比他要严重得多。这会让他感觉自己很无能和不被理解。

3. 其他的策略和方法(McCoy,1994)

要充分重视儿童的意见和反应,要对所有的抑郁症状,所有关于死亡的评论,所有关于自杀的威胁和企图给予充分的重视。避免忽视那些操纵或为了引人注目的言行。

表现出你很在乎这些,告诉儿童要学会把他的感受和别人分享,倾听他的话语,不需要判断,也不需要一定给他一个让他轻松的建议。帮助儿童尝试用另一种方式去解决问题。"除此之外,你还能做些什么?这种方式怎么样?"鼓励儿童做出保证,表示他不会再通过意外事故或故意的方式伤害自己。帮助儿童重新燃起希望的火花,强调无论多么严重的挫折和沮丧只是一种暂时的体验。如果他能够及时地得到帮助,他会有一周或更长点的时间感觉比较好。并且提醒他,在他需要的时候他会随时得到他人的帮助。或者去找一个自杀救护中心。儿童也许需要一个危机干预和一个长期的心理咨询。

大多数想自杀的人还是希望能活下去。他们所以把自杀看成是最后的出路,是因为在抑郁中,生活使他们难以忍受。他们并不是想逃避生活,而只是想逃避他们生活的状态。"我虽然想活下去,但不是这个活法。"所以抑郁症患者周围的人应该对上述的表现作出敏感的反应和及时的帮助。

正如精神分析学家荣格(C. G Jung)所指出的:"抑郁就像一个身着黑衣的贵妇。她如果出现就不要把它赶走,而是请她坐在桌旁,并聆听她想说些什么。"当事人必须为自己创造一个自由的空间,一切有助于思想自由奔驰的活动都是有意义的。可以做一些放松的活动,或者做些体力劳动。去劈柴,或者清理家务,长时间的散步,或编制一件毛衣,去修理屋顶。或者干脆坐在那里眼睛盯着天花板看,或不经心地听收音机。以上方式都是为了寻找对抑郁情绪反应的理解。

有的研究发现,有时抑郁患者更能直面人生,对不公正和谎言更为敏感,不会装模作样,故作姿态。因此,人们应该满怀热情地关心和尊重这些"诚实的悲观主义者或伤感主义者",帮助他们健康、愉快地生活、学习和工作。

第3节 社交恐惧症儿童的发展与教育

幼儿由于缺乏独立生存能力和社交经验,所以当他们离开父母,独自面对陌生环境和陌生人时,会产生本能的焦虑和逃避。随着和陌生人交往次数的增加,焦虑就会逐渐降低。但如果长时间、反复出现持续的焦虑情绪和回避行为,就有可能患上社交恐惧症。

社交恐惧症儿童最初在人们眼里,也许是听话、懂事的孩子。但随着年龄的增长,会被人看做是性格胆小、内向的人。尽管研究表明,社交恐惧症与智商没有相关性,但幼儿的社交恐惧症会严重影响其心理和性格的健康发展,会使其将来的生活和职业面临更多的压力及困难。社交恐惧症青少年将来酗酒的可能性会增加,出现自杀企图和行为的概率比一般人要高。大部分有社交恐惧症的人,还容易被同事或上司认为"难以沟通"、"没有团队精神"等,近年来由于社会各方面压力增大,社交恐惧症儿童患病率也在逐年增加。所以儿童一旦出现社交恐惧症的苗头,就应该引起足够的重视并及时地干预和治疗。

一、儿童社交恐惧症的含义和表现

(一)儿童社交恐惧症的概念

儿童社交恐惧症又名儿童社交焦虑症(Social Anxiety Disorder,简称SAD),属于焦虑症的一种,是儿童期常见的心理疾病之一。指儿童对新环境和可能被别人仔细观察的社交或表现场合,或在陌生人面前表现出显著和持久的恐惧、焦虑情绪和回避行为。

(二)儿童社交恐惧症的临床表现

儿童社交恐惧症的临床表现主要在以下几个方面:

1. 过分的恐慌、紧张、害羞和逃避。患儿在陌生环境和公众场合,如幼儿园、游乐场、公园、商场、亲戚家都会感到极度的恐慌、紧张,表现为过分的害羞和尴尬。年幼的儿童进入陌生环境时,会感觉到痛苦和身体不适,出现哭闹、不语、退缩、缠人的表现,或躲在母亲身后不愿意上学(幼儿园),儿童和少年会回避班级活动,回避上体育课,学习成绩表现不佳。青少年期患儿与异性约会或建立关系会出现困难,由于社交困难与学习适应下降而出现辍学的可能性增加。

2. 怕与人交流和交往,对自己的言行过分的敏感和关注。儿童在课堂上和一些人多的社交场合表现出异常的紧张,怕与同伴、成人面对面直接交流,包括不敢看人、不肯发言和对话,或者即便交流,也是在极度的惊恐之中度过。害怕与人交往,他们非简单的害羞或不踊跃参与活动,他们在家与家人或熟悉的人在一起时,社交关系良好,交谈自如,非言语迟缓和自闭症,沟通绝无问题,但一上学或在某特定场合,便整天不发一言,即使有信任的人,也只会说一两句。有时会被视为没有礼貌而让家长尴尬不已。

这类患儿时常感觉有人在批评自己,即使做错小事,也联想成大灾祸,有些患儿害怕自己的行为或紧张的表现会引起羞辱或难堪,对参加聚会、打电话、参加约会、派对、或工作面试、到商店购物、或询问权威人士等都感到困难。一般人对参加聚会或暴露在公共场合的事情都会感到轻微紧张,但这并不会影响到他们出席。而社交恐惧症患者会产生无法承受的恐惧,严重者甚至会长时间地把自己关在家里孤立自己。

3. 患者会出现自主神经系统功能紊乱,并伴有相应的生理症状。多数患儿在见到陌生人或面对其所恐惧的社交活动时,除了感到焦虑、慌张外,还心慌耳热,会伴随着脸红、发抖、异常冒汗、心跳加速、心悸、轻微头痛、晕眩、胸闷、呼吸急促、血压升高、肢体震颤等生理症状。离开恐惧对象和场合后,症状就会自动消失。有些患儿被老师要求回答问题时,会紧张至僵硬、颤抖或哭泣。因此,当遇到恐惧的对象时,儿童为了摆脱痛苦反应,总是表现出逃离回避行为。

如果儿童拥有以上种种表现,就有可能患上了社交恐惧症。

(三) 儿童社交恐惧症的种类

精神科医师常把儿童社交恐惧症分为一般的社交恐惧症和特定的社交恐惧症。一般的社交恐惧症患者会对大部分或所有的社交场合都感到害怕,特定的社交恐惧症患者则只对某个特定的场合表现出社交恐惧问题。常见的一般有以下几类:

1. 公开演讲恐惧症(glossophobia),对在公开场合演讲、发言或表演感到恐惧,俗称怯场。

2. 选择性缄默(selective mutism)表现为在某些特殊场合,或面对某些特殊人拒绝说话或不愿意说话,在陌生的环境对陌生人更不愿说话。离开家,在幼儿园、学校不愿讲话为最多。大多在3~5岁起病,有些选择性缄默症儿童在公开场合无任何交流,有些儿童则可以使用手势、点头、摇头、耳语等肢体语言的方式交流。也常常表现出违抗、执拗的人格特点。甚至有人把他们的不愿讲话看做是违抗与执拗的表现。

3. 赤面恐惧 (erythrophobia):是指社交恐惧症患者,在他人面前,会感到不好意思,会出现面红耳赤的尴尬状况。

4. 视线恐惧症:是指社交恐惧症患者在与人谈话的过程中,不敢与别人视线接触,当目光接触时,会让患儿感觉很不自在,甚至认为是一种难堪。患者在与人交谈的过程中,不会去看别人的眼睛,而会将自己的视线,游离在周围的一些小事物上。

5. 表情恐惧症:患者在与别人交流的过程中,脸上会做出一些不自然的、比较怪异的表情。患者对自己在交往过程中的面部表情不自信,认为可能别人不喜欢或者会给别人带来一些误解或不愉快,所以,就想改换或掩藏表情,因此,就容易表现出怪异的表情。

6. 异性恐惧症:患者在与异性的交流和交往中,会表现得非常紧张,手足无措,甚至是恐惧。在患者眼里,与异性的接触,是最难以面对的一种事情,即使面对比较熟的异性同学或者同事,都会表现出恐惧感。

国外报道儿童社交恐惧症的检出率为1‰左右。社交恐惧症的发生有两个高峰年龄,第一个为5岁以前,第二个为13岁左右。社交恐惧症的发生率不存在性别差异。

二、儿童社交恐惧症的诊断

在童年早期,当遇到陌生或具有威胁的情景时,儿童会出现一定程度的担心、害怕或焦虑。但是,如果儿童表现对陌生人(针对成人或小伙伴,或两者兼有)持久或反复的害怕或回避,而且这种害怕的程度超出了儿童的年龄所应有的正常界限(但能正常和有选择地依恋父母或其他熟人),发生时年龄不满 6 岁,并伴有社会功能受损,而且不是某种更广泛的情绪障碍的组成部分,即可诊断儿童社交恐惧症。

儿童社交恐惧症的诊断主要是依据临床症状来鉴别。病史资料、患儿的个性特点等资料的收集对于诊断至关重要。依据《精神障碍诊断与统计手册》第四版(DSM-IV)对儿童社交恐惧症的诊断标准如下:

(一)症状标准:

1. 与陌生人(包括同龄人)交往时,存在持久的焦虑,有社交回避行为。
2. 与陌生人交往时,患儿对其行为有自我意识,表现出尴尬或过分关注。
3. 对新环境或者害怕的社交场合感到痛苦、不适、哭闹、惊呆、不语或退出。病儿一般都设法避免这种场合,否则便以极度的焦虑或烦恼忍耐着。
4. 患儿与家人或熟悉的人在一起时,社交关系良好。

(二)严重标准:显著的干扰个人的正常生活、职业(学业)和社交(包括与同龄人)功能,导致交往活动受限。

(三)病程标准:符合症状标准和严重标准至少已 6 个月。

(四)排除标准:害怕或逃避不是由于精神分裂症、心境障碍、癫痫性等精神障碍、广泛性焦虑障碍或某种物质(滥用物质、治疗药品)等所致。

选择性缄默症的诊断要点包括:① 在特殊的社交场所持续地不说话,而在其他场所说话正常;② 症状干扰学习与职业功能或社会交往;③ 症状持续时间至少 6 个月;④ 症状不是由于语言的不通所引起;⑤ 不说话不能用交流障碍(如口吃)解释,不是发生于广泛性发育障碍、精神分裂症或其他精神障碍的过程中。选择性缄默症的诊断容易与一些诊断或现象混淆。如正常儿童在刚入学,开始进入一种新的环境时,由于对环境的不熟悉,表现为胆小害羞而可能不讲话,但随着时间的延长,对环境熟悉后,逐渐开始说话。有些儿童进入一个陌生语言环境,因听不懂语言导致语言交流困难,也可能出现不讲话的现象,但随着语言的熟悉,就能逐渐开口说话。社交恐惧症、抑郁症、环境适应障碍儿童在某种特殊环境下,也会出现短暂性的不说话现象,而容易与选择性缄默症混淆,但持续时间不长,不说话的现象没有选择性缄默症持续和稳定。同时伴有其他相应疾病的表现,通过详细的病史了解,语言功能检查等可以加以鉴别。

三、儿童社交恐惧症的成因

儿童社交恐惧症对儿童的身心健康造成不良影响,对孩子未来的发展非常不利。对其原因的探究将有助于我们对其进行有效的预防和矫治。能够引起儿童社交恐惧症的因素很多,遗传因素和个性因素、家庭和环境因素等都可能会引起儿童社交恐惧症。

1. 遗传和个性因素

近年来,遗传因素在社交恐惧症中的作用日益受到重视。一般认为社交恐惧症的儿童在行为上属于过度抑制,家系研究也发现在抑制性儿童的一级亲属中,存在社交恐惧症和儿童焦虑障碍的高发生率。根据双生子研究,同卵双胞胎的共病率是24%,异卵双胞胎的共病率是15%。此外,直系亲属中有社交恐惧症的,儿童患社交恐惧症的概率比直系亲属中无社交恐惧症的高10倍之多。可见,生物遗传因素是导致儿童社交恐惧症的原因之一。

从儿童的个性发展来说,这类儿童具有安静、退缩、胆怯等气质特点,不愿说话,对新奇刺激、与陌生成人交往时处于反应的过分敏感状态。纵向研究显示,早期呈现行为抑制的儿童到了儿童中期仍然会表现出行为抑制,并且在不熟悉的环境下更不愿意对陌生人说话,焦虑、恐惧症的发生率增加。一般以下三种个性特点的儿童易患儿童社交恐惧症:(1)性格内向,情绪不稳定的孩子。内向者安静、内省、不喜欢接触人;情绪不稳定者易焦虑,对各种刺激的反应过于强烈,情绪激发后,又很难平复。与人交往时,强烈的情绪反应影响他们的正常适应。3岁以前表现胆小羞怯者成年后往往较容易发生社交恐惧症。(2)自卑感强的孩子。他们经常感到自卑,会自我贬低,认为自己缺乏社交技巧和能力,无法与人沟通,怕引起别人不好的反应。(3)过于敏感的孩子。他们总能从别人的眼光中看出别人对他的厌恶、憎恨。如果需要和陌生人交谈,他会因此而表现得更加紧张和害怕。此外,患口吃或有口吃倾向的孩子也易出现社交恐惧症。

2. 家庭和环境因素

有时,家庭和环境因素不良,也容易造成儿童社交恐惧症:(1)家长的忽视。父母因工作忙碌,将孩子托付给老人或保姆照料,照料者对孩子的衣食起居和安全更重视,而对孩子智力开发、人格发展和人际交往的能力的培养不会用心或用心不足,孩子在这些方面经常没有得到应有的锻炼。(2)社交限制。为了孩子的安全,家长经常不许孩子去外面玩耍,告诫孩子少与陌生人交往,不要去邻居家串门,也不许带孩子来自家玩。这样无形中剥夺了孩子交往的机会,自然弱化了孩子的社交能力,抑制了孩子的社交欲望。(3)独生子女缺少伙伴,大人又很难走进孩子的内心,孩子的心事不被大人所理解,内心感到非常孤独和压抑,表达能力与技巧得不到训练。(4)居住地点不稳定。家庭因租房、买房,居住地点多次变更,孩子好不容易习惯与一些伙伴交往,但很快又要分离,使孩子长期处于动荡状态。(5)孩子在人际交往中曾遭受过心理创伤。比如遭人欺侮或被家长当众打骂;有走失或被拐卖的经历;也许受过惊吓,孩子的心理创伤没有得到修复,那么儿童的社会交往必然会受到抑制。(6)家长教养方式不当,家庭氛围不良。社交恐惧症皆与心理成长过程中不当的父母教养方式有关。父母过分严厉和教条化的教育方式造成儿童心理成长过程单一,导致其社会理解和适应能力相对较差难以对客观事物做出正确判断;父母特别是母亲对孩子的限制越多,孩子越容易形成过度抑制性气质,在陌生人面前保守、躲避。如果儿童早期生活在一个敏感、家庭关系紧张、压抑的氛围中,如父母经常吵架、婆媳关系(奶奶和妈妈)不和等也会使儿童心理发育受到扭曲,也会让孩子产生自我退缩、封闭的防御机制,进而害怕面对所有陌生人。

四、儿童社交恐惧症治疗和教育干预

现实生活中,由于个性差异,有些孩子需要更多的时间暖身,才有办法加入一个团体或认识新的同伴,而有些孩子不需社交练习就可直接参加社交场合。有些孩子对于新环境的适应能力较强,而有些孩子天生就是比较害羞。但大多数的情况都是可以借由练习或鼓励

帮助改善。针对引起儿童社交恐惧症的各种因素,家长和教师要善于配合做好早期预防与干预。

(一) 如何预防儿童出现社交恐惧症

1. 多带孩子开阔眼界、增加交往机会。儿童出现社交恐惧与孩子跟外界接触的机会少,缺少与同龄人的沟通和交流的机会有关,父母工作忙碌,很少留意孩子的变化,久而久之便易出现了社交恐惧。家长应带孩子多接触同龄人,给孩子创造多接触外界的机会,孩子就容易乐意跟人交往,培养孩子的自信心,有助于预防和消除社交恐惧。

2. 家校(园)配合,在活动中加强儿童的人际交往能力的培养。在学校(幼儿园)里,老师可以设计一些游戏和活动,训练儿童学会认识和交流。

(1) 家长不要以外面危险和社会复杂就拒绝孩子进行社会交往,而应该多为孩子营造一个社会交往系统。可以让同龄的孩子在家里玩,接受他的不自在感,开始你可以陪在孩子身旁,直到他感到自在或者和其他孩子有互动时,慢慢从孩子身边离开,但是还是要在孩子看得到你的地方待着。可以先邀请一个孩子到家里玩,之后邀请人数逐渐增加,当孩子在自己家中和小朋友一起玩耍感到比较自在时,就会把在家中和朋友相处的自在感转换到其他的社交场合里。

(2) 教孩子面对新伙伴时该怎样相处的技能和方法。让儿童学会自我介绍,交朋友。可以先在家用角色扮演的方法进行练习。例如,允许孩子在加入团体活动前,先在一旁观看。有的孩子在参与之前需要先了解情况,在孩子还没准备好前就推他加入,只会让他更不自在。并鼓励他试着使用刚学到的社交技巧,让他知道其他孩子很有可能也跟她有一样的感觉,会担心外表或者谈话内容等。再例如,老师在课堂上可以通过一些特殊的教学手段,减轻儿童说话时的焦虑,上课时多提问,消除孩子的陌生感,鼓励学生之间的相互交流。因为有部分儿童在语言的发育上相对延迟,针对他们可以先进行发音和语言强化训练,这样有利于他在团体中和同伴间的交流。

(3) 让孩子参加一些团队活动,像游泳、体操或球队,这样的经验会帮助孩子建立在团队中的信心。给孩子过生日、组织孩子进行才艺展示,多让孩子锻炼在人前说话和讲故事,孩子就会离社交恐惧越来越远。

(二) 社交恐惧症的治疗

比较严重的人际交往恐惧症可以到专门的机构请专业治疗师进行治疗,对于儿童社交恐惧症的治疗,主要有药物治疗和心理治疗两种方式。

药物治疗主要是改变导致社交恐惧的先天生理因素,主要针对体内某种化学物质的失调状态通过药物的运用来调节身体平衡,药物治疗有副作用,需要在医生的严格指导下进行。一般的病例不需要进行药物治疗,当合并其他焦虑障碍时才考虑进行药物治疗。

心理治疗中主要是采取认知行为治疗,包括催眠疗法、系统脱敏疗法、冲击疗法和示范法认知重建、模仿和社交技能训练、家庭治疗(family therapy)、游戏治疗(play therapy)等治疗技术。系统脱敏适合于各种病人,冲击疗法适合于青少年,示范法适合于年幼儿童。

1. 催眠疗法:这种方法是通过精神分析师将患儿催眠,挖掘患儿心灵或记忆深处的东西,看他是否经历过某种窘迫的事件,试图寻找患儿发病的根源,但这种疗法时间长花费较大。

2. 系统脱敏疗法:这种方法是通过逐渐扩大交往范围和交往的深度,达到降低与人交往时恐惧、焦虑的目的。先确立社交恐惧的等级,例如和父母在一起为0,和陌生小朋友在一起游戏为100,其步骤为:首先,先由父母陪同远远看其他陌生小朋友玩耍开始,然后在父母陪同下,逐步去靠近和接触陌生小朋友;其次,通过玩具、书等吸引其他小朋友主动和他交往,让孩子独立的、被动的交往;第三,鼓励孩子和相对熟悉的小朋友主动交往,增加交往的次数,相互沟通,一起做游戏……直到在没有父母陪同下,能和其他小朋友做游戏;第四,通过大量人际交往的学习、锻炼,增强自信心,能主动去和小朋友交往,由陌生到逐步认识,最后到熟悉的过程。当每一阶段的恐惧感逐渐降低后,进行到下一阶段,逐渐"脱敏"。面对陌生环境的焦虑、紧张感也将消失。

3. 强迫疗法:让患儿直接面对自己很惧怕的环境和人,利用巨大的心理刺激对患者进行强迫治疗。通过直接面对让他感觉恐惧的人和情景,帮助他消除恐惧和焦虑。

4. 情景治疗:让患儿在一个假想的空间里不断地模拟发生社交恐惧症的场景,不断练习重复发生症状的情节。精神分析师会不断地鼓励他面对这种场面,让他从假想中逐渐适应这种产生焦虑紧张的环境。

5. 认知疗法:这是一种不断灌输认知观念的治疗方法。医生不断地告诉患者这种恐惧是非正常的,让患者正确认识人与人交往的程序,教会患者一些与人交往的方法。

6. 家庭疗法:首先,父母要改变教养方式,不要过于严厉或苛求孩子,用鼓励来代替责骂,多关心孩子的心理健康;其次,家长要解决自己的心理问题,为孩子做好榜样,带动孩子向健康的心理发展;最后,改变孩子的成长环境,给孩子一个和睦的家庭氛围。

孩子的内心都是很脆弱的,很容易因为遗传个性和环境原因而引发人际交往恐惧症。所以无论采用什么样的方法来对儿童进行社交恐惧症的治疗,最重要的还是要从心理上彻底解决问题。家长和老师除了要了解儿童社交恐惧症的治疗方法,还需加强孩子患上社交恐惧症的各种预防工作。

 本章小结

本章第1节阐述了焦虑症、恐惧症障碍的概念和这类儿童的基本特征。认为焦虑和恐惧是对可观察到的威胁和不利情景的一种情绪反应,本来这是个体的一种必要的、保护性的生存机制。但儿童的焦虑症和儿童恐惧症会使儿童长期处在焦虑和恐惧的负面情绪之中,影响儿童正常的生理和心理机能的发展。

儿童焦虑症和恐惧症的形成往往不是单一因素引起,是多方面因素共同作用的结果,既受个体的遗传倾向等生物因素的影响,又受心理和环境因素的影响。儿童广泛性焦虑障碍的教育干预尽管比较常见,但目前仍缺乏非常有效的治疗方法。药物能起到暂时性缓解压力事件导致的焦虑,从长期治疗效果来看,心理治疗,特别是认知行为治疗更为妥当。

第2节阐述了抑郁症的概念和症状、治疗与教育。抑郁症表现为长时间的,无理由的情绪低落,由单独或混合出现的极端的情绪沮丧或者极端的情绪亢奋构成。抑郁症通常分为急性抑郁症、慢性抑郁症、隐匿性抑郁症三种。引起抑郁症的病因较多,大致可以分为生物因素、心理因素和环境因素三大类。抑郁症患者的治疗和教育干预同样可以采用药物治疗与心理治疗相结合的方法。药物治疗可以缓解现有症状,要使患者的内在倾向和态度有较大的改变要靠心理治疗和自助治疗。

第3节首先阐述了儿童社交恐惧症的含义和临床的种种表现,儿童社交恐惧症表现为对可能引起困窘的社交场合或表现场合表现出显著和持久的恐惧、焦虑的情绪或回避行为。接着介绍了儿童社交恐惧症的种类和如何进行诊断。并从遗传和个性因素、家庭和环境因素两个方面分析了可能会引起儿童社交恐惧症的原因。最后谈到家长和教师如何预防儿童社交恐惧症的出现,还介绍了如何通过催眠疗法、系统脱敏疗法、强迫疗法、情景治疗、认知疗法、家庭疗法等对社交恐惧症进行治疗。

思考与练习

1. 什么是焦虑症?儿童焦虑症的主要类型有哪些?
2. 什么是恐惧症?儿童恐惧症的来源主要有哪些?
3. 如何认识焦虑症儿童的成因?
4. 怎样对焦虑症儿童进行治疗和干预?
5. 什么是抑郁症?儿童抑郁症的主要类型有哪些?有些什么表现?
6. 如何认识抑郁症儿童的成因?
7. 如何对抑郁症儿童进行综合评估与鉴定?
8. 怎样对抑郁症儿童进行治疗、干预和教育?
9. 儿童社交恐惧症的含义是什么?
10. 儿童社交恐惧症的临床表现主要在哪些方面?
11. 儿童社交恐惧症的种类有哪些?
12. 对儿童社交恐惧症如何进行诊断?
13. 儿童社交恐惧症的成因是什么?
14. 如何对儿童社交恐惧症进行预防和治疗?

第5章 生活性情绪与行为障碍儿童的发展与教育

学习目标

1. 了解和掌握神经性厌食症、神经性贪食症、儿童异食症等进食障碍的概念、特点和治疗与教育的一般原理和方法。

2. 了解和掌握儿童遗尿症、遗便症、神经性尿频症等排泄障碍的概念、特点,治疗与教育的一般原理和方法。

3. 了解和掌握梦魇、儿童夜惊、睡行症、睡眠不安等儿童睡眠障碍的概念、特点,治疗与教育的一般原理和方法。

日复一日,年复一年的与进食、睡眠、排泄有关的日常生活活动看似烦琐平淡,却是我们生存的基础,与我们拥有健康和高质量的生活内容息息相关。如果在儿童成长的关键时期,及时地给予指导,帮助儿童排除与进食、睡眠、排泄等有关的情绪与行为障碍,注重养成儿童良好的生活习惯,这将使他(她)们一生受益无穷。

第1节 进食障碍儿童的治疗与教育

进食障碍主要是由于心理因素和文化因素共同引起的非病理性的进食行为障碍,如神经性厌食症(anorexia nervisa)、神经性贪食症(bulimia nervosa)等。进食障碍的结果可能是致命的,但多数人并没有意识到这些障碍的严重性。在神经性厌食症中,由于过于节食造成营养不良,代谢和内分泌障碍及躯体功能紊乱,最终导致脏器的病变和生理功能的衰竭。在神经性贪食症中,进食时的失控和暴食(binges),会带来随后的自引呕吐、泻药的过度使用或其他形式的"清除"食物的行为。在对进食障碍患者长期的追踪发现,超过20%的人会因为这种障碍而死亡,其中5%的人会在10年内死亡(Keel et al.,2003;zipfel,lowe,Deter & Herzog,2000),有一半的死因是自杀。进食障碍,尤其是神经性厌食症人群的死亡率是正常人群死亡率的6倍(Crisp,Callender,Halek & Hsu,1992;Patton,1988),在所有的心理障碍患者中是死亡率最高的,甚至超过抑郁症患者。

已有的研究显示,进食障碍在经济落后和发展中国家并不常见,那里的人们经常要为了生存和温饱、为得到日常足够的食物而斗争,而在食物丰富的经济发达国家表现得比较明显,增长非常迅速。在不同性别、年龄和社会阶层中出现的概率也不同,其中90%发生在12~25岁年轻的女性中,大多数女性都具有中产阶级的经济地位和上流的社会地位。最著名的例子是英国的戴安娜王妃,她曾与贪食症斗争了7年(Morton,1992)。她曾表示,在蜜月期间,她平均每天暴食和呕吐4次以上。进食障碍的病因学的最大影响因素似乎是社会文化因素,而不是心理或生理因素。

在当今世界,肥胖症(obesity)被认为是对抗公众健康最危险的因素。最近的调查表明,在美国超过65%的成人超重,超过30%的人达到了肥胖的标准。体重超标使很多疾病的患病率增加,例如心血管疾病、糖尿病、高血压、中风、胆囊疾病、呼吸疾病、肌肉骨骼问题及荷尔蒙相关的疾病(Must et al.,1999;henderson & Brownell,2004)[①],对我们的生活质量也构成一定的威胁。此外,儿童异食癖也会对儿童的生理健康造成很大的危害。

在中国,据调查和相关的报道,近年来进食障碍在儿童、青少年中上升的趋势非常明显。应该引起我们足够的重视。

一、神经性厌食症

（一）神经性厌食症的概念

戈尔(Gull)在1868年首次采用了神经性厌食症这一概念。它是一种显著的行为、精神和心理上的紊乱。患者表现出对食物强迫性的偏食、厌食、体重下降、明显消瘦为特征的疾病,引起营养不良、代谢和内分泌功能的紊乱,它是一种慢性的,可能会致死的疾病。

近年来,神经性厌食症的发病率呈上升的趋势,一般患者的年龄为10~30岁,在青少年中女性患病率高。近年来我国这类患者的发病率逐渐增高,而临床医生对此认识不足或重视不够,常常延误诊断或治疗方法不当,以致造成严重的后果。

（二）神经性厌食症的表现

神经性厌食症是一种自己有意造成和维持的,以节食造成体重减轻为主要特征的进食障碍,常引起营养不良,代谢和内分泌障碍及躯体功能紊乱。其主要临床表现为:刚开始时是因为怕胖而出现有意节食的心理和行为,继而出现过度限制饮食,强迫性追求变瘦而导致体重迅速下降。有的利用运动、呕吐、导泻等手段减轻体重,有时又出现暴食、食后狂吐的行为,体重减轻25%以上,出现皮肤干燥、皮肤弹性差、皮下脂肪菲薄、脸色苍白,头发和指甲容易断裂,对寒冷的温度敏感而缺乏耐受性,四肢和脸颊会出现绒毛。易患低蛋白血症而使皮肤水肿,极度营养不良,并伴有严重的内分泌功能紊乱,女性闭经,男性性欲减退或阳痿。如果发生在青春期前,会导致青春期发育放慢,甚至停滞,乳房发育不良,男性第二性征不发育,生殖器呈幼稚状态等。她们即使出现消瘦的病象仍不肯增加食量,拒绝维持体重在与其年龄和身高相当的最低限度,以致有些患者骨瘦如柴,无力起床,昏倒在地,无法行走。厌食症患者伴有呕吐,会导致心脏和肾脏出现问题,有些患者最终可能会因为身体脏器功能的逐渐衰竭而活活饿死。

厌食症的患者对她(他)的体重的减轻从未满意过,两天之中,如果体重保持不变或有一点增加,都会引起他们强烈的恐慌、焦虑和抑郁。只有体重每天都持续减轻才满意。焦虑障碍和心境障碍经常出现在该类患者中(Agras,2001;Kaye et al.,1993;Vitiello & Lederhendler,2000),常有情绪不稳、焦虑、强迫症,有的还伴有抑郁症、严重者会有自杀念头和行为。请看案例5-1:

---

① [美]马克·杜兰德,大卫·巴洛. 变态心理学纲要(第四版)[M]. 王建平,张宁,等译. 北京:中国人民大学出版社. 2009:360-361.

案例 5-1

朱莉第一次寻求帮助是 17 岁。如果你仔细看她凹陷的眼睛和苍白的皮肤,你会发现她曾经很有魅力。但她现在看起来消瘦而不健康。18 个月前她体重超重,她的母亲,一个好心但专横苛求的人,不断地唠叨她的外表,朱莉从来没有过一次约会,她的朋友告诉她,如果她减掉一些体重,那么她看上去会很可爱的,而且一定不会为没有约会而烦恼。

在严格节食几周之后,朱莉注意到她的体重减轻了。她感到了前所未有的控制感。朱莉开始自我感觉良好。但她的体重减得过快,她开始停经,但她认为自己看起来还不错,也许还可以再减一些体重。接着她的右脚和右小腿开始有些麻痹,医生认为这种神经性麻痹是由于营养不良造成的。父母开始为她担忧,朱莉认为她可能需要增加一些体重,但她并没有打算这么做,她认为自己看起来还不错。她参与了很多活动,在学校和课外活动中表现都很优秀。她每天做运动花费不少的时间,当她父母指出她的运动量过大的时候,她会在没人在场的时候进行锻炼,直到她认为自己已经充分燃烧掉了刚刚摄入的所有卡路里。

她刚开始会觉得肚子饿,渐渐地就不觉得肚子饿了,以后她看见饭就讨厌,不想吃,也不觉得肚子饿。她不承认自己瘦,不认为不吃饭有什么不好,但她的脾气开始越来越急躁,情绪易激惹。①

神经性厌食症和贪食症都有共同的特征,就是对增加体重的恐惧和对过量进食的控制。厌食症患者成功地减轻了体重,并为他们的节食和超凡的自我控制力而感到骄傲。贪食症患者对这两个问题及缺乏控制感到羞愧(Brownell & Fairburn,1995)。

(三)神经性厌食症的诊断及防治

神经性厌食症常表现为慢性疾病,呈现周期性缓解和复发,部分病人可自愈或经过治疗后完全恢复。目前国内多采用心理咨询、饮食、中药、镇静剂、理疗、磁疗等治疗方法,尽管治疗较为困难,且收效缓慢,但长期追踪发现,大多数厌食症患者的症状可以逐渐消失,体重得到恢复,致死或有精神病变患者较少。神经性厌食症的预后研究发现,在发病约五年后,70%~75%的病人能得到恢复;病程长于 5 年的病患者治愈后状况不佳;病程在 4~8 年的病人死亡率达 5%~8%,死亡原因主要是因为身体机能的代谢严重失调,躯体脏器衰竭及其他并发症,因而厌食症远非良性疾病,应引起警惕和重视。

神经性厌食症患者应住院接受进一步的检查,必须排除内脏器质性病变而引起的继发性厌食。根据我国厌食症病例的特点,少年神经性厌食症诊断有以下几点:年龄在 10 岁以上;多因精神刺激或学习、工作压力过大而发病;严重厌食、消瘦;排除器质性疾病及精神疾病而引起的厌食;少数患者以身材保持苗条为美,唯恐长胖而有意识地控制饮食。

治疗主要有以下措施。

---

① [美]马克·杜兰德,大卫·巴洛. 变态心理学纲要(第四版)[M]. 王建平,张宁,等译. 北京:中国人民大学出版社,2009:365-366.

1. 补充营养,恢复体力和体重

治疗厌食症患者的最重要的初始目标,是使患者的体重恢复到正常体重的下限范围内(American Psychiatric Association,1993)。如果一个人的体重低于均值的70%或体重减轻得特别迅速,则必须建议其接受住院治疗。神经厌食症患者在严重营养不良的状态下,会出现急性心脏衰竭、肾衰竭等,死亡率可高达10%,因而必须紧急抢救治疗。如果患者拒绝治疗,应采用劝说及强迫方式使其住院,以挽救病人的生命。这时的治疗主要是纠正水电解质的平衡,补充血钾、钠、氯,并进行监测。血浆蛋白低下时,静脉补充水解蛋白、鲜血浆等。贫血应补充铁,服用叶酸,补充维生素等。如果体重的减轻是缓慢而稳定的,那么体重的恢复就可以在门诊治疗的基础上进行。

由于患者长期不进食,胃肠功能逐渐衰弱,因此进食应从软食、少食多餐开始逐渐增加,不能急于求成。适当给予助消化药如胃酶合剂、多酶片、乳酶生等,或采用针灸治疗,也可用少量胰岛素促进食欲及消化功能的恢复。病人的体重每周增加1~1.5千克为宜。通过临床治疗,85%的人能够增加体重。体重的增加需要有一定的策略:

① 体重的恢复应建立在与其他治疗相结合的基础上,个体治疗和家庭治疗相结合,使患者不会感到治疗的唯一目的就是进食和增加体重。

② 患者应该信任治疗小组,并相信治疗能够不让她超重。

③ 患者对体重失控的恐惧是可以接受的,可以通过少吃多餐的饮食方式来解决(如一天吃4~6顿,每顿摄入400~500卡路里),这样便能产生逐渐而稳定的增重效果(每天增加0.2千克)。

④ 在进餐时间安排一个看护人员来鼓励患者进食,并鼓励她公开讨论对于进食和增重的恐惧和焦虑。

⑤ 定期检测患者逐渐增加的体重而不是检查其进食量,并将结果告知患者,因此,患者每隔一段时间就要进行体重测试,以便知道自己的体重增减情况。

⑥ 对抗并控制对自己不利的行为,如偷偷地呕吐或清除行为。

⑦ 患者与家庭成员间关于进食方面的冲突不要在医院里再现,如果在治疗期间重现,需要有明确的目的。

2. 心理治疗

对于厌食症患者心理治疗的焦点应放在患者因担心变胖和体重失控而产生的焦虑上,同时减轻患者对苗条的过度重视程度,改变将苗条看成自我价值、快乐和成功的决定性因素的看法。心理治疗包括疏导病人的心理压力,帮助患者对环境、对自己有客观的认识,找到适应社会的角度及提高处理和应付各种生活事件的能力,对健康体魄和标准体重加强认识,对自己的身体状况有客观的估价。对于家庭关系紧张的患者,必要时可请家人一起参与家庭心理治疗。

为了达到以下两个目标,每一分努力均需要其他家庭成员的参与与配合。第一,尽量禁止家庭成员之间进行关于食物和进食方面的各种消极的和不良的交流,且饮食结构要不断变化。第二,患者和家庭成员要详尽地讨论关于体型和体像的歪曲的看法,要努力纠正错误的态度和观念,否则厌食症患者将可能一辈子都陷入对体型和体重的过度关注中,疲于奔命地与维持边缘体重和适应社会作斗争,从而不得不反复进行治疗。在这种情况下家庭治疗要优于个体治疗。

行为矫正是心理治疗的另一种方法,主要是促进病人体重的恢复,可采用限制病人的活动范围及活动量,随着体重的增加,逐步奖励性地给予活动的自由,这种方式一般是当病人的体重极低时,在医院中采用。厌食症治疗的长期效果是令人沮丧的,七年半后完全康复的比率比贪食症要低得多(Herzog et al.,1999)。

3. 精神科药物治疗

病因学中认为,神经性厌食症可能与抑郁症有关,因此临床中经常使用氯丙咪酸、阿米替林、多虑平等抗抑郁药。安定类药物也常用来帮助调整病人的焦虑情绪。这两类药物对于改善病人的抑郁情绪有一定的作用。最早用于治疗厌食症的药物有冬眠灵(氯丙嗪)、奋乃静等。使用小剂量的药物,以治疗病人极度怕胖、不能客观地评价自己的体型(体像)的障碍,在治疗中也有一定的效果。

此外,慢性的精神刺激及学习负担过重造成的紧张情绪,是青少年患神经性厌食症的主要因素,因此解除慢性刺激和学习负担过重,是预防或减少发病的主要措施。首先要注重情绪预防。青春期的女性性格不稳定,极易受外界刺激的影响,如家庭不和睦、亲友重病或死亡,在学校学习成绩不理想,遭受各种意想不到的挫折等,均易引发厌食症。因此保持精神乐观、心胸开阔是至关重要的。其次要注意劳逸结合。合理安排学习和生活,脑力劳动与适当的体育锻炼相结合;适当安排娱乐活动与休息,可以防止因过分劳累引起下丘脑功能的紊乱。最后要进行正确形体美的教育。少数患者对进食和肥胖体重具有顽固的偏见与病态的心理,以致出现强烈的因恐惧变胖而节制饮食,保持所谓的体型"美"的行为。因此加强青少年正确健康的"美"的认识,是必不可少的。

二、神经性贪食症

(一)神经性贪食症的概念

神经性贪食症以反复发作性暴食和强烈的控制体重的愿望为特征。为防止暴食对体重的影响,患者采用各种措施,如呕吐、导泻、增加活动量等,致使体重低于正常范围。贪食症多见于年轻的女性,据国外的报道,女性患病率为1%～3%,男性患病率大约为女性的十分之一。世界各地患病率相似。

(二)神经性贪食症的表现

神经性贪食症的特点是周期性暴食。进食量远远超过正常,并呈现失控的状态。患者常常是吃到难受为止,且食物是典型的垃圾食品,而不是水果和蔬菜(Fairburn & Cooper,1993;Wilson & Pike,2001)。暴食后马上采取不恰当的补偿措施以防止体重增加,最常见的控制体重的做法是诱呕,可用手和其他器械刺激喉咙,也有服用催吐剂致吐,经过一段时间后,不用催发,患者想到呕吐便会呕吐。即使仅有少量食物也能呕出,有三分之一左右的患者使用导泻剂减轻体重,极少数患者甚至使用灌肠法。有些患者不采取直接清除食物的方法,而是通过运动、体育锻炼等增加体能消耗,活动量大大超过正常。有些人在两次暴食之间长期禁食。神经性贪食症有两种类型:清除型和非清除型(运动或禁食),非清除型仅占6%～8%。请看案例5-2。

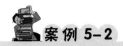

案例 5-2

菲比是一个典型的美国女孩：有魅力、聪明、能干，有多项才能，尤其是她美妙的歌喉和优秀的芭蕾舞技非常引人注目。她是公认的舞会皇后，还参加了学校的多个运动队，与足球队的队长约会，平均成绩为 A⁻，被公认为是学生的典范，顺利进入了一流大学。

但菲比有个秘密：有个信念时常萦绕在她的心中，她认为自己又胖又丑。每次吃东西把食物放在嘴里的时候，她都认为这会无情地阻止了她今后取得成功与赢取声望。作为一个完美主义者，她从 11 岁就开始关注自己的体重，从高中开始控制自己的进食。她不吃早饭，中午只吃一小碗饼干，不论晚餐吃什么，她总是控制自己只吃一半的量。

这种行为贯穿了她的高中生活，作为与限制进食行为的斗争，菲比偶尔会暴食一顿垃圾食品。在暴食之后，她会把手伸进喉咙里（有一次她还尝试用牙刷），但是这种方法并不成功。在高中阶段她每天都用尽自己所有的意志力控制自己不去吃，但有时也会失败。有一天回家独坐在电视机前，吃了两大盒蜜饯，沮丧、内疚和绝望感使她冲到洗手间，把手伸进喉咙，她吐了半个小时，吐得筋疲力尽，不得不休息半小时。很快她就学会了无论吃什么样的食物都可以轻松地呕吐，她总是强迫自己吃下大量的炸面包圈、曲奇和爆米花，直到她的胃开始作痛，最后开始清除，强迫自己呕吐。做完这一切后就去称体重。

这个行为持续了 6 个月，高三时她失去很多的能量，她的成绩也越来越差。她看起来很糟糕，经常感到疲劳，皮肤变得粗糙，脸部水肿，她的母亲和老师在质问下才发现她进食出了问题，为了减少暴食和清除的机会，母亲把让她独处的机会减到最低。这种策略只坚持了一个月。由于对增加体重和失去声望的致命恐惧，菲比恢复了原来的模式，而且她学会了更好地隐藏。6 个月的时间，菲比的暴食和清除行为大约为每周 15 次。

刚进大学时，菲比认为为了避免体重增加的危险，决不能打破这个行为模式，为了避开公共洗手间，她会跑到附近一个废弃的建筑内去呕吐，大学中的社交活动需要喝啤酒和吃一些发胖的食物，她还是增加了 5 斤，妈妈有次不假思索地脱口而出，说她比以前看起来又重了，这种评论对菲比来说简直是毁灭性的打击。大二时，在一个晚会上喝过很多啤酒，吃了很多肯德基的炸鸡，这些都是她的清单中绝对禁止的东西，她感到内疚、焦虑和紧张，她的胃开始抽动并伴随着疼痛，当她试图呕吐时，她的呕吐反射好像消失了一样，她歇斯底里地叫男朋友过来，说自己打算自杀，她大声的哭泣和喊叫引起舍友的注意，大家都来安慰她，她还叫来了父母。此时菲比意识到，她的生活完全失控了，她需要专业帮助。①

神经性贪食症的一个重要心理障碍是，尽管她取得了一定的成就和成功，但她认为持续的成功和自尊很大程度上是由她的体重和体型所决定的。这种障碍的主要特征（暴食、清除、过分关注体型）在一些个体身上以"症状群"的形式出现（Bulik, Sullivan & Kendler, 2000；Fairburn, et al., 2003；Franko et al., 2004）。

---

① [美]马克·杜兰德，大卫·巴洛. 变态心理学纲要（第四版）[M]. 王建平，张宁，等译. 中国人民大学出版社，2009：362-363.

波默罗伊(Pomeroy,2004)认为,清除型的慢性贪食症会有很多医学上的后果。由于重复呕吐而导致唾液腺增大,使脸看起来水肿一些。重复的呕吐还会导致牙齿表面的牙釉质腐蚀。病情严重者会影响体液的化学平衡,出现水电解代谢紊乱,表现为低血钾和低血钠,由于呕吐使胃酸减少而出现代谢性中毒,导泻则可导致代谢性酸中毒。如不注意,会出现心律不齐(心跳中断)或心悸、肾衰竭,食道、胃肠道并发症,所有这些都是致命的。进食习惯的正常化会很快改变这些失衡。由泻药的滥用导致的肠道问题是严重的,包括便秘和永久性的结肠损伤。一些神经性贪食症的个体手指上会长出老茧,这是由于他们反复的抠喉咙呕吐时,手与牙齿和喉咙摩擦的结果。

贪食症的个体通常都表现出很多的心理障碍,尤其是焦虑和心境障碍。在初期,患者对自己的暴食行为和催吐行为感到害羞,常秘密地进行,过分注重自己的体形,伴有抑郁和焦虑。神经性贪食症患者至少75%表现出了某一种焦虑障碍——如社交恐惧或广泛性焦虑障碍、心境障碍。抑郁症也经常与贪食症共同出现。有种理论认为:进食障碍是抑郁症的一种表达方式。但更多的证据表明,抑郁在贪食症之后出现,并会使贪食症加重(Hsu,1990;Brownell & Fairburn,1995)。物质滥用通常伴随着神经性贪食症出现,有33%的贪食症和厌食症患者会出现滥用酒精和药物的行为。

(三)贪食症的病因

贪食症的病因目前并不十分清楚,有人认为与心理因素有关,也有人认为有器质性的基础。心理学家认为暴食是贪食症患者用来处理压力以及不愉快感觉的一种方式,患者在生理上并不需要进食,而在心理上却有长期饥饿的感觉。需要指出的是,贪食并不能真正起到缓解心理压力的作用,暴食行为可由情绪烦躁、人际关系不良、节食后感到饥饿,或对体重和身体外形感到不满等所引发,反而使"吃"变成了处理焦虑不安、寂寞和生气的不当方式。

(四)贪食症的诊断和防治

贪食症的诊断标准主要体现在以下几个方面:

重复出现的暴食行为(在一些不连续的短时间内,快速消耗大量的食物);在暴食发作期间有一种难以控制饮食行为的感觉;患者反复进行以下活动:自我催吐、使用泻药和利尿药物、严格限制饮食并进行大量的运动,以预防体重增加;在过去3个月中最少出现过2次暴食发作情况;对自己的体型和体重一直过分关心。

在诊断时要排除神经系统器官性病变所导致的暴食和癫痫、精神分裂症等继发的暴食。精神分裂症可出现贪食、乱食,但有明显的思维异常、情绪淡漠、行为怪异等特殊性症状。此外,多种神经系统的器质性疾病可出现贪吃、如颞叶癫痫、间脑肿瘤也会引起发作性贪食,但还伴有嗜睡及其他精神症状,如定向障碍、躁狂等,多在10~20岁年龄段,且以男性为多。

贪食症在青少年后期或成年早期发病,可持续数年。多为慢性或周期性病程。

贪食症的治疗主要有两种:一种是心理治疗,另一种是药物治疗,但以心理治疗为主。

1. 心理治疗

在神经性厌食症的治疗中,应以心理治疗为主,药物为辅。除以亲朋师友的关怀、鼓励等支持性心理治疗外,可同时使用短期的认知-行为治疗。从病人失调的进食问题入手,改变过度重视体重和体型等相关的认知态度,不断纠正其异常行为及观念,增强病人对自身进食行为的控制力。在20世纪80年代,心理治疗的方法一般用来处理患者的低自尊和自我同一性发展上存在的问题。家庭成员互动和交流模式的调整也是心理治疗的目标之一。

在由克里斯托弗·费尔伯恩(Christopher Fairburn,1985)创始的认知-行为治疗(Congnitive-Behavior Therapy,简称CBT)中,第一个阶段是使患者认识到暴食和清除所带来的生理后果,以及呕吐和滥用泻药在体重控制上的无效性,并阐释节食的负面影响,患者每天被安排进食5~6次,每次都摄入少量、可控的食物量,规定每两次正餐和零食间的间隔不超过3小时,这样就缩短了过量进食和饮食限制的交替频率,而这正是贪食症的典型特征。在随后的治疗阶段,通过认知-行为治疗改变关于体型、体重和饮食的一些功能失调性的思维和态度。发展抑制暴食和清除冲动的应对策略,包括开展一系列的活动,使个体在早期治疗中,进食以后不会独自一人待着。贪食症的短期认知-行为治疗(大约为三个月)能够获得较好的疗效,不仅对暴食和清除行为有较好的效果,而且在改变扭曲的认知态度及伴随的抑郁情绪方面也会取得不错的疗效。

1993年在一项全面而周密的行动研究中,费尔伯恩(Fairburn)、乔恩(Jone)、珀弗勒(Peveler)、霍普(Hope)等评估了三种不同的治疗方案。认知-行为治疗侧重于改变饮食习惯和对体重体型的态度;行为治疗(Behavior Therapy,简称BT)只侧重改变饮食习惯;而人际关系治疗(Interpersonal Psychotherapy,简称IPT)则侧重于提高人际功能。接受CBT的患者,在后续的一年中,暴食和清除行为都会降低超过90%。此外,36%的患者停止了所有的暴食和清除行为,而其余患者也是偶然出现这种行为。对体型和体重的态度也有所改善。这些疗效要明显优于BT治疗后的效果。而更有意思的是,IPT的治疗效果在治疗后的一年能够赶上CBT的疗效。IPT的治疗虽然不是直接治疗饮食和功能的失调,而是侧重于人际关系的改善,减少人际冲突,转而促进饮食习惯和态度的改变。这两种治疗更优于行为治疗。我们需要进一步了解如何改进这些治疗,以便能够更成功地帮助越来越多的进食障碍患者。进食障碍的短期治疗虽然对许多人非常有效,但也不是万能的,对认知-行为治疗没有疗效的患者,可能会从人际关系治疗或抗抑郁药物中获得疗效。

2. 药物治疗

抗抑郁药和抗精神病的药物也是神经性厌食症治疗中必不可少的。抗抑郁药物包括:氯丙咪酸为首选药物,但剂量较神经性厌食症的治疗可能要大一些,一般每日75~150毫克,部分病人每日可用到200~250毫克。其他抗抑郁剂,如阿米替林、多虑平、丙咪嗪等,也常用于神经性厌食症的治疗。近年来,欧美国家正在试用作用于5-羟色胺(一种神经介质)的新抗抑郁药剂。另外,抗焦虑药物在本病的治疗中的应用也极为普遍。这类药物有佳乐定、舒乐安定等。但要注意交替使用,以免产生药物依赖。

抗精神病药物包括:冬眠灵(氯丙嗪)、氟哌啶醇,奋乃静等亦常用于本病的治疗。有些病人在进行大量的注射治疗后,症状的确有所缓解,但是神经性贪食症的病程比较长,治疗比较困难,症状波动较大,常与不良的生活事件消长并行。只有药物及心理治疗密切的配合,才有希望提高病人的治疗效果。

三、肥胖

除了厌食症和贪食症之外,肥胖症在当今世界也成为一个对抗公众健康最危险的因素,也是一种不容忽视的儿童进食障碍。

(一)肥胖症的概念

肥胖症(obesity)严格意义上说,并不算进食障碍的分类。是体重超标的一种表现。对于青少年,在过去的 25 年间,12～19 岁的青少年中肥胖的比率比过去增长了 3 倍,儿童的肥胖为成年后得心血管、糖尿病、痛风、自身免疫性疾病等埋下隐患,会有严重的医学后果。肥胖不仅给身体带来各种影响,还会影响孩子的外观、行动,给孩子的心理造成负担。肥胖的耻辱是生活质量的主要影响因素,大多数的超重儿童会在学校、家庭和工作中遭受歧视和偏见,来自内外的压力也会给肥胖儿童的身心造成一定的困扰,使他们过于关注体重和由体重带来的一系列消极影响。

一般来说,体重超过同年龄、同身高的标准体重 20% 的即为肥胖,可分为轻度肥胖($\geqslant$20%—29%),中度肥胖($\geqslant$30%—39%),重度肥胖($\geqslant$40%—59%)和极重度肥胖($\geqslant$60%)。2～12 岁的身高和体重可以用下列公式粗略计算(注:年龄是指周岁):

体重(kg)=年龄$\times$2+7(或 8),身高(cm)=年龄$\times$5+75。

(二)肥胖症的原因

亨德森(Henderson)和布若纽(Browell)在 2004 年指出,肥胖症与现代化的迅速蔓延有很大的关系。缺乏活动的、久坐的生活模式的增加以及高脂肪、高能量的食谱是造成肥胖流行最重要的影响因素。另外,基因、生理和人格因素也是影响肥胖的因素。基因影响个体脂肪细胞的数量、储存脂肪的可能性,对肥胖的贡献率为 30% 左右。生理过程对进食的开始和维持起了很大的作用,而且对不同的个体的影响也是不同的。对进食冲动的控制、态度以及对进食后果的反应也是同样重要的。总之,生物、心理因素与显著的环境和文化因素的交互作用提供了肥胖症的完整的病因学的证据。对于儿童来说,不合理的生活方式是儿童肥胖症的主要原因。在饮食方面过度喂养、高热卡喂养、过早添加固体食物、过量食用西式快餐,造成摄入大于消耗,使体内脂肪过度积聚,体重超过一定的范围。在运动方面,由于看电视、玩电脑、打游戏机的时间太长,体育运动量不足等,再加大量的家庭喜欢在快餐店进餐,垃圾食品和软性饮料的大量摄入都是造成儿童肥胖的原因。

早期对超重的关注程度可预测后期患者进食障碍症状。表 5-1 是测量体重焦虑(weight concerns)的工具,在这个量表中得分高的儿童可被认为具有进食障碍严重症状的危险。

表 5-1 体重关注

1. 与其他同龄孩子相比,你觉得你对体重和体型的担心程度是多少? (1) 比其他孩子担心少很多 4 分;(2) 比其他孩子稍微担心一些 8 分;(3) 和其他孩子一样担心 12 分;(4) 比其他孩子更担心一些 16 分;(5) 比其他孩子要担心得多 20 分。
2. 你对体重增加 3 千克有多害怕? (1) 一点也不怕 4 分;(2) 有一点怕 8 分;(3) 中度害怕 12 分;(4) 非常害怕 16 分;(5) 极度恐惧 20 分。

续表

> 3. 你最近一次为减轻体重而节食是什么时候?
> (1) 从未节食　3分;(2) 一年前　6分;(3) 6个月前　9分;(4) 3个月前 12分;(5) 1个月前　15分;(6) 少于一个月前　18分;(7) 正在节食　21分。
> 4. 你的体重对你有多重要?
> (1) 相对于生活中的其他事情并不重要　5分;(2) 比生活中的其他事情稍微重要一点　10分;(3) 比生活中的大多数事情要更重要　15分;(4) 是生活中最重要的事情　20分。
> 5. 你曾经感到自己肥胖吗?
> (1) 从未　4分;(2) 很少　8分;(3) 有时　12分;(4) 经常　16分;(5) 总是　20分。

得分越高,越关注自己的体重(注意,这个量表只能预测11~13岁的儿童,不能用于评估大学生)。[①]

(三) 肥胖症的矫治

对于儿童肥胖症的矫治,首先要排除儿童器质性疾病。如属单纯性肥胖,其基本原因是食物摄入量大于消耗量,也就是过食、少动。因此,对肥胖儿的矫治应从减少摄入和增加消耗着手。

1. 控制食物摄入量

培养孩子对食物摄入的自控意识,使他们知道该吃什么,吃多少量,逐步建立控制自己进食的习惯。要调整膳食结构,限制饮食量,其原则是:总热能要减少,蛋白质要保证或略高于正常供给量(蛋白质以占总量的20%~30%为限,过高可引起肝、肾损伤),以维持生长发育的需要。禁食油炸食物及奶酪、冰淇淋等高糖、高热量食物,多吃豆制品,如豆腐、香干、豆浆等,还可多做什锦菜,以素食为主,如黄瓜、茭白、胡萝卜、莴苣、笋类等。对轻度肥胖应当给予一般性的指导,使家长了解应当吃什么(蛋白质类食品)和不应当吃什么(糖类食品)。对中、重度肥胖应当给予个别具体指导,每日摄热量要比健康儿童减少,也就是说轻度、中度、重度肥胖儿童的摄食热量分别为健康儿童的80%、60%和40%~50%。为了满足饱食感,可多吃新鲜蔬菜水果。此外要改变进食习惯,做到细嚼慢咽,延长吃饭时间,饭前吃一个水果,喝些汤,这样就不至于进食过多。

体重减轻要降中求稳,逐步减少总热能摄入直到预期的体重下降。一旦体重降至标准体重110%,即可停止膳食限量,改为正常饮食。

2. 增加活动量

多参加户外体育锻炼,进行适宜的耐力运动,以增加人体内有氧代谢。强调适合家庭特点,以便于实行和坚持。减肥运动时间应相对较长,开始每天半小时,逐渐过渡到每天1小时。运动应安排在饭后半小时以后,天天运动,每周不少于5次。每次运动后能使身体微微出汗,而无心跳过速和过度疲劳感。减肥运动形式多样,可进行爬楼梯、跳绳、登山、跑步、快走等。家长和孩子一起活动,可增加孩子活动的乐趣。还应多让孩子做家务,如叠被子、收拾碗筷、擦桌子、洗碗、给花浇水,等等。这些日常生活中的小运动,不仅可以培养孩子的自理能力,还可以提高运动量。

---

① [美]马克·杜兰德,大卫·巴洛. 变态心理学纲要(第四版)[M]. 王建平,张宁,等译. 北京:中国人民大学出版社,2009:387.

3. 改变不良生活习惯

改变过食、少动的习惯,应少看电视,少吃零食,更不能边看电视边吃零食。减少坐卧的时间,增加体力活动和运动锻炼的时间。在日常生活中要早预防,做好家庭饮食调理,安排好早餐。采取少吃或不吃早餐的办法不仅达不到减肥的目的,还会在午餐时食欲大增,吸收增快,加重肥胖。避免过快进食,养成细嚼慢咽的进食习惯,每餐在20~30分钟内吃完,以控制进食量。尽量不喝饮料,每日所需水分以白开水为主。勿贪食、偏食糖类及高脂肪、高热量食品,尤其是洋快餐(套餐)。有的儿童虽然正餐时吃得不多,但零食不断,如看电视时嗑瓜子、吃爆米花或各种小食品等,导致摄入总热能超过人体需要,从而转化为脂肪。

每个家庭每天所选用的主副食都有自己的爱好和膳食习惯,尤其是家长肥胖的家庭,其生活习惯、饮食结构中有许多致肥胖的因素,孩子和家长在一起生活,容易有相同的饮食嗜好和习惯。因此,父母要带头改变自己的饮食结构和生活习惯。

4. 树立正确的健康观

家长要帮助儿童下定自觉控制体重的决心,树立正确的健康观念(身体、心理和社会适应能力的三维健康观)。由于儿童处于身体发育阶段,任何过激的减肥治疗方法对儿童的健康发育成长都会构成不良影响。小儿不像成年人那样能较好地配合医生,给治疗方案的实施带来一定的困难。因此,家长的密切合作尤为重要,家长要掌握必要的相关知识,如不让孩子偏食、过食,不给予高糖、高脂肪等高热量饮食。对小儿进行节食治疗,让其忍受饥饿之苦是一件难事。因此在进行饮食控制之前,务必将肥胖的危害、节食的道理和治疗方案,耐心而详细地告诉孩子,这一点对于治疗的顺利与否有着关键性的作用。总之,对于肥胖儿童要尽早干预矫治,以期尽早向正常转归。

四、儿童异食癖

(一)儿童异食癖的概念和表现

异食癖也称嗜异癖。特指小儿持续性地咬食一些非营养的物质,如泥土、纸片、污物等。大多发生于2~6岁的小儿,男孩多于女孩。异食癖在儿童期可复发或一直延续到青少年直至成人。

异食癖的表现:小儿特别喜食煤渣、土块、烟头、火柴、毛发、纸张、毛线以及金属玩具或床栏上的油漆等。异食癖儿童常同时伴有疲乏、腹痛、呕吐、面黄肌瘦、便秘、营养不良等。异食癖对患儿的危害主要体现在其并发症上。如吞食灰泥,可发生铅中毒;吞食污物,可引起肠道寄生虫病;吞食黏土,可阻碍营养物质的吸收,导致高血钾和慢性肾衰竭;吞食头发、石头,可造成肠梗阻和食物中毒。危害性大小主要与吞食物质的类型及数量有关。

随着年龄增大,异食癖症状将逐渐消失,很少持续到成年。但是,异食癖患儿应得到积极及时治疗,以防因异食而引发躯体疾病或死亡。

(二)异食癖的病因

本病的病因目前不十分明确,过去人们一直认为,异食癖主要是因为体内缺乏锌、铁等微量元素而引起的。但是近年来的大量研究发现,正是因为患儿吞食大量的黏土和异物,才造成他们体内对铁、锌等的吸收出现障碍。目前越来越多的医生们认为,异食癖主要是由心理因素引起的,一般认为是一种心理失常的强迫性行为,往往与家庭破裂、缺乏监护和情感关怀有关。患儿开始是因为无人照顾、擅自取食异物，日久形成习惯，变成不易解除的条件反射。

（三）异食癖的治疗和干预

异食癖是十分古怪的行为，因为患儿吃的东西无奇不有，有的对身体有害，对肠胃也刺激很大，会造成腹泻和便秘，甚至导致肠梗阻等严重后果，必须及时治疗。干预方法有医学治疗，也有行为治疗，还需要有针对性的帮助患儿改善家庭生活环境，加强亲情的关怀。

首先，对于有异食癖的儿童，要检查有无肠道寄生虫。有肠道寄生虫者要进行驱虫治疗，据临床统计资料显示，绝大多数异食癖患儿经过驱除肠道寄生虫之后，会自行消失。

其次，对于经过驱虫治疗后，仍不能改掉异食习惯的儿童，则要配合行为训练，使他认识到异食对身体十分有害，如石灰、棉花之类。家长要尽量收藏患者所嗜食的物品，隔绝嗜好的东西，时间一长，异食习惯便会自然消失。

最后采用行为疗法也有明显的疗效，如：对异食癖儿童可着重采用厌恶疗法，辅以电疗、催吐和药物治疗，也要采取以自控方式为主的认知行为治疗。让患儿明确他有能力控制自己的异食癖好，如能达到治疗初设置的阶段预期目标，则进行自我奖励。

案例 5-3 是一个使用强化法对异食癖患儿进行治疗的案例：

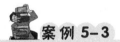

强化治疗异食癖

患儿，男，5 岁，出生后一直是母乳喂养，14 个月时断乳，同时学会走路。患儿最初只是在走路的过程中，偶尔拾起路边的土块、棉球或纸屑进食。父母经常严厉呵斥，但不能改变患儿的行为，严重时不管什么，只要能吞进肚子里的都要吃。如棉球、线头、纸屑、海绵及柴油等。近两年只吃纸屑和棉球，不再进食其他物品，同时不喜欢吃青菜，对粉条、酸菜，尤其是蛋黄比较青睐。经详细检查未发现有精神病症状及智力障碍，血常规检查正常，便常规未见虫卵。

治疗开始前，医师首先向家长分析了可能引起这种疾病的原因，包括患儿缺乏母亲的抚爱和教育，家庭贫困而缺少食物和玩具等，再加上患儿的好奇心，偶尔吃一些不能吃的东西，父母又缺乏正确的引导，只是粗暴地加以干涉，都可能使这种不良的异食行为巩固下来。作为患儿的父母，必须改变自己的一切做法，并配合医生来训练和培养良好的行为，才能达到治疗的目的，在充分取得家长的默契配合后，医师开始对患儿进行治疗。

阳性强化法主要是根据操作性条件反射的理论，即在一种行为出现之后，给予强化奖励，会增加这种行为的发生。根据这一理论，医师设计了一个强化表，第一步采取连续强化，第二步采取部分强化。在进行连续强化时，医师首先要挑选出患儿感兴趣又容易达到的目标给予奖励。医师首先选取的奖品是蛋黄，用极简单又亲切的话语告诉患儿吃土块、棉球和纸屑的行为是错误的，而且会引起疾病。如果每天都不吃土块、纸屑和棉球，那么每天妈妈每天都可以给他一个好吃的蛋黄。最初患儿在回答问题时，没有丝毫积极的态度。显然，患儿是在怀疑医生的话能否兑现。在这段治疗期间，尽量让患儿少接触土块、纸屑与棉球,如果患儿偶尔吃土块、纸屑和棉球,不要公开责备,只观察每天异食的次数,并将其作为疗效判断的指标。重要的是平时注意关心患儿。当他看到土块、纸屑和棉球没有立即进食时,要马上给予奖励和赞扬,同时兑现医师的话,给他一个好吃的蛋黄。通过这种手段使异食行为消退,良好行为得到不断的强化,经过一段时间后,患儿的异食次数明显减少。第二次就诊时,患儿的情绪很自然,不再感到拘谨和不安了。医师在鼓励患儿的进步后,继续提出稍高的要求,开始采取部分强化治疗。如一周内不吃土块、棉球和纸屑,妈妈可以给5角钱,积攒起来可以买只小手枪等。患儿回答问题时,不但很愉快,也很主动,在这段治疗期间,不但要告诫父母绝对要兑现医师的话,而且要严格观察患儿的反应。同时多让患儿同其他小朋友集体玩耍,忘掉异食的"乐趣"。如果患儿异常行为出现波动,要及时进行正确的引导。经过几次治疗,患儿基本消除了这种不良行为,可以正常饮食。

第2节 儿童排泄障碍的治疗与教育

人类大小便的排出受尿道及肛门括约肌的控制。婴儿的排尿和排便的活动完全属于反射性,不受意志的控制,即当膀胱或直肠充盈时,就自动排尿和排便。但随着年龄的增长,其排泄过程越来越受大脑的控制,即当膀胱和直肠充盈时,感觉传入至脊髓,再与大脑皮层联系,这时大脑经过综合分析就会发出如厕的指令。如厕后,需待一切排尿和排便的准备工作完毕,再发出排尿和排便的指令,经传出神经的调节,让外括约肌松弛,此时大小便才能排出。当出现尿(便)意,而当时当地的环境条件不允许排尿和排便,如在大庭广众之下,或还没有到达厕所,则大脑会发出命令,暂时抑制。成功的控制需要大脑发育成熟到一定的程度,同时需要经过学习和训练。因此,太年幼的儿童及严重精神发育迟滞者,均很难培养用意志来控制排尿和排便的习惯。[①]

正常发育的儿童控制大小便的年龄差异很大。一般1~2岁的儿童很难自行控制大小便。约50%以上的2~3岁儿童可以自行控制大小便,但对夜尿的控制还较差。约80%的4~5岁的儿童可以控制大便。4岁以上的绝大多数儿童已可控制夜尿。5岁以后均已能控制夜尿。

大小便的自行控制,一方面要以大脑发育成熟到一定程度为基础,如果当儿童脑组织的发育尚不成熟时,如果强迫训练,会增加儿童的挫折感,使以后的训练更加困难。另一方面教育训练对于良好的排尿习惯的养成十分重要。训练方法主要是基于模仿和强化的原则。首先教以正常良好的排尿(便)方法,当能根据要求的程序完成排尿后,再给予适当的正强化,训练较易成功。最禁忌给予负性强化,以致延长训练时间,增加训练困难。

一、儿童遗尿症

(一)儿童遗尿症的概述

儿童遗尿症是指5岁以上的孩子还不能控制自己的排尿,夜间常尿湿自己的床铺,白天

---

① 唐健.情绪行为异常儿童教育[M].天津:天津教育出版社,2007:87.

有时也有尿湿自己裤子的现象。遗尿症在儿童期较常见,6~7岁的孩子发病率最高。请看案例5-4。

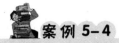

遗尿症患儿

小松,男12岁,小学六年级学生。小松学习刻苦,成绩较好,处处表现得好胜要强,深得老师的喜爱。但是,他在家中却经常受到母亲的呵斥和训骂,心情极不愉快。有一天,因与父母顶嘴,挨了打,一气之下离家出走,几天未归。父母非常着急,四处寻找,最后在民警的协助下才把他从远郊的一个仓库中找回来。小松的母亲通过孩子的出走,深感自己的教育方法有问题,一直处于内疚之中。原来在小松10岁时,还有尿床的习惯,母亲认定他是懒得上厕所,因此经常打骂他。可是这样做还是解决不了孩子尿床的问题。于是,他的母亲竟然想出了新招,在小松每次尿床后,即把床单和被褥高悬在阳台上晾晒,让放学路过的同学都看到,以此对小松进行刺激,施加压力,整治他尿床的习惯。小松为了维护自己的面子,每天放学后都要抄近路提前一步赶回家,将晾晒的床单和褥子拿回屋里,以免被同学看到并耻笑。由于小松经常尿床,怎么也教育不好,父母非常发愁,心情也不好,经常对孩子发脾气,缺乏感情沟通。这样,也使小松增加了思想负担,一进家门就心情紧张,情绪低落,到了晚上情况就更加严重。于是,遗尿的毛病非但没有治好,还由于承受不了情绪的压抑,引发了离家出走的问题。[①]

据统计,4岁半时有尿床现象的儿童占儿童的10%~20%,9岁时约占5%,到15岁仍尿床者只占2%。男孩与女孩的比例约为2∶1。遗尿症的患儿多数能在发病数年后自愈,女孩的自愈率更高。但也有部分患儿,如未经治疗,症状会持续到成年以后。

遗尿症的临床一般分为原发性遗尿和继发性遗尿两大类。原发性遗尿症是指儿童从小到大一直尿床。继发性遗尿症是指患儿在5岁前曾有段时间已经不尿床了(约3~6个月),但5岁以后又出现尿床情况。此种继发症多发生于6~7岁。与睡眠障碍有关的遗尿,绝大多数是原发性遗尿症,通常可以自愈,大多数患儿在8岁以后就停止尿床了。

(二)儿童遗尿症的病因

儿童遗尿症的病因部分与生理因素有关,但绝大部分患儿是由心理因素和其他各种因素造成的。

1. 遗传因素:遗尿症的家族发病率甚高。国外研究表明,74%的男孩和58%的女孩其父母双方或单方有遗尿症的历史。我国的统计中,遗尿症患儿一级亲属中约70%~80%有遗尿的历史。同卵双胞胎同时发生遗尿症者较异卵双胎者为多。这表明遗尿症与遗传有一定的关系。

2. 生理因素:遗尿的生理原因一般是器质性因素,有些遗尿症患者控制排尿的神经调节功能成熟较迟,有些患儿由于泌尿生殖器官的局部刺激,如包茎、包皮过长、外阴炎、先天

---

① 玺兴. 儿童心理障碍个案与诊治[M]. 广州:广州出版社. 2004:185-186.

尿道畸形,尿路感染等。还有些患儿与患有脊柱裂、癫痫、糖尿病、尿崩症等有关。用膀胱内压测量方法或做膀胱 B 超检查发现,有些患儿膀胱的功能性容量较正常儿小,平均小于正常儿 30%～50%。

3. 睡眠障碍:遗尿与患儿睡眠过深有关。夜间唤醒排尿相对比较困难。常常难以唤醒,唤醒后还迷迷糊糊。睡眠过深不能接受来自膀胱的尿意而觉醒,从而发生反射性排尿,遂成遗尿。

4. 心理因素:遗尿的心理因素和遭遇天灾人祸的刺伤和挫折有关。例如,突遇无法承受的地震、洪水和车祸等,亲人的突然死亡受伤,父母吵闹离异,母子长期分离,黑夜恐惧受惊等都会导致孩子遗尿,且遗尿常在精神受刺激后开始或恶化。有些孩子自幼没有养成控制小便的习惯和能力,一出现尿床就会受到家长的责备、打骂,甚至讥笑和羞辱,对外宣传让其出丑等不当的教育方式,严重挫伤了患儿的自尊心。患儿长期处于过度紧张的状态中,每天晚上睡觉前总要提心吊胆,生怕再次尿床,继而产生强烈的自卑心理和不满情绪,使遗尿症状加重,经久不愈。心理因素不但可使以往已有控制小便能力的儿童重新发生遗尿,而且还会使少数患儿在发生遗尿后,逐渐养成不良习惯,到成年都无法改变。

5. 后天教育训练不当,不良生活习惯和生活方式的影响:婴幼儿时期规律性的排尿训练不及时,孩子没有养成好的习惯。有时不良的生活习惯和生活方式也会引起和加重遗尿。例如,白天玩耍过度或功课负担过重,导致孩子过于疲劳,晚餐进食水量过多等,均可造成夜间不能及时排尿而出现遗尿。

迄今尚无足够的证据说明遗尿与儿童的性格之间有明确的关系。但是遗尿的儿童大多数具有胆小、被动、过于敏感和易于兴奋等性格特点。此外,遗尿症患儿自己感到遗尿的行为不光彩,不愿意让人知道,所以不喜欢与其他孩子多接触,也不愿参加集体活动,因而容易产生自卑心理。容易逐渐形成羞怯、自卑、孤独、内向的性格特征。

(三)儿童遗尿症的鉴别诊断

遗尿症的诊断并不难。如果 5 岁以上的儿童白天或者夜间排尿不能自行控制,又不是因为神经系统损害、癫痫、躯体疾病(抽搐、昏迷),或者客观条件特殊(如偶尔因尿急,而厕所又很远,还没有跑到厕所就尿在裤子上)所致的偶然性遗尿。那么就可以诊断为遗尿症。

被诊断为遗尿症的患者需要进行身体疾病的检查,是否有泌尿系统的感染或畸形,隐性脊柱裂,神经系统疾病,如脊髓炎症、外伤或者肿瘤所致的脊髓横贯性损伤癫痫、糖尿病及其他严重的躯体疾病。是否由于精神疾病或智力发育不全等,造成排尿不能自控。能够尽早确诊才能及时有效地进行治疗。

遗尿症患儿的愈后一般较好,遗尿症好转的过程表现为遗尿的次数逐渐减少,直到完全消失,极少有突然痊愈者。根据米勒(Miller)的追踪研究,5 岁时有间歇性遗尿者,到 9 岁时可自愈者达到 74%,每晚遗尿者仅达 50%,而全天遗尿者 87% 到 9 岁可自愈。一般女孩愈后较好,11 岁还尿床的儿童到 13 岁时,女孩 60% 自愈,男孩 36% 自愈。

(四)儿童遗尿症的防治和矫正

1. 认知-行为治疗

首先,家长要仔细观察,掌握患儿遗尿的时间规律,定时唤醒(完全弄醒)患儿排尿,使之逐渐形成条件反射,到膀胱充盈时能自行醒来。其次,建立良好的作息制度和卫生习惯。定期洗澡,勤换内衣,白天活动玩耍不能过度疲劳。第三,合理调整饮食结构,可让患儿早、中两餐多吃含水多的食物,晚餐后控制任何形式的液体摄入量,以减少夜间的尿量。

这类治疗对患儿无伤害性,疗效持久巩固,治愈率可达60%～90%。但治疗必须得到家长和患儿的充分配合,患儿的遗尿现象一旦好转,千万不可中断训练,否则已建立起来的条件反射就会消失,以致前功尽弃。巩固治疗在整个遗尿症的治疗过程中具有重要的价值。

以下认知-行为矫正法适用于有治疗愿望和责任感的患儿。

(1) 设置日程表:治疗开始便告知患儿,他自己能够想出影响他遗尿的可能因素。并由患儿设置和保存日程表,以便每天进行记录。当他遗尿时,便把可能影响他尿床的因素记录在日程表上,如睡眠时间、傍晚液体的摄入量、白天的情绪和应激等。当无尿床时,便把一颗红心贴在日程表上。通过和医师的讨论,帮助患儿领悟到环境与行为的因素能影响他的尿床,而且他自己有能力控制影响他尿床的因素,儿童会增强信心,医师的鼓励对成功的实现矫治目标提供正强化作用。

(2) 适当的奖励:在逐步改变尿床行为的过程中,对每一个进步进行奖赏。

(3) 自主排尿功能训练:患儿白天可多饮流质食物,当出现尿意时,主动控制排尿,尽可能在卫生间等待并尽量延长控尿时间,开始推迟1～2分钟,逐渐推迟30分钟以上,等到迫不得已时才排尿于量杯中并进行记录,排尿量如果较以往的最大排尿量有所增加,则可获得奖赏。这也可增加膀胱的容量。也可教患儿排尿进行中断训练,即每次排尿时尿尿停停,或排尿至一半时中断排尿,然后让患儿从1数到10,再把余尿排光,这种训练可以提高膀胱括约肌的控制能力,从而使患儿控制排尿的能力逐渐增强,有些患儿也可以在夜间控制排尿,而不再尿床。

(4) 感受膀胱涨满的感觉:如果患儿能感受到自己躯体膀胱涨满的感觉,他就能经常领悟到这一感觉,并对排尿加以控制。膀胱涨满的感觉可以通过鼓励患儿尽可能延长他两次排尿间隔的时间而建立。

(5) 逐步延长睡眠时间:可用闹钟在以往夜间经常发生尿床的时间叫醒自己起床,及时清醒而排尿,并逐渐养成习惯。当目的达到后,则采用逐步延迟闹钟唤醒患儿的时间,直至天亮也无须闹钟。日程表也应记录这一渐增的睡眠时间。因患儿知道这一成就是由他自己取得的,就是一个很大的奖赏和强化。

2. 心理治疗

要了解孩子可能存在的心理困扰和矛盾,以及可能导致遗尿的精神因素,指导患儿正确对待,解除心理上的压力。当患儿偶尔能自行控制排尿时,家长要及时给予表扬和鼓励,从心理上强化其正常功能,使其逐渐形成自主控制排尿的良好习惯。当患儿尿床时,不要责骂和惩罚,更不能在外人面前声张,要为孩子保守秘密,维护孩子的自尊心。否则只会引起孩子的精神紧张和害羞,反而加重遗尿,还会影响其心理的健康。

3. 药物治疗

在上述治疗无效的情况下,对6岁以上患儿遵医嘱进行药物治疗。用的药物有三环类抗抑郁药、抗胆碱能药物和中药并配合针灸治疗等。

二、儿童遗便症

（一）儿童遗便症的概述

遗便症是指4~5岁之后的儿童仍经常出现原因不明的、不自主排出正常粪便的异常状态，又称"功能性大便失禁"。无明显器质性病因，也无腹泻，大便检查正常。遗便症的发病率比遗尿症低得多，国外的研究报道为1‰~3‰，男性发病多于女性。请看案例5-5。

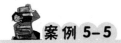

遗便症患儿

小军9岁，男，以"间断性大便失禁1年多"而就诊。

患儿8岁第一次出现大便不能控制。此前患儿经常便秘，家长给予大剂量的通便口服药治疗。结果正值上课，患儿急于大便，但不敢请假上厕所，导致将大便排在裤子里。从此以后，白昼大便失控，以上课时和上学路上最为常见。无腹痛腹泻，大便颜色和性状正常。每周约2~4次。患儿对此很害羞，不愿意让他人知道。病前无特殊疾病史，无重大精神创伤。曾到数家医院诊治检查，未发现任何躯体疾病。

患儿系第一胎，足月顺产，生长发育良好。1岁多能走路会说话，3岁大小便已经能控制，无重大疾病史。3岁入幼儿园，7岁上小学，表现温顺，守纪律，听话，是一名教师喜欢的优秀学生干部。学习成绩优秀，自尊心很强，害羞腼腆，不爱交朋友。父母健康，无特殊疾病史。

精神状态：衣冠整洁，智力和情绪反应正常，定向能力好，人际关系良好。对于自己排便不能自控很焦虑，自控能力充分，排除其他精神性疾病。

体检：发育正常，营养一般。面色苍白。食欲一般，心肺及腹部正常，肛门指检呈阴性，神经系统检查无异常发现。大便常规无异常。多次进行消化道钡透、钡灌肠拍片，直肠镜和肛门检查，结果均无异常。腰椎X线平片排除马尾部位性病变，亦排除肛门内外括约肌松弛性疾病。抗生素治疗无效。①

患遗便症的儿童不能自行控制大便，且反复发作，轻者一月几次，重者一日几次。可分为原发性遗便症和继发性遗便症。前者指儿童从未养成控制大便的能力，后者为已养成控制排便的能力后又发生遗便。

患遗便症儿童平素胆小、害羞、敏感、不活泼。有的患儿自幼无良好的排便习惯，有的患儿病前有明显的精神创伤，或者病前曾生过其他重病，有的是由于亲子关系不和谐或家庭不和睦，关系紧张所致，儿童很可能无法建立正确的条件反射，值得注意的是，应与把遗便作为一种吸引人的注意、达到各人愿望或者表达不满的手段区别对待。

（二）儿童遗便症的原因

儿童遗便症的原因主要与以下因素有关：

---

① 唐健.情绪行为异常儿童教育[M].天津：天津教育出版社，2007：105.

1. 神经系统成熟延迟，妨碍了正常排便习惯的养成，此类儿童伴有语言、学习功能障碍，注意力不集中或者多动，有人认为与遗传因素有关。

2. 精神创伤、惊恐和紧张等精神因素的存在，亦是造成遗便的常见原因，有时可作为一种对父母不适当管教的"反抗"而存在。

3. 约20%的患儿遗便与生理性便秘有关。

4. 家庭教育训练方法不当，而未能获得正常控制大便的能力。

（三）儿童遗便症的鉴别

4岁以上的儿童，反复多次不能控制排便，就有患上儿童遗便症的可能。但应排除各种器质性病因或重大精神病、重度智力发育不全所致的遗便。故对每个病例要搜集详细的病史（包括躯体病史和病因），体检需包括肛门指检等，并进行详细的精神状态检查（包括智力检查）。需要与以下疾病相区别。

1. 腹泻：急性或慢性肠炎或痢疾所致的腹泻，有时也可能弄脏裤子，但这些疾病有腹痛或其他全身性症状，大便常规化验有异常，且当治愈后，不再出现大便弄脏裤子的现象。

2. 无神经节性巨结肠：患儿由于先天性大肠及直肠的神经节细胞减少，可出现大便潴留或不自主流出、肠梗阻等多种症状，此症并不很常见，若不及时治疗，可能导致死亡。此症有特殊的X射线改变，可供鉴别。

3. 脊柱裂及各种脊髓病：任何脊髓的病损，可造成大便失禁。但脊髓病变常常有其相应的病史及其他神经系统改变的症状，如感觉障碍及瘫痪等，可供鉴别。

4. 重大精神病或高度精神发育迟滞：这类患儿常有其他明显的精神症状或严重的智力低下表现，鉴别并无困难。

（四）儿童遗便症的防治和矫正

在治疗儿童遗便症方面，应注意以下几点：

1. 寻找诱因：对于因明显的心理因素致病的儿童，应积极寻找原因并予以帮助。对于无法去消除的心理原因，应帮助儿童正确的认识，合理的对待，以消除这些心理因素对儿童的不良影响。

2. 排便训练：通过父母训练使儿童养成正确的，定时的排便习惯，学会控制大便。当儿童能正常排便而不弄脏裤子时，给予表扬、奖励。当出现不自主排便时，不要训斥和恐吓，而应加以安慰，以免加重其精神负担和紧张心理。

3. 药物治疗：对于有些患儿，仅寻找诱因，进行心理治疗仍不能解决问题，仍有遗便，可在医嘱下用小剂量的氯丙咪嗪药物10～25 mg/天，连用数月，疗效明显。

三、神经性尿频症

（一）儿童神经性尿频症的概述

神经性尿频是指每天的排尿次数明显增加，但每次尿量并不大。排尿次数从正常的每天6～8次增加至20～30次，甚至每小时10多次。每次排尿量很少，有时仅有几滴，睡眠后则无尿频，尿常规检查显示正常的一种心理疾病。多发于学龄前和学龄期儿童，尤以4～5岁儿童为多见。案例5-6是一个典型的病例。

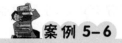

案例 5-6

神经性尿频患儿

小烨,男,5岁。由于父母工作都比较忙,没有时间照顾孩子,刚好小烨也到了上幼儿园的年龄,父母决定送他去寄宿制幼儿园。但根据幼儿园老师的反映,小烨去幼儿园那么多天,每天都频繁地上厕所,基本上每天20~30次,每次排尿量很少,有时仅有几滴,睡眠后则无尿频。在上床睡觉前、吃饭时、上课时加重。最后,父母只好把他接回家,但是在家却很少有这样的情况发生。

（二）儿童神经性尿频的原因

儿童神经性尿频的原因有以下几点：

1. 幼儿大脑发育尚未完善,对脊髓初级排尿中枢的抑制功能较弱,而且这一功能最脆弱、最易受损,这是小儿易患神经性尿频的内在原因。

2. 儿童常常由于家庭成员的死亡,变换环境（如新入托儿所、幼儿园、上学和住院）,突然离开父母、害怕打针和考试等,所导致的急性紧张或焦虑的引发。在受惊吓和精神紧张、焦虑时,易使儿童神经功能失调而发生神经性尿频。

（三）儿童神经性尿频的防治

在治疗儿童神经性尿频方面应注意以下几点：

1. 要理解和耐心教育患病儿童,不要对其打骂训斥。不可不让儿童小便,应多加安慰,应反复告诉儿童,他们是健康的,尿频症状很快会得到改善,应消除儿童的不良心理因素,鼓励儿童说出让他烦恼的事情。鼓励孩子把注意力放到别的活动上去。

2. 组织丰富多彩的活动。幼托机构对新入托和入园的小朋友,要多组织并鼓励他们参加一些轻松愉快的游戏,避免使儿童上课时精神过度紧张。要根据儿童的理解能力,通过游戏活动、玩玩具和讲故事等分散儿童的注意力。对年龄较大的患儿可以开展集体活动,如跑步等来分散其注意力,也可让家长带患儿去动物园看最喜爱的动物或逛商场买最心爱的物品,以延长排尿间隔时间,缓解症状。

3. 培养患儿好的性格特征。患儿多性格内向、胆小、易紧张和应激能力差。因此父母要调整家庭关系,改善对患儿的态度,培养患儿开朗、活泼的性格,增强生活自理能力。

4. 控制排尿的训练。在不影响生理需要的情况下,尽量控制茶水、汤类、牛奶等摄入量,以减少尿量。

第3节　儿童睡眠障碍的治疗与教育

人的一生有三分之一的时间处于睡眠中。睡眠是人体的一种生理修整活动,脑科学的研究显示,睡眠不仅仅是简单活动的停止,更是维持高度的生理功能的适应行为和生物防御技术所必需的状态。拥有良好的睡眠,才能让人精力充沛,觉醒时才能高度发挥大脑信息处理的功能。在探求、恢复和保持精神与意识、学习和记忆等大脑高级功能时,睡眠无疑占有重要的地位。① 如果夜晚睡眠很差,会导致第二天头晕眼花,易怒烦躁,会降低我们清醒地思考问题的能力(Van Dongen,Maislin,Mullington & Dinges,2003)。如果多年睡眠质量都很差,人际关系将会受损,学习效率、工作效率也会严重下降。睡眠不足还会导致更多的健康问题,使免疫系统的功能受损,导致人们日常生活中的种种困难。(Irwin et al.,1994;Jaffe,2000)精神分裂症、重症抑郁、焦虑障碍、物质滥用等都和睡眠障碍有着很大的关系。导致睡眠障碍的原因有生理基础,也有心理因素的影响。儿童期是人生长发育的重要时期,保证儿童充足的睡眠,对他们身体、大脑的发育有着重要的作用。因此,儿童睡眠障碍的治疗与教育也成为广义特殊教育研究的重要内容之一。

一、儿童睡眠障碍的概述

儿童睡眠障碍突出的表现为发生在睡眠过程中的异常行为或生理事件,如夜惊、梦魇、梦游和睡眠不安等。

表 5-2 儿童睡眠异常表现

	睡眠障碍	症状描述
睡眠异常(在唤醒—睡眠转化阶段发生,睡眠过程受干扰)	梦魇(睡眠焦虑障碍)	不断从梦中醒来,能详细回忆极端恐怖的梦境,梦的内容通常包括对生命、安全或自尊的威胁。觉醒通常发生在睡眠的第二个阶段
	夜惊	在睡眠中醒来。通常在睡眠的前1/3阶段反复发作,患者在醒来之前总是先发出一声惊恐的尖叫
	睡行症(梦游)	睡眠时反复出现从床上起来并下床走动,通常发生于睡眠的前1/3阶段
	睡眠不安	患儿难以入睡或睡眠维持困难

(一)梦魇(睡眠焦虑障碍)(nightmares)

1. 概念和症状

梦魇是让人烦恼的梦境将患者唤醒的一种睡眠障碍。梦魇在儿童中很常见,大约10%～50%的儿童和5%～10%的成人都有过梦魇的经历。梦魇通常发生在快眼动睡眠的阶段,在后半夜发生的机会较多。梦魇的儿童处于极度的焦虑之中,或为妖魔鬼怪所捉弄,或为坏人猛兽所追赶,或是自己及亲人陷入某种灾难的边缘等,当时想喊喊不出,想逃逃不了,往往因无可奈何而透不过气来。心跳和呼吸都会加快,在将醒未醒之际,常感到身躯和四肢难以动弹,如同被什么东西压住似的,须几经挣扎,才可完全清醒。儿童从梦魇中醒来时常常会哭泣,会说害怕,家长的安慰会让他继续入睡。

梦魇是令人痛苦的,会损害人进行正常活动的能力。我们对于为什么会出现梦魇以及如何治疗知之甚少,但幸运的是梦魇会随着年龄的增长而逐渐减少。请看以案例5-7。

---

① 唐健. 情绪行为异常儿童教育[M]. 天津:天津教育出版社,2007:108.

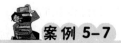 **案例 5-7**

梦魇患儿

小红,女,4 岁,因为数天常做噩梦来咨询。

小红睡眠习惯一向良好,常常一觉睡到天明。几天前患儿从睡梦中哭醒,表情恐惧,面色苍白,哭诉自己被人打死了。数分钟后,经母亲反复安慰情绪逐渐平息,然后又入睡,一连几天反复从睡梦中哭醒,一再哭诉自己被人打死,未表现出其他不适和异常,也无起床活动、抽搐发作或小便失禁等现象。

幼儿系独生子女,足月顺产,性格温顺,胆小无重大疾病史,一般体检和神经系统检查未发现异常。

经家长询问幼儿园老师后得知,幼儿梦魇发作前曾做过折叠手枪的作业,并玩过枪战的游戏,因此推测幼儿梦魇发作是由于分不清游戏与现实生活的差异而产生恐惧。因此,家长买来玩具枪和幼儿一起玩枪战的游戏,让幼儿体会到游戏中的"死亡"是假的,从而消除其对枪战、死亡的恐惧感。经此心理调节后,幼儿睡眠良好,再无梦魇现象发生。[①]

2. 儿童梦魇的成因

梦魇的成因主要有以下 5 个方面:① 当晚心情不愉快,有心理压力;② 白天看了恐怖影视或听了鬼神、侦破等恐怖故事;③ 睡眠姿势不好,双手压在胸前;④ 患上呼吸道疾病,引起呼吸不畅或患肠道寄生虫病等;⑤ 过量进食、胃部胀满,或进食不佳,处于饥饿状态。

3. 儿童梦魇的防治

对梦魇的防治应注意以下 6 个方面:① 消除心理因素,纠正不良睡眠习惯,避免白天过度兴奋和劳累,养成良好的睡姿。② 平时要注意生活规律。不要让孩子看太富于刺激性的电影、电视或图书,不给孩子讲鬼神、侦破及其他离奇、恐怖的故事,不要用恐吓等手段教育孩子,避免孩子产生矛盾心理和紧张的情绪。③ 培养孩子养成良好的饮食习惯,不挑食和厌食、睡前不要吃得太饱或太少。④ 对于有躯体疾病的孩子要及早发现、及时给予治疗。⑤ 当发现孩子出现梦魇时,应将其唤醒、给予安慰,待其情绪镇定平稳下来,再让其入睡。⑥ 药物治疗,如果发作比较频繁,影响睡眠和学习,则可在短期内辅以少量安定或利眠宁等药物治疗。

一般在我们解除各种诱发梦魇的因素之后,就不会再频频发作了。

(二)夜惊(sleep terrors)

1. 概念和症状

夜惊在儿童的睡眠中比较普遍,是出现于夜间的极度恐惧和惊恐的发作,与情绪紧张有密切的关系。常常由刺耳的尖叫开始,儿童感到极度的不安,常常大汗淋漓,并且经常心跳过速。在夜惊阶段儿童很难被叫醒,儿童通常自己也记不得自己有过夜惊。可发生在整个儿童期,以 5~7 岁最为常见。大约有 5% 的儿童有过夜惊的经历,而成年人的概率低于 1%

---

① 唐健. 情绪行为异常儿童教育[M]. 天津:天津教育出版社,2007:108.

(Buysse,Reynold & Kupfer,1993)。请看案例 5-8。

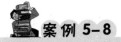
案例 5-8

小青,女,8 岁,因入睡后发作性惊叫、惊恐 2 次来咨询。

患儿在某晚入睡后不久,突然尖声大叫,声调十分凄厉。其母闻声而来,见患儿端坐床上,呼吸急促,心跳加快,面色苍白,双目直视,正在高声尖叫,甚为恐怖。母亲大声呼唤其名,患儿毫无反应,口中不断喃喃自语,对其母的安抚、摇晃、哭泣毫不理睬,数分钟后颓然倒下入睡。次日,患儿对头天晚上发生的事情茫然无知,其母为此甚为焦虑。

患儿系独生子女,足月顺产,精神状态良好,一般体检和神经系统检查未发现异常。学习成绩优秀,但功课负担重,自尊心很强,对自己要求很高,因此经常学习到很晚才入睡。生性活跃,无不良习惯,家族中无癫痫及精神病史。[①]

2. 儿童夜惊的成因和防治

一般认为,夜惊可能与儿童发育阶段神经生理功能暂时失调有关,一般儿童期过后,神经生理发育成熟,夜惊现象就会自然消失。已有的研究认为夜惊有基因成分存在,和家族遗传有关。此外和多种心理因素也有关,如学习压力过大、与亲人分离、父母离异、亲人伤亡、受到严厉惩罚、生活中有矛盾等情绪困扰等容易使儿童受惊和紧张不安也是诱因之一。此外,睡前精神紧张,卧室空气污浊,室温过高,盖被子过厚,手压迫前胸,晚餐过饱,鼻咽部疾病导致睡眠不畅,肠道寄生虫病等均可导致夜惊。

夜惊一般不必特殊的治疗,父母应消除焦虑的情绪,在患儿发作时保持镇静,防止意外事故发生,协助患儿重新入睡。夜惊的治疗首先建议先观察等待夜惊是否会自动消失。如果发生过于频繁和时间过长,可以使用抗抑郁药物。减少慢性夜惊还可采用预定唤醒策略。父母在儿童症状发作前大约 30 分钟唤醒儿童,就几乎可以完全消除夜惊症状,并且几周后就可以停用。当然还需要注意对引起夜惊的种种心理因素和环境诱因进行控制。

(三)睡行症(梦游)(sleep walking)

1. 概念和症状

睡行症就是通常所说的梦游症或夜游症,是在深度睡眠的阶段,人们在睡眠中行走的表现。睡行症发作时,个体通常离开床,但也包括少量的床上活动,如从床上坐起,在毛毯上抓捏和做手势等,两眼睁开或者半睁开,面无表情,目光凝滞,有醉酒步态,在室内或室外活动,通常呈现出低水平的注意力、反应性和运动技能。在这一时期患儿意识水平降低,表现茫然,他人试图加以干涉或与其交谈则无反应。将之叫醒是很困难的,此时感知不清,可把窗户当成门,越窗而出造成意外。每次发作持续数分钟或数十分钟,醒后一般也不记得刚刚发生过的事情。但叫醒正在睡行症的人很危险的说法,是没有根据的。白天和夜间不发作时,脑电图正常,没有器质性精神障碍或躯体障碍的证据,多见于 5~12 岁的儿童。请看案例 5-9。

---

① 唐健.情绪行为异常儿童教育[M].天津:天津教育出版社,2007:113.

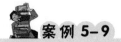

案例 5-9

睡行症患儿

某女,6岁,因多次夜间起床来咨询。

发作时患儿突然起床,穿好衣服走进厨房大便后又自行上床睡觉,次日不承认自己的行为,家长并未介意。以后每隔数月便突然起床活动。每次行为表现不一(乱翻抽屉,亲吻妈妈、开门下楼、自言自语)。每次起床时双眼发直,表情呆滞,持续数分钟后能自行回床睡觉。第二天对夜间行为全部遗忘,无抽搐史,无尿床史。

患儿是第一胎足月顺产,无重大疾病史,体检均无异常发现,营养良好,发育正常,口音清晰,智力良好,未见精神异常,也无不舒服的感觉。①

2. 儿童睡行症的成因和防治

睡行症主要是儿童时期的行为问题,15%~30%的儿童至少经历过一次睡行症的发作。2%的儿童有多次的睡行症的经历(Neylan et al.,2003;Thorpy & Glovinsky,1987)。大多数睡行症的过程是短暂的,多在10岁以前发作。很少有人在15岁以后还表现出这种睡眠异常。

尽管我们还不太清楚为什么有人会出现睡行症,但一般认为睡行症和人极度疲劳,先前的睡眠剥夺、压力、暴力行为(包括杀人和自杀)经历刺激事件等因素有关。睡行症似乎也有家庭遗传成分或脑外伤引起大脑皮层内抑制功能减退。白天游戏过于兴奋,以致睡眠中出现模拟白天游戏的动作,遗尿症患儿常伴有夜游症。

儿童夜游症对儿童健康没有什么不利的影响,一般随着年龄的增长,大脑皮层逐渐发育完善,夜游症可自愈,家长不必担心,发作不频繁,且无其他疾病者,一般不需治疗,但家长必须注意加强保护,防止发生意外,如房间内不宜放置危险物品,不宜生火,门窗要加锁等。如发现夜游发作的患儿走出门外,家长可将孩子牵回家中,使其回到床上继续睡觉。要避免白天过度疲劳和睡前过于兴奋等,以免诱发夜游症发作。另外,与之相关的一个行为障碍是夜间进食综合征,表现为个体在睡眠时起床吃东西。一项研究表明,几乎有6%抱怨失眠的个体出现夜间进食综合征(Manni,Ratti & Tartara,1997)。

(四)睡眠不安

1. 概念和症状

这是在婴儿期睡眠障碍中最常见的一种临床症状,大多发生在夜间。表现为出生后1~4个月龄间的儿童睡眠启动困难,难以入睡或睡眠维持困难,睡眠时易惊醒,睡眠片断化,夜间觉醒时间延长,需喂食后才能继续入睡。在睡眠开始时,常表现为入睡困难或常需要洋娃娃、安抚奶嘴等"安抚物"的帮助,或依赖习惯的条件,如床、枕头、被子以及父母的怀抱,需要不断的轻拍、抚摸、摇晃或护理等。有些孩子在就寝时间发脾气或者不愿上床睡觉。许多儿童在半夜醒来时会大声啼哭。随着儿童成长到青春期后,熬夜做作业、早起上学而导致睡眠剥夺在学生时代是一种非常普遍的现象。睡眠得不到满足,白天则精力不足,易激惹,烦躁。

---

① 唐健. 情绪行为异常儿童教育[M]. 天津:天津教育出版社,2007:114.

请看案例 5-10。

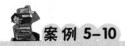
案例 5-10

睡眠不安患儿

某男,6个月,因夜啼已一个月来咨询。

患儿于一个月前,上呼吸道感染引发高烧。母亲日夜守候,常常抱于怀中。2日退热后,患儿仍进食不好。此后一个月,夜间睡眠只能在母亲怀中才能入睡。其精神状态为:熟睡状,能弄醒,醒后哭闹。

患儿系足月顺产,第一胎,生长发育正常无重大疾病,营养良好,发育正常,未见异常。

2. 睡眠不安的成因和防治

幼儿抚育方法不当或其他外界干扰,都会导致睡眠节律紊乱,引发睡眠不安。3～6个月的婴儿,主要的睡眠时间集中在晚上,已初步建立了睡眠—觉醒昼夜节律。大多数婴儿大脑发育不成熟,6个月后婴儿一般在夜间无须进食。但如果此时仍给婴儿频繁喂食,将干扰婴幼儿晚间睡眠的维持,导致正常的睡眠—觉醒昼夜节律紊乱,造成婴幼儿睡眠不安。另外,躯体疾患,如中耳炎、消化不良、佝偻病等,外在的环境,例如,噪音、强光、冷热、不良睡眠习惯、暴露在吸烟的环境中或睡眠地点频繁改变等也是常见的影响儿童睡眠的因素。

对于发育正常的婴幼儿,睡眠不安的治疗一般不需要药物,需进行睡眠卫生指导和异常睡眠行为的矫正。父母应认识培养儿童良好睡眠习惯的重要性,在儿童睡眠时应尽量避免过度参与和不必要的干扰。6～9个月后的婴儿在没有父母的干预下入睡非常重要,应尽量使孩子与父母分床,设置一个符合睡眠卫生的环境和一张单独合适的床也很重要。尽量减少夜间"帮助",不能用训斥、惩罚和厌弃的方式对待婴儿的睡眠问题。婴幼儿的睡眠方式具有高度的可塑性。发育正常的婴幼儿在大多数情况下睡眠不安往往是暂时的,而且早期给予针对性的行为治疗,常有良好和快速的效果。

对于中枢神经系统损害、发育异常或躯体障碍引起的睡眠不安的婴儿,要与原发病共同治疗,需要使用合适的药物配合治疗。

可以帮助儿童建立就寝时间规律,协助儿童入睡,如给孩子洗澡后,家长给他讲故事,来帮助儿童入睡。

为了预防出现睡眠障碍,最重要的是养成良好的睡眠习惯。例如:制定有规律的睡眠时间和起床时间。在睡前6小时禁止食用任何含有咖啡因的食物和饮料。睡前尽量喝些牛奶。只有困倦时才上床睡觉,如果躺下15分钟仍不能入睡,就立即离开床。睡前几个小时不要锻炼或参加剧烈的活动。白天适当的运动有助于入眠。减少卧室的噪音和灯光。白天充分接触自然和明亮的阳光。避免卧室内极端的温度变化(如太冷或太热)。

本章小结

本章共分三节,第1节阐述了进食障碍儿童的治疗与教育。进食障碍主要是由于心理因素和文化因素共同引起的非病理性的进食行为障碍,是对增加体重的恐惧和对过量进食的控制。本节介绍了神经性厌食症、神经性贪食症、儿童异食癖的概念、表现、鉴别和诊断、病因及治疗。

第2节阐述了儿童排泄障碍的治疗与教育。介绍了儿童遗尿症、儿童遗便症、神经性尿频症的相关知识,产生的原因、鉴别诊断和防治矫正的相关知识。

第3节阐述了儿童睡眠障碍的治疗与教育,儿童睡眠异常是发生在睡眠过程中的异常行为或生理事件,如夜惊、梦魇、梦游和睡眠不安等。本节介绍了以上几种睡眠障碍的概念和症状,分析了其成因和预防。睡眠障碍的治疗。需要采用药物治疗,还需要改善睡眠环境,加强心理治疗。

 思考与练习

1. 什么是神经性厌食症和神经性贪食症?它们各有什么表现?
2. 神经性厌食症和神经性贪食症的治疗和干预应该从哪几方面入手?
3. 肥胖症对儿童的身心发展会带来什么影响?造成肥胖症的原因是什么?如何进行矫治?
4. 什么是儿童异食癖?它是由什么原因造成的?如何进行防治和矫治?
5. 什么是儿童遗尿症?其病因是什么?如何进行防治和矫正?
6. 什么是儿童遗便症?其病因是什么?如何进行防治和矫正?
7. 什么是儿童神经性尿频症?其病因是什么?如何进行防治?
8. 什么是儿童睡眠障碍?其主要类型有哪些?有些什么表现?如何分别进行防治?

第6章 攻击性行为儿童的发展与教育

学习目标

1. 了解攻击性行为的定义和种类。
2. 探讨儿童形成攻击性行为的成因。
3. 了解和掌握对攻击性行为儿童进行干预的模式和教育的方法。

和平与发展已成为人类社会永久的主题,但攻击性行为却不断地给人类社会的安定和繁荣带来威胁。2001年联合国预防犯罪和刑事司法委员会在一项报告中指出:"在过去的十年中,全世界的犯罪数以每年5%的速度增长,超过人口的增长速度,而且犯罪低龄化的趋势也相当明显。"

自20世纪中叶以来,攻击性行为的研究始终是特殊教育、发展心理学关注的热点课题。据统计,全世界已有4大州,19个国家对儿童攻击性行为展开了研究,但是,在中国中小学的攻击性行为的研究相对较少(张文新)。自1998年起,我国的学者张文新带领的课题组借助与国外同行合作的契机,率先对我国中、小学生的欺负问题(攻击性的一个子课题)展开了较为系统的研究。在对国外研究进行综述的基础上,修订出了中小学生欺负/受欺负问题的测查工具。并先后对我国儿童对欺负行为的界定、欺负与受欺负的普遍性、儿童欺负行为的类型及其相关因素、儿童对欺负的态度、欺负与受欺负者的社会地位、欺负问题的城乡差异、性别差异等问题进行了研究,得出了一些有价值的结果。我国学者陈世平,乐国安(2001,2002),桑标,陈国鹏(2001),赵莉,雷雳(2003)都对类似的问题做过一些论述和研究。在这些描述研究的基础上,初步建立了一套对学校欺负行为进行干预的方案。

第1节 攻击性行为的概述

在国内,从网络、报刊、电视、广播的报道中,凶残而耸人听闻的青少年暴力事件时有发生。2004年3月发生的震惊全国的云南大学学生马加爵杀害四位舍友的事件,更是令人发指。他的社会认知的偏差和极端的行为反应,给四个无辜的家庭造成了终生难以愈合的创伤。因此,社会急切的期望教师、家长和社会研究工作者能重视儿童青少年心理发展的研究,尤其是了解儿童攻击性行为产生的原因和抑制攻击性行为的切实有效的教育矫治方法和措施。

一、攻击性行为的定义

攻击性行为(aggressive behavior)的定义长期以来一直颇有争议,美国学者都拉

(Dollard)等人将攻击性行为定义为"以伤害另一生命机体为目的的一种反应"[①]。日本学者古烟和孝将攻击性行为定义为"想要伤害他人心理或身体的行为"[②]。中国学者金盛华把攻击性行为定义为"有意伤害别人,且不为社会规范所许可的行为"[③]。笔者认为古烟和孝的定义相对较为全面。该定义有三层涵义：第一,说明了攻击性行为是指外显行为；第二,强调攻击者的行为是一个有目的有意图的行为；第三,从所形成的消极后果来看,攻击性行为给对方造成的伤害不仅包括生理上的伤害,还包括心理上的伤害。从上述有关攻击性行为的定义中可以看出,研究者始终把攻击者的意向和动机,作为判定是否是攻击性行为的最关键的因素。例如,当一个愤怒的人把啤酒瓶向你砸过来,虽被你躲过,并没有造成实际性的伤害,他的行为都可以算做攻击性行为。而一个酒后驾车的司机撞伤行人,即使造成的伤害远远大于啤酒瓶可能造成的伤害,但此行为不属于攻击性行为。当然,行动意图的判断本身也包含复杂的社会性标准,人们将什么样的行为视为"攻击性行为"也取决于人们对攻击性行为的归因、推论、判断等认知过程。因此,攻击性行为的社会认知因素的研究日益成为该研究领域中的一个重要内容。

二、攻击性行为的分类

攻击性行为是一种有意地伤害他人,给他人带来不愉快或痛苦的行为。人们对攻击性行为有几种不同的分类方式：可从行为方式上分为直接攻击行为和间接攻击行为,从攻击者的行为意图上划分为敌意性攻击行为和非敌意性攻击行为,还从攻击性行为发生的过程上划分为主动性攻击行为和反应性攻击行为。

（一）直接攻击行为和间接攻击行为

直接攻击行为是一种明显的,直接对准攻击对象的攻击行为,包括,如打、踢、推、搡、抓、咬等直接的身体攻击及勒索、抢夺物品、破坏物品等行为,还包括直接的言语攻击,如辱骂、起外号、奚落、嘲弄、戏弄、威胁等行为。间接攻击行为是攻击者借助于第三方或中介手段实施的攻击行为,如背后说人坏话、散布谣言、号召群体排斥孤立他人等。相比而言,间接攻击通常没有很明显的外显行为,加上攻击者通常又会隐藏自己的身份,不易引起人们的重视,但事实上,他同样会给对方造成严重的伤害,尤其是持久的心理伤害。

（二）敌意性攻击行为和非敌意性攻击行为

哈吐普(W. Hartup)把攻击行为分为敌意性攻击(hostile aggression)行为和非敌意性攻击行为或工具性攻击(instrumantal aggression)行为。敌意性攻击的目的是指向人,以伤害他人、给他人带来痛苦和不愉快为主要目标,如人们对给自己造成某种伤害的人进行打击报复,其最终目的就是为了给伤害自己的人造成同样的伤害后果。非敌意性攻击行为或工具性攻击(instrumantal aggressive)行为本质上没有伤害对方的目的,只是把攻击行为作为一种达成其他目的手段。如父母打骂从事危险活动的孩子,其最终目标不是想给孩子造成皮肉之苦,而通过让孩子体验皮肉之苦,达到告诫子女今后不要再从事类似活动之目的。

---

① (美)巴克. 社会心理学[M]. 南开大学社会学系,译. 天津：南开大学出版社,1986.
② (日)古烟和孝. 人际关系社会心理学[M]. 王康乐,译. 天津：南开大学出版社,1986.
③ 金盛华. 现代社会心理学导论[M]. 北京：北京师范大学出版社,1995.

（三）主动性攻击行为和反应性攻击行为

美国心理学家道奇(K. A Dodge)和考依(J. D. Coie)把攻击性行为分为主动性攻击行为(non-angry-proactive aggressive)和反应性攻击行为(angry-reactive aggressive)。前者往往是攻击行为的起端和主动的发起者，后者是为了防卫和反击而产生的行为。这两种分类与前面的分类有相似之处，但有助于了解攻击行为发生的过程和对攻击者和受害者双方作出一定的评判。因而，这种分类也得到了较广泛的赞同和采纳。

攻击性行为在儿童、青少年中是比较常见的一种社会行为方式。攻击性发展的状况既影响他们人格和品德的发展，同时也是个体社会化成败的一个重要的指标。任何一个社会，从维护社会秩序和保护其社会成员身心健康的目的出发，都会对其成员之间的攻击性行为采取一定的控制措施。从这一意义上说，攻击性行为基本上是一种不被社会所接受和允许的行为方式(张文新，1999)。

第2节 产生攻击性行为的原因

帕克(Parke)和思拉比(Slaby)曾经说过："在20世纪过去的岁月里，很少有哪几个课题，像攻击性的发展与控制那样，引起如此之多的理论和实验研究的关注"(Parke & Slaby, 1983)。持有不同观点的心理学家，均对此问题进行过大量的理论探讨和实验研究，从而极大地丰富与深化了人类对于个体的攻击性及其发展问题的认识，同时也为儿童攻击性行为的控制与矫正提供了越来越多的科学依据。

对人类攻击性行为的研究一般集中在生物因素、社会环境因素和社会认知因素三个方面。20世纪80年代以前的研究多强调生物因素和社会环境因素在问题学生攻击性行为发展中的作用，80年代以后，越来越多的研究者开始从社会认知的角度来研究攻击性行为。

一、生物因素

（一）原始本能论

在攻击性是先天固有的本能，还是后天习得的行为这个问题上，心理学家、生理学家、生态学家和哲学家之间的争论由来已久。

本能论的观点基于这样一个假设，攻击行为是一种需要，就如同人们需要吃饭睡觉一样。因此，攻击行为是不需要学习的，它是生物的本性，也是不可避免的。根据这一观点，人人都有攻击性，都会产生暴力行为，不同的只是在允许自己的攻击性释放的程度，以及在表达方式和情景的选择上。托马斯·霍布斯在他的名著《海中怪兽》(1651)中提出，人类就其本性而言是野蛮的。只有通过加强社会的法制和秩序，人类才能克制其攻击的天性。安东尼·斯托尔也曾指出："我们一般用兽性或兽行来比喻人类最可恶的残暴行为，这些词表明，这种行为是那些进化程度比人类低的动物的特征，这是对其他动物的一种诬蔑。但实际上，极端'残暴'的行为只有人类才有，人们野蛮的相互残杀在世界上是独一无二的。可悲的事实是，在地球上的一切动物中，人是最残酷和最无情的物种。在阅读描写人对人实施暴行的报道时，虽然我们可能会被吓得退缩，但我们心里很清楚，我们每个人的心中都盘踞着与导致谋杀、虐待和战争同样的野蛮冲动。"不同的是，在另一个方面，法国思想家卢梭在1762

年提出了高尚的野蛮人的概念。他认为,人就其天性而言,是一种善良的动物,正是束缚人的社会环境使人们变得好战,且具有攻击性。

到了20世纪,弗洛伊德认为人除了天生具有一种生存的愿望(求生本能)外,还天生具有求死的愿望(死亡驱动力,Thanatos),也被称为建设的欲望与破坏的欲望,正是死亡的驱动力导致人们产生攻击行为。弗洛伊德说:"它在每个生命体中起作用,不仅减少生命体的生命力,而且极力把生命体推向毁灭,直至使生命回到原来的无生命状态。"他认为,一定要设法让这种攻击性的能量释放出来,以免继续积累导致疾病。他的观点被描述成水力学理论(hydraulic theory),类似容器中水的压力升高的理论:除非对攻击性加以疏导,否则它将产生某种爆炸。他认为,在调节求死本能并帮助人们使之升华方面,即把这种破坏性的能量变成可接受的或有益的行为方面,社会起着最主要的作用。① 例如,我们可以将攻击性产生的冲动引入到运动赛场、攻克科技难关、经济竞争或守卫国土上。但对攻击性的恰当的表现方式,可以说不同的人有不同的认识,每个人所认定的社会可接受的程度是不同的。

攻击性是否能被利用? 现代行为学的创始人、诺贝尔奖获得者、奥地利动物学家康拉德·洛伦兹(Lorenz Konrad)基于对大量动物进行的观察,曾提出攻击性是本能的防御机制的一个主要部分,具有重要的进化意义。② 在低等动物中,攻击性是生存之必须。由于有了攻击性,年幼的动物才有了最强壮、最聪明的父母。一个种群才有最好的首领。因为他有益于种族整体的生存。(自我的保护和维持在很大程度上是依靠竞争和攻击的。)而且,攻击本能也有益于种族的个体成员。

(二) 攻击性行为中枢假说

神经学的研究发现,人类大脑存在一个被称为"杏仁核"(amydala)的区域,与人类及低等动物的攻击性行为相关联,该区域受到刺激会使机体变得暴躁。该区域的神经活动被抑制时,机体会变得温和,但神经机制的影响也会为社会因素所调整。有一项动物实验发现:一个雄性猴子的"杏仁核"区域被激活时,如果它面对的是地位低于自己的猴子,它的确会向它发起攻击。但如果面对的是地位高于自己的猴子,它不但不会发起攻击,还会逃开。

(三) 内分泌失调假说

某些化学物质已被研究证明能够影响攻击性的强弱。攻击性与激素尤其是雄性荷尔蒙(如睾酮激素)的分泌有关。注入睾酮激素会增加人和动物的攻击性这已被不少的实验所证实。詹姆斯·布达斯及其同事发现因暴力犯罪入狱的囚犯的睾酮激素的自然水平远远高于非暴力犯罪入狱的囚犯,而且入狱后不断地违反狱规并与管理者发生冲突。研究还发现青少年罪犯的睾酮激素高于大学生。在某所大学内,比较友爱程度时,发现那些被普遍认为最粗野的、缺少社会责任感的、更野蛮的学生的睾酮激素平均水平最高。很明显,睾酮激素可以影响攻击性,攻击性行为增加了睾酮激素的释放;还有不少研究发现,由于睾酮激素的影响,男性比女性更具有攻击性。埃利诺·麦科等对许多对儿童的广泛调查和观察研究发现,在玩耍和游戏时,男孩表现出的推搡、打人等远远多于女孩。男孩始终比女孩更具攻击性。在过去的35年里,男性因暴力犯罪的比例远远大于女性。非暴力犯罪率上(如财务犯罪,包

---

① [美]埃里奥特·阿伦森. 社会性动物[M]. 郑日昌,等译. 北京:新华出版社,2001:255.
② 康罗·洛伦兹. 攻击与人性[M]. 北京:作家出版社,1987.

括诈骗、伪造、偷窃等),女性远远高于男性。艾丽斯·伊格雷(Eagly,1984)等的研究都发现,女性的攻击性确实不像男性那样普遍,当女性产生攻击行为时,往往比男性更容易产生罪恶感和焦虑。

1995年,戴恩·阿彻(Archer)和帕特里夏·麦克丹尼尔(McDaniel)所进行的一项跨文化研究的结果,支持了几乎无所不在的性别差异。他们要求来自11个国家的青少年阅读关于人们之间相互冲突的故事。并在读完故事前打断他们,让他们根据自己的想象来结束这个故事。结果发现男性比女性表现出更多的以暴力的方式解决冲突的倾向。当然,这些差异是由生理因素造成的,还是由社会学习差异造成的,我们还不能十分确定。①

(四)遗传因素论

人的攻击性倾向在某种程度上受遗传因素的影响。如斯通(Rushton)等人在1986年有一项研究曾对296名同卵双生子和277名异卵双生子进行了敌意和攻击行为的相关追踪测量发现:同卵双生子攻击行为的相关系数为$r=0.40$,明显高于异卵双生子($r=0.04$)。说明了人的攻击性倾向在某种程度上受遗传因素的影响。也有研究发现,遗传基因也影响着个体的兴奋水平。攻击性幼儿父母的性格特征有73.7%具有好动、性急的特点。另外,有研究揭示,有攻击性的儿童大脑半球均衡性发展和协调功能较正常儿童低,左半球抗干扰能力较差,右半球完型认识能力较弱。② 这一研究为道奇(Dodge)的攻击行为认识模式提供了一定的神经心理学基础。

(五)酒精中毒假说

日常的观察表明,打架斗殴经常发生在夜总会,家庭暴力经常与酗酒、吸毒有关。许多实验和研究都表明,酒精和毒品对攻击性行为起着削弱抑制力的作用。特别是受到挫折或煽动的人,会体验到对攻击性行为的限制或自我控制的减少。一般来说,酒和毒品都是通过对生理产生影响,降低行为者的行为控制能力,使其不如平常那样谨慎,从而引发暴力。有些醉酒或吸毒的人在选择暴力后,即使他认识到日后可能会受到报复或惩罚,他也不会减少自己的攻击性。

当然,对于人类的攻击性是否是本能这一问题,至今还没有明确的证据。许多证据大多来自对动物的观察和实验,理查德·劳尔通过研究在脊椎动物中普遍存在的攻击现象,有力地证明了攻击性源于人类的进化,并因为其生存价值而一直被保留下来。但研究者强调了这样一个事实,几乎所有的物种似乎也逐步发展了很强的抑制机制,能够在对他们最有利的时候压制攻击的发生。因此,在最有暴力倾向的物种身上,攻击性也是一种选择性的方案。是否会表现出来,取决于这个动物先前的社会经验和该动物所处的具体的社会情景。对于人类来说,社会环境对我们的影响比动物远远要大得多,也复杂得多。

尽管从本能的角度和生物因素方面对攻击性行为作出了一定的解释,但对攻击性行为社会环境因素的探讨,将会帮助我们通过教育来控制攻击性行为。

二、社会环境因素

许多社会学、心理学和教育学家从社会或文化学习、早期经验与依恋、挫折与攻击、社会

---

① [美]埃里奥特·阿伦森. 社会性动物[M]. 郑日昌,等译. 北京:新华出版社,2001:268.
② 张倩. 攻击性行为儿童大脑半球某些认知特点的研究[J]. 心理学报,1999(1).

环境与成员互动等不同的角度对影响攻击性行为的社会因素进行了探讨,并形成了不同的理论观点。

(一) 社会或文化学习

社会或文化学习的观点认为,攻击并非不可避免。攻击和暴力也像其他行为一样,既受生物因素的影响,但主要是后天习得与学习的产物,这种社会学习的方式主要有两种:一种是观察模仿,另一种是强化学习(Durkin,1995)。

1. 观察模仿

大多数攻击行为的获得,都是通过观察和模仿他人的活动而学到的。这个过程也被称为社会性模仿。班杜拉(Bandura,1969)和他的同事发现,无论是儿童,还是成人,都能从观察和模仿他人的行为中产生攻击性行为,但所不同的是,成人会更有意识地学习社会所能接受的、适宜的行为方式和控制不适宜的行为方式,儿童却缺乏这种区分和控制的能力。

人类学的研究发现,在攻击性行为表现的程度和形式上,存在着文化和亚文化的差异。人们都是从自己所处的文化和亚文化中学习行为的适宜性。例如,美国一项调查显示,在保护私有财产和抗拒侮辱方面,南方人比北方人更多地使用暴力。这一模式显示作为南方绅士特点的"荣誉文化"也许是特殊的经济与职业环境的产物。在美国南部的牧羊人,在公众中建立一个"不要惹我"的名声是非常重要的。这样,那些偷牲口的贼在偷盗前都会三思而行。尼斯贝特及其同事(Storr,A. 1970. Human Aggressive. New York:Bantam Books)的一系列实验也表明,在美国密执安大学新入学的男生中,南方和北方的学生的认知、情绪、行为和生理反应方面,都发现具有文化特征。如果碰到别人叫他的外号辱骂他,北方的白种男生通常只是耸耸肩,对辱骂不屑一顾。南方的男生则更有可能认为他们的男性尊严受到了威胁,会变得焦躁不安(血液里的肾上腺素上升),从生理上为攻击做好了准备,最后,更有可能采取攻击性和支配性行为。在另一个实验中,在以与维护荣誉相关的冲突中杀过人的人的名义向美国各地的公司发出求职信,与北部的公司相比,位于南部和西部的公司更有可能以接纳和理解的态度回复求职者的信。

在形成社会学习(Social Learning)的诸多因素中,社会传媒,尤其是电视、图书杂志等对攻击性行为有很大的影响。有不少的研究表明,电视节目中充斥的暴力场面会助长儿童攻击性行为的形成和发展。最新的一项调查结果显示:美国58%的电视节目涉及暴力场面。而在这些节目中,78%的节目都不涉及对这些暴力行为的懊悔、指责或惩罚。此外,暴力节目中40%的暴力事件是由孩子喜爱的英雄人物或有魅力的榜样发起的。[①] 8~12岁的儿童特别容易受媒体中描述的暴力行为影响。孩子看的暴力节目越多,在少年和刚成年时表现出来的攻击性就越多。当然,攻击性强的孩子喜欢欣赏暴力电视节目,但即使没有暴力倾向的孩子,如果长期观看暴力电影,也会变得更有攻击性。一项由哈斯(L. Heath)、克卢茨科尼特(C. Kruttschnitt)等(1986)进行的对暴力犯罪人的回溯研究发现,儿童大量观看暴力节目只有在与父母虐待的经历结合时,才与后来的暴力行为有关。这是因为电视上的暴力表现会减少对暴力性行为的抑制,增强攻击性的唤醒水平;会刺激人们去模仿一些攻击性的解决冲突的方法;会产生错误的期望、放松对攻击行为的抑制,使"暴力"合法化;会降低人们对

---

① Seppa,N. (1997).Children's Fright responses Steeped in violence. APA Monitor,28,36.

暴力行为的恐惧，以及对受害者的同情，容易对暴力行为麻木不仁。

当然，社会或文化学习的观点也存在着明显的不足。它过低地评价学习者的自我意识和主动性。现在的认知学习理论强调的是学习者对行为有关的背景结构的意义的归因，这种结构和经验是学习者经过多年的积累而获得的，他们在今后的学习和生活中，会用自己的结构来解释和改变当前事件的意义。有时，暂时的学习经验在个人的行为和知识上并不一定有明显的结果和可以观察到的变化。许多人并不是立刻就改变自己的行为方式的，有的即使受到严厉的惩罚时，仍会保持原有的行为。因此，人的意识和环境因素的相互作用，对人的行为的发生具有交互影响的作用。

2. 强化学习

另一种社会文化学习的途径是强化学习，认为儿童的攻击性行为只有通过奖励而受到强化时，才会不断地产生和发展。一个孩子，在他被周围的孩子欺负时，能够"站起来"维护自己，父母就夸奖他，而如果他面对各种惩罚或者指责退缩时，父母就责备他。因此，这个孩子就会在类似的情景中更多地表现出防卫性的攻击性行为。比如他在医院里，当医生为他治疗使他遭受痛苦时，他就可能攻击医生。总之，这个孩子已将攻击行为看做在自己受到伤害时，应该做出的适宜的反应方式，他并不会认真地思考这一意图本身的是与非。当然，当他因此而受到责骂和惩罚时，这种攻击性行为可能会减弱。父母看到孩子攻击医生，于是就责骂或训斥他，那么这也就是告诉他，通过暴力行为来进行自我防卫，应有一个适宜的界限范围。这就是差别强化的作用。

如果我们为了将某种不愉快的情景消除，从而导致某种行为的产生，这也被看做是一种强化（负强化），他也会促使类似行为更多地出现。比如，一个人通过报复性的身体攻击，来阻止另一个人对自己表现出的粗鲁行为，这也会被看做是对攻击行为的一种强化。因为，这样暴力行为被证明可以阻止不愉快事情的发生。因此，这也鼓励人们用暴力行为作为未来的应对策略。

（二）早期经验与依恋缺失

美国的特罗伊（Troy）和斯罗夫（Sroufe）有关儿童心理学的研究发现，儿童早期与照看者之间形成的依恋（attachment）类型（回避型、安全型、焦虑型、紊乱型）影响着儿童将来处理人际关系的"内部工作模式"（Inner work model，简称 IWM）。在儿童期形成不安全的 IWM，可能会造成儿童日后在学校产生焦虑和不安全感，从而导致攻击性行为的发生。他们按照儿童在婴儿期与母亲的依恋关系，将具有不同依恋史的 4~5 岁儿童，分为安全依恋和不安全依恋型（包括回避型依恋、焦虑依恋型和紊乱型），观察他们在游戏中的表现。研究结果发现：具有回避依恋史的儿童，在与其他儿童的游戏中，更多地表现出欺负行为；具有焦虑依恋史的儿童则经常成为被欺负的对象和受害者；具有安全依恋历史的儿童则能与其他儿童和平相处并有效地回避欺侮行为。伦肯（Renken，1998）等指出，回避—不安全依恋的儿童由于早期并未形成对他人的依恋，其母亲在场与离开对其活动的影响均不大，也没有紧张和焦虑的表现，对来自陌生人的安慰同来自母亲的安慰一样。这类儿童缺乏对他人的信任，与人交往更多地会预期对方的敌意。在与同伴的交往中，更多发展成为具有侵犯模式的交往形式。而焦虑—不安全依恋的儿童，早期即表现出矛盾的情绪反应，对母亲的离开总是表现出焦虑不安，一旦母亲回来，立即寻求接触，但同时又反抗与母亲的接触，甚至发怒。例如,要母亲抱,但一抱起又挣扎着要下来。这类儿童因为早期的照顾没有规律,他们不能对母亲的爱护有任何预期,并常怀疑自己对照顾者的影响力,同时仍有一定程度的依赖性,他们常常缺乏自尊,对自己的价值缺乏自信,因而在与同伴交往中,易成为同伴欺负或侵犯的对象。麦龙-威尔逊(Myron-Wilson)和史密斯(Smith)对196名(平均9岁)儿童的研究也发现了类似的结果。

(三) 挫折-攻击理论

早在20世纪30年代,多拉德(J. Dollard)、杜伯(Doob)、米勒(Miller)、莫伟尔(Mowrer)和席尔斯(Sears)等人就曾提出了著名的"挫折-攻击假说"(frustration-aggression hypothesis),认为挫折是引发个体攻击性行为的先决条件和主要因素。当一个人无论怎样努力也无法达成目标,即备受挫折时,容易引发攻击性行为。贝克沃兹(L. Berkowitz)的研究进一步认为:挫折并不直接导致攻击,它只是容易引发和启动攻击行为。该理论认为在产生攻击性行为的过程中,存在"情绪唤醒"这一中介变量,但也没有对情绪唤醒产生的机制作出清楚的说明。

与挫折-攻击理论类似的是痛苦发泄理论。这一观点认为:痛苦与不适是攻击性行为的重要预兆。如果一个生物体体验了痛苦和不愉快而又无法摆脱,就容易产生攻击性行为。个体希望通过攻击性行为帮助自己发泄不满,并减轻来自生理和心理上的压力。

造成身体痛苦和不适的其他形式,还有愤怒、疼痛、炎热、潮湿、空气污染、刺激性气味、噪音等,它们都可能降低人们对攻击性行为的自我抑制。卡尔·史密斯等在对1967—1971年发生在美国的79个城市的骚乱所进行的系统化分析发现,暴乱在炎热天气发生的可能性要远远大于在寒冷天气发生的可能性。安德森和他的同事(Craig A. Anderson et al., 1993)的一项研究也发现,炎热天气会通过三条独立的途径增加敌意性倾向:唤起敌意性情绪、敌意性认知,在模糊情景中增加敌意性偏见。

(四) 多因素情景交互作用

多因素情景交互作用的观点认为,必须从多种因素的情境交互作用,来具体分析个体的攻击性行为。影响个体攻击行为的因素,除了年龄、受教育程度、犯罪史、态度、社会/经济地位、种族、心理健康、性别以及生活应激状态等个体因素之外,还有家庭、学校与社会等环境因素的影响。

父母为孩子营造的家庭环境和教养方式,对孩子的个性和行为方式影响极大。"如果一个孩子生活在批评之中,他就学会了谴责;如果一个孩子生活在敌意之中,他就学会了争斗;如果一个孩子生活在讽刺之中,他就学会了胆小;如果一个孩子生活在耻辱之中,他就学会了负罪;如果一个孩子生活在鼓励之中,他就学会了自信;如果一个孩子生活在表扬之中,他就学会了感激;如果一个孩子生活在认可之中,他就学会了自爱;如果一个孩子生活在诚实之中,他就学会了相信。"相关研究显示:缺乏温暖和关怀的家庭、不良的家庭管教方式,以及对儿童缺乏正确和明确的行为指导与活动监督,都可能造成儿童以后的高攻击性。例如,婴儿的不安全依恋与攻击性行为有着极高的相关[①],母亲表现出的情绪抑郁和对婴儿需要和

---

① 石伟. 国外亲子关系和同伴关系对儿童和青少年行为倾向的影响的研究现状[J]. 四川心理科学,1998,(2):15-19.

反应的拒绝或忽视,与婴儿的攻击性存在着正相关,家庭环境中,父母的婚姻冲突,争吵斗殴和随之而来的离婚、分居、出现第三者等伴随现象,以及在养育子女问题上产生的冲突,对儿童心理上造成的阴影和性格上产生的影响,比我们想象的要大得多。在这样的家庭环境中,儿童易遭到父母的忽视和粗暴对待。儿童常常产生消极情绪,并通过模仿增加对他人的攻击性,不良的亲子关系,成为攻击性行为增加的一个习得性条件。

在家庭环境中,父母的言行是最重要的影响因素。社会学习理论曾明确指出"身教重于言教"。有些家庭,父母常常习惯用辱骂、棍棒等手段来解决孩子的问题或亲子间的冲突。身处这样的家庭环境,孩子习得的观念是"谁能骂过别人或打过别人,谁就是强者",难保他将来不以同样的方式来解决同学之间的人际冲突。帕特森(Patterson,1990)特别强调了父亲的作用。他们曾把犯有侵犯行为的问题儿童与正常儿童相比较进行研究,发现前者很少感受到父亲的亲情和同伴的友谊。他们进而假设,父母忽视给他们爱和关怀照顾,不当的教育和约束导致了儿童的行为问题。而行为问题又导致了他们潜在的学业失败和行为偏离正常儿童群体,成为问题儿童。

除了家庭之外,学校是儿童生活与学习的主要环境。相关研究结果表明,攻击性行为的发生率因学校文化环境不同,而存在很大的差异。这与一个学校的文化、风气、准则有重要的联系。例如,史密斯的研究认为,学校对儿童攻击性行为是否采取得力的措施,在一定程度上,影响着学生攻击性行为发生的普遍性。但学校和班级的大小,以及学校的位置和攻击性的比例之间没有必然的联系。此外,奥维斯(Olweus)的研究发现,教师对攻击性行为的态度和反应,也影响着攻击性行为的发生。由此可见,学校和教师在儿童社会化的过程中,应该充分的发挥正面教育和督导的作用,建立良好的互助友爱的人际关系和健康的校园文化。

儿童的攻击性行为主要是在同伴中发生,但同伴关系对攻击行为的影响是非常复杂的。许多研究者发现:一方面,攻击行为的"挑起者"常常不为其他儿童所喜欢,而容易遭到拒斥,具有攻击性又被拒斥的儿童,往往更容易走上犯罪的道路(Goio & Lenox,1994;Hgmel,1990)。另一方面,很多具攻击性行为的儿童,并不都受到排斥,甚至还会受到一部分同伴的推崇和拥戴,而有些被排斥的儿童并没有攻击性。例如,1992 年帕库斯特(Pakurst)和阿希(Asher)的研究也证实:在那些不被喜欢的儿童中,没有攻击性的儿童比有攻击性的儿童更易受到漠视而感到孤独。具有攻击性的儿童虽很少有品学兼优的同学与朋友,但可能有一些气味相投,彼此支持的伙伴。奥勒沃斯(Olweos)也认为,攻击性行为作为一种群体现象,它的产生一定有些群体机制在起作用。他总结出四种群体机制:① 社会感染机制,儿童的攻击性行为是儿童社会习得的结果。② 对攻击倾向控制力的减弱机制。在攻击情景中,一般或非攻击性的儿童,会因攻击性行为受到奖赏或得到较少的否定评价,而减弱自己对攻击性行为的控制。③ 责任分散机制。儿童会因为有很多人参与攻击行为,而降低自己的责任感,而这种责任的分散和减弱,会导致儿童对攻击事件产生较少的负罪感。④ 追随攻击者机制。对攻击者的追随使人们对受伤害者的感知发生变化,由于被攻击者经常受到攻击和消极的评价,他们会被认为是无用的人,应该受到攻击。正是由于这些机制的作用,导致群体攻击的产生。

从家庭、学校等社会环境的角度,来探讨形成儿童攻击性行为的多种因素,将帮助我们从社会环境的综合治理方面着手,来认识和处理儿童的攻击性行为,但要更全面和深入地了解儿童攻击性行为的原因,为攻击性行为的矫治提供内部的依据,还必须探讨这类儿童的社会认知因素。

三、社会认知因素

社会认知一般是指人对各种社会刺激的综合加工过程,是人的社会动机系统和社会情感系统形成和变化的基础,包括社会知觉、归因评价和社会态度形成等三个主要方面。从社会认知的角度,来研究攻击性行为主要是从信息加工的角度,来探讨社会认知在儿童攻击性行为中所起的中介和调节作用。

半个世纪以来,国内外从社会认知的角度来探讨儿童、青少年的攻击性行为,重点主要集中在三个方面:

一是关于攻击性行为社会信息加工过程以及内部中介因素的研究,包括对攻击性行为归因方式的研究、攻击性行为线索信息识别的研究。

二是关于攻击性行为的价值观和行为目标的研究,如采用内隐方法来探讨儿童攻击性行为冲突问题解决方式的研究、攻击性行为的自我效能感和行为反应的后果的评估。

三是关于攻击性行为多维度思考能力和预测能力的研究,如从"心理理论"角度来研究儿童攻击性行为的换位思考能力。

上述这些对攻击性行为社会认知过程与特点的研究,为我们对攻击性行为儿童进行有效的矫治和教育提供了科学依据。

(一)攻击性行为的信息加工过程

近几十年来,关于攻击性行为社会信息加工过程,主要集中于道奇的五步信息加工过程与信息加工模式稳定性方面的研究。

1. 攻击性行为的信息加工模式

美国心理学家道奇的儿童攻击性行为的信息加工模式,在20世纪80年代初提出,在90年代发展成熟(Crick & Dodge,1994),得到了大家广泛的认可,能帮助我们认识攻击行为的社会信息加工的过程和加工模式的内在作用。

道奇认为,攻击性行为从外界信息的输入到做出行为的决策,必须经过以下五个步骤的信息加工:① 编码,即注意和感知来选取有意义的社会信息,如情景中呈现威胁性(如生气)或需要高度警戒(如惊慌)的线索。② 解释。将获得的信息与已有的知识经验(图式、原型等)进行对照和比较,对输入的社会信息作出表征。③ 搜寻反应。在理解社会性刺激意义的基础上,产生一系列可供选择的反应计划,从中选择个体认为合适的行为反应。④ 反应评估。儿童在形成各种反应计划后,还要对其进行比较评价,预测各种反应的效果。⑤ 执行反应。个体启动已决定选用的行为,执行他所选择的行动计划,做出外显的行为反应。不难看出,在上述五个社会认知的信息加工过程中,个体过去的学习经验,认知结构、个性特征以及认知加工时的身心状态,都会产生不同程度的影响。

道奇还认为,某些攻击性儿童可能已经形成攻击性脚本(aggressive script)的潜在认知结构。在这个认知结构中,含有丰富的与攻击有关的社交模式和社交建构。这种知识结构可能影响社会信息加工过程的每一个阶段,使个体在译码、解释、表征线索时选取和预先已有的知识结构一致的线索。另外,潜在的知识结构还能提供一些认知性的捷径或经验法则,帮助个体简化复杂的社会情景。

斯克拉比(Sklaby,1988)等对译码阶段的研究还发现,攻击性儿童很少会主动搜索额外的信息来澄清不明晰的情景,并且倾向于提取较有煽动性,但并不一定真实的信息。苟兹(Gouze,1987)的研究进一步证实,有攻击倾向的儿童会选择性地输入具有敌意的信息,较容易回忆具有威胁性的信息。如果在认知过程最初的编码信息加工阶段,就不能正确地感知情景线索,为后来错误的攻击反应奠定了基础。

在反应搜寻或建构新反应阶段,斯帕克和舒尔(Spark & Shure,1974)对儿童的研究发现,攻击性强的儿童通常比一般儿童缺乏,甚至无法构想出可解决问题的反应。他们发现,"攻击反应次数"和"构想出可解决问题的反应"之间呈现显著负相关。而且大多以"具有敌意的内容"做出反应。并且反应方式也缺乏灵活性。

在决定行为反应阶段,攻击性问题儿童,在考虑攻击性行为可能导致的结果时,大多倾向于做出正向的评估。他们认为,攻击性行为可带来物质奖赏,获得同伴认同,减少负面结果,提高自尊和正向情绪感受等积极的结果,克里克(Crick,1989)等人的研究指出,攻击性问题儿童具有攻击的正向效能(Positive-efficacy)的信念。而对于不具攻击性的儿童,对用攻击性的方式来解决冲突的信心就显得不足(如,对挑衅行为做出怯场反应)。

社会信息加工理论的支持者,一般很少以实际生活事件来测试个体攻击性行为的认知过程。一是以实验方式模拟问题情景,研究被试对模拟情景的解释;二是让被试观看录像片,回答按信息加工理论涉及的,与攻击性行为有关的问题。用这两种方法获得的相关资料,对认知与攻击行为间的关系做出因果判断。虽然都存在一定潜在的局限性。但这些实证研究还是具有一定的价值的。

2. 信息加工模式的稳定性与预测性

许多实验研究都证实了,个体社会信息加工模式的稳定性和攻击性行为之间存在着密切的关系。斯拉比和古尔姆(Slaby & Guerm,1988)的研究认为,稳定的社会信息加工模式可预测到近80%的攻击性行为表现。道奇和瓦兰特(Dodge & Valente,1995)也指出,个体社会信息加工模式的稳定趋势在小学时就可看出端倪。

道奇(Dodge,1990)的研究还发现,早年身体受虐的儿童大多在成年后,会对敌意的情景线索有高度的警戒,易将模棱两可的信息解释为敌意的。研究者推测,儿童早期社会化经验,尤其是受虐经验影响儿童认知模式的形成和稳定,且以潜在知识结构的形式存储在个体的记忆库里,在儿童成长的过程中,会随时被提取出来。错误而又相对稳定的认知模式(如错误的编码,敌意归因偏好,攻击行为的表现,攻击行为结果的正向评价)又会引导儿童攻击性行为表现。道奇(Dodge,1995)的研究认为,早年的受虐经验可解释将近2/3的攻击性行为的产生。

胡德利(Hudley,1993)针对非裔美国黑人制定了一套降低他们对环境刺激进行敌意归因倾向的教育训练。研究结果发现,经过教育训练的儿童比控制组儿童表现出较少的敌意性归因。在教师的评价中,接受教育训练的儿童,也有较少的攻击性行为出现。利普斯(Lipsey,1991)对有关降低攻击性行为的教育训练的研究分析也发现,和控制组相比,训练组的儿童平均可降低38%～50%的攻击性行为。然而,研究者也注意到,也有不少的训练虽使攻击性行为有所减少,但并未达到预期的成效。原因之一可能是有些训练仅注意到信息加工过程中单一或片断的问题,而攻击行为是由一组或一连串过程所造成的。因此,干预可能要通过多方面的矫治,才能达到持久的效果。库尔瑞和斯拉比(Curerra & Slably,1990)曾以小团体的方式,采用多方面的矫治方法,结果实验组比控制组暴力倾向显著降低。哈蒙德(Hammond,1991)有一个类似的概念,设计了一个多方面的认知行为训练课程,包括:问题的确认、降低生气、问题解决、沟通协调。训练的结果也得到了正向的支持。显然,弄清了攻击性行为的社会信息加工的过程,对矫治攻击性行为有着重要的意义。

(二) 攻击性行为的归因

在社会认知的归因阶段,具有攻击性倾向的儿童,明显地倾向于将情景中不明晰的信息当成具有挑衅意义的信息。甚至常常把善意的信息误以为恶意的信息。纳斯比(Nasby,1979)等人将儿童这种误解信息的倾向称为敌意性归因偏差。道奇和佛雷姆(Dodge & Frame,1981)等人的进一步研究发现,儿童这种归因偏见和攻击性行为有着非常显著的相关。

在攻击性行为的认知加工过程中,个体对他人的行为和伤害情景的归因,是非常重要的一个认知加工环节,福格逊(T. J. Ferguson)和鲁尔(B. G. Rule)的研究表明:伤害者在遭受挫折之后的情绪唤醒状态和行为反应,与其说取决于挫折本身,不如说取决于它对伤害者行为意图的归因。如果他把自己所受到的伤害归因于伤害者的人格因素,而不是情景因素,那么他的愤怒程度和攻击性行为的表现,要比在后一种情况下强烈得多。他们曾提出了一个个体攻击性行为的社会归因模式。

(1) 个体在受到伤害后,首先要对他受伤害的情景进行评估。以确定伤害者应负的责任。伤害者需要辨别他所受到的伤害,是不是由对方有意造成的。如果不是,他进而需要辨别伤害者是否能够预见他的行为可能产生的后果?如果是有意造成的,受伤害者则需要确认伤害者动机的善恶。通过这些评估,受伤害者把自己所受到的伤害区分为四种类型:事故性的、可预见的、善意的和恶意的。如果人们把情景的存在解释为无意的或偶然的,那么就能忍受相当大的痛苦、不舒服或挫折感,并不一定会表现出攻击性行为。

(2) 在评估的基础上,受伤害者进而需要确定伤害者因其所造成的伤害,应承担的处罚。伤害者所负的责任原因越偏离常规,受伤害者赋予他的惩罚就越重。

(3) 对某一情景中应该发生的结果的判断,是由多种因素决定的。根据海德(F. Heider)的个人责任类型,行为者可因以下原因之一而应在道德上受到惩罚:① 他不应该造成伤害;② 他不应该粗心大意而不竭尽全力;③ 不管在任何情景下,他都不应该有意伤害别人;④ 除非这种伤害是达到一个更为正当的结果,否则,不应该伤害别人。

(4) 导致受伤害者愤怒的因素是多方面的。其中包括因受到伤害而产生的唤醒。受伤害者进行敌意性报复的愿望的强烈程度,取决于他的愤怒程度,除非对攻击起抑制作用的因素发生。受伤害者如果认识到报复将导致社会不赞赏的结果,并用理智抑制其愤怒反应,那么,他对自己的攻击欲望就有了更强的抑制力。当然,有时即使人们清楚痛苦产生的原因并非有意,但他们仍会采取攻击行为的方式。有时对无意伤害也会做出过度反应。

近年来,关于儿童攻击行为归因研究的具体实验,都是围绕着攻击性儿童的归因特点进行的。例如,道奇(Doge,1980)的一项有关归因的研究。试验者让二、四、六年级的具有攻击性和非攻击性的儿童,接受一个不知名姓的假设同伴造成的消极结果。(自己搭的迷宫被弄倒)同伴的意图包括：善良的、恶意的、意图不明的。得到被试的反应也有七类,其中有三类是攻击性行为：① 弄倒对方的迷宫；② 言语攻击；③ 直接攻击(击墙、敲桌子、晃拳头)。统计结果表明：在恶意和善意的两种实验条件下,攻击性儿童和非攻击性儿童的反应无显著差异。在恶意条件下比在善意条件下更多地表现出攻击性行为。但在意图不明的条件下,攻击性和非攻击性的儿童的行为反应表现出显著的差异。攻击性儿童往往对这种条件下同伴的行为易做敌意性归因,从而做出了更多的攻击性行为。而非攻击性儿童往往对同伴的行为做更多的善意归因。研究的重要结论是：攻击性儿童在他人行为意图不明的情况下,对他人造成消极结果的行为更倾向于做敌意性归因。

由道奇和佛雷姆(Dodge & C. L. Frame, 1982)的一项实验进一步证实了攻击性儿童归因偏见的存在。在这项研究中,利用假设情景,试验者让攻击性儿童和非攻击性儿童接受一个意图不明的伤害(如,在操场上被一个球打中后背),要求被试对行为者的意图做出归因。结果发现,攻击性儿童倾向于做敌意性归因。而非攻击性儿童则倾向于做事故性或善意的归因。

瓦斯(G. A. Waas)在1988年的一项研究,考察了攻击性和非攻击性儿童在不同信息条件下,两者对于一个意图不明的伤害性行为的归因。结果表明,在缺少归因所需要的信息条件时,攻击性儿童对同伴行为做出的敌意性归因,显著多于非攻击性儿童。但在具备相应的信息条件时,两种被试的归因相似。都能根据信息条件的变化而变化,因此,攻击性儿童并不存在识别环境线索能力低下的缺陷。这个问题还需要我们通过实验进一步加以研究。

我国学者张文新、陈学超等(1994)曾对6~13岁的中国儿童对伤害情景的意图认知与反应倾向的关系发展进行研究,发现幼儿园大班儿童(平均年龄6岁7个月)就能识别不同伤害情景中他人的行为意图,而且能够把对他人行为意图的知觉,整合到自己的反应策略中去。他发现从小学二年级起(平均年龄9岁),他们对他人的行为做出的判断和反应,主要依据他人的意图,而不是伤害结果的严重性。而幼儿园大班的儿童却不能根据伤害情景的不同,做出不同的反应。尽管他们能识别别人的行为意图,但他们还不能有效地将自己的意图整合到反应策略中去,还是很看重自己受伤害的程度。儿童在伤害情景中对伤害者行为意图的认知,是制约、调节其行为反应的一个重要的内部变量。而且除了意图知觉外,儿童已有的道德观念、对行为结果的预期等因素,也影响其行为的反应。

(三) 攻击性行为儿童解决冲突问题的能力

儿童在三四岁以后,便日益频繁地参与到与他人的社会互动中,这种社会互动包括一系列目标指向(goal-directed)和他人指向(others-directed)的行为。所谓社会问题解决能力是指儿童在社会互动中能达到个人目标,同时又能与他人保持良好的社会关系的能力。

儿童处理人际关系和解决冲突问题的能力,是衡量儿童社会化和社会适应的一项重要指标。对人际冲突和人际矛盾的基本应对策略的应用,是反映社会化水平高低的一个重要方面,儿童人际适应中的各种问题,都与冲突解决策略的运用有着一定的联系。研究表明：那些能较好地运用问题解决策略来处理人际冲突和人际矛盾的儿童,在同伴中一般更受欢迎,更容易被同伴所接受。而成为攻击者和被攻击者的儿童,都会存在人际适应方面的问题。

20世纪80年代后期,国外的同行已进行了一些实验,利用社会问题解决的模型研究儿童的攻击性行为。研究大多聚集于攻击性行为的儿童解决问题的特点上。大多用一种假设-反应(hypothetical-reflective)的方法,通过呈现一些假设的解决冲突的问题情景,看攻击性儿童的反应,来研究他们的策略生成和策略选择的问题。国外研究者运用了PIPS(学前儿童人际关系问题解决测验)来研究有攻击性行为的儿童社会问题的解决。研究要求被试就如下两种目标提出解决策略:① 同伴导向的目标,如儿童寻求得到其他儿童的玩具的策略;② 成人导向目标,如让儿童在损毁物品后,寻求不让妈妈生气的策略。另外还包括发展友谊关系、给需要者以帮助、获得同伴帮助、解决同伴冲突等。

研究结果得出以下结论:① 攻击性较强的儿童在涉及物品的获得和寻求参与同伴活动的途径等目标上,他们所提出的策略并不少于非攻击性儿童,但大多是争斗性、贿赂性和操纵性的,亲社会的策略较少。② 在社会问题解决的信息加工模型的不同水平上,攻击性强的儿童经常发生信息加工上的困难。这些困难因所遇到的社会性目标而异,例如,在涉及物品拥有的社会问题解决中,攻击性儿童提出的策略多是贿赂和操纵性的。在友谊形成的目标上,他们提出的策略少于非攻击性儿童,而且古怪和不合逻辑的策略占很大的比率。③ 当攻击性儿童被告知他们起初所选择的策略行不通时,他们较少提出有效的替代性的策略去解决问题。问题解决的灵活性低于非攻击性儿童。

我国学者陈世平等(2001)曾对卷入欺负行为的儿童,在人际冲突中的基本应对策略应用和反应特点进行研究,结果发现:① 随着年龄的增长,越来越多的学生使用问题解决策略。12岁以后,更为明显。低龄儿童尚未完全掌握人际交往的技能和方法。往往凭自己的好恶和意愿来处理人际关系。青春期以后,他们更愿意自己来处理问题,而不总是求助于人。② 女孩通常比男孩更为早熟,社会化程度略高于男孩。性别角色的社会期待和女孩自身的生理特点,使得女孩更多地采取非激化矛盾的办法,并使自己的行为符合社会认可的角色要求。也正是由于这些原因,女孩更容易成为被攻击者而不是攻击者。

善于运用问题解决策略来处理人际矛盾和冲突,说明儿童的人际适应状况良好。攻击和被攻击现象实际上都是人际关系适应不良,社会化程度偏低的一种表现。攻击者以自己的身体优势和地位优势来处理人际矛盾和冲突,或通过发泄来达到某种满足。而被攻击者,除了由于自身相对弱小等因素之外,又由于缺乏必要的人际冲突解决的技巧和方法。使得欺负者可以在不承担任何风险的情况下,实施欺负行为。

在大多数情况下,个体都倾向于最先使用较为稳妥的如说服、依赖等策略,当这些策略失效时,人们才会转向攻击性的策略。攻击作为人际策略的一部分,很有可能是可供选择的最后的策略。当然,限于攻击性研究的难度,许多东西尚无定论。

(四)攻击性行为儿童的价值观和换位思考能力

史密斯和波腾(Boulton)等人在攻击性行为儿童的研究中认为,一些喜欢攻击他人的儿童,并不像道奇所说的缺乏信息加工的技能,而是他们已形成不同的价值观和生活目标。通过个别访谈发现,有的攻击性行为儿童认为:"世界上只有两种人,攻击别人的人和被别人攻击的人。为了避免被人欺负,就必须支配或奴役他人。"再如,许多儿童认为,"攻击者比被攻击者具有更高的社会地位,更容易受到同伴的崇拜"。1997年,胡斯曼(Huesmann)和古拉(Guerra)发现,许多攻击性强的儿童,他们在内心赞同对攻击性行为的鼓励这样一种信念和规范,持有这种信念的儿童,在随后的几年里会表现出更多的攻击性行为。

也有人以角色偏离来对攻击性问题做出解释。个人的行为严重偏离了自己的社会身份，偏离一般的社会期望，是因为他所持有的有关自我角色的观念与社会对其角色的一般概念有显著的差距。个体整个行为动力系统的各个环节，包括内在的自我概念系统、动机机制，表现于外的行为模式与行为后果，以及所受到的外部对待、评价与期望等，都是与其自我角色概念，而不是外在的社会角色概念相吻合。因此，攻击者是否存在认知或社会信息加工缺陷或偏见的问题，还存在着很大的争议。

近年来，许多研究者试图从刚刚兴起的"心理理论"的角度来探讨攻击性行为发生原因的解释。所谓"心理理论"（Theory of mind），就是指在儿童头脑中形成的一种理解自己和别人思想、感情和动机的能力和换位思考的能力。从这个角度出发，弗雷克等（Frick, O'Brien, Wootton & McBurnett, 1994）提出了"冷认知"（cold cognition）的概念。把那种心理能力上得分较高，但缺乏移情能力，喜欢给别人制造痛苦的现象称为"冷认知"。有关研究者发现，有些攻击性很强的儿童，他们具有较高的认知能力，他们在一些欺侮的情景中，对对方的心理能够有较好的把握和了解，知道如何去伤害对方，也知道如何来保护自己，能较好地认识到自己行为的结果，所以，在伤害别人之后能够不负任何责任地逃之夭夭。他们缺乏移情能力、缺乏同情心、缺乏来自良心的谴责，不能体验被别人欺辱的"感情"。该理论在一定程度上解释了儿童欺侮产生的原因，但并不能解释为什么有些儿童虽然能够理解他人，但却缺乏移情能力这个问题。以上不同的观点和假设都需要我们通过研究来进一步探讨。

第3节 攻击性行为的教育干预

据国内的调查，约有10%~20%中小学生和幼儿园儿童在学校里不同程度地卷入了攻击和被攻击的行为，这对中小学生的身心健康及发展造成了多方面的危害。（张文新，2000）

对于被攻击者而言，不仅在身体上受到伤害，而且自尊心和自信心也会受到极大的损伤，有的可能会出现抑郁、焦虑、出现头疼、胃疼、失眠、做噩梦等生理症状，有的因担惊受怕导致注意力分散、学习成绩下降、厌学甚至逃学。对于攻击性儿童而言，长期采用攻击性的行为方式来达到个人目的，就可能形成攻击性人格。这种不良的人格特点，会妨碍他们正常的社会交往，还有可能形成成年以后犯罪和暴力倾向，对社会的秩序和安定都将是一个非常大的隐患。所以，对攻击性行为的干预是关系到青少年身心健康和社会安定的一个重要的问题。

一、教育干预模式的理论依据

目前，对攻击性行为儿童的教育干预的理论依据主要包括三大心理治疗学派的理论：心理动力/心理分析学派的理论、人本主义/以患者为中心的理论及行为改变理论。这三个学派都从本身的理论假说出发，提出了相应的教育干预方法。

（一）心理动力/心理分析学派的理论

格特曼（Guttman, 1970）的心理动力的观点，偏向心理分析取向的个别心理治疗，通过谈话的方式，使阻碍问题儿童发展的相关的潜意识得到唤醒与疏导。纽考莫（Newcomer, 1980）也认为"不正常的行为是潜意识冲突的表现"。因此，教育者必须了解到，问题儿童因为常常感觉不到其不当行为背后隐藏的理由或动机,所以他们常常也无法有意识地控制其不当行为。

这个模式揭示了儿童和青少年内在生活的丰富性和复杂性,强调人格特质是由儿童早期经验决定的。有情绪和行为障碍的儿童情绪上的痛苦更多的是由早期的家庭关系造成的,在学校出现的问题只不过是那些早期家庭情绪困扰的重复出现。所以他们相当专注于通过谈话的方式进行心理分析及儿童和家庭的干预策略上。他们发现并指出了儿童早期爱和情感需要的剥夺,对其人格发展产生的破坏性。促使家长和教师对儿童情绪与需要增强敏感度,家长和教师需要更加意识到他们的关怀和爱,在儿童成长中的重要意义,他们是儿童的楷模与认同的对象。通过建立他们和儿童之间融洽的关系,营造一个安全的家庭和班级氛围并帮他们建立起自信,就可以减轻儿童许多情绪上的问题。心理动力论对于问题儿童的矫治有非常重要的影响。一些具体的方法包括:环境疗法,生活空间晤谈,游戏疗法,艺术、音乐和舞蹈疗法等。

(二) 人本主义/以患者为中心的理论

人本主义/以患者为中心的理论特别相信治疗者本身内在具有改变的力量,于是借提供一个温暖的、理解的、以及最具接受性的环境来帮助他们释放内在力量。人本主义学者,埃里克森(Erikson)、弗洛姆(Fromm)、马斯洛(Maslow)和罗杰斯等都强调任何人都具有正向的动机,能控制负向的冲动和增加社会适宜的行为。因此,人本主义的干预措施(humanistic interventions)的重点在于加强促进个人成长、自我觉察、社会互动,培养爱与同情心等方面。罗杰斯曾说:"人都有一个基本的积极的方向。从我的治疗中,那些和我有着最深刻接触的受辅者,包括那些带来最多困扰的人,那些最具反社会行为的人,那些具有最不正常感觉的人在内,我发现上述的信念都很正确。当我能很敏感地了解到他们所要表达的感觉,能够以他们的立场去接纳他们,承认他们可以有权利和别人不同。我会发现,他们都会愿意朝着积极性、建设性和自我实现去迈进,向成熟、向社会化方向而成长。我觉得一个人越是能够被完全地了解和接纳,那么他便越是能向前迈进。有人认为我太过于乐观,但我看得出,一个人在重重的自我防卫及潜隐的恐惧之下,会表现出很多令人难以置信的残暴恐怖的破坏、不成熟、退化、反社会、伤害等行为。在我的经验中,最令人振奋的是,在他们内心的最深层次里,也潜伏着积极的倾向。"罗杰斯对人性的完全接纳和积极乐观的态度,值得每一个教育工作者学习和借鉴。

(三) 行为改变理论

行为改变理论最具代表性的是班杜拉(Albert Bandura)的社会学习理论,强调通过观察模仿、行为练习、社会性强化可帮助亲社会行为的学习。

二、攻击性行为儿童的干预模式

具攻击性行为的儿童和青少年在人际交往和社会适应的各种技巧和能力上呈现出各种缺陷,在社会化的过程中似乎受到严重的阻碍,包括积极的人际关系的建立和维持、挫折的应对、情绪的调控、站在对方的角度换位思考等心理技巧。由于他们没有学习到与别人建立及维持积极正向的社会关系所需要的社会技巧,不能适当地或有技巧地应对他人。他们常常不被同伴和教师喜欢和接受。教师和同学常常排斥、躲避和处罚这些具攻击性行为的儿童和青少年,他们也因此没有机会体验到与他人相处的一些正向的经验。攻击性行为的干预正是通过以下的模式,使具攻击性行为的儿童学会人际交往的一些正向经验。

攻击性行为儿童的干预主要是采用表演干预的模式。这种模式不是通过训练者向矫治者讲授灌输大道理的方式(这早已为矫治者所反感),而是由学员和训练者一起通过角色扮演、观察倾听、尝试模仿和共同分析讨论等形式来共同参与的一个活动。这种表演干预的模式分情境模拟、讨论分析、示范表演、角色尝试、联系巩固等五个步骤进行。

（一）情境模拟

情境模拟是通过模拟一些有代表性的、教育性的情境,来帮助儿童正确地认识环境和人与人之间的关系。模拟的情境应该和团体儿童的实际生活相符合,显示出模拟的真实性。因此,训练员不仅应仔细地选择模拟的生活事件,还要由两位训练员逼真地示范表演。每一项技能至少做两个示范,使儿童能在不同的情境中学习使用该项技能。训练员通常不必事先写出模仿示范的台词,只需大体计划一下他们扮演的角色和儿童可能做出的反应,课前稍加排练。

为了帮助儿童注意技能表演,在模仿示范前应发给他们技能卡,在这些卡片上注明各种技能及行为的步骤。要求儿童在示范者示范技能时,仔细地观察和倾听。特别要注意帮助儿童模仿情境中的行为步骤。

（二）讨论分析

在情境表演之后,有一段简短随性的讨论,每个儿童可对示范者的表演发表自己真实的看法,也可谈示范情境在他们真实的生活中是怎么发生的,或者在日常生活中曾经发生过的类似的事情。讨论将集中到通常会有什么样的反应(或者他当时是怎么反应的)?为什么有这种反应?然后对这种反应的利弊和后果进行分析。通过分析讨论,使每一个学员更加熟悉所模拟的情境,提高对复杂关系的深层认识,改变自己的认知,鼓励实际的行为演练。

（三）示范表演

通过前一个阶段的讨论和分析,确定一种相对来说比较恰当合理的反应方式,由示范者来表演新的行为如何适用于应付各种不同的情境。首先需要让儿童充分感受希望他们学习的良好的行为方式(技能)。每一项技能都可分成4~6个不同的步骤,这样可以形成每一项技能的操作性定义。示范者将在生活的各种相关情境中所需技能,按步骤纯熟地加以运用,儿童需要仔细地看和听示范者如何在每一个情境里按顺序演出某项技能的行为步骤。

训练员需要邀请儿童就刚示范的技能围绕下列问题进行讨论:

(1) 请儿童谈谈刚刚示范的情境,是否让他们回想起自己在生活中使用此项技能的情形。例如:"刚才你们看到的情境,是否让你们想起以前在你们身上发生的类似的情境?"

(2) 通过提问,鼓励他们谈论运用该项技能的心得体会和使用时曾遇到过的问题和困难。

(3) 和儿童进一步详细讨论将来这项技能可以用在何种情境、何时、何地、何人身上。

（四）角色尝试

给每位学习者充分的指导,提供给他们充足的机会重复模仿恰当的反应模式,在良好的情况下练习模仿行为,直到他们可以做得熟练自然为止。

角色扮演(role playing)主要是通过练习为未来技能运用做准备。每一个角色扮演的主题应该是该儿童在真实生活环境中碰到过的或将来可能碰到的问题。当儿童描述其生活中的某一情境可能需要用到某种技能时,这位儿童就被指定为主角,由他选出另一位儿童来扮演情境中的另一个人(母亲、同学等),主角遵守先前示范的行为步骤是相当重要的。在开始角色扮演之前,训练员必须帮主角复习在特定角色扮演中所需要的每一个步骤,替主角准备一次成功的经验。主角可以参考写在技能卡上的行为步骤,所有的行为步骤也可以写在黑板上,让主角和其他的团体成员在角色扮演进行时都能看得到。

每一个角色扮演的结构(行为步骤)必须维持不变,但是实际内容可以不同。在角色扮演进行时,训练员应尽可能地帮助主角,需要对其进行指导和鼓励,随时帮助他们完成任务。角色扮演必须一直进行到所有的儿童都有机会担任主角。

另外还有一些其他的方法可增加角色扮演的效果。角色互换(role reversal)通常是个很好的方法,特别在观点采择的训练时,学员有时在进行某项技能的角色扮演时,很难体会到对方的观点和感受。这时候,如果让他们交换角色,重新开始扮演会很有帮助。训练员有时候也可以担任配角,这样可以让儿童有机会练习处理各种不同的反应。例如:可能需要扮演一个实际生活中非常难应付的配角。由训练员担任配角对有些不善表达,或内向害羞、犹豫不前的儿童特别有帮助。

(五)练习巩固

鼓励儿童在真实的生活中尝试所扮演的角色的行为,并持续一段时间。直到好的思维定势和习惯动作最终养成。

下面几项训练活动可以帮助儿童把学到的东西迁移到真实生活情境中。

(1)提供一般原则。通过口语、视觉和书写的方式提供儿童选择和运用技能的一般原则。

(2)过度学习。过度学习指的是对一项技能的训练量超过行为掌握的需要,也就是所谓的反复多次成功地表现技能,每项技能都被模仿示范数次,由儿童角色扮演一次或多次。

(3)同一要素。同一要素是指在训练和实地应用时情境的相似程度。当训练的情境和实际技能应用的情境在物理环境和人际关系方面的相似性越大,迁移的可能性就越大。所以训练应力求在几方面的设计和实际生活很相似。

(4)刺激的多样化。训练时使用多样化的刺激,更有可能产生成功的迁移。

在训练的过程中,特别应该注意的两点是:

第一,在改变行为的尝试中,特别是刚开始尝试时,要多用正向强化和鼓励的方式,让儿童产生成功的体验,从而对活动产生兴趣和参与的欲望。融洽干预活动的气氛和培训者和儿童之间的关系。

为了最有效使用强化(赞赏,同意、鼓励)技巧,训练员应该做到下面几点:① 在确定儿童遵守了行为步骤的角色扮演之后,尽早在恰当的时机给予强化。② 给予强化时内容和形式应尽量多样化,例如:对表演时的一些特定的表现进行夸奖,像语调、姿势、遣词用句等。③ 为每位团体成员提供足够的角色扮演的机会,让大家都有充分的机会得到强化。④ 个别儿童如表现得比前一次好,即给予强化。⑤ 对于愿意协助配角进行表演、乐于和别人合作的,都要给予一定的强化。

第二,训练员要及时、随时给儿童提供反馈。反馈的内容可以是正向的,也可以是负向的,负向的评论必须针对如何改进某个缺点,并给予建设性的建议。在批评一个"不好"的表演时,同时要嘉奖其"尝试"的精神。有时候,我们会给角色扮演进行录音或录像。这是给予他们反馈的另一种方法,儿童如果在角色扮演之后,有机会在录像带上观察自己的表现,会对他们有很大的帮助,可以帮助他们反思自己语言和非语言的行为,及这些行为对他人产生的影响。

三、干预内容

干预的内容应该根据儿童攻击性行为的成因、性质、特点、生活和学习的环境和儿童的个性特点来选定,这里讨论带有普遍性的四个主题。

(一)主题一:冲突问题解决的技巧训练

习惯性地使用攻击性行为处理问题的青少年,在面对矛盾冲突时,常常得不到一些有效的指导和纠正。

我们需要通过一定的方式帮助他们学习在教室和社会中表现出具有建设性的、不具攻击性而且令人满意的行为。因为这些问题儿童通常缺乏社会性表现所需要的技能,或是缺乏有效抑制反社会行为的技能。如果他们接受价值澄清和愤怒控制的训练。那么就可建立亲社会性行为而远离反社会性行为习惯。

长期表现出偏差行为的儿童,在学习控制愤怒情绪和攻击性行为的技能之后,还需同时接受道德教育。柯尔伯格(Kohlberg,1969,1973)的研究证明,如果让儿童暴露在一系列的道德两难冲突中,通过讨论,可以引发认知冲突,而冲突的解决通常能使儿童的道德思考进展到一个较高的阶段。进行了选择、考虑后果,以及区别方法与目的的思考,儿童的社会认知能力会得到提高。

此外,我们还需要对儿童进行替换攻击行为的训练,训练儿童在被激怒的情形中,在不使用攻击行为的同时,如何进行回应。在问题解决的技能方面,既可以达到培养他们应付生活中挑战的能力,又可以提供一个更可靠的选择来取代攻击行为的反应方式。通过扩大个人应对行为反应的数量,这样就增加了行为选择的自由。例如,以前在与人发生争论时,本能的反应方式是——吵架、打架。这也是他唯一的反应方式。但通过学习,他可能学会用一种他以前从来没有用过或非常少用的谈判协商、请求援助、撤退,或其他较不具攻击性的形式解决冲突事件。以前,儿童可能不会想到还有这些可供选择的方式,这样就等于没有选择,所以儿童只有通过打架、吵架、伤害别人的方式来解决问题。当行为干预能够成功地使儿童以谈判协商的反应方式的可能性增加时,儿童同时就具备了选择的能力。

为了训练儿童冲突问题解决的技巧,笔者设计了两次活动。

第一次活动:问题解决的训练

具有攻击性行为的儿童和青少年,通常不仅缺乏人际交往技能与愤怒控制的技巧,他们也可能缺乏解决问题的能力,较少有效地使用问题解决技能,如分析不同的可能性,思考行为结果,了解因果关系、方法和目的的思考,以及了解他人观点等。

为了弥补这些青少年在问题解决上的缺失,需要一个长期的、具体且完整的干预措施和渐进的问题解决技能训练,包括同情反应、问题确认、资讯收集、其他选择的确认、考虑行为结果及决策等。

第二次活动：合作双赢的训练

佩皮通（Pepitone，1985）和斯拉文托（Slavinetal，1985）认为，长期具攻击性的儿童，常表现出高度的自我中心，对他人关怀及与他人合作的能力都较差。合作训练会带给他们许多伴随而来的有利结果。

早在1929年，梅勒（Mailer）就曾指出，我们目前的教育体系经常鼓励竞赛，崇尚个人奋斗。儿童被训练成习惯将其团体成员视为永远的竞争者，被鼓励尽自己最大的努力去超越他们，儿童因此缺乏在团体中练习与其他人为了一个共同的目标而共同努力的机会，妨碍了他们合作习惯的养成。一般人遇事多用二分法，非强即弱，非胜即败，其实，世界给了每个人足够的立足空间，他人之得并非自己之失。"双赢关系"是人际关系的重要原则，我们需要把生活看做一个合作的舞台，而不是角斗场，在人际交往中不断寻求互利，达成双方都满意的并致力于合作的协议计划。具有双赢思维的人，他们有勇气表达自己的想法和感受，能以豁达体谅的心态看待他人的想法和体验，相信世界有足够的发展资源和空间，人人都能共享。

合作双赢训练可让儿童学会共用材料，完成需彼此依赖的任务，取得团体奖励，不论是对个人或团体，在增进人际合作等方面都有所助益。

设计一些合作的活动，对长期具攻击性行为的儿童特别有用。另外也可针对这些儿童，特别在体力活动上的需要，大量使用合作性的运动和游戏。

（二）主题二：情绪控制和调整的训练

缺乏情绪控制和调整的能力是攻击性行为问题儿童共同存在的缺陷，为了弥补儿童在情绪调控方面的不足，我们设计了以下两次活动。

第一次活动：不良情绪自我克制和调整的训练

首先，认识和了解自己的情绪。学习如何控制愤怒情绪与攻击性行为，以及一般性的反社会行为。训练使容易愤怒与具有攻击性行为的儿童青少年学会识别愤怒时的生理讯号，及其内在和外在的刺激，做自我对话式的驳斥训练，并重新调整期待或结果等；学会在回应挑衅（别人或他们自己的）时多想一下，少冲动，避免因一时的冲动导致行为的偏差。总之，愤怒控制训练教导如何学会用恰当的方式来发泄愤怒的情绪，如何给让你愤怒的人提供有效的反馈，而不至于使愤怒的情绪在酝酿中不断升级，否则不仅灼伤自己的身心，而且日后会给对方施行更大的报复。青少年在被激怒的情形下要冷静克制，不要急于去做什么。

其次，学会恰当地释放和表达情绪的方法：生活中要经常留意自己情绪的起伏，通过写日记记下每日生活中所发生的正面和负面的事件或体验，并尝试为每件事加上自己的感情标签。如：

愉快的事　　　　我的感觉　　　　我的处理方式
不愉快的事　　　我的感觉　　　　我的处理方式

对于无益的想法和做法，可通过以下三个步骤来尝试改变：

（1）找出无益的想法。

（2）明白这些想法的无益之处（无益的想法包括一些不真实、偏颇、放大、可怕和负面的想法）。让他们思考一下，若一直保持这些无益的想法，会有什么影响和后果。

（3）以积极的想法去抵抗无益或消极的想法。

通过对问题和事物的讨论，往往能使儿童产生更深入的认识和了解。同伴对所学事物的解释,有可能比成年人的解释更容易使他们明白。可在同伴间引导诸如这样的讨论:如何了解他人的情绪,如何应对他人的愤怒,如何表达情感,如何处理恐惧等。

第二次活动:减轻压力的训练

个人可能拥有许多社会性技能,但有时由于焦虑,使他们无法在特别困难的情境里应用这些技能。儿童可能已经学会了训练中的许多技能,但是在老师面前拿到不及格分数的尴尬,或在朋友面前出丑的困窘,都可能使其产生一定程度的焦虑,以致妨碍正确使用这项技能。焦虑和紧张有时是造成社会性无能和行为表现不佳的主要原因。如何有效地降低压力所引起的焦虑和不良情绪,减轻压力训练使参与训练的人学会做有系统的深度肌肉放松、冥想技巧、环境重建,以及其他一些相关的管理、控制与降低压力的方法。例如在做出反应之前,迫使自己从1数到10,也可以增加进入高认知水平的机会。下列做法也可以获得一些短时效应,如:渐进肌肉放松练习、瑜伽伸展运动、呼吸练习、体能运动、冥想(静坐)等。

(三) 主题三:观点采择能力(移情能力)的训练。

观点采择能力是社会认知发展的核心,指能同情和理解他人的观点,站在他人的角度看问题的能力。许多研究发现,同情心可以阻止攻击性行为,同情心强的学生通常不易发生攻击性行为,而缺乏同情心的学生易发生攻击性行为。在现实生活中,有的学生喜欢将自己的快乐建立在别人的痛苦之上,不懂得体恤、尊重他人,为图自己一时之快而屡屡欺负他人。因此,有的专家指出,有攻击性行为的儿童、青少年如果能够推测和体验到被攻击对象的痛苦和感受,进一步产生自我谴责感,那么就不会再想攻击他人了。对此,教师可以让受伤害的学生面对有攻击性行为的学生,具体讲述自己在受到攻击后的身体和精神上所遭受的痛苦。让原先的欺负者能深刻体验受人欺负究竟是一种什么样的滋味,以触发他们进行深层次的思考和反省。然后,紧接着引导有攻击行为的学生谈体会和感受,以激发他们的同情心,从而逐渐憎恨攻击行为。另外,也可以让过去有过攻击性行为而现在已彻底改正的学生,具体讲述自己在改正错误前后内心的变化过程,这样做会激起有攻击性行为的学生的内心体验发生变化,使他们感到过去行为的可耻,这也是培养同情心,降低攻击性行为的有效途径。

戈德斯坦和迈克尔(Goldstein & Michaels,1985)的研究证据显示:如果一个人能经常采取他人的观点看事情,就可减少或抑制一个人攻击另一个人的可能性。换句话说,同理心(赞同和分享他人的感情和想法)和攻击性行为是两个完全不相容的人际反应,前者越多后者就越少。有关同理反应对人际影响的研究发现,同理反应一直是个有效的催化剂,不论在人际吸引、两人之间的开放度、冲突的解决,以及个人成长各方面都是一个最有效的促进要素。

同理心的训练最重要的是培养想象的技能,增进精确辨识隐含的意义的能力,培养行为观察技能,增进预测他人外显行为的能力。可进行察觉训练(perceptual training)以增加人际觉察的精确性、客观性也可进行观察敏感度训练(observational sensitivity training,Smith,1973)以增加记录感官印象的能力,辨别其与推论解释的印象之间的差异。

近年来心理学的一项主要进展就是强调个人精确"阅读"社会情境的能力,以及其对外显行为的重要性。例如:莫瑞森和贝拉克(Morrison & Bellack,1981)认为:充分的社会性表现,不仅需要各种不同的反应技能,同时也需要了解应用这些反应的时机和方法。这份了解需要精确"阅读"社会环境的能力。艾莫瑞(Emery,1975)和罗藤伯格(Rothenberg,1970)发现有情绪与行为障碍的人,以及在其他方面社会适应不良的青少年,普遍缺乏此种社会知觉力。弗姆汉姆(Fumham)和阿吉勒(Argyle)在1981的观察研究也发现:社会性发展不足的人无法了解每天的情境,并予以恰当的回应。格雷厄姆(Graham,1981)和巴克曼(Backman,1979)对于具攻击性个人的研究,也发现了相同的社会知觉缺陷。在发现和处理社会讯息方面,可能发展出偏颇、有缺陷的模式,包括无法注意到有关的线索、常认为别人有恶意、缺乏处理人际问题的行为策略。这些模式又可以预测攻击性行为的发展。

精确阅读社会情境的能力是可以通过训练提高的。具体而言,情境知觉训练要求被训练人员面对一连串困难情境,培养辨识能力,这有助于降低困难的情境特征(如:规则、角色、目标),想出能减少冲突或困难的各种方法,对这些方法进行选择和评估,并预测可能出现的不同结果。

(四)主题四:对攻击性行为的非理性认知的治疗

在攻击性行为的矫治过程中,只训练技巧可能还不够,要使训练有效的必要条件是,必须完全了解被训练者的内心,如果能了解到早期经验对其个人认知差异的影响,情绪在调适过程中的重要性,家庭和社会在个人认知发展上扮演的角色,以及自我认同发展过程,对心理变化与稳定的影响,才能确保使用认知-行为疗法之后的有效改变。

美国临床心理学家艾里斯在20世纪50年代创立的理性情绪治疗法(Rational Emotion Therapy,简称RET)一直被广泛地用于各类儿童和青少年,包括具有攻击性行为的儿童及青少年。他主张辨识自我挫败(非理性的)的想法,以及相信人的行为受其对事件的主观评价的影响,大过于事件本身。

合理的情绪疗法认为,情绪并不是由某一诱发事件本身直接引起的。而是由经历这一事件的个体对这一事件的解释和评价所引起的。这一理论被称为情绪评价的ABC理论。

A(Activating event)指诱发性事件,B(Belief)指个体在遇到诱发性事件以后产生的相应的信念。C(Consequence)指在特定的情景下,个体的情绪及行为的结果。在合理的情绪疗法的基础上,又产生了理性情绪疗法理论。即ABCDE理论。D(Disouting)指驳斥、对抗。与不合理的信念辩论对抗,驳斥成功后,便能产生有效的治疗效果E(Effect)。这种结果包括认识、情绪、行为三个方面的效果。

四、干预过程中应注意的问题

(一)第一次活动中应注意的问题

第一次活动的设计是为儿童创造一个安全而不具威胁性的环境,同时引起他们对训练的兴趣,以及提供更多有关训练的信息。

首先,可通过自我介绍,使训练员和儿童简单地互相熟悉。也可以通过问每一个儿童一些较不私密的问题,使参与者慢慢习惯与训练员和其他成员产生互动。

接下来训练员通过简短地描述来介绍本训练的课程。包括人际技巧对美好生活的重要性以及这些技能在儿童的日常生活中的用处和意义。让儿童知道在训练中他们将会学到什么,期待他们做些什么。

1. 介绍训练的目的

在介绍训练的目的时,特别需要强调说明此项训练与儿童的某项特定技能的缺陷有关。

并应强调技能缺陷矫正的可能性,特别是那些成员自己已经意识到的、关心并急切地想改变的技能。例如:训练员可以这样说,记不记得上次你被处以留校察看,因为你以为别人侮辱你,所以你就和他打起来了?在这个训练中,你学到的技能会帮助你将来再遇到类似的情形时,知道该怎么去做,这样你不用打架就可以平静地处理好这些事情。

2. 简单地描述所使用的方式

儿童通常不完全了解我们的训练是什么,应大致将训练进行方式的结构(情境模拟、讨论、示范、尝试、练习)介绍给每一个儿童。训练员可以这么说:为了学习更有效地处理一些困难的情境,我们将看到和听到不同的人示范如何处理好一些事情,然后你们会轮流试试这些方法。我们会让你知道你做得怎么样,而且你会有机会自己练习。

3. 描述儿童在团体里积极参与的好处

如果训练员知道儿童的相关资料,在描述可能的好处时,可以包括帮助他改进一些处理问题的方式,特别是儿童已经感觉到自己的不足之处。如果能预期他可以将其目前缺乏的技能学习到某种程度,而且还能应用到实际生活的人际关系中,那么他的动机相对就会增强。

4. 说明团体规则

为了使训练能顺利进行,每个团体成员必须遵守规则,如准时参加、保密、完成指定的作业、确定团体大小及聚会的时间和地点等。这个阶段的规则应该是简短而暂时的。为了让成员有参与团体决策的感觉,活动过程中应允许和鼓励儿童针对这些规则做更充分的讨论,而且可以尝试修正那些他们想改变的规则。规则一旦经大家共同认可,就一定要遵照执行。

(二)训练中容易出现的问题和解决的方法

任何一种治疗和训练在活动的过程中,都可能发生某些问题,只有及时地解决这些问题才能避免训练目标的偏离或延缓。长期具有攻击性行为的儿童和青少年在心理辅导和教育训练方面最容易出现的问题有以下几方面。

1. 缺乏主动参与的积极性和兴趣

(1) 参与较少:儿童难得主动自愿地参与,通常只提供简短的回答,似乎需要耗费"拔牙"的力气才能使团体各成员做各种技能的练习。

(2) 冷漠:不管训练员如何尝试带动团体,儿童的反应是漠不关心、无动于衷和不自然。

(3) 睡着:训练员必须叫醒睡着的人,最好能询问造成他们疲劳的原因,有时他们在团体里感觉很无聊、缺乏睡眠、生病等都是疲劳的原因,不同的原因需要训练员做出不同的回应。

2. 消极抵抗

(1) 错误的想法:虽然参与,但不按照指示去做。有些儿童可能愿意进行角色扮演、提供正确的回馈或是参与训练中其他活动,但他们自己错误的想法可能会阻碍他们进入主题。

(2) 消极对抗:故意地,有意识地抵制参与,拒绝任何投入。

(3) 消极否定:儿童用言语和行为明确地表示不愿参与活动,可能公开拒绝进行角色扮演、给予反馈或完成家庭作业,不来参加活动、迟到或在活动中离席。

(4) 破坏扰乱:公开嘲讽训练员、其他儿童有时是透过手势、动作、起哄等方式明确的表达其不满和敌意。

3. 离题与过动

(1) 离题：偏离训练的目的和程序。包括在角色扮演时，跳出其角色，就像列车员不仅只是迷失方向，还将列车开离原先的轨道。

(2) 垄断：有些儿童在活动中，通过冗长的独白、不必要地要求再一次角色扮演、太过仔细的回馈、设法留在舞台上获取大家的注意力等方式，来表现出垄断行为。

(3) 耽搁：耽搁其实就是以问题、建议、观察或其他言语来打断正在进行的模仿示范、角色扮演或是回馈时间。与垄断类似，但更具持续干扰性，耽搁行为常常延缓训练的进展。

(4) 过度不安：这是好动中极端的肢体动作，儿童可能坐立不安、摇椅子、站起来踱步、一罐接一罐地喝饮料。或是表现出其他语言、手势或姿势上的不安，这种行为通常伴随着偏离、垄断或耽搁等行为。

4. 心不在焉与情绪急躁

(1) 无法专注：由于分心、做白日梦，或其他儿童更迫切关注的事情使他们无法专注于训练活动。

(2) 无法理解：儿童如果无法理解或误解某些过程，可能由于认知发展上的不足、缺乏经验、疾病或其他原因，也可能是因为训练员说得不清楚或太复杂。

(3) 无法记忆：儿童在团体中可能很注意听，也能理解，但就是记不住。这使技能的迁移及团体的管理上出现困难。

(4) 怪异行为：自言自语或对没有生命的东西说话。对团体说一些不相干的话，毫无理由地发怒等对团体的功能的干扰都相当大。

通常，训练员针对以上问题会采取以下方法来解决。

1. 简化训练内容，尽量使儿童提高成就感

(1) 通过类似"行为塑造"的过程来逐步改变受训者的行为，奖励儿童所取得的任何一点成就。例如，当儿童的角色扮演虽不是那么完整精确，但仍算成功时，就要给予赞赏肯定和奖励，即使他们只做对了一两个步骤，或者整个角色扮演都做得不对，但他注意到别人的扮演，仍然要赞许他们的"努力尝试"。

(2) 缩短角色扮演的过程。简化学员的任务，对他们的要求少一点。要求学员扮演角色构成中的一个或一些行为步骤。

(3) 由训练员"喂"儿童台词。对于那些因为认知上的缺失，而无法参加训练的儿童，训练员可担任他们的教练或提示者。训练员可以靠近儿童站着，在演出每一个行为步骤时，小声地告诉儿童该说些什么，然后由儿童大声地说出来；让儿童直接念事先准备好的台词。目的是在没有训练员特别帮助之下，儿童仍能进行角色扮演；先让儿童担任配角，先渐渐习惯站在团体前说话，最后逐渐习惯扮演角色。

2. 引导反应法

(1) 征求志愿者。在训练的初期，可能需要靠训练员积极地引导并征求志愿者共同参与。等到儿童自己熟悉训练的过程之后，特别是体会到这对他们个人的意义和价值时，才能积极支持和接纳，慢慢地就不需要训练员去引导了。

(2) 提出讨论的主题。当一个高度冷漠的团体在训练中没有什么反应时，提出一些主

题让团体进行讨论,通常是个比较可行的方法,特别是关于他们的需要、担心、愿望及特别缺乏的技能等方面的主题。

(3) 指名某特定学员。如果前面较不具指导性的方法都无效时,可能需要其他积极与指导性的措施,指名某一位在注意力、面部表情、眼神或其他非语言方面都有参与兴趣的儿童参与,并起带动和示范作用。

3. 降低威胁法

(1) 训练员额外做现场示范:对特别焦虑、害羞或不愿意进行角色扮演的儿童,训练员可针对同一个技能多做一两个表演示范,会让他们比较安心。对于存在认知缺陷而无法进行角色扮演的儿童,这种现场示范也非常有效。

(2) 将儿童的角色扮演延到最后:这项建议是上一个方法的延伸,如果某儿童可以等到训练员做完现场示范,以及其他所有的学员完成角色扮演之后再做,可以降低其角色扮演的焦虑。但是每位儿童都要参与角色扮演。

(3) 鼓励儿童:训练员要提供给每位儿童简短、直接,但非常有效的鼓励。"你做得到"、"你做的时候我们会帮你"、"别急,一个步骤一个步骤的来"。

(4) 同情和理解儿童:假如儿童不愿意进行角色扮演,训练员可以依照下列步骤提供理解和鼓励:

步骤一,给抗拒的儿童一个机会详细地解释他不愿意进行角色扮演的理由,训练员要认真的倾听。

步骤二,清楚地表达训练员能理解抗拒的儿童内心的感受。

步骤三,用恰当的话告诉儿童他的观点是值得注意的。

步骤四,更详细地陈述训练员自己的观点,说明理由及可能出现的结果。

(5) 明确儿童在完成任务时遇到的困难:儿童需要完成的任务不变,训练员只是需要用更详细的解释来加深儿童对任务的了解。

(6) 重新安排儿童的任务:训练里没有哪一项任务是不能更改的,而是可以改变、简化、移动、消除或增加的,角色扮演过程可以缩短、加长,内容可改变,可融合其他技能或是做其他的改变。回馈也可以做某些调整,所有的治疗、训练与教学法应该由资深、敏感的应用者针对需要来判断如何修正。

4. 中止回应法

(1) 要求儿童继续原来的任务。训练员可以温和而坚定地将脱离团体任务的儿童唤回来,可以用提醒、哄骗、告诫或只是明白地指出儿童的错处,并告诉他们应该做什么。

(2) 忽略儿童的行为。有时忽略不恰当的行为,是使其中止的最有效的方法。这种撤销任何强化的方法,最适用于那些团体中能够忍受,不影响团体活动的问题行为。像踱步、小声自言自语及偶尔的打断,都是一些只要忽略就会消失的行为。

(3) 打断儿童持续的行为。必须坚决而肯定的打断儿童不适当、错误或是干扰的行为,而且清楚地向他表述团体该做的事,这些工作必须完成。通常等其他方法都无效时才使用这个方法,可能需要将儿童或长或短的隔离一段时间。

小贴士

如何让对抗挑衅型情绪与行为障碍儿童顺从

● 应尽量避免直接的使用正面强化的方法,因为对待这类挑衅性情绪与行为障碍儿童,用正面强化的方式可能会遭到拒绝,并导致相反的结果。他们会因碍于面子,故意不去做你所要求的事情,表现出相反的行为,特别是当着他的同伴的面时,更会这样。你直接的、公开的、很明显的表扬他,在他看来同样是一种侮辱,他甚至于会表现出与你所期望的截然相反的行为来报复你(例如,他会撕掉那张使他受到表扬的奖状或扔掉奖品)。

● 应采用含蓄的方式给他一些强化,但避免公开的赞誉,这样有可能鼓励学生、获得正确的行为方式,继续用期望的方式做出反应。

以下一些方式也许比较有用。

● 小声耳语。用很简短的耳语给他一些鼓励,不要用眼睛一直盯着他。他将会做出一些积极的反应。对行为的结果进行评价,比你只谈对他的感受要好得多。

● 留一张便条。把简短的信息写在便条上,留在他的桌子上,或寄给他,或者当他要离开房间的时候递给他。

● 提供奖励。你可以用粘贴纸或者在图表上做一些标记的方式,提供一些长期具体的正面强化,无须口头上的评论。给他一些奖励,把它简单地放在桌子上就行了,不必过于郑重其事。避免使用削减和克扣奖励的方法,这种方法只能导致相反的结果。因为对抗挑衅型情绪与行为障碍的学生会把它看成是他们的行为不符合你的要求的一个证据。

● 避免争吵。争吵只能强化他和你之间对立的地位,加重不良后果。还不如顺其自然,耐心等待更为有利的交流想法的时机。

● 顺从控制。对控制谁,控制什么,要重新进行定义。例如,你可以说"从时间上看,我们该走了。"就比"到了该走的时间了"要好得多。

● 提供多一些的选择。给学生有限的几个选择,学生就会有一种被控制的感觉。不妨给他多一些可能的选择。如果学生拒绝做出选择,你需要向他明确后果是什么。

● 充分预见可能会出现的困难。要为学生在困难的时候和为困难的活动做好充分的准备。告诉他们,你知道这个问题可能是很难解决的,他们可能会被置于双重的困境之中。这种对可能存在的困难做充分的估计和准备的方式对于鼓励他们克服困难往往更容易一点。

● 允许他们发泄心中的愤怒情绪。身体活动可以帮助这些学生用一种容易管理的方式,去驱散心中的愤怒情绪。体育运动,手工制陶,击打枕头或者把旧杂志撕碎,都是可以接受的发泄怒气的方式。但学生在能很好地控制他们愤怒情绪之前,要避免他们参与竞争性的体育活动。

● 列出行为的结果。对于那些有极度两极情绪与行为障碍的学生,并不表示他们可以不对他们的行为方式负责。需要给这些学生提供一份关于他的行为及其后果的特殊的清单,可以帮助他们始终如一地坚持下去。

● 提供治疗和咨询。你必须确信,你所推荐的心理治疗和心理咨询专家非常熟悉这些学生的需要并能采取有效地方法帮助他们。[①]

---

① 诺尔顿(D. Knowlton). 管理具有叛逆性行为的儿童[J]. 超越行为. 1995:5-10.

本章小结

攻击性行为是一种有意地伤害他人，给他人带来不愉快或痛苦体验的行为。本章的第1节阐述了攻击性行为的概述，介绍了攻击性行为的分类，按照分类标准的不同，可以分为：直接攻击性行为和间接攻击性行为；敌意性攻击性行为和非敌意攻击性行为；主动攻击性行为和反应攻击性行为等。

本章的第2节分析并阐述了产生攻击性行为的原因。包括：生物因素（攻击性的原始本能论；攻击性的行为中枢假说；内分泌失调假说；遗传因素论；酒精中毒假说等）、社会环境因素（社会或文化学习；早期经验与依恋缺失；挫折—攻击理论；多因素情景交互作用）和社会认知因素（攻击性行为的信息加工过程；攻击性行为的归因；攻击性行为儿童解决冲突问题的能力；攻击性行为儿童的价值观和换位思考能力）等。

本章第3节阐述了攻击性行为的教育干预。教育干预模式的理论依据包括：心理动力/心理分析学派的理论；人本主义/以患者为中心的理论；行为改变理论。攻击性行为儿童的干预模式包括：情境模拟，讨论分析，示范表演，角色尝试，练习巩固。干预内容包括：冲突问题解决的技巧训练；情绪控制和调整的训练；观点采择能力（移情能力）的训练；对攻击性行为的非理性认知的治疗等。

 思考与练习

1. 什么是儿童攻击性行为？其主要类型有哪些？有些什么表现？
2. 造成儿童攻击性行为的原因主要有哪些？
3. 对儿童攻击性行为进行治疗和干预的理论依据有哪些？
4. 对儿童攻击性行为进行治疗和干预的内容有哪些？

第7章 网络成瘾儿童不良行为的矫正

学习目标

1. 掌握网络成瘾的概念、分类和检出率的基本情况。
2. 了解儿童网络成瘾的表现和对身心发展产生的不良影响。
3. 了解网络成瘾儿童的诊断与评估。
4. 网络成瘾儿童不良行为的戒除。

"神奇而近似全能"的因特网正以疯狂的速度改变着我们的生活方式。它在我们寻找信息、跟踪新闻、与人交流、存钱和购物等方面带来了前所未有的便捷,并提高了我们学习、工作和生活的效率,但网络也产生了一些负面的影响。网络中有学术、娱乐和经济信息,也混杂着各种各样的色情、暴力信息,使得一部分上网者沉迷于网络而不能自拔,给人们的工作、学习和生活带来了各种严重的甚至破坏性的影响。导致家庭离异,工作和学习效率下降,失业甚至犯罪等社会问题出现。青少年网络成瘾问题日渐成为一种"社会病"并引起了教育部门、广大儿童家长和研究者的高度关注。本章将着重讨论网络成瘾儿童的教育和不良行为的矫正的原理和方法,以及研究如何在日常生活中为它设计一个更加平衡的位置。

第1节 网络成瘾的概述

本节将探讨网络成瘾的概念以及这一现象的社会起因,细致分析其表现方式、种类和检出率,同时提出切实有效的康复策略。

一、网络成瘾的概念

国际上最早提出网络成瘾概念的是 1994 年美国纽约市的精神病学家伊凡·戈登伯格(Ivan Goldberg)。最初,他把网瘾称为网络成瘾(Internet Addiction Disorder,简称 IAD),认为这是一种因过度使用网络,导致人的身心功能减弱,从而对学业、工作、社会和家庭等一系列日常行为和人际关系造成不利影响的精神病症。1997 年,他将网络成瘾一词改为病理性网络使用(Pathological Internet Use,简称 PIU),并将其定义为:因为过度使用网络造成沮丧,或是身体、心理、人际、婚姻、经济或社会功能等多方面的损害。

最早对网络成瘾进行研究和干预的是美国匹兹堡大学心理学家金伯利·扬(Kimberly Young)博士,她面对一位朋友陷入过度使用网络的困境,开始对这一问题进行大量的研究。在美国 1996 年的心理学年会上,第一次以心理学家的身份发表了《网络成瘾:一种新的临床疾病》的论文,公布了自己对网瘾的实证研究。她认为,网络成瘾涉及广泛行为与冲动自制等问题,是一种冲动控制障碍。因此将网络成瘾定义为一种没有涉及中毒(intoxication)的冲动控制障碍(impulse control disorder)。她提出了成瘾者的评估标准,而且开始运用心理手段对网络成瘾实施干预。

美国心理学家戴维斯(R. A. Davis)主张把病理性网络使用分成两类:即特殊性PIU(有特定内容的)和一般性PIU(无特定目标的)。其区别见表7-1。

表7-1 特殊性PIU与一般性PIU的区别

PIU的类型	PIU的表现
特殊性PIU	指患者依赖网络内容的某种特殊功能,包括过量使用(滥用)在线拍卖服务、在线商品交易、在线赌博、在线色情物品或性服务等。其所依赖的内容原本就在现实生活中存在,互联网不过是一个介质。
一般性PIU	指普通的多维度过度上网,包括在网上毫无明确目的地浪费时间,如在线聊天和E-mail依赖等。

目前按照世界卫生组织的定义,所谓的网络成瘾(IAD)是指由于过度地使用网络而导致的一种慢性或周期性的着迷状态,并产生难以抗拒的再度使用的欲望。同时会产生想要增加使用时间的张力与忍耐性提高、出现戒断反应等现象,对于上网所带来的快感会一直存在心理和生理上的依赖。由于反复使用网络不断地刺激中枢神经系统,引起神经系统和内分泌系统的紊乱,以精神症状、躯体症状、心理障碍为主要临床表现,从而导致社会功能活动受损的一组症候群。[①]

为什么会形成网络成瘾呢?为什么儿童最容易染上网瘾呢?这是由于网络能通过特殊的方法满足人的各种心理需求。

(一)网络满足了人的归属和爱的需要

在现实生活中,人际交往的功利性、个体自身的性格缺陷、外貌缺乏吸引力等都在一定程度上成为人际交往的障碍,增加了一些人被他人了解的困难,使人进而会体验到不同程度的孤独感,认为自己难以被别人理解。网络中人与人之间的交流是广泛、间接、隐匿、安全的,可以在众多人中选择自己的交流对象。无需面对面,也不用随时回应对方。不必担心因泄露自己的真实身份而失去面子或危及自己的利益,外貌和性格的缺陷也得到了掩饰和美化。在真实的社会生活中需要几年才能培养的朋友关系,在虚拟社会中短短几分钟就可以建立,网络提供的情感安慰容易使人深陷于情感依恋之中难以自拔。此外,有特殊价值选择的群体,在现实生活中难以找到可以认可的群体,网络提供了寻找价值归属和群体认同的平台。

(二)网络满足了性的身心需求

青少年正处于性生理成熟之后的性满足的延滞期,这个时期的他(她)们对和性有关的信息更好奇,探究心理更强烈。可以说网络上的色情内容对青少年来说是21世纪的"性炸弹"。

(三)网络满足了人的尊重需要

人都有尊重和被尊重的需求,一方面是自我尊重,另一方面是得到他人的肯定,网络游

---

① 陶然,应力,岳晓东,郝向宏.网络成瘾探析与干预[M].上海:上海人民出版社 2007:6-8.

戏和电脑技术的高手受到"业内人士"的尊敬和景仰,拥有很高的自尊。那些低自尊,害怕被拒绝,需要社会支持的个体,容易产生一种虚幻的期待,往往被网络所俘获。同时,网络可以随意设定自己的地位和身份,给人们一种虚幻的身份和自尊感。

（四）网络满足了人的自我实现的需要

网络成瘾是象征性的自我实现,是自我需要的替代。网络中,只要花费足够的时间,通过敲击键盘简单的操作,就可以设定一切,挑战一切。网络游戏使人获得的成就感,足以抵销现实生活中的不如意和挫败感,帮助人获得自我实现的价值。

二、网络成瘾的分类

一般来说,大多数网络成瘾者通常会以某一种网络活动为主,但也有交叉情况出现。根据网络成瘾者使用网络的主要目的及内容,我们大致可以将网络成瘾分为以下五类：游戏成瘾、聊天成瘾、色情成瘾、信息成瘾和交易成瘾等。青少年以游戏成瘾和聊天成瘾为最多,约占80%以上。

（一）网络游戏成瘾

网络游戏成瘾通常是指沉溺于不同的网络游戏,体验刺激、惊险的过程,以此来获取成就感和自我价值感。不可抑制的长时间玩网络游戏是青少年网瘾普遍存在的现象。网络游戏成瘾以男性为主,他们认为那些网络联机游戏更刺激和有趣。据互联网中心的调查显示,32%的网络使用者上网的主要目的是为了"网上游戏娱乐"。过分沉迷于网络游戏使青少年在认知信息的途径上发生严重的扭曲,游戏文化渗透于青少年的思想、语言和行为中,使他们在很多方面都变得游戏化,导致他们在现实环境中表现出表情呆滞、容易冲动和发怒的行为特征。以下是一个网络游戏成瘾者的例子。

案例 7-1

小梁,16岁,第一次见到他时,一副看破红尘的样子。他接触网络游戏已经五年,对各种新型的游戏均感到好奇,每天都玩10个小时以上。

他的父母有着体面的工作,为了让他将来有出息,给他转了无数次学校,却很少关注他的内心世界。随着学习成绩的下降,他为了逃避父母的责骂,便在网吧里打发时间。后来父母对他彻底的丧失了信心,不再管他,他便在网吧里度过了整整一年,饿了在网吧吃饭,困了在网吧睡觉,剩余时间均在玩网络游戏,偶尔回家。他说："我进去网吧时还穿着棉衣,等我出来到大街上时,大家都已经穿单衣了。"

（二）网络聊天成瘾

网络聊天成瘾通常指沉溺于通过网络聊天来结识朋友,进行社会交往,以女性占多数。他(她)们上网的主要目的是为了满足爱和归属的需要。上网者每天花费大量的时间,利用各种聊天软件以及网站的聊天室进行人际交流,过分迷恋于通过网络上的人际交往建立彼此的友谊或爱情,并用这些关系来取代现实生活中真实的人际关系。网络具有的隐匿性、不受时空限制,提供了在线交往的可能性,使不少人认为网络沟通比现实沟通要容易得多。特别是一些社交障碍者、失恋者、孤僻者,更喜欢到互联网上寻找心灵的慰藉。以下是网络聊天成瘾者的例子。

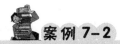

小涵是一个17岁的女孩。两岁时,父亲因车祸去世,母亲做生意常年在外奔波。她从小跟着姥姥和小姨一起长大,小学五年级时,母亲再婚,她才回到母亲身边。母女二人从个性到生活习惯都很难相容,经常争吵,她和继父的关系也很不好,在家中找不到安全感和归属感的她,转而把希望投注到网络。近半年来,经常不吃不喝不眠地跟不同的网友聊天,直到体力不支,甚至有一次在网吧出现低血糖反应,被送往医院救治。

(三)网络色情成瘾

网络色情成瘾通常指沉迷于成人话题的聊天室和色情的网站,或沉迷于网上虚拟性爱活动。沉溺于网络上的色情内容,包括色情文字、音乐、图片、影像、聊天、网络性爱等不能自拔。

青少年时期对性和色情信息比其他年龄段的网络使用者更好奇,也更容易被网络色情内容诱惑而导致网络色情成瘾。香港大学的一项调查发现,169名使用网络聊天的青年受访者中,有80%的人曾与异性网友约会,其中更有10.8%的人曾与对方发生性关系。内地的一项调查显示,参与调查的3000名大学生和中学生中,曾光顾色情网站的占46%,部分成年人,由于自控力差,家庭婚姻关系不良,为满足性需要,也经常参与网上的虚拟性活动而无法自拔。

(四)网络信息成瘾

网络信息成瘾是指强迫性地浏览各种网页,以查找和搜集对自身学习、生活并无实际意义的各类信息,并进行强迫、偏执性的"快餐式"的阅读。网络信息种类繁多,数量巨大且质量良莠不齐,许多人面对浩如烟海的信息常常感到手足无措,只能被动接受。大约有60%~80%在网站上搜索到的信息并不是青少年真正想找的信息。

由于搜索策略不当或受到其他信息的干扰,注意力分散,缺乏动机,青少年很容易迷失在信息的汪洋大海里,从而忘记自己原来需要搜索的信息,转而注意其他信息,浪费了许多时间和精力。信息超载还会影响到青少年的身体健康,导致视力下降、大脑过度疲劳,从而降低了对信息的分析综合能力,严重时还会引起头晕、烦躁、易怒、厌食等症状。

(五)网络交易成瘾

网络交易成瘾通常指以一种难以抵抗的冲动,着迷于在线赌博,网上交易或者拍卖、购物、参与网上讨论等而不能自拔。网络发展最快的是它的商业用途,网上商场、电子书店占据了一定的位置,网络成瘾者中有很多人习惯在网上购物。

三、网络成瘾的检出率

面对日益严重的网络成瘾问题,中国青少年网络协会于2005年暑假第一次在全国范围内启动了一次全面而深入的网瘾调查,并发布了《中国青少年网瘾数据报告》。

2007年1月,中国互联网络信息中心发布的《第19次中国互联网络发展状况统计报告》显示:截至2006年底,我国网民人数达到1.37亿,占中国人口总数的10.5%,网络成瘾用户和网络成瘾倾向用户已高达1000多万。

对网络成瘾的高发群体的分析认为:初中生、失业者或无固定职业者、职高学生和大学生都可能染上网络成瘾,但初中生群体最为严重。

1. 初中生群体

初中阶段(13~16岁)是从儿童向成人过渡的一个阶段,也是青春期的起始阶段,一般具有以下两个特点。

(1) 易沉溺于幻想。这一阶段的儿童、青少年的原发性思维和全能感依然存在,表现为:把幻想等同于现实、认为关系可以逆转、死可以复生等,常接纳客观现实禁忌的规则。因而他们在面对现实的挫折时,常常会习惯性地使用幻想防御机制,容易使心理沉溺于虚幻的网络游戏情节中。

(2) 行为易走极端。迈入初中阶段时,由于学习环境、学习要求以及同伴交往方式的变化,自控力较弱,目标感还没有建立等,儿童均容易产生种种适应不良的问题,容易产生厌学等情绪,于是容易寻求网络作为逃避问题和现实的手段。

2. 失业者或无固定职业者群体

失学或失业,无固定职业者群体通常休学在家,被称为社区青少年。以未婚的男性为主,单亲及重组家庭较多,父母社会地位及收入相对较低,社会支持力较低,因此,他们中许多人都具有以下两个特点。

(1) 自卑倾向严重。由于没有固定的职业及固定的收入,这一群体大都对自我价值及未来的发展充满了悲观的情绪和消极的态度,每天得过且过。久而久之,他们就会形成严重的自卑倾向,对人生缺乏明确的奋斗目标,并对社会产生较强烈的抵触情绪和不信任感。

(2) 容易放弃。由于具有较为严重的自卑倾向,这一群体对个人的努力缺乏坚持不懈的韧性,稍遇挫折就容易放弃。此外,他们的失学及失业也增加了他们的孤独感,其心理健康水平也普遍低于其他群体。这就容易导致这一群体将网络作为个人最大的兴趣和爱好。

3. 职高学生群体

职高学生的学业成绩大多不够理想,学习上很难找到自信,缺乏学习的动力,人生目标较模糊。因此,他们当中不少人在现实中难以获得成功和成就的体验。另外,职高学生缺乏自我管理的能力。不少职高学生对学校、专业、集体活动普遍缺乏热情,对自我的约束能力较低。因此,网络空间往往能给他们带来学业上不能获得的满足感和成就感。

4. 大学生群体

目前,我国教育体制往往采用单一的评价体系。学生在中学阶段都有比较明确的高考目标和规范的学习生活,为了升学和高考,许多兴趣和爱好只能因考试而暂时搁置。进入大学后,由于没有高考的压力,自由支配的时间比较充裕,原来形成的被动的学习习惯已无法适应新环境的要求,从而可能产生焦虑、抑郁等不良的情绪。此外,高考后释放情绪压力的动力格外强烈,又因为缺乏职业生涯的规划,容易在接触网络后深陷其中。

第2节　网络成瘾的表现和产生的不良影响

网瘾成瘾者通常一次上网要花 6~8 小时,有时甚至 10 小时以上,而且是日复一日。这种习惯对家庭、人际关系、职业生涯和学习造成多种不良的影响。当他们离开网络时,他们会感到焦虑和易怒,尽管网瘾造成他们失业或者学习成绩很差,他们也无法停止,甚至无法控制要上网的欲望。当被控制上网时,他们会不由自主地做手击键盘的动作。

青少年和大学生特别容易受聊天室和互动游戏的诱惑,他们每天上网上到很晚,缺少睡眠,导致其考试成绩直线下降,不爱与人交往,经常对父母和老师撒谎。上瘾者对那些曾经颇为珍视的爱好和兴趣,如看电影、参加舞会、看望朋友、在晚餐时交谈等都失去了兴趣。有时因特网的使用者上网只是为了发泄他们日常生活中的挫折感。这种形式的发泄要比看电视暴力片,并让其中的角色来代替他们发泄情感更能得到充分的满足。但是,这种逃避和发泄只是暂时的。当因特网上瘾者深夜最终下网时,幻想世界的屏幕就会变成一片漆黑。现实生活中的问题重又回来,他们就会对此更加难以忍受。沮丧更深,孤单更盛,而且又增加了忽视伴侣和家人的内疚感。这就驱使上瘾者花更长的时间,更经常地上网,并追逐那些他们尚未忘记的、上次在聊天室或新闻组的闲逛中享受到的"兴致"。

调查显示,网络成瘾者使用计算机的时间每周至少超过 20 个小时,这都会对他们的身体造成了不同程度的损害。

一、网络成瘾对儿童身体的损害

(一)计算机电磁辐射的危害

世界卫生组织通过大量的实证研究表明,电磁辐射有可能会诱导细胞产生变异。而细胞的变异会导致神经系统、内分泌系统、免疫系统的失调及各功能器官的损害。

英国的一项办公室电磁波研究证实,电脑屏幕发出的低频辐射与磁场,有可能导致 7~19 种疾病,包括眼睛痒、颈背痛、短暂失去记忆、暴躁及抑郁等。对女性还易造成生殖机能及胚胎发育异常。武汉曾对 200 多名银行系统电脑操作者的调查表明,超过 35% 的女性出现痛经、经期延长等症状,世界卫生组织的研究指出,孕妇每周使用 20 小时以上电脑,其流产发生率将大大增加,还可能导致胎儿畸形。电磁辐射能使生物膜功能紊乱,甚至遭到破坏,抑制细胞的活性,如精子生成减少及活性降低,导致不孕不育等症状。

(二)计算机对视力的危害

医学研究证实,眼睛长时间注视电脑屏幕,视网膜上感光物质视红质消耗过多,若未能补充其合成物质维生素 A 和蛋白质,会导致视力下降、怕光、暗适应能力降低等眼疾,极易使眼睛疲劳,还会引起房水运行受阻,导致患上青光眼。同时,网络成瘾者使用电脑时眨眼频率降低,注意力高度集中,容易引起神经调节紊乱,眼睛泪液分泌量不足,以致无法保持眼睛表面的湿润,造成"干眼症"。调查结果显示,经常使用电脑的人中有 31.2% 的人患有"干眼症",近 90% 的电脑使用者会出现眼睛疲劳、发胀、酸疼等现象,75% 的人会出现视物模糊。

(三)计算机对神经内分泌等系统的损害

神经系统是人类思维、认知交流和情感传递的主通道。网络成瘾会使中枢神经系统持续处于高度兴奋状态,会引起神经系统功能的异化,体内激素水平失衡,肌体免疫功能降低,导致个体生长发育迟缓,还可能引发心血管疾病、胃肠神经性疾病、紧张性头疼、焦虑症、抑郁症等,甚至会导致猝死。在网瘾患者中,还有由于长时间上网玩游戏导致癫痫发作和引发精神分裂症的案例。

根据国内外研究机构对网络成瘾者大脑的测评表明:与正常组相比,网络成瘾者的大脑前额页区域功能失调,而前额叶对人的创造性、理性和道德支配会起一定的作用,它的失调会直接影响情绪控制和创造力的发挥等。

(四) 网络对身体其他部位的损害

很多研究显示,网络游戏会使儿童的身心健康承受更多的风险,这包括对身体的各个机能和器官造成的损害,使他们进入与成人类似的亚健康状态。

电脑操作所累及的主要身体部位有腰、颈、肩、肘、腕部等。长时间操作电脑而缺乏锻炼,容易导致脊椎增生,出现脊柱畸形、颈椎病、腰椎间盘突出、腕关节综合征、腰酸背疼、关节无菌性炎症等慢性疾病。

由于上网者操作电脑时总是保持相对固定的身体姿势和重复、机械的运动,强迫体位的比重越来越大,极易发生肌肉骨骼系统的疾患,易产生肥胖症。容易发生静脉曲张、血流淤滞,甚至导致静脉血栓。有些青少年沉溺于电脑游戏数小时或者数十小时后,会出现视屏晕厥现象,并伴随恶心呕吐。严重者还会造成睡眠节律紊乱。

电脑散发的气体危害呼吸系统。英国过敏症基金会的研究人员最近发表的一份研究报告指出,办公设备,尤其是电脑和激光打印机等会释放有害人体健康的臭氧气体,会造成某些人呼吸困难,引发哮喘病和其他过敏,还会导致肺部发生病变。表7-2 显示了过度使用网络对儿童产生的消极影响。[①]

表7-2 过度使用网络对儿童身体的常见消极影响

对身体的影响	调查人数	百分比(%)
肥胖倾向	202	12.10
腰、脖子和肩膀疼	370	22.20
手腕疼	172	10.30
容易感冒	131	7.90
眼睛疲劳/视力下降	620	37.20
睡眠不好甚至失眠	250	15.00

资料来源:《青少年网络成瘾及其干预——2005年沪港新专家圆桌会议论文汇编》

二、网络成瘾对儿童心理的损害

网络成瘾的个体,常伴有心理和行为的异常,它甚至可能诱发其他的心理障碍或精神疾病。通常表现在阻碍思维的发展,产生信息焦虑综合征,时间知觉错乱,情绪反应机能失调和人格异化几个方面。

---

① 陶然,应力,岳晓东,郝向宏. 网络成瘾探析与干预[M].上海:上海人民出版社,2007:108—109.

(一) 网络成瘾有碍儿童思维的发展

脑科学和心理科学研究表明,大脑左右半球分工不同,左半球主管语言、阅读、计算等方面,擅长抽象逻辑思维。右半球主管形状、直觉、艺术理解等方面,擅长发散思维。由于计算机网络技术从最初的纯文字向集字符、声音、图像、动画、视频等于一身的多媒体技术发展,从神经心理学的角度分析,大量感性的、稍纵即逝的信息超强度地刺激大脑皮层,将改变大脑信息加工模式,使人们倾向于被动地接受动态的、感官的信息,更多的关注于如何对电脑屏幕作出反应。

青春期是逻辑思维能力、空间能力以及创造思维能力高度发展的关键时期,青少年本应该有着活跃的思维和丰富的想象力,但由于网络活动信息交流途径的单一、认知方式的刻板,可能会导致相关的神经系统突触链接的次数减少或者停止,产生神经回路废弃使用的现象,让儿童失去了大脑左右半球的平衡和多元化思维发展的关键时机。青少年需要通过认知技能去理解语言和数字,进行逻辑推理并解决问题,虽然电子游戏设置了无数问题情境,但在游戏情境中创造性地解决问题的儿童,是否能将解决问题的能力迁移到游戏之外的现实生活情境中呢?中国科学院的有关研究表明:网络解决问题测验的成绩与现实生活中认知思维表现的成绩没有显著的相关性。

(二) 网络成瘾使儿童产生信息焦虑综合征

由于多媒体网络环境内容丰富,用户对繁杂的信息处理容易产生无能感,这就是认知超载现象。浏览时间越长,感受信息的阈限越低,越容易出现认知麻痹现象。认知超载还会妨碍大脑深层的思维加工和思维的广度,使思维产生惰性,导致无能力追求任何目标,完成任何任务。严重者可出现信息焦虑综合征,出现如恶心、呕吐、焦虑、神经衰弱、精神疲惫等不良症状,女子会出现停经、闭经或痛经等妇科疾病。而认知超载与认知麻痹、思维惰性和信息焦虑综合征之间都存在着密切的关系。美国精神健康研究专家詹姆斯·米勒一针见血地指出:"一个人接受的信息超过他能处理的极限时,就有可能导致紊乱。"

(三) 网络成瘾使儿童时间知觉错乱

美国学者舒马赫的一项研究发现,上网者在使用互联网的过程中,时间感会发生改变。有相当一部分人有丧失时间观念的倾向。我国学者黄希庭等曾对大学生网络成瘾者的时间认知进行研究发现:较短时距估计和较长时距估计呈现出大体一致的趋势,较长时距出现时间意识的混乱。可以认为,时间意识混乱是网络成瘾的一个重要指标。

(四) 网络成瘾使人的情绪反应机能失调

情绪和情感对于人们的认知操作活动有着组织或瓦解的效能。

有时,网络成瘾使人出现"零度情感"。青少年正处在情感体验的高峰阶段,他们需要在自我情感与社会生活之间取得有效的平衡。但在现实生活中,青少年的情感并不能得到自由的表露,总是会受到社会规范的种种限定,而在网络世界里,他们可以放任自己的情感,高谈阔论,挥洒自如,享受着无拘无束的愉悦。长此以往,青少年会逐渐形成对网络的依恋心理,甚至有意识地逃避问题,对现实的反应趋于冷漠,导致青少年"零度情感"现象的发生。网络信息环境中的人自我封闭,视野狭窄,对未来漠不关心,极端自我。表现为网上和网下判若两人,结果可能导致自我情绪反应机能的严重失调。这对他们正常人格的形成和正常社会活动都非常不利。

（五）网络成瘾使人的人格异化

虽然网络中的很多方面都是虚拟的、不确定的，但对人的情感、认知和行为的影响却是真实而现实的。个体长期生活在这种虚拟的环境中，必然使现实社会中形成的人格特质发生变异。

网络成瘾使人出现"虚拟人格"，网络成瘾者因长期迷恋令人好奇、刺激而又富于挑战性的虚拟环境，他们无法有效地实现客观现实和虚拟现实间的角色转换，就可能渐渐失去对现实环境的感受能力和积极参与的意识，形成缄默、孤僻、冷漠、紧张、不合群、缺乏责任感和欺诈等心理现象，一旦"虚拟人格"进入潜意识的层面，它就会产生巨大的生命能量，影响个体的意识和行为，导致个体空虚感的加剧及生活目标的丧失。

网络成瘾使人变得自恋和偏执，由于网络的行为没有互相见面的直观感受，所以他们很难用心去体会自己的行为给他人造成的痛苦和不安，网上的生活缺乏真正的压力，犹如一个永远的避风港。在网络中，上网者的行为缺乏外在力量的监督，通常并不会把自己的网络行为同前途与命运、责任和义务联系起来。在游戏中，个体借助人机界面对游戏进行控制，这是对那些令人烦恼的现实世界的一种超越，这样的游戏使人潜在的自恋意识无限地扩大。进一步强化了个体的偏执和曲解的认知，他们往往把现实中所遇到的困难都归咎于命运或别人的错误，形成外因的认知偏差。

网络成瘾使人变得偏执，网瘾者情愿沉浸在相对更容易得到成功和满足的虚幻世界中，没有现实的责任和压力。

网络成瘾使人产生反社会人格倾向。网络游戏爱好者经常接触攻击性的内容，在现实生活中会试图通过攻击性行为方式，来实现自己的目标，有时可能形成攻击性的内隐人格，表现出攻击性倾向。

心理内模仿的原理认为，网络游戏格斗、烧杀场面，使网瘾者整个神经系统都会产生模仿的情绪，形成负面的自我暗示，并连续导致心理的泛化。在网络游戏中，生命仅是一种图像。游戏内的角色可以任意地相互攻击。这样攻击性本能被极大激发，同情心、责任心减弱，内疚、负罪感逐渐丧失。游戏中的一些不良设定，还容易让儿童形成帮派意识，意气用事。遇到问题不用理性思考，只靠暴力解决。常羞辱或诽谤他人，对生命的敬畏感和爱与被爱的意愿下降。他们在现实中遇到问题时，往往本能地套用虚拟社会的规则，以攻击性手段解决问题，使行为有悖于道德和法律。凡此种种都会强化青少年的反社会人格特征。

总之，在网络成瘾者的心理和人格结构中，正常人格所具有的多重要素被唯一的网络生存方式所扭曲了，使得现实的人格逐渐异化和枯竭。正如一位网络迷恋者所说："网络人主体意识的丧失，现实感的丧失，被自己创造的工具和对象奴役，产生行尸走肉般的感觉。"心理学家弗洛姆称之为"人的死亡"。

三、网络成瘾导致社会性功能受损

网瘾会导致成瘾者学业荒废、工作无序、产生亲子冲突、人际关系淡漠、情绪低落、思维迟缓，产生自残和攻击的意念和行为，使人的社会性功能受到严重的损害。

（一）网络成瘾对学习的影响

网络成瘾后，青少年会把一天大部分的时间都花在网上聊天、玩游戏，减少了学习和睡眠时间,即使在学习时,也经常做"白日梦",脑子里经常浮现的都是和聊天、游戏相关的情景。久而久之,逐渐丧失对学习的兴趣,视旷课、逃学为家常便饭,不把学习成绩下降甚至辍学当做一回事,而是沉溺于网络的虚拟世界中,寻找自我虚拟的成就感和自尊。

中国科学院心理研究所在全国13所高校的最新调查结果显示,大学生的学业中断(包括退学、休学),80%以上与网络成瘾密切相关。有关网瘾前后的学业成绩差异调查数据见表7-3。

表7-3 网络成瘾前后的学业成绩差异数据

成绩	网络成瘾前(%)	网络成瘾后(%)
成绩优秀	27.62%	15.24%
成绩中上	51.43%	32.38%
成绩中等	12.38%	32.38%
成绩中下	7.62%	13.33%
成绩很差	0.95%	6.67%

青少年上网对他们的语言学习,对知识的理解和创造能力都会带来许多消极的影响,见表7-4。

表7-4 青少年上网对学习的若干消极影响

消极方面	具体表现	影响结果
对语言学习的影响	1.粗制滥造、选题低劣的内容 2.自创的不规范词汇及语法错误 3.断章取义和拼凑 4.具有明显特征的"网络语言"	青少年长期接触这些语言,就自然而然地应用到生活或学习中去,那么这些不规范的语言就会充斥青少年的生活,不利于青少年语言能力的培养
对知识理解的影响	1.内容繁杂,缺乏体系 2."快餐式"的吸收方式 3.夹杂有害信息,过多强调感受性	造成青少年对知识的理解比较片面,可能会造成对知识的曲解,深入思考问题的能力大大减弱
对创造能力的影响	1.缺乏信息搜索的正确引导 2.强调内容的拼凑	强化了思维的依赖性。弱化了探索的过程,直接呈现结果,容易偏离学习目标,阻碍了青少年形象思维和聚合思维的发展

网络成瘾不仅会对个人的学习带来致命影响,也会对个人的工作责任心带来巨大的冲击。由于把大部分时间和精力都用于与工作无关的网络活动上,在工作中必然表现出漫不经心,得过且过,思维混乱,情绪低落。严重破坏了正常的工作秩序,降低了工作效率。

(二)网络成瘾对人际关系的影响

长期的网络生活使得网络依赖者心理封闭,现实人际交往淡漠。产生社会化适应的困难,造成"人机热、人际冷"的局面。最终可能导致亲子关系恶化、家庭功能破坏以及人际关系严重受阻。那些铺天盖地的信息还会让他们的个性受到压抑,引发个体心理上的孤独感和压抑感,并逐步走向自我封闭。斯坦福大学学者诺曼认为,网络制造了一个充满孤独者的世界。无论什么人,电脑使用得越多,孤独感和压抑感就会越强。面对内心的孤独和压抑,青少年只好继续向网络寻求人际支持,这样就形成一种恶性循环,最终导致产生严重人际交往心理障碍。

当网络跨越了国家、民族、文化、地域的界限，使得现实社会中众人约定俗成的规范逐渐消失时，网络交往也便没有了统一的标准和参照体系，缺乏规范和有效的控制手段，这种交往过程中的弱社会性和弱规范性，容易引起人们内心的焦虑感、无归属感及行为的失范，甚至造成在现实生活环境中的交往困难。

（三）网络成瘾对情感及习惯的影响

网络给青少年提供了一个虚拟与真实性并存的情感环境，青少年一方面能大胆而直接地与异性交往，另一方面这种真真假假、半真半假、时真时假的交往又对他们情感的健康发展产生了较大的负面影响。

随着青少年身心的发展，他们渴望爱情，相信网络的真诚和浪漫，但虚拟时空的局限往往使网恋变得十分脆弱，一旦真情付出后，很容易造成感情挫伤，容易出现精神心理问题，甚至出现神经和情绪的崩溃。有的青少年本身就视感情交往为游戏，不相信网络情感的真实性，于是在网络上戏耍、玩弄他人，这都极不利于自身和他人情感的健康发展。此外，网络交往的虚拟性和责任危机，使各种畸形恋爱日益增多，如婚外恋、同性恋等逐步得到青少年的认同和接受。

网络成瘾者往往昼伏夜出，严重影响了生物钟的正常规律和身体健康。网络成瘾者为了保持持续上网状态，会通过吸烟与喝酒来缓解身体的疲乏。调查发现，大多数网络成瘾者吸烟和喝酒者所占的比率较高。无论烟酒、药物还是网络，可以带来的安慰都是暂时的，它是一把双刃剑，网瘾者浪费的时间和受损的身体健康却是实实在在、无法抹杀的事实。当他们越是感到难以在这个"真实的世界"里驾驭生活，越是更深地投入到网络的怀抱之中。有些人会终生依赖和无限期地拖延其在情感、社交和经济方面获得独立的时间。

（四）网络成瘾对道德培养的影响

德国学者巴巴拉·贝克尔得出这样一个结论：网络活动最大的特点就在于虚拟性，缺乏约束与监督。它既为网上行为提供了无拘无束的屏障，也给不正当和不道德的行为披上了漂亮的外衣。网民之间没有传统社会的人际、法律和道德、舆论的约束，亦不需要面对面打交道，上网的人往往都缺少"他人在场"的压力，"快乐原则"支配着个人欲望，日常生活中被约束的人性中假、丑、恶的一面，会在这种无拘无束或低约束的状况下，得到释放和宣泄，从而造成网络世界虚假信息的泛滥及非道德现象的发生，他们会在网上作出一些平时不允许或没有胆量做的明显的不道德的行为，如粗言恶语、人身攻击、网上多角恋、虚拟性爱、浏览网络色情影视、恶意攻击网络运行（即黑客行为）等。沉溺于网络的青少年往往会产生道德情感的沮丧、道德意志的无奈，丧失有效的道德判断力。心理学家认为，青少年的道德规范和价值观正在被网络商业化严重破坏着。

上网也增加了家庭的经济压力。当上网费用超出支付能力时，有些人会采取欺骗、借贷、偷盗或诈骗等非正常方式达到目的。这些行为都严重影响了青少年良好品行的养成。

四、网络成瘾的社会危害

有人说网络成瘾是"电子海洛因"，是"精神鸦片"。网络成瘾虽然区别于毒品成瘾，但共同之处在于都损害了身心健康，严重地影响了青少年社会适应功能的正常发挥，引发诸多社会问题。

在互联网上，有相当多的青少年是抱着游戏的心态参与网上交往的，他们有时会认同网上的欺骗行为，有的甚至发展到网络诈骗，走向犯罪。这种危机必然会影响到现实的人际交往的真诚性。进而造成现实社会人际交往的混乱。这种自私、不负责任的交际态度很容易形成放纵、撒谎、不守规矩等恶习。一个缺乏诚信的社会将是一个十分可怕的社会。

由于网络交往的弱社会性和弱规范性特征，网络交往的主体不再是现实中受社会传统和规范约束的行为者。一方面，青少年是网络犯罪攻击的主要目标，不法分子利用青少年防范心理弱的特点，或者编造出看似动人的故事，博取他们的同情和信任，或者以电子商务和网上赚钱为名，搞非法网络宣传营销，或者将爱情作为幌子劫财劫色，让青少年成为网络社交的牺牲品。另一方面，青少年又是网络犯罪的始作俑者，他们受着好奇心和冒险心理的支配，利用网络欺骗或玩弄他人。还有的青少年编造出大量的网络病毒，并将此作为人生的一大快事，最终走向犯罪的深渊。

大多数迷恋网吧的青少年没有经济来源，无力支付上网的费用，却又抵挡不住网吧的诱惑，为弄钱上网而去偷窃和抢劫，走上犯罪的道路。网络游戏充斥着暴力、谋杀的血腥场面，极容易使青少年受到影响，进而为某些个体提供犯罪的心理依据和可模仿和操作的行为模式，甚至付诸行动。针对这一现象，国外专家指出：网络游戏使人类失去敏感和人性，对暴力和凶残习以为常，对他人的痛苦和伤害漠不关心，在虚拟的游戏世界里，他们已经经历了死亡，体验了死亡，向往着轮回和再生。可以想象，当他们从虚拟世界返回真实世界时，这种心理的历练将在很大程度上影响他们对现实世界的解读。

第3节　网络成瘾的诊断与评估

自20世纪90年代以来，国内外的专家学者运用问卷调查、心理量表以及深度访谈等手段，对网络成瘾现象与其内在机制进行了大量的实证研究。虽然国内外目前尚无一个公认的诊断网瘾的测量量表或明确的诊断标准，但由不少研究者编制的量表对网瘾的诊断还是发挥了实际作用。

一、金伯利·扬的网络成瘾诊断标准

美国匹兹堡大学金伯利·扬（Kimhery Young）于1998年在总结网络成瘾在线调查与临床治疗的基础上，编制出"网络成瘾测验"量表，该量表共20道题，采用5级计分方式。通过对患者的直接询问来估计对方的网瘾程度，具体内容如下：

你是否已产生了网瘾，而且对你的生活造成了损害？以下的测试将帮助你得到准确的答案：

为了估计你的网瘾的程度，用这个尺度表回答下列问题：

　　1=完全没有；　2=很少；　3=偶尔；　4=经常；　5=总是

1. 你有多少次发现你在网上逗留的时间，比你原来打算的时间要长？　　1　2　3　4　5
2. 你有多少次忽视了你的家务，而把更多的时间花在网上？　　　　　　1　2　3　4　5
3. 你有多少次因为喜欢因特网的刺激，而忽视了你与配偶之间的亲密？

　　　　　　　　　　　　　　　　　　　　　　　　　　　　　　　1　2　3　4　5

4. 你有多少次与你的网友形成新的朋友关系?   1 2 3 4 5
5. 你生活中的其他人有多少次抱怨你在网上所花的时间太长?   1 2 3 4 5
6. 你的学习成绩和学校作业有多少次因为你在网上多花了时间而受到影响?
                                                                                   1 2 3 4 5
7. 在你需要做其他事情之前,你有多少次去检查你的电子邮件?   1 2 3 4 5
8. 由于因特网的存在,你的工作表现和生产效率有多少次遭受影响?   1 2 3 4 5
9. 当有人问你在网上干些什么时,你是否总是为自己辩护或者遮遮掩掩?
                                                                                    1 2 3 4 5
10. 你有多少次用因特网的安慰性想象,来排遣关于你生活中的那些烦人的考虑?
                                                                                    1 2 3 4 5
11. 你有多少次发现你自己期待着再一次上网的时间?   1 2 3 4 5
12. 你有多少次担心没有了因特网,生活将会变得烦闷?   1 2 3 4 5
13. 如果有人在你上网时打扰你,你有多少次厉声说话、叫喊或者表示愤怒?
                                                                                    1 2 3 4 5
14. 你有多少次因为深夜上网而睡眠不足?   1 2 3 4 5
15. 你有多少次在下网时为因特网而出神,或者幻想自己在网上? 1 2 3 4 5
16. 当你在网上时,有多少次发现自己在对自己说"就再玩几分钟"? 1 2 3 4 5
17. 你有多少次试图减少你花在网上的时间但却失败了?   1 2 3 4 5
18. 你有多少次试图隐瞒你在网上所花的时间?   1 2 3 4 5
19. 你有多少次选择把更多的时间花在网上,而不是和其他人一起外出?
                                                                                    1 2 3 4 5

20. 当你下网时,你有多少次感到沮丧、忧郁或者神经质,而这些情绪一旦回到网上就会无影无踪?   1 2 3 4 5

当你回答了上面所有问题后,将每项答案中你所选择的数字相加,从而得出最后的分数。分数越高,你的上瘾程度以及因特网对你所造成的问题就越严重。

20～39分:你是一个普通的网络使用者。你有时可能会在网上花较长的时间冲浪,但你能控制自己对网络的使用。

40～69分:由于因特网的存在,你正越来越频繁地遇到各种各样的问题。你应当认真地考虑它们对你的生活所产生的消极影响。

70～100分:因特网的使用正在给你的生活造成许多严重的问题。你现在就需要去解决这些问题。

下面金伯利·杨设计了一个简单问卷调查来帮助你快速的评判你的网瘾问题。

1. 你是否对因特网着迷? 总是想着先前的上网并期待着下一次上网?
2. 你是否为了得到满足而需要用更多的时间来使用因特网。
3. 你想控制、减少或停止使用因特网的努力是否一再地失败?
4. 当你尝试减少或者停止因特网的使用时,是否觉得坐卧不安、闷闷不乐或者很容易动怒。

5. 你实际上网的时间是否比最初打算的时间还要长?

6. 你是否为了上网而甘愿冒重要的人际关系、工作、教育和工作机会损失的危险?

7. 你是否为了隐瞒你对因特网的迷恋程度,而对你的家人、朋友或其他人撒谎?

8. 你是否将因特网当成一个逃避问题或减轻烦恼情绪(比如无助、内疚、焦虑、沮丧的感觉)的手段?

二、美国心理学会的网络成瘾诊断标准

在1996年和1997年美国心理学会上,形成了一个比较一致的网络成瘾者(IAD)诊断标准。即病人必须在一年内,表现出下列七种情况中的三种以上的症状,即可诊断为网络成瘾者。

1. 耐受性强。连续上网十多个小时都能忍受,上网时能做到忍饥挨饿。

2. 停止上网后,会表现显著的脱瘾综合征(例如,精神运动性烦躁,焦虑,强迫思考网上发生的事情,幻想或梦想有关互联网的事,随意或不随意地做手指敲击键盘的动作等),并急于使用网络或相似的网上服务来减轻或避免脱瘾症状。

3. 上网次数比计划的多,时间比计划的长。

4. 一直希望能努力减少或控制网络的使用,但却没有成功。

5. 把大量的时间用在与使用网络有关的事情上,如:购买网络书籍、尝试新的浏览器、整理下载的资料。

6. 因为使用互联网而放弃或减少重要的社交、工作或娱乐活动。

7. 尽管知道上网可能已经导致了持续或复发性的身体、社交、工作或心理问题,但仍不管这些情况而继续使用互联网。

三、陈淑惠的网络成瘾诊断标准

我国台湾学者陈淑惠于1999年以1336名大学生为研究对象,综合美国精神疾病诊断与统计手册(第四版)(简称:DSM-IV),对于各种成瘾的症状的判断标准,以及临床个案的观察结果编制了《中文网络成瘾量表》(Chinese Internet addiction Scale,简称CIAS)。该量表包含以下5个典型特征的诊断。

1. 有强迫性上网行为,有一种难以自拔的上网的渴望与冲动。

2. 产生戒断行为与退瘾反应,如果突然被迫离开电脑,容易出现挫败的情绪反应。

3. 网络成瘾耐受性增强。指随着网络使用的经验程度的增加,原先上网所得到的乐趣与满足感,必须通过更多的网络内容或更长久的上网时间,才能得到与原先相当程度的满足。

4. 出现人际关系及健康问题。因为滞留在网上的时间太长,而忽略原有的家居和社交生活,和家人、朋友关系疏远,耽误工作或学业。为掩饰自己的上网行为而说谎,身体出现不适反应。

5. 时间管理能力减弱。往往超过原定的上网时间,在时间自控能力方面显得越来越力不从心。

这5个因素可以概括为3个方面：过度使用网络（上网时间），冲动控制障碍（上网的耐受性差，不能抑制上网的欲望）和上网带来的负面影响（身心、人际关系和戒断症状）。该量表共有26个题项，是一种四级自评量表，总分代表个人网络成瘾的程度。该量表具有良好的信度和效度。

其实，人们之所以对玩牌、赌博或上网成瘾，是因为他们想借此来克服自身的压力、焦虑或社交障碍。网络成瘾者身上均体现了释放心理压力、追求自我实现、获得性满足等方面的动机。病态的网络使用者很少将网络作为搜索信息的工具，而是在网络上寻找社会支持，寻求性满足，把网络作为创造新的人格的工具。电脑/网络成瘾者的症状会随着其成因的解决而自然消失，并不会出现症状替换现象。

匹兹堡大学的研究结果表明，网络成瘾者具有下列人格特点：喜欢独处、敏感、倾向于抽象思维、警觉、不服从社会规范等。国内学者的研究也得出结论：高度的厌倦倾向、孤独、社交焦虑、自我封闭及低自尊都可以预测网络成瘾的发生。

网络成瘾是一个非常复杂的新的社会现象，它涉及个人、家庭、学校以及社会等多个层面的许多因素，对它的症状的评估和干预矫治也应从多方面加以考虑。

第4节 网络成瘾的戒除

网络成瘾是一种身心综合障碍。心理素质薄弱是发病的基础，环境是发病的条件。当个体躯体症状出现时，药物的控制和缓解只是一种基础治疗，人格心理治疗和调适是关键。较为适当的教育（包括家庭和学校的教育）是使其走出网络成瘾的最好方法，这几方面必须同步塑造。在临床实践中，要力求构建医学、心理、教育、军训及社会体验为一体的动态综合的诊断和康复模式，最终使个体消除躯体综合症状，达到精神功能的健全，以及社会适应性的日渐增强。表7-5是目前国内干预青少年网瘾的主要方法列表。

表7-5 国内干预青少年网瘾的主要方法列表[①]

派别	方法	要点	代表人物
习惯说，教育模式	家长反思法	以沟通为核心完善家庭教育	陶宏开
	面质辩论法	澄清曲解的认知、重新树立目标	
疾病说，医疗模式	药物疗法	采取临床相关药物进行治疗	陶然
	物理疗法	生理平衡仪治疗，调适内分泌	
	军训疗法	军事化管理及军事训练	
失补偿假说，系统补偿模式	体验式团体心理治疗	觉察、理解、目标、时间与情绪管理等	高晶 高文斌
	长时程式冲击性家庭治疗	相互接纳、强化改变	
	个体治疗	全面评估个体心理，针对性调整	
	家长集体干预	更新观念，建立起点，改善关系	

---

① 陶然，应力，岳晓东，郝向宏.网络成瘾探析与干预[M].上海：上海人民出版社，2007：16.

续表

派别	方法	要点	代表人物
身心整合说，综合干预模式	生物疗法	结合药物和物理治疗，缓解和消除身体症状	陶然 应力 岳晓东
	心理疗法	潜显修通、凸现体验、重塑人格系统程序。整体大于部分的个性化人文治疗。紧扣网瘾戒除八大步骤。个体—家庭—团体循环治疗	
	教育疗法	学习珍爱生命、伦理、重视亲情的理念，学习心理健康常识，掌握自我调适技能	
	社会体验	社会性的体验学习。学校、家庭、社区的积极互动	
	军事训练	训练行为规范，培养团队观念，锻炼意志	

为了充分的实现干预治疗的效果，首先我们需要避免以下六个方面存在的误区：

一、网络成瘾干预的误区

面对网络成瘾这一新的身心疾病，人们众说纷纭，在教育和干预方面存在着种种误区。这些认识上的曲解和偏差会对网瘾的干预产生误导，所以必须加以澄清。

1. 误区一：认为网瘾是单纯的思想问题，运用单一的说教就能解决问题

很多家长、教师和专业工作者没有意识到网瘾是一种身心疾病，需要通过药物及心理综合治疗方能产生效果。而简单地认为这只是思想品德问题，通过思想教育和竭力劝说等手段即可解决问题。部分家长甚至只靠训斥、打骂、限制活动及跟踪来实施干预。当个体还没有充分意识到网络成瘾危害的时候，这种干预反而会起到相反的作用，导致家庭冲突更为严重。容易导致个体情绪变得压抑或者无法控制，从而进一步转向网络去寻找宣泄的途径，形成恶性循环，甚至导致悲剧的发生。

网络成瘾不仅是意识层面的问题，更多的牵扯到潜意识中压抑的情绪和神经系统的变化，在专业矫治中，治疗师在矫治过程中，除了要关注网络成瘾本身的外显行为外，还需要更多的深入到深层次的心理结构。对于儿童表现出的网络成瘾症状，家长应多与儿童沟通，及时留心儿童的情绪变化以及学习情况，并对儿童的上网时间和上网内容有所控制。从容面对，理性思考，切忌病急乱投医，谨慎选择专业矫治机构实施系统规范的干预。

2. 误区二：网瘾是心理出现问题，拒绝药物治疗

很多家长和部分专业工作者认为网瘾只是习惯和单一的心理问题，不是疾病，使用药物并不可取。实际上网瘾患者和酒瘾、毒瘾等患者一样，它是由神经系统和内分泌系统的紊乱所导致的，本身伴有的严重的心理问题，还会并发各种类型的躯体症状和精神症状，同时还具有因无法持续上网所引发的戒断症状。医学影像学也显示，为了根除网瘾，必须以药物治疗为基础，通过心理治疗，把孩子错误的心理发育纠正到正确的道路上来。

3. 误区三：网瘾治疗应该立竿见影，缺乏耐心和毅力

网瘾作为一种新的疾病，对其研究尚处于初级阶段。许多家长对网络成瘾的疾病没有一个完整而科学的认识，往往产生过高的期望，希望经过短期治疗就能康复。而且不能以发展的眼光看待在治疗过程中的点滴进步，及可能会出现的症状的反复。

网瘾的治疗疗程需根据疾病本身的状况，及个体特征而决定。大多数网瘾患者潜在的

心理问题往往要比单纯的成瘾行为严重得多。只有原先已存在的心理问题得到解决,其网络成瘾问题才能进一步得到改善。

网络成瘾就像"心理感冒"一样,当个体心理免疫力下降时,在一定的环境因素下会诱发症状。所以最根本的是,要不断提高网络成瘾者本身的"心理免疫力",培养自我力量,从而使其更好地适应环境的变化。

4. 误区四:青少年网瘾只是孩子的问题,家长无须参加

在网络成瘾的矫治过程中,许多家长认为,网络成瘾是孩子出了问题,和家长无关,家长不需要参与到治疗过程中去。另外,一些治疗师也会忽略对家长及家庭的系统治疗的重要性。

其实,青少年网络成瘾问题的出现,往往是家庭功能失调和家长教育失误的信号。因而青少年网络成瘾与家长存在的问题是密切相关的,需要对家长进行同步治疗。

5. 误区五:认为戒网瘾就是禁止上网,采用极端的做法

网络成瘾带来的严重后果,使许多家长处于应激状态之中,几乎是"谈网色变"。他们认为,让孩子远离网络是治疗的终极目标。网络作为一个高科技的标志,给人类生活带来很多的益处,已成为我们生活的重要组成部分。戒除网瘾的真正目的,不在于与网络绝缘,而是在于理性地使用网络,通俗的说就是能上能下。网络的健康使用是我们治疗网瘾的最终目标,即能够帮助个体明确上网的目的,控制上网的时间,浏览健康的网页,使网络为自己的健康成长服务。

6. 误区六:网瘾只是单一的问题,无须人格整合

一部分治疗师自己预期的目标往往会与家长的目标一致,即只要孩子不上网,能够去上学,不与家长敌对等。其实很多网络成瘾者在成瘾之前,就有种种人格缺陷和情绪障碍,所以网络成瘾的矫治过程,不仅要对网络迷恋本身这个现象进行干预,还应该对与该现象相关的本质问题进行干预,从而达到人格的重塑。

以上六大认知误区使人们对网络成瘾的性质、治疗及疗效产生错误的判断,从而不能及时有效地实施系统干预策略,往往容易耽误网瘾患者最佳治疗时机。所以在网络成瘾问题上,我们要有正确的认知和判断,及时发现和治疗。

二、网络成瘾"五位一体"的干预模式

网络成瘾不仅仅是个体现象,而是一种复杂的社会想象,治疗是需要全方位、系统科学的设计和有效的措施。我国临床心理工作者经过一千多例网络成瘾个案的临床实践,对网络成瘾的发生机制、人格特质、干预模式等进行了一系列课题的研究,提出网络成瘾的"五位一体"的身心综合干预模式。

(一)"五位一体"干预模式的特点

"五位一体"的干预模式包括医学治疗、心理治疗、健康教育、军事化训练及社会体验活动五个方面的内容。它的基本特点是:个性化、分阶段、全方位的系统治疗。

(1) 个性化治疗:根据每个患者年龄阶段的心理特点,所承受的特殊压力,受教育的程度、成长背景及症状特征来制订并实施个性化的治疗方案。

(2) 分阶段治疗:根据患者住院期间分别处于适应期、恢复期、巩固期的不同阶段进行

递进式的治疗。

(3) 全方位治疗：就是包括医学治疗、心理治疗、健康教育模式，同时开展军训及体育运动、社会体验性活动，并与学校、家庭、社会紧密结合。

(二)"五位一体"的干预模式的基本内容

包括：医学治疗、心理治疗、健康教育、军训及体育运动和社会体验活动。

随着社会对网络成瘾问题的高度重视，网络成瘾的诊疗机构也随着出现。可以分为：医院网瘾治疗机构、心理咨询中心诊疗机构、学校咨询中心及自主性的治疗团体。医疗机构对网瘾的治疗途径可以有三种：门诊治疗、住院治疗和特需治疗。

1. 门诊治疗

通过门诊咨询与治疗的患者，其网络成瘾的症状及伴发症状通常较轻，大多有求助动机，愿意接受治疗。门诊治疗应对患者进一步进行访谈并采集病史，包括个人成长史、家庭环境、父母性格特点等。通过对患者进行全面的评估，与患者商定治疗目标，制订并实施治疗计划。门诊治疗大多采取每周2~3次进行会面，一般治疗平均次数为20次。

2. 住院治疗

网络成瘾住院治疗由内科医生、精神科医生、心理医生、护理人员、教官、教育专家共同为网络成瘾者提供药物治疗、物理治疗、心理治疗、行为矫正、心理护理和康复及健康教育等服务。这是一种现代生理—心理—社会多学科合作医疗的模式。在临床实践中取得了较好的效果。

住院治疗的步骤如下。

(1) 第一步：采集病史。了解网瘾患者的一般资料、主诉、现病史、既往疾病史及家族史。主诉是指患者目前使用网络的主要表现及病程。采集病史资料大致包括：开始使用网络的诱因和背景，早期网络使用的情况及心理行为表现，网络使用的发展及演变过程，成瘾后的一般学习、工作、饮食起居及睡眠情况等，身体状况、情绪状态、行为方式及社会功能破坏的程度，若为复发病例，对既往的诊断、治疗及疗效应进行详细的询问和记录。此外还需了解个人和家庭已往的疾病史。

(2) 第二步：观察、访谈、心理测评。运用职业的眼光、语言及各类检测手段对患者进行初步的检测。国际通用的测试工具包括：SCL-90症状自评量表、卡特尔人格测试、明尼苏达多项人格测验、艾森克个性问卷、罗夏墨迹、主题统觉测试等。同时进行网络成瘾自评测验、社会及家庭调查等。

(3) 第三步：精神检查。就是筛查患者是否患有各种神经症、应激性精神障碍、精神分裂症等精神类疾病，包括对患者一般情况的了解，对其认知、情绪和情感、意志和行为进行检查。

(4) 第四步：医学检查。就是对患者进行一般的体格检查、抽血化验(血常规、生化、微量元素的测定等)、心电图、脑CT、脑电图及PET/CT等检查。

(5) 第五步：分析概括。就是初步评估导致患者心理和行为出现问题的直接和间接的因素，并将网络成瘾者的行为、学习认知、情绪情感等表现与诊断标准加以对照；根据网络成瘾对个体的心理、学习、生活等社会功能所造成的损害的广度和深度，作出综合描述和评估。

一般来说,评估是在治疗的早期进行,但由于网络成瘾的症状有许多的不确定性、复杂性和隐藏性,故鉴别性的评估仍需贯穿整个治疗过程。当完成这一系列的评估后,治疗师便与患者一起商定治疗目标、制订治疗方案并实施。

3. 特需治疗:包括出诊、电话咨询及网络咨询

(1)出诊。出诊通常是在家长求助的情况下进行。出诊治疗的患者一般不具备求助动机,有的正面临危机,如抑郁发作寻求自杀、与家长发生激烈冲突等,医生要从家长那里了解患者个人的成长史、亲子关系及在学校的行为表现,并对患者的身心状况做出初步的评估。但这种初步的评估可能会与实际情况有偏差,故治疗师需要通过出诊才能较真实、多方面地了解情况。出诊最具有挑战性的是实施危机干预。一般处于这种情况下的家长都十分焦虑,治疗师必须十分谨慎,不被家长的情绪所感染。要深入细致地观察和了解患者的许多信息,甚至被家长忽略的一些细节的资料。另外,治疗师要对患者家庭可以观察到的人际关系模式十分的敏锐,以便做出正确的判断和干预计划。案例7-3是一个患者的治疗案例。

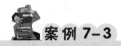

案例 7-3

患者A,18岁。一天,其父母在患者的房间发现一张压在床下的便笺,上写道:"假如有轮回的话,我将在生日的那一天下午两点结束生命。"他迷恋网络已整整两年,辍学在家。

医生要求其父母提供有关孩子的学习、生活、性格等资料。

当心理医生出诊来到患者家中,发现其母亲并没有表现出像她所描述的那样疼爱孩子,家庭的互动极为僵化。随之,医生明白了许多,并开始与患者接触,当看到患者屋内满墙的祈祷语时,关于生命与死亡的对话开始了:

治疗师:佛教讲来生,你信?

患者:当然!(他显得很平静)

治疗师:你不害怕独自"上路"?

患者:(惊讶状)你问这样无聊的问题!我从来都是孤独的!

治疗师:从来?

患者:记事以来!我一直成绩不好,每一次考试都提心吊胆,不敢回家,因为我在他们眼里是无用的,所以才有了妹妹。

……

患者转过身用双手撑在墙壁上,使劲摇着头……

治疗师:请大声地说16遍"我要死"!

患者:(他真的按照治疗师说的去做)我要死……(直到第12遍时戛然停止)

治疗师:请转过身。看着我说18遍"我要活"!

患者:我要活(数到18遍时停了下来)

治疗师:(伸出手去)握着我的手,让我告诉你,这是为什么?

患者:(用怀疑的目光看着治疗师)

> 治疗师：你不想死！你数到第12次停了下来。你的潜意识在心底深处顽强地喊着"我要活"。也许你在夜里走得太久，忘记了还有阳光！你的心很痛，但你依然执著生命！
>
> 患者：（痛哭）……
>
> 点评：治疗师面对绝望的患者并没有劝说和教导，而是恰到好处地利用当下的情景自然展开对话，对患者选择死亡的意念无条件地接受，并引出了患者孤独和痛苦的情节。紧接着，治疗师通过精神分析投射技术将其对生命的渴望激发出来，使患者感知了自己内在的力量，激发了求助的动机。[①]

（2）电话咨询。电话咨询的患者大多年龄较大，并对自己的问题有所意识。咨询师因无法面对面地进行咨询，所以难以全面而真实地了解其情况，因而咨询师必须对患者的语言及其传递的其他信息具有高度的敏感，并对对方的问题做出初步的判断，提供缓解症状的一般措施，但切忌提出非常具体的建议，可以建议患者到专业机构进行诊治。

（3）网络咨询。这是患者通过网络与治疗师进行交流的一种咨询方式。患者往往因为感觉网络的隐蔽性，所以会比较真实地诉说自己的症状特征和心理体验。与电话咨询一样，咨询师依然不能单凭自己的感觉给患者具体的建议，切忌说一些"你千万不要那样做"或"你就按照我说的去做，肯定没有问题"等绝对性的言语，最好给予一些支持，并建议其到专业机构进行诊治。

（三）"五位一体"干预模式的疗效评估

我们在进行"五位一体"综合干预前，对每个患者进行综合评估，包括心理测试、患者自我评定。治疗结束后进行的疗效评估包括：自我评估、治疗小组评估、家长评估、心理后测、追踪随访。通过对患者入院与出院，以及出院后一个月状态进行综合评估达到对"五位一体"综合干预模式的疗效评估。

疗效评定标准：出院时患者可以通过自我评价量表了解疗效。这个量表包括22项，由精神症状、躯体症状、自我认识、情绪管理能力、人际交往能力和自我效能7个因子组成，各因子得分前后对比改善≥50%或治疗后达峰值为有效，<50%为无效。

出院后随访疗效评定标准：从总体评价、网络使用情况、行为改变、亲子关系、人际交往、学习或工作情况六个方面进行评估，家长和患者都满意表明疗效显著，否则为疗效不显著。

三、网络成瘾的治疗方式

（一）网络成瘾的医学治疗

医学治疗是网络成瘾干预的基础治疗，临床实践发现，许多网络成瘾者会伴随体内微量元素含量的异常导致的精神症状，如：抑郁症、焦虑症、强迫症、精神运动迟滞、睡眠障碍等生理和心理问题。故住院期间可通过有效的药物使用，来纠正患者神经系统内分泌的系统紊乱，排除体内重金属物质的蓄积，改善伴有的精神症状，补气、补血，调整体内的阴阳失衡，

---

① 陶然,应力,岳晓东,郝向宏.网络成瘾探析与干预[M].上海：上海人民出版社,2007:161.

使患者恢复正常的身体状况,为心理治疗和行为干预奠定基础。医学治疗包括药物治疗、物理治疗和身心护理等治疗措施。

1. 网瘾的药物治疗

网络成瘾由于过度使用网络造成植物性神经功能紊乱,肠胃功能紊乱,视力疲劳,刚入院的患者戒断反应明显,睡眠节律严重紊乱,体内铅含量超标等。通过药物治疗,可以改变神经生化基础,从而干预成瘾的行为。

改善中枢神经系统药物的使用。通过抗抑郁药、抗焦虑药物的使用,可以帮助消除不良症状。使用谷维素、维生素 B_1 可以调节间脑功能和植物性神经的功能,可以改善由于长期上网导致的植物性神经功能的紊乱而引起的躯体和精神症状。使用滴眼液可以减轻眼睛的疼痛,改善疲劳。还可以使用中医药帮助养心安神、补脾益气、化痰开窍、清肝泻火等方法加以辩证的治疗。

2. 网瘾的医学辅助治疗

网络成瘾者除药物治疗外,还要辅助进行饮食治疗和物理治疗。脑生理学家和营养学家认为,饮食结构对精神和行为也有一定的影响。例如,体内维生素 C 缺乏可引起抑郁症、孤僻、性格改变等精神障碍,所以治疗期间要注意调配营养状态的饮食,如牛奶、蛋黄、动物肝脏、玉米、绿叶蔬菜、瘦肉、鱼类及一些水果。香蕉可以补充上网带来的营养物质的缺乏。多饮茶可以抵抗电脑的射线。

物理治疗包括多功能生理平衡仪治疗、生物反馈仪治疗及经络氧治疗。这些仪器的治疗对患者植物性神经功能的紊乱症状十分有效,可以缓解疲劳感、焦虑、易激惹、失眠、紧张性头疼、胃肠功能紊乱等症状。

3. 网瘾的身心护理

身心护理是以恢复和增进护理服务对象的健康为目标,进行的一系列护理活动。任务就是运用恰当熟练的沟通技巧,使护患之间的关系融洽。例如,真诚的安慰、劝说能使病人改变不利于医治疾病的认知模式;巧妙的积极暗示能使病人的身体和心情进入积极的状态;感人肺腑的言行可以扭转病人的情绪状态;热情的鼓励可以焕发病人战胜疾病的信心和斗志。通过以上努力使患者能达到治疗和康复所需要的最佳身心状态。

另外,网瘾患者的身心护理还包括护理管理,尽可能地为患者提供宽松的生活和人际交往环境,训练和改善患者的社会功能,培养患者的自律性和时间观念,对他们进行社会行为技能的训练,设立治疗和健身场所等。

(二)网络成瘾的心理治疗

心理治疗着重于在医学治疗的基础上,以个体、家庭、团体为治疗视角激发患者求助动机,引导他们树立积极的生活目标,达到人格心理的完善。由于网络成瘾本身的复杂性和青少年自身的心理特点,使网络成瘾患者在心理治疗的过程中表现出其独特性:大多数患者是在家长的要求下强迫接受治疗的,对心理治疗的接受、顺从或抵触程度也各不相同。许多人甚至认为没必要做出改变。对他们来说,"戒除"意味着快乐的消失和朋友的失去,因此缺乏求助的积极动机,对治疗的过程和目标缺乏认识,对语言性治疗也缺乏兴趣。缺乏对环境改变的可选择性及治疗转变的稳定性。治疗师在治疗的过程中应更多地运用沙盘游戏、意像绘画等非言语性治疗方式,减少患者的心理防御。应以发展的和全面的眼光从容应对患者治疗过程中出现的阻抗和反复,有的放矢地进行治疗。以下着重介绍网瘾的心理动力治疗、认知与行为治疗、现象学技术治疗、艺术疗法。

1. 网瘾的心理动力治疗

心理动力治疗技术有弗洛伊德的经典精神分析法、荣格的心理分析疗法及阿德勒的个体疗法及催眠疗法,这些疗法的很多技术可运用到个体、家庭、团体治疗之中。

心理动力治疗技术通过自由联想、移情和反移情、梦的解析等手段了解与解释患者潜意识的欲望、需求、意念、体验和动机等矛盾冲突或致病情节,将无意识的内容带到意识层面,让患者认识自己对挫折、冲突或应激的反应方式,获得对问题和疾病根源的领悟,经过长期的治疗,调整心理结构,消除内心情感的症结,达到本我、自我和超我的动力平衡。促进人格的成熟和适应能力的提高。

2. 网瘾的认知与行为治疗

认知和行为疗法在对网络成瘾的干预中,主要是用来改变患者的态度、观点和信念和行为方式。常见的认知与行为疗法包括贝克的认知疗法、艾利斯的合理情绪疗法和行为疗法。行为治疗技术包括系统脱敏技术、示范技术、厌恶治疗技术。

贝克的认知疗法强调信念系统和思维在决定行为和感觉中的重要性。治疗是为了了解歪曲的信念,并用技术改变不适当的思想,重建个体的认知图式,达到心理功能的健全。艾利斯的合理情绪疗法和行为疗法是帮助人们识别他们的非理性观念,认识到非理性观念的不恰当,用更适当的观念取代已经失去功能的认知,来减轻其情绪困扰。

行为治疗技术包括系统脱敏技术、示范技术、厌恶治疗技术。系统脱敏技术通过诱导求治者缓慢的暴露出导致焦虑或者恐惧的情景,把引起焦虑的事件分成等级,逐步让患者想象引起焦虑的情景,并同时用放松代替焦虑和恐惧。在受控的范围内,放松的暗示会超过焦虑的情绪,以逐渐抵消不良的感觉。示范技术包括通过观察模仿行为以及他们的行为得到了什么样的后果,从而影响患者的行为。厌恶治疗技术是把不良行为和引起躯体痛苦的刺激结合起来,使患者在发生不良行为的同时,感到躯体的痛苦反应,从而使患者对不良行为产生厌恶而使其逐渐的消退。例如,用电极刺激网络成瘾者的手腕,使他对过度上网产生一种恐惧感。

3. 网瘾的现象学技术治疗

现象学是西方现代心理学的一种研究取向。包括人本主义、存在主义、现实疗法、森田疗法等。主要体现为内源性研究取向,强调通过反思和直觉,把握人在生活世界中的心理现象结构和意义。

人本主义疗法认为在特定的治疗情景下、个体有能力帮助自己实现个人成长,并为自己的生活找出健康的生活目标和方向。该疗法有三个特点:以患者为中心;把心理治疗看成是一个转变的过程;采用非指导性治疗技巧。治疗着眼于个人的成长,自我的理解、再教育和自我实现,帮助患者澄清他自己的信念和价值观。在治疗的过程中,通过对自己负责和自我探索,他们将以新的方式体验自己,从而使个体更深入的了解自我并积极地改变。

存在主义心理疗法更多的检验个体的自我认识,及对当前和每天生存所遇到的问题的思考能力。强调治疗师尽可能的设身处地、将心比心,深入到患者的主观体验中,理解患者的内心世界,与患者共同探讨生命的主题,包括生与死,自由,对自己及他人负责,选择,孤独和爱,寻找生命的意义,应付无意义的感觉。帮助患者找到生活的目的和意义,并充分地体验个人的存在。人的生存不是孤立的,所以与他人发展诚实和亲密的关系是存在主义疗法的始终。例如,患者如果常常抱怨父母使自己不开心,而沉迷于网络游戏,治疗师要让患者意识到是他们自己造成了痛苦,学习分析自己的问题,并停止责怪父母。再例如,在社会性体验活动中,让患者在癌症康复中心帮助那些身患绝症的人们,并与他们建立深入的关系时,患者的自主意识被唤醒,发现生活的意义。

现实疗法认为,有机体均受先天需要的驱使,人类作为生命的最高形式,具有最复杂的需要,如生存需要、安全需要、娱乐需要和自由需要等,这些需要得不到满足,就会引起痛苦,并可能产生和维持那些不良行为,最终造成心理障碍。治疗就是帮助患者选择更有效的行为方式,计划负责任的行为,更好地满足自己的需要,恢复心理健康。

森田疗法是由日本兹惠医科大学森田正马教授在1915年创立的,是一种顺其自然、为所当为的心理治疗方法。与人相关的事情分为两类:可以控制和不可控制的。我们要学习顺其自然的态度,不去控制不可控制之事,如人的情感;但还要注意为所当为,即控制那些能够控制的事情,如人的行动。"为所当为"在顺应自然的态度指导下的人的行为。让患者认识并体验到自己在自然界的位置,体验到对超越自己控制能力的自然现实存在抵抗是无用的,这样才能具备一种与自然事物相协调的生活态度。

4. 网瘾的艺术疗法

艺术疗法包括绘画、舞蹈、音乐、影像治疗、绘画和阅读及故事治疗,它们都是用创造性的表达来进行治疗。可以激发患者产生新的认知态度和行为,促使其解决心理困惑。通过非语言的艺术的方式,可以表达自我,增加自尊,改善了他们的社交。主要针对生活目标迷失、空虚、无意义感等认知方面的问题进行干预。

艺术提供了表达那些不能用语言表达的意向的机会,表达空间关系(如患者和父母之间的关系)的机会,表达自己而不用担心别人说什么的机会,从而可以调动潜意识的能量,使自我获得顿悟和觉知,整合自己的思维,促进行为的改变。

(三)网络成瘾干预的其他疗法

1. 网瘾干预的军训及体育运动疗法

军事化训练和合理的运动,在治疗网络成瘾的过程中,同样起着重要的作用。通过传授军事知识,模拟军事演习,体验军营生活规范日常起居行为,这样不仅锻炼了患者的体质,还培养了其吃苦耐劳精神和责任意识。可以锻炼意志和勇气,增强纪律性和意志力,培养团队精神和爱国主义热情。引领积极向上的世界观和价值观。

体育运动可以提高患者时间管理和身心协调的能力,减轻焦虑,产生轻松和愉快感,在很大程度上成为网络活动的有效替代者,锻炼时呼吸发生变化,注意力集中,可以转移抑郁等多种负性的情绪,有助于提高网瘾者的自信心和健康的生活态度。

2. 网瘾干预的健康教育

针对网瘾患者身心发展特点,开展各类健康课程,包括:青春期身心健康教育、生命意义教育、心理成长教育等,使青少年更加了解自己,悦纳自己,珍爱生命,理解生命的意义和价值。同时开设健康使用网络的课程,变网络成瘾为健康的使用网络。

3. 网瘾干预的社会体验活动

根据网瘾患者家庭结构特点及他们普遍存在的交往能力偏弱等情况,提供情景化体验的机会,让他们参加各类体验性活动,从而更真切地感知现实生活,锻炼应对困难的技能,增强直面生活的勇气。通过参观孤儿院、敬老院、癌症康复中心和参与劳动课程,直接体会了生活,唤起他们珍惜自己的良好生活环境的意识和对父母的感恩,学会关心、帮助社会弱势群体,增强社会责任感。通过参观名校、科技馆、博物馆、电脑科技园等,丰富儿童的知识,增加社会阅历,激发学习的欲望。修正他们面对挫折时的种种不良心态,体会并认识生命的意义与真正的价值。

(四)网络成瘾的综合预防

我国网络成瘾的人群主要以青少年群体为主,网瘾问题不仅关系到他们自身的健康,也关系到当前和谐社会发展。网瘾的预防已成为迫在眉睫的任务,需要我们在自身预防的同时,联合家庭、学校、社会共同实施科学有效的预防策略。

1. 个人预防

网络成瘾与个体的心理品质有着密切的关系,青年要努力培养成熟的心理品质,调整自我认识,提升自尊意识,加强自我管理,培养压力反弹力和心理承受力,提高人际沟通的技能,增强自我控制能力,努力培养有效的时间管理能力。

2. 家庭预防

对网络成瘾的预防,良好的亲子沟通起着举足轻重的作用。家长应该努力了解孩子青春期的身心特征,努力调整家庭教养方式,注意子女的心理需求和期望的变化,并在需要的时候调整自己的角色。家长应努力与孩子进行有效的沟通,让孩子感到舒适和安全,对孩子的能力加以赞扬,当孩子感到不安时,多进行安慰。从父母那里得到支持性信息的孩子有较高的自我评价,表现出较少的挑衅行为,并且更多地遵守家长所要求的内容。如果彼此之间相互戒备、缺乏信任、互相攻击等,只能造成青少年越发远离家庭,并在网络世界里越陷越深。要制定一定的家庭规则,父母应该真诚地寻找双方都能接受的途径,让对方的意见有陈述和被接受、被实施的机会。

很多网络成瘾的青少年普遍有一种内心深处的迷茫和空虚,他们通常表现出对学习的厌倦和放弃,这反而加剧了他们对网络的迷恋。父母要帮助孩子规划人生,调动他们自己的主观能动性,让他们从小就学会自我管理。

父母要努力了解网络知识,辩证地看待孩子上网的问题。与孩子共同了解网络世界的多元化,才能与他们拥有共同的话题,一起更有效地学习使用网络平台。多了解孩子常访问的网站,用成人的经验帮助孩子远离网络垃圾,引导孩子形成正确认识和使用网络的观念。要放下架子,与孩子一同学习,一同成长。

3. 学校预防

学校应构建多元心理化教育体系,为学生的全面发展提供有力的支持。要改变在学校中仅以成绩来评价孩子的单维评价体系,应该建立"多维评价体系",让学生清晰觉察自己的心理体验,这样就能使其较好地控制自己的上网行为。

学校要培养学生良好的意志品质,提高学生调节、控制情绪的能力。引导学生形成全面和辩证地看问题的方式,避免因片面看问题导致消极情绪的产生。培养学生自觉、果断、自制等良好的个人品质。

努力丰富学校的主题活动,努力建立良好的师生关系。努力开展网络实践活动,提高网络兴趣和技术,培养网络道德,净化校园网络环境。努力建立家校联系制度,及时了解青少年在家里和校外的网络使用等方面的情况。

4. 社会预防

努力健全网络法规和监管制度。建立政府的宏观监管制度,加强对网吧、网络游戏运营、网络游戏制作和审核的监管,加强主流媒体对青少年宣传的针对性,提供网络的专项服务,努力净化网络资源环境,防止网络色情和暴力泛滥,设立适合青少年的健康网站。

 本章小结

网络成瘾是一种因过度使用网络,导致一系列日常行为和人际关系的身心功能减弱,对学业、工作、社会和家庭等造成不利的影响的精神病症。本章第1节分析了这一现象的社会起因和网络成瘾的五种分类,即游戏成瘾、聊天成瘾、色情成瘾、信息成瘾和交易成瘾等。

第2节分析了儿童网络成瘾的种种表现和对儿童的身心产生的不良影响。包括计算机电磁辐射对身体,特别是对视力、对神经系统和内分泌系统等的危害,还有对儿童思维的发展、学习、人际关系及情感和习惯等方面产生的不利影响。

第3节介绍了网络成瘾的诊断与评估,国内外的专家学者运用问卷调查、心理量表以及深度访谈等手段确定的网络成瘾诊断的标准。

第4节主要谈了与网络成瘾的戒除相关的问题。分析了网络成瘾干预的六大误区,介绍了包括医学治疗(包括药物治疗、医学辅助治疗和身心护理)、心理治疗、健康教育、军训及体育运动及社会体验活动五个方面内容的网瘾"五位一体"的干预模式。

 思考与练习

1. 什么是儿童网络成瘾?它有哪些种类?
2. 什么样的群体容易网络成瘾?
3. 网络成瘾的儿童有哪些表现?
4. 网络成瘾对儿童身心发展会产生哪些不良的影响?
5. 儿童网络成瘾如何进行诊断与评估?
6. 儿童网络成瘾如何进行戒除?
7. 儿童网络成瘾的预防应该从哪几个方面入手?

第8章　创伤后情绪与行为障碍儿童的辅导与教育

学习目标

1. 掌握创伤后情绪与行为障碍的概念、特征和检出率的基本情况。
2. 了解创伤后情绪与行为障碍儿童的行为特征与评估。
3. 掌握创伤后情绪与行为障碍儿童的心理辅导与教育干预的一般原理与方法。

人的一生中可能会遭遇很多不可预测又无从把握的天灾人祸,如战争、地震、海啸、洪水、火灾、雪灾、空难、严重交通意外、性侵害、家庭暴力、亲人死亡等。近年来随着环境、气候等因素的变化,世界各地出现各种灾难性事件的概率也呈上升趋势。当个体经历了这些重大意外伤害事故后,都难免会留下不同程度的心理创伤,其生活也会随之发生改变。相比而言,儿童由于缺少人生阅历和经验,缺少理性分析、心理承受和行为控制能力。他们经历伤害后,所遭受的打击和心理创伤会更为严重。如果不及时对其进行有效的心理干预,经历创伤后的儿童出现强迫性恐惧症、焦虑症和抑郁症等各种心理问题的概率会很高,并形成一系列情绪与行为障碍。因此,在遭受创伤事件后,成人需要给予儿童特殊的帮助、照顾和关心,需要及时对他们进行心理应激防护和康复训练,并且长期关注这些儿童的心理状态,让儿童尽快脱离伤痛和不良影响。创伤后情绪与行为问题的辅导与教育成为特殊教育中一个新的领域,应该引起全社会的关注和重视。

第1节　儿童创伤后情绪与行为障碍概述

一、创伤后情绪与行为障碍的定义

根据特锐(Terr,1991)的定义,创伤是在遭受一种打击或一连串(外在)打击的情况下,导致个体表现出暂时性无助或失去一般应对方式和防卫能力的精神状态。[①]

这个描述性的定义至少包含了三层意思:① 创伤是由外界的打击所形成的破坏性压力而引起的精神状态;② 个体可能会表现出暂时性的无助;③ 这种暂时性的无助如果得不到及时的辅导,很可能会导致应对方式和自我防卫能力的系统性瓦解。

正因为这样,创伤分为两大类,一类是急性创伤,另一类是障碍性创伤。急性创伤一般会在创伤后一两个小时内出现,在一个月内会较快地消失。如果超过了一个月仍不消失,甚

---

① M Katherine Hudgins. Experiential Treatment for PTSD—The Therapeutic Spiral Model[M]. Springer Publishing company,Inc. New York,2002:13.

至三个月、半年之后还存在问题,就会转化为创伤后应激障碍,即障碍性创伤。障碍性创伤会导致许多负面情绪,如恐惧、悲伤、焦虑、自责、产生不真实感等。从心理学的角度来看,原则上只要破坏性压力造成的应激反应处于正常范围内,没使人感到身心衰竭,过一段时间以后就慢慢消退,以后能维持一个大致正常的生活状态,这就算不上障碍性创伤。如果破坏性压力造成的应激反应超过了人的承受范围内,就会导致创伤后应激障碍。当然,急性创伤是否会转化为创伤后应激障碍往往因人而异,不仅取决于破坏性压力的大小,更取决于个体的身体健康状况、心理素质和社会支持等多方面的情况。

二、创伤后情绪与行为障碍的特点

创伤后情绪与行为障碍最突出的表现就是在应激障碍创伤后。应激障碍(Post Traumatic Stress Disorder,简称 PTSD)是急性创伤的延缓和持续,也是遭受威胁性或灾难性事件常见的一种情绪与行为障碍。创伤后应激障碍通常在创伤事件发生的三个月内出现,但也可能在事发后数月至数年间延迟发作(delay onset)。通常引发创伤的事件包括战争、暴力犯罪、严重交通意外、自然灾害、技术性灾难(technological disaster)、性侵害、长期监禁与接受拷问等。因此,个别创伤事件的目击者与救援者有时也会染上创伤后应激障碍。创伤后应激障碍具有以下三个典型的表现。

(一)创伤性体验的反复重现

障碍者以各种形式多次体验创伤性事件,有驱之不去的闯入性回忆,不由自主地反复回想受打击的经历,反复出现有创伤性内容的噩梦,反复发生错觉、幻听、幻觉等症状,发生触景生情的精神痛苦,如目睹死者遗物、旧地重游,或周年纪念日,甚至相近的天气及各种场景因素,都可能促发当事人异常痛苦的体验和产生明显的生理反应。患者会感到如心悸,出汗,面色苍白,呼吸困难,喉咙及胸部产生梗塞感,疲倦无力,腹泻,皮肤出现疹子,女性出现子宫痉挛、月经停止等身体反应。有时还可见当事人处于分离状态,持续时间可从数秒到几天不等,称为"闪回",此时当事人仿佛又身临创伤性事件发生时的情境,重新表现出事件发生时所伴随出现的各种情感。例如,有过直接参战经历的退伍军人,战后在面临、接触与创伤性事件相关联或类似的事件、情景或其他线索时,通常都会出现强烈的心理痛苦和生理反应。

(二)持续地回避创伤性事件

在创伤性事件发生后,障碍者会持续性地否认和回避创伤性刺激。回避的对象不仅限于具体的场景与情境,还包括有关的想法、感受及话题,当事人不愿提及有关事件。避免看有关的文章。在创伤性事件后的媒体访谈及涉及法律程序的取证过程,往往都给当事人带来极大的痛苦。对创伤性事件的某些重要方面失去记忆也被视为回避的表现之一。回避的同时,还有被称之为"心理麻木"或"情感麻痹"的表现。当事人感到似乎难以对任何事情产生兴趣,感到与外界疏远、隔离,甚至格格不入。难以表达与感受各种细腻的情感,对未来觉得心灰意懒,轻则抱听天由命的态度,重则可能会万念俱灰,以致自杀。

(三)警觉水平增高与持续性的焦虑和罪恶感

创伤后应激障碍者常如惊弓之鸟,经常担惊受怕,有明显的惊恐反应。入睡困难或睡眠不深,集中注意困难,可能会出现严重的抑郁症,易被激惹,乱发脾气,小刺激大反应等。有强烈的罪恶感(觉得自己没照顾好家人,觉得自己还活着就是罪恶)、愤怒(觉得别人都不了解自己)、失望(对外界有很高的期望值,希望不好的事情没有发生过)。

三、创伤后情绪与行为障碍的检出率

几乎所有卷入灾难性事件的人都会留下心理阴影,区别只在于程度的轻重。在面对灾难性事件时的反应,存在很大的个体差异。例如,有一种人在遭受创伤之初,面对灾难,尤其是亲人的死伤,财产的丧失时,也有剧烈的情绪反应,但通过团体辅导和情绪的宣泄,经过几周时间或者三个月内,大致能使情绪障碍得到缓解,慢慢恢复正常。这种人多半经历坎坷,心理承受能力较强,一般不需要很多专门的心理干预和支持,就能慢慢地自我平复,他们甚至还能结合自己的感受和经验,给他人提供支持和帮助。另一种人由于社会支持系统与自身的特点(包括心理状况和认知模式的原因),在遭受灾难后,会出现严重的持久性的情绪与行为障碍。这种人一般需要提供专业性的心理辅导与干预。相关统计数据表明,创伤后大约有50%的应激障碍患者在三个月之内复原(APA,1994),另有文献指出,约有30%的患者可以完全康复,40%的患者持续有轻微症状,20%的患者有较严重的症状,10%的患者症状持续下去难以改善,甚至于更加恶化(Kaplan & Sodock,1994)。

相关研究也显示,创伤后情绪与行为障碍者以困扰、忧郁、焦虑症状为主,日后患忧郁症的概率比一般人要高(Kulka et al,1990;Loughrey et al,1988)。此外,其他衍生问题还涉及将来的人际关系、社会适应、物质滥用、家庭与健康等方面的问题(Joseph, Williams & Yule, 1996)。创伤事件对心理层面会造成长期的影响,俞乐(Yule,1991)认为约有30%～50%的儿童在灾难后会出现明显的心理障碍和伤恸反应(bereavement reaction)会使儿童的症状更加严重,俞乐(1990)发现在一次船难发生6年后,当时幸存的儿童与青少年仍有情绪困扰,维杰(Winje,1998)等人对校车交通意外的幸存儿童进行追踪研究发现,在事发1年后,大部分儿童仍有闯入性回忆、逃避、沮丧等症状,但3年后没有明显的情绪症状。纳德(Nader,1990)发现在校园大屠杀14个月后,当时位于扫射地区的儿童有74%具严重的PTSD症状。对于地震灾害的研究显示,30%的幸存者在墨西哥地震后,出现严重的PTSD症状(De La Fuente, 1990)。高达74%的幸存者,在亚美尼亚地震发生的3～6个月间罹患PTSD,即使在一年半之后,仍有不小比例的成人与儿童具PTSD相关症状(Goenjian, 1994)。一些研究显示,即使致死人数不高的自然灾害,幸存者在发生后的3～5年间仍会出现症状,但大部分的成人与儿童可在一年半之内恢复(Cook & Bickman, 1990; Krause, 1987; Vodel & Vernberg, 1993)。

格瑞(Green,1990)等人在水坝灾难发生14年后,对幸存者所做的研究结果显示,约有28%的成人幸存者仍然有PTSD症状,对照组仅有8%,17年后再对当时的儿童幸存者进行追踪研究,结果发现,大部分幸存者都已经没有明显的心理困扰。1978年8月我国唐山市精神病院一份普查结果也表明,在两年时间里,该院确认因地震造成的极度痛苦、悲哀或恐惧而导致反应性精神病108例,占各类精神病患者的2.4%,这些患者呈现出突发性的地震灾害致病的特点,病情以反应性抑郁为多,约占40%;其次为反应朦胧,约占25%,并伴有巨大精神创伤,很容易导致自杀行为。1996年地震发生20周年时,唐山开滦精神卫生中心曾做过一次调查,结果显示:接受调查的1813人中,有402人患有延迟性创伤后应激障碍,占

22.1%。"地震的震动不过十几秒钟时间,但是地震造成的伤害却并未因为大地震动的停止而终止"。

但是创伤后恢复的速度是否可以加快?伤恸时间是否可以缩短?长期创伤者的比例是否能降到最低?利玛(Lima,1993)等人的研究认为,灾后的心理和社会压力是影响心灵复原的最重要的因素。如何减少幸存者的压力?从政府的重视和关心,从救助意识到采用的手段,从物质到生理和心理都应该具备一套非常严谨而快速的反应系统。从推出的安置与重建计划,实际解决灾民生活的需求,到由心理干预专业人员和其他掌握心理学知识的人员通过心理干预的方法和技术,给他们提供心理支持,进行心理疏导,让他们的心理慢慢恢复到正常平衡的状态。

第2节 创伤后情绪与行为障碍儿童的行为特征与评估

儿童由于缺少人生阅历和经验,心理尚未完全成熟,通常无法解读和整合这些灾难和创伤的信息,通常无法面对,无力承受灾难和创伤,需要得到成人更多的支持、关怀与教育辅导。

一、不同年龄段儿童创伤后情绪与行为障碍的表现

儿童在经受创伤后,都有可能会产生许多不同的反应,会出现不同程度的恐惧心理、退缩与退化行为,但不同年龄段的儿童与青少年的身心发展水平不同,创伤后情绪与行为障碍的表现也有很大的差异。

(一)退缩与退化行为

所谓退缩与退化行为是指儿童表现出与其年龄和心理发展水平不相配的,低于同龄一般儿童的社会退缩行为,学龄前儿童的退缩与退化行为主要表现为吸吮手指、尿床,特别害怕离开亲人,当亲人不在场时会哭泣不止,拒绝与其他人接触等。学龄儿童的退缩与退化行为停留在幼儿园的水平,上课不敢回答问题,不能主动地参加集体活动。青春期前后的儿童与青少年的退缩与退化行为主要表现在学习不专心,学习成绩较差,缺乏责任心、进取心和荣誉感。

(二)胆怯和恐惧心理

学龄前儿童由于缺乏处理紧急事件造成的压力的经验,以及使用语言表达和思考的能力,他们在下雨、打雷、闪电时都有可能会显得惊恐不安。他们不想上幼儿园,只想待在父母身边。明显地与弟弟妹妹争夺着吸引父母的注意力,畏惧夜晚、做噩梦、害怕黑暗。痛失亲人者会惊恐万状、哭闹不止,有强烈的不安全感。这种恐惧还可能出现缺乏情感的呆木状态,看起来是不寻常的安静,其实深藏恐惧和悲伤。对过世亲人生气,对亲人的死亡自责,变得容易紧张,觉得自己被抛弃,担心以后没人照顾。学龄儿童的胆怯和恐惧多表现为沮丧、冷漠、呆滞,感觉通道封闭,无助、迷茫,对学校生活缺乏兴趣,对考试、比赛等正常的学习活动也感到害怕。青春期前后的儿童与青少年的胆怯和恐惧心理主要表现在,失去与同龄人社交活动的兴趣,害怕竞争、担心失败,缺乏经受挫折的能力,学业成绩不佳,对前途感到悲观和渺茫。

(三)攻击性行为

有些经受了创伤并导致创伤后情绪与行为障碍的儿童,为了释放内心的压力,有时也会表现出不同程度的攻击性行为。学龄前儿童的攻击性行为多半表现为哭闹,不好好吃饭睡觉。学龄儿童的攻击性行为多表现为与同伴打架,经常与父母和教师顶嘴,有的还沾染上偷窃、说谎等不良行为。青春期前后儿童与青少年的攻击性行为多表现为逆反性很强,不遵守学校的纪律,与同学打架斗殴,有较强的破坏欲。

怎样确定经受某种严重的创伤后的儿童,可能会从急性创伤转变为障碍性创伤?如何比较准确地了解儿童创伤后情绪与行为障碍的程度,并采取合理的教育干预?这些都有赖于科学的评估与诊断。

二、儿童创伤后情绪与行为障碍的诊断与评估

对儿童创伤后情绪与行为障碍的诊断主要采用量表评估的方法,目前,这种评估量表分两大类:一类是创伤经验症状评估,另一类是创伤问题评估。下面我们对这两类评估量表的内容和使用方法做一些介绍。

(一)创伤经验症状评估表

该评估表实际上是一份有关受创伤情况的问卷调查。量表分为三个部分。第一部分是针对身心症状的诊断和评估,共有15个问题,集中了解受创伤儿童面临重大生活事件、意外事故或灾难事件后的不同反应。第二部分是对受创伤情况的了解。第三部分是对受创者基本生活情况的了解。评估者可通过知情的教师了解相关的情况,这些提供相关信息的教师或其他知情人员一般要对评估对象有7天左右的观察和了解。

第一部分采用"有"和"没有"判断性评估计分;第二部分采用低、中、高三级判断,对受创伤儿童亲人、财产和社会资源的损失进行等级评估计分;第三部分也是采用低、中、高三级判断,对受创伤儿童个人和家庭的衣食、卫生、住行等条件进行等级评估计分。

教师可就表8-1受创伤情况的问卷调查所列的方面,去了解儿童的状况,教师可以根据最近7天的测查和观察的结果进行评估。如果有这些现象,圈选1,如果没有这些现象,圈选0。第二、三部分分别为资源损失情况和基本生活条件的评估。该评估表是了解儿童创伤后情绪与行为障碍的基本前提。

表8-1 受创伤情况的问卷调查

一、最近7天以来的问题	没有	有
1. 睡眠困难	0	1
2. 对该事件有梦魇	0	1
3. 心情沮丧	0	1
4. 对突然出现的噪音或声音感到惊吓	0	1
5. 有人际疏离的倾向	0	1
6. 容易发脾气、动怒	0	1
7. 情绪不稳定(心情经常起伏不定)	0	1
8. 良心不安、自我责备或罪恶感	0	1
9. 对可能会引发该事件回忆的情境感到害怕	0	1
10. 身体的紧张性	0	1
11. 记忆力受损	0	1
12. 注意力集中困难	0	1

续表

最近 7 天以来的问题	没有	有
13. 感觉可以接受现状,规划未来	0	1
14. 变得容易怨天尤人	0	1
15. 对周围环境开始有了控制感	0	1
二、资源损失情况		
1. 失去亲人	无损失(0)	有一些损失(1)	很多损失(2)
2. 失去财产	无损失(0)	有一些损失(1)	很多损失(2)
3. 失去社会资源	无损失(0)	有一些损失(1)	很多损失(2)

三、基本生活条件	个人情况			家庭情况		
	正常(0)	还可以(1)	很差(2)	正常(0)	还可以(1)	很差(2)
1. 饮食						
2. 卫生						
3. 衣着						
4. 住宿						
5. 通讯						

这份量表的评分在 0～31 之间,一般来讲,在 20～31 之间的儿童就被认为可能患有创伤后情绪与行为障碍,分值越高,表明创伤后情绪与行为障碍的程度越严重,需要提供一定的心理辅导和教育干预。

(二) 创伤问题评估表

创伤问题评估表旨在通过对相关问题的询问和调查,进一步了解受创伤儿童的遭遇、个体的感觉和体会,情绪状态、认知水平和行为表现。评估表由 7 个相关的问题组成。

(1) 在此创伤事件中,你所遭遇到的最痛苦的事情是什么?

(2) 和以往你所遭受的事件相比,你觉得这次创伤经验的严重程度如何?

(3) 历经此创伤事件之后,你的感觉如何?是不是特别害怕分离?在调查中评估人员特别要进一步了解受创伤儿童对分离症状(dissociative symptoms)的态度,如麻木感、疏离感、无情绪反应、感觉茫然、感觉不真实;感觉上像是发生在别人身上的事(事不关己);无法忆起事件等方面的情绪反应。

(4) 你是否觉得自己是在持续再度体验这个创伤事件?经常不自觉地重复经历这个创伤?反复地在脑海里出现当时的景象?重复出现某种奇异的想法?晚上常做噩梦,并从噩梦中惊醒?

(5) 你是否企图逃避对所遭遇事件的回忆,摆脱创伤事件引起的刺激?逃避某些想法?某些感觉?某些谈话?逃避某些活动?逃避某些地点和场所?

(6) 你是否患有焦虑症状或形成过度警觉(arousal)?是否有睡眠困难?专注困难?容易受到惊吓?容易发怒?难以保持平静?

(7) 你是否有困难去从事你需要去做的事,或者去照顾自己及家人?你这方面的功能是否受到损害?

一般来讲,创伤经验症状评估表和创伤问题评估表的共同使用,能帮助评估人员从定量和定性两个维度更深入地了解受创伤儿童的情绪与行为障碍的程度，为进一步的心理辅导和教育干预提供依据。

具体来说，人类在面对灾难时一般会有三个反应阶段：第一阶段是"逃避"；逃避不了的时候就会陷入麻木状态，呈现第二阶段的"假死"状态；第三个阶段就是"战斗"。

根据台湾心理专家的分析，依据灾难发生的时序，心理应激状态一般可分为三个阶段：

第一阶段（事件发生时）：逃避、惊吓、麻木、手足无措、痛哭、失控。

第二阶段（事件发生后一段时间）：沮丧、悲伤、失落、无力感、罪恶感、无助感、焦虑、失眠、做噩梦、忧愁、食欲不振、害怕孤独、退缩、压抑、人际关系不良等。

第三阶段（复原后或重建后期）：认知改变、接纳、发展新的问题解决行为、适应新的环境。

创伤事件从发生到复原的过程视个人体验到的生理创伤和心理惊恐程度而定，通常第一阶段到第二阶段的时间会延伸4～6周，即创伤后心理干预的关键期是灾难发生后一两个月内。心理稳定后，第三阶段即可转为一般心理咨询，这一阶段主要做个别心理辅导。

第3节 创伤后情绪与行为障碍儿童的心理辅导与教育干预

一、创伤后情绪与行为障碍儿童心理辅导概述

（一）创伤后心理辅导的界定

创伤后心理辅导是针对个体因创伤引起的情绪与行为障碍进行的辅导，是一种为心理受到创伤的人群提供的社会服务。心理辅导可以帮助心理受到创伤的人群宣泄心中的悲伤，调节身心状态，摆脱心理危机，恢复工作和学习的能力，开始新的生活。

狭义的创伤后心理辅导，是由心理咨询和干预的专业人员所提供的专业性支持。广义的创伤后心理辅导，也包括给予受到创伤的人员多方的支持、慰问和劝导。例如，灾难发生后，国家领导人和救援人员在第一时间迅速奔赴灾区，全国各地乃至世界各国对灾区人民在人力、财力和物资等方面及时给予支援，都会在精神上给灾民以极大的鼓舞，这些都可起到辅导和安慰的作用，帮助受创伤人群减轻伤痛并恢复平静。

有一项灾后的调查表明，当调查者问道："你受灾后，什么时候内心开始平静"时，有52.9%人回答是"解放军开赴救灾第一线"的那个时刻，有29.1%的人回答是"听到党中央慰问的消息"的时刻。河北理工大学灾后社会学研究课题组的一项调查结果表明，灾害初期，灾区人民最迫切、最普遍的愿望，是尽快与外界取得沟通和联系，以消除内心的"孤独感"、"失落感"、"遗弃感"等消极情绪。这项调查研究充分地说明了广义心理辅导的重要作用。所以灾后政府组织协调社会各方面的力量，提供准确的信息、平息谣言、安定民心非常重要。

（二）创伤后儿童心理辅导的基本原则

创伤后儿童心理辅导是针对儿童的心理辅导，更需要考虑儿童的年龄特征，发挥家长的作用。心理辅导应遵循以下两个原则：

1. 根据儿童的年龄特征和个性特征进行心理辅导

3岁前的幼儿，对事件的理解能力和记忆能力相对较弱，对创伤的记忆能力也较弱。

3~7岁的幼儿对社会已有了初步的认识,对社会的变化比较敏感且极为脆弱,突然遭遇社会环境的变化,以及父母情绪的变化对这一年龄段的儿童的影响都较大。但他们对于创伤的认识能力和承受能力都极其有限,他们通常无法有效地以口头语言来表达自身的需求和情绪感受,而期待身边亲近的大人能给予积极与适当的安慰。我们不仅要注意与成人的创伤后心理干预相区别,而且要与其他年龄段的儿童相区别。

对学龄前的幼儿来讲,除了针对孩子食欲下降的情况补充营养之外,主要是多给予幼儿身体的拥抱与接触,以提高他们的安全感。通过提供足够的玩具,鼓励他们以玩耍的方式重建观察与活动能力。玩具可以就地取材,利用随处可见的石头、沙子,玩偶皆可以用其他物体替代。对学龄儿童可提供绘画疗法、游戏疗法和讲故事的方法。

2. 充分发挥家长对创伤后儿童心理辅导的作用

在儿童创伤的干预和治疗中,父母的协助扮演着非常重要的角色,父母除了给孩子关怀、抚慰和照顾之外,榜样和表率的作用也非常重要。儿童在3岁前,对事件的理解能力和记忆能力相对较弱,对创伤的记忆力也较弱。有些孩子看到一些突发事件可能只是觉得发生了某件事,不能判断事件的严重性及后果,甚至认为所发生的事和他关系不大。但他们会跟着大人的情绪波动发生变化,比如大人恐慌,孩子会跟着大人恐慌。成人对事件强烈的反应(如捶胸顿足、痛哭、激烈的言语)对孩子反而是一种惊吓,有时可对孩子造成更强烈的刺激,对一些敏感的孩子无异于雪上加霜。所以大人情绪稳定、坚强和镇静对孩子帮助和影响很大。家长可通过增加社会交往、调整好自己的心态,尽快将家庭环境、社会环境恢复到正常生活状态。

(三)创伤后心理辅导的注意事项

心理创伤的程度因人而异,一方面取决于伤害的严重程度,另一方面取决于个体的身心素质。创伤后心理辅导无论是针对创伤后的成人还是儿童都要注意以下几个问题。

(1)心理辅导的重心不是恢复生活的原样,而是帮助他们重新找到身心的平衡,增加对内外环境的适应能力。

有时,创伤是一个已发生的事实,被天灾人祸破坏的环境无法完全恢复和重建,尤其是亲人的过世、自身的伤残等都是不可能恢复到原样的。因此,创伤后心理辅导的重心是帮助他们面对未来,调整自我,重拾信心。

(2)对儿童的创伤后精神健康的恢复要有长期心理辅导的思想准备。

由于儿童心灵脆弱,其认知能力和生活经验,都不足以通过自我调整来适应环境,儿童灾后创伤将会持续很长一段时间,其中有不少儿童在灾难发生数月后,才开出始出现症状,而且还可能在其一生中反复地出现。正如日本清水将之教授指出的:"我不知道灾后创伤的影响对孩子来说会持续多久,不过我猜测我们的工作,可能要持续20年。"

(3)在心理辅导中要善于通过假象看到本质。

无论是成人还是儿童,在面对大众和媒体时,可能会尽量压抑自己的情绪,在心理咨询人员的劝导和他们坚强甚至欢乐的外表下,可能有着相当复杂的情绪。有些儿童会在某些特殊情境中才表现出来,有些儿童在家中失眠,有些儿童在学校上课不专心,有些儿童在放学途中和同学吵架。若有可能,应结合更多人的观察,以准确判断儿童的状况。

(4) 正确对待儿童的某些不良行为,并给予充分的理解和帮助。

创伤后的儿童,发脾气和表现出攻击性行为都是很正常的,所以我们不应该去训斥和责备他们。最好的是坐到他(她)身边,当他(她)发脾气的时候,抓住他(她)的手,扶着他(她)的胳膊任由他(她)发脾气。经过一段情绪的发泄,当能量释放出来以后,他(她)就会逐渐平静下来。在特大灾难后,握着他(她)的手,是能够采用的对受创伤的儿童表达怜惜和安慰,降低他们的恐惧的一种最恰当的方式,握手这种生命的存在很本能的感觉上的传递方式,能大大地降低我们的恐惧。①

二、创伤后儿童心理辅导的内容和方法

(一) 充分采用集体治疗的方法

儿童因缺少人生阅历和经验,心理尚未发育成熟,通常无法解读和整合灾难和创伤的全部信息,也无法讨论人生观的一些深层次的问题,所以对创伤后儿童的心理辅导应多采用集体心理辅导的方法。

儿童由于遭受创伤后的心理承受能力非常有限,创伤后儿童最常见的心理障碍是惊恐、焦虑与抑郁。多数儿童对创伤性事件,即使是一些细节,也有超乎成人的清晰记忆。因此,对儿童进行的心理干预要注意与成人心理危机干预相区别,既要对自然灾害进行科学的解释,又要通过倾听、鼓励诉说、集体分享体验等集体治疗技术来消除他们的恐惧,恢复其内心的平静。创伤后儿童普遍会有孤独无助感,由于经历了他们这个年龄从未有过的体验,他们一方面会出现心理退缩甚至退化的行为,另一方面也可能表现为不正常的成熟,甚至出现成年人、老年人才有的一些情绪表现。这时候的儿童对于受冷落、被忽视、被怠慢、被歧视特别的敏感,最需要的是有人陪伴并积极地参与社交与集体活动。如果严重创伤事件不能得到及时疏解,容易导致儿童抑郁症,这是需要特别注意的问题。

1. 尽快恢复儿童的安全感和控制感

亲眼看见了亲人的丧失、同学或朋友的去世,这些创伤事件压在儿童身上,确实是非常巨大而沉重的。对于遭受创伤的儿童来说,表现出惊慌、无助、逃避、退化、恐惧的情绪,甚至发呆、反应迟钝、精神麻木、记忆丧失、昏迷不醒等一系列情感休克行为,都是由于安全感的大幅降低造成的。例如儿童在地震期间和震后相当长的一段时间里,既会担心自己基本的生存和安全问题,也会担心与自己关系亲密的父母、亲戚、同学、老师等的安全问题。因此,可通过下列方法帮助儿童获得原有的安全感和控制感的重建。

(1) 给予更多的注意与关心,多花些时间陪伴在儿童身边。对儿童而言,熟悉的环境固然重要,但亲人的陪伴更为重要。所以不论是否搬离原来住的地方,能和父母在一起是最重要的。如果有父母的陪伴,父母温和的话语以及身体接触,如拥抱、亲吻、握手,这些肢体接触都可以增强儿童的安全感。如果父母因为罹难、住院或参与救灾而必须与儿童分离,则应尽量安排和儿童熟悉的人来陪伴儿童。安全感是一切恢复的基础。将儿童尽量安置在安全、稳定、不会搬来搬去,也不会再受创伤的地方。

(2) 尽快恢复正常的生活作息。尽早让儿童回到原本的作息中,有充足的睡眠与休息,

---

① 2008年5月31日 http://space.tv.cctv.com/article/ARTI1212563446629808.

能和家人、朋友聚在一起。如有困难（如学校无法复课），则应该尽量安排有规律的每日作息活动。对于改换上课地点、搭建临时教室的学校，设定有关环境使用规定是很必要的。生活安顿下来，人的心理状态才能安顿下来。

（3）恢复儿童的学校生活。联合国儿童基金会（简称儿基会）专家杰弗里-基尔分别参与救助过受到伊拉克战争和东南亚飓风灾害影响的儿童，拥有在冲突地区和自然灾害地区救助儿童的丰富经验。他认为无论是在战区还是在灾区，尽快为孩子们建立一个类似学校的安全的学习环境至关重要。因为灾区儿童在其熟悉的生活发生彻底改变以后，周围的环境越是混乱，就越会使他们感到恐惧和孤独，也越不利于他们的心理健康。重新回到一个与同龄人共同学习和游戏的环境将会给他们带来安全感和稳定感，使他们感觉生活又重新回到正轨，从而有利于他们克服心理障碍，修复精神创伤。

在"临时学校"里，教师带着孩子们学习或者游戏，彼此之间相互交流，重新建立起同学之间和师生之间的友谊。这样孩子们将会获得安全感和归属感，他们会感觉到，并不是所有的事情都已经改变，原来的生活至少还有一部分存在。此外，在活动过程中，那些存在严重精神创伤的孩子往往不愿参加集体游戏，不愿与人交谈，教师可以很容易地发现他们，并给予特殊的心理辅导和照顾。

在灾区建立"临时学校"，为当地儿童提供游戏和学习空间的同时，还应建立起"儿童安全区"，为儿童建立寻找失散亲人的联络中心，帮助孩子们尽快找到父母。即便父母均已遇难，也应帮助他们及时联络其他亲属，让亲人的关爱及时抚慰孩子受伤的心灵，这样将大大加快儿童灾后心理重建的进程。在寻找失散亲人的联络中心，孩子们有老师和同学的陪伴和相互交流，尽管外面的环境较为混乱，但孩子们知道还有一块属于自己的天地，受伤的心灵也会得到一份慰藉。大多数孩子都有与生俱来的"韧性"，虽然灾难会带来创伤，但只要为他们提供一个有关爱的环境，再加上亲人或朋友的爱护以及一段时间的心理修复，他们就能最终扫除灾难带来的心理阴影，迎接新的生活。

不要阻止孩子在游戏中演出灾难当时的情境，应该鼓励或加入孩子进行这类的游戏。或许孩子会在收容所中边玩边喊"地震了，地震了……"这是他们重新获得控制感的方式，只要游戏的过程不造成其他的危险或伤害，则不必阻止孩子，更不要因此而责骂孩子"没有良心"。父母不必因为孩子在灾后玩耍而生气。若学龄期或学龄前的孩子在灾难发生后，仍然嬉闹不休，这是正常的现象。游戏是孩子的语言，他们在玩并不代表他们未受到惊吓，也不代表他们因此将来会缺乏道德感。成人应协助孩子获得驾驭和掌控灾难或意外的知识与感觉，让孩子获得确保安全的信息和方法，鼓励孩子设计可以自助和助人的活动，并在实际情境中去操练。

2. 恢复儿童的归属感和培养他们的博爱精神

面对亲人的受伤或去世，尤其是一下失去多位亲人的儿童，往往无法面对突如其来的噩耗，会出现精神崩溃，表现出惊恐万状、哭闹不止、行为盲目冲动、伤人或自杀。这种表现主要是源自归属和爱的需要的丧失。

处理精神崩溃的方法是先使儿童安静下来，然后鼓励他（她）宣泄，引导他（她）们转移关注点，例如，"如何去帮助受伤的亲人更为重要"。同时，政府、学校和其他家人、朋友等要及时给予他们更多的关爱，使他们重新建立起熟悉的、家庭般的归属感，从心理上填补他们归属和爱的需要,还要采取有效措施防止各种意外的发生。

观察与注意儿童语言或非语言的信息,细心地观察和了解儿童是最重要的事情,越了解孩子内心的需要,就越能帮助他们。耐心倾听孩子的诉说,鼓励孩子说出自己的体验和情绪,或在游戏中演出他们对灾难的感受和看法,适度与孩子分享大人类似的经验或感受,同样有助于恢复儿童的归属感。

帮助儿童认识和表达各种不同的情绪。很多儿童(包括青少年)不会表达自己的情绪,但在家人或其他成人的询问下,则可以尝试着去表达自己的情绪。所以,公开的讨论自己的感受和情绪非常重要。让儿童知道自己的不舒服是害怕、恐惧或悲伤引起的,而这些情绪都是很正常的,不要恐吓儿童,不要回避讨论,不要刻意避免和儿童讨论死亡,或假装什么事情都没有发生过。协助孩子回忆正向的经验,也允许其表现出负面的情绪,帮助家长和儿童用正确的方法度过哀伤期。

3. 教育儿童接受现实并面向未来

身体受到伤害的儿童,通常很难面对自己受到的伤害和未来的残疾,有的孩子会产生"为什么是我?"之类的痛苦的反诘,甚至表现出怨恨、敌意和愤怒的情绪。有些儿童会出现长期持续存在的精神障碍,其临床表现以再度体验创伤为特征,并伴有情绪的易激惹和回避行为。对这些儿童来说,要教育他们学会接受现实并面向未来。

首先,要帮助儿童接纳伤残的事实。一个年幼的孩子被截肢后,要帮助他的家长和儿童本人来接受这个残酷的现实是很不容易的。要先帮助家长接受孩子残疾的事实,家长自己先要度过难关,调整自己的认知与心态,帮助儿童树立"虽然经历灾难,但能保留性命已是万幸,我会努力帮助残疾孩子过上正常人的生活的"这样一个乐观的信念,做好帮助残疾孩子度过一生的思想准备,只有这样才有可能帮助儿童摆脱残疾的阴影。然后才能考虑怎样去与孩子交流,给孩子鼓励和安慰。我们要让孩子尽量坚持正常的学习和生活,尽量自己来完成自己的事情,如果他因肢体残疾不能自己完成,应该在合适的时间尽早给他补偿辅助器件,让他可以依靠自己独立完成基本的生活和学习。

其次,要帮助儿童树立生活的信心。儿童残疾以后,容易产生自卑感,在与同学以及他人的交往中,内心不可避免地会退缩,父母应该帮助他克服退缩,鼓励她走出封闭的自我,走向社会和正常人交往,重建自己生活的意义。①

 小 贴 士

团体心理辅导方案:远离灾害恐惧

实施时间:八十分钟左右
活动目标:
1. 帮助儿童认识灾害带来的影响。
2. 帮助儿童表达灾害带来的情绪与压力。

---

① 2008年5月30日 http://space.tv.cctv.com/article/ARTI1212563067934582

3. 帮助儿童缓解灾害带来的情绪与压力。
4. 帮助儿童掌握表达情绪、疏解压力的正确方法。

活动要点：
1. 儿童围成一个大圆圈，让彼此均能看清别人的表情。
2. 以时事报导引起动机，用大脑风暴法引导学生说出地震时自己的感受或表现出的行为。

台风对于高中生有什么影响？许多同学家里有房屋倒塌的遭遇。我们原先认为高中生年龄较大，心理较为成熟，抵御自然危机的能力比较强，不会有太大的影响，但在访谈中，我们的认识有些改变。

在亲切、自然、轻松的交谈氛围中，女生小蕾说："邻居家的房屋倒塌了，他的儿子被压在下面，真是惨不忍睹。假如再有台风来临，我感觉世界末日就要到了。""我家人现在租住在别人家里，房子没有了，家具什么也没有了，我的书本也都没有了，我真是无法想象那一幕。"

男生小吴的手用绷带绑着，是在台风中受的伤，开学数日了，依然没有康复。"那时，瓦片像小鸟一样在飞舞。我无法理解新建不久的四层楼的房子，为什么会被台风刮倒呢？"

"我家附近有不幸的事情。灾后，挖土机在工作。我不敢靠近，远远地望着。50米之外的那一幢房子，那一些人，他们都消失了，我想起来就有些后怕。""假如再来这么大的台风，我不知怎么应对？也许我整个人会傻掉，房子如果也保不住，只能跑到另一个地方。"

教师对于他们的发言似乎早有所意料，逐步引导他们唤醒自我抗灾自救的智慧，通过互动和交流，学会如何理性地面对自然灾害。祝愿这些刚刚迈上高中学堂的莘莘学子，早日忘却曾有的伤痛与不幸的印痕，微笑地面对每日的新生活。

小贴士

小船与纸鹤献给可爱的小智

地震过后，心底的阴影仍旧笼罩着灾区的儿童。我们走进金乡镇老城辅导小学，我们听见朗朗的读书声，看到修葺一新的校舍，感受到灾区学校教学井然有序的景象。我们获悉这所学校的数个班级都有孩子在地震中不幸去世。

心理辅导教师毛老师走进班里，孩子们一阵兴奋。通过自我介绍和相互认识的小游戏，孩子们逐渐熟悉了毛老师。一个男生突然有些悲伤地说："有一个名叫小智的小朋友不见了。"老师说："你们怎么知道这个消息？当你听到这个消息时心情如何？"在四人小组的讨论中，大家体验并分享了不一样的感受。毛老师循循善诱，"请大家讲一讲小智留给你印象最深的一件事情"。

"我跟他在一起打乒乓球最快乐"，"我们女生玩橡皮筋，他喜欢来捣乱"，"我们一起玩捉迷藏特别好玩"。在讲述着一件件往事的时候，因为不同的交往故事，孩子们的表情各异，太多的心事都深深地留在他们的心底。

在毛老师的引导和班主任杨老师的配合下,孩子们在一张张黄色的小纸片上,静静地写着心里话,用完型疗法寄托心中对小智的哀思和苦楚。"虽然女生们玩的时候,你偶尔喜欢捣乱,但我们仍然觉得你很可爱。""我觉得你特别勇敢,像个小男子汉。""你是一个善良的男孩子。"……

一只只小纸鹤、一艘艘小纸船投进了一个特制的小纸盒中,表达着该班级孩子未圆满的心愿。为可爱的小智祝福,孩子们在心中真诚地播下了一种信念。在毛老师精心设计、灵活生成的团队心理辅导课中,孩子们的心灵得到抚慰。"在今后的日记中让他们写一写心里话吧,再及时的多关爱这些失去同学的孩子们。"辅导结束后,毛老师从专业的眼光建议班主任杨老师继续做好有关后续的心理辅导工作。

小贴士

在儿童创伤后 10 项不应该做的, 5 项应该做的

10 项不应该做的:

1. 不要说谎。如果孩子的父母或亲人已经遇难,不要骗他们。

2. 不要给他们不能兑现的承诺。

3. 不要强迫儿童回忆或描述创伤的情境。不要用"告诉我"这样的语气强迫他们进行描述(应该用"没关系,你想说就说出来吧"这样的语气。)。

4. 不要干预儿童的情绪。不要说"不要哭"、"勇敢点"、"哭吧"。让儿童自己选择表达感受和情绪的方式。

5. 不要告诉儿童他/她很可怜,需要同情。

6. 不要试图取代他们的父母,不要说"没关系,我就是你的父母,我们都会爱你的"这样的话。

7. 不要过度的补偿。这样可能会造成儿童过分依赖别人。

8. 不要把自己看成是拯救者,或者是儿童唯一的救星。应帮助他们找到适应自己的治愈方式。

9. 不要让他们有负罪感,不要说"你已经够幸运的了""你的情况比别人好多了"。

10. 不可以过分探查。我们好奇的盘查可能会引起儿童更深的情感伤害。

5 项应该做的:

1. 如果可能,多给他们一些身体接触。但如果儿童反抗,就不要强迫他们接受。

2. 建立信任。每日的问候和对话都可以建立这种信任的联系。

3. 一旦建立了信任,给孩子一些小礼物,如巧克力、铅笔、纸,让他们有被关怀的感觉。

4. 时间允许的话,给儿童不同的宣泄情感的方式,例如画画,讲故事……

5. 告诉他们"当你需要帮助的时候,我随时都会来到你身边。"你可以给他们固定的联系电话或地址(来来去去的来访者会给儿童带来离弃感)。

小贴士

与亲爱的小伙伴告别

在医生面前,一个9岁的男孩反复地说:"我的同学去了哪里?什么时候回来?要是当时我能拉住他,可能就没事了。我还有好多话要和他说呢。"在洪水灾难中,他眼睁睁地看着自己旁边的一个要好的同学被洪水冲走了。之后,他处于强烈的紧张和内疚中,一直无法控制地想起自己的伙伴,无法自拔。

医生们诊断,这个男孩出现了创伤后的应激障碍,并决定由一个医生扮演同学,和他对话,让他能彻底地告别这段伤心的历史。

(A为有应激障碍的儿童,B为医生扮演的他的同学)

A:你走了,我都没有人玩了,还有很多话想跟你说呢。

B:我没法和你玩了,但希望你能和其他人玩,和更多的人玩。

A:你走后,我也没有心思学习了。

B:那可不行,我不能学习了,你要替我好好地学习。那我要走了,再见。

A:再见。

对话结束,男孩长出了一口气,从椅子上站了起来:"阿姨,我觉得自己感觉好多了。"

(二) 绘画和游戏治疗

在遭受灾难以后,很多儿童,特别是年龄较小的儿童应对的方式是行为,而不是语言。所以,绘画实际上是鼓励儿童表达情绪的一种非常有用的方法。给孩子一张白纸,一只画笔,孩子可以把创伤性记忆,和看见的所有场面,包括楼房的倒塌、伤员流血、缝针,甚至一个快要倒的、歪斜的塔等,这些创伤性记忆在灾难后已经存在于孩子的心灵当中,而且不断地冒出来干扰孩子。我们干预的方法和原则就是,不要让他回避和压抑,要让他表达出来。

我们还可以带他们开展一些拼图游戏,拼图的主要内容是漂亮的房子。不管是城堡,还是小木屋,由志愿者带着孩子一片一片地拼,这个过程就是让孩子能够感觉到,美丽的房子可以拼回来,哪怕拼一千遍,只要你努力。美丽的生活,美丽的家都可以拼回来。通过建立儿童乐园的形式把孩子集中起来,请有幼师经验的志愿者,带领他们做游戏。用纯粹的积极情绪,去对抗他们内心深处的消极情绪。给低年级的学生提供玩具、道具等让他做游戏,提供墙纸,让他们画一些有主题的画,并分小组讨论可让孩子们做编故事或者绘画接龙的游戏,用大脑风暴的方式,讨论类似怎样会更快乐,怎样可以更好地防灾的话题。

(三) 药物治疗

可用各类抗抑郁药,除改善睡眠、抑郁焦虑症状外,抗抑郁药还能减轻闯入性回忆、噩梦、回避和麻木症状。当然心理治疗与药物治疗合用的效果更佳,治疗有效率可超过70%。

三、儿童创伤后情绪与行为障碍干预的层次与实施

儿童创伤后的心理干预是个非常宽泛的概念,心理救援和心理重建也是一个比较漫长的过程,儿童创伤后障碍程度不同,个人的需要和状况各异,干预的层次也有所差异。教师也需要了解在校团体干预的具体实施应该怎样进行。

（一）儿童创伤后情绪与行为障碍干预的层次

根据各国的研究经验和心理干预的设计，我们把心理干预分为：外围层次的干预，中层的干预和深层的干预。不同的层次对干预人员的专业水平的要求也有所不同，需要根据具体情况做好组织和协调工作，各类人员各司其职，这样干预的效果会比较理想。

1. 外围层次的干预

外围层次的干预通常是在创伤后两个星期内进行的心理急救，是伴随着抢救生命的同时，而进行的应急的心理疏导和干预。主要由一些社会工作者担任，主要是为创伤后的儿童提供一种人文的关怀，创伤者在经历创伤事件后，原先的社会支持系统被打破，需要重新获得安全感，这种安全感要靠人来提供，社会工作者的作用和角色就是帮助他们恢复和重建社会支持系统，可以做创伤者稳定的陪伴和照顾者，或者做一名尽量不要给任何建议和安慰的倾听者，因为在这样的时候任何安慰都是无力的，安慰如果不适当，反而会造成心理伤害。在需要的时候，还要帮助他们去寻找亲人。跟创伤有关的书和小的宣传册能帮助经历创伤后的人们了解更多相关的知识，学会自救。

2. 中层的干预

由初步的心理学专业背景和三级以上心理咨询师，经过短期培训后，拥有初步创伤后心理咨询和治疗专业知识的心理干预工作者来进行，患者通常是受到了一定的心理创伤，但创伤后情绪与行为问题不算严重。大规模的创伤事件后，出现急性创伤和创伤后应激障碍的患者的比例会陡然上升，他们都需要得到及时的一对一的心理干预。因此，需要大批拥有初步专业知识的心理干预工作者和儿童的家长，加入到创伤后情绪与行为障碍儿童的矫治工作中。

3. 深层次的干预

比较深度的心理治疗，主要由受过专业训练且富有经验的心理治疗师和心理咨询师担任，患者通常创伤性情绪与行为问题比较严重，需要对患者进行长期的干预工作。创伤后心理干预可能要持续三五年，乃至于二十年。

（二）在校儿童创伤后情绪与行为障碍干预的实施

儿童受到创伤后，普遍出现的身心症状包括焦虑、恐慌、畏惧夜晚、不明原因的生理问题、不爱上学、上课不易专心、情绪及行为的反应不稳定且容易失控，许多学生在这段时期还会有暂时性的成绩下降的现象。教师在日常的教学活动中，若能利用每周固定的时间（如班会、或辅导课的时间），对这些学生进行心理卫生教育或进行团体辅导，可有效的缓解学生在此阶段的身心压力。

美国颇具成效的危机事件压力管理（Critical Incident Stress Management，简称 CISM）模式，是提供给教师的一项具体可行的操作方法，借由团体讨论的方式，教师可引导学生在创伤后对自己的心理进行重建。实施步骤可分为七个阶段，根据学生理解与实施的情形，简化成下列四个阶段：

1. 事实阶段

在这个阶段中，教师要求学生自我介绍（可在小团体中进行，借此使孩子彼此之间能熟识），叙述他们在创伤事件中的经历和体验。团体的领导者通常可以询问：你们在事件发生的过程中经历了什么？看见了什么？听到了什么？闻到了什么？和做了些什么？假如学生无法具体表达，可换到下一个人。

2. 思考阶段

教师通过要求这些学生分享自己的经历和感受，让他们意识到，这是一个不同寻常的事件，了解他们的想法是什么？在这个阶段中，这些学生将从一般的陈述所提供的事实，不断的补充新的信息，促进学生们相互之间能表达出更多的想法和感受。教师或团体领导会逐一体会，并且邀请下一位参与者表达。

3. 反应与症状阶段

反应与症状阶段涉及和同学分享创伤事件发生当时、现在与事后的感受，包括事件后所经历的任何生理、情绪、认知或行为方面表现出的征兆或症状，可以请这些学生叙述对这次事件的反应。教师可以问学生："这次创伤事件中最糟糕的事情是什么？""假如你可以将一件事情从这次创伤事件所产生的意外中删除，那会选择哪一件？"，或者问他们："当时你最强烈的感受是什么？""从创伤事件后至今，一直持续困扰着你的感受或行为的事情有哪些？"

4. 教学与再明确阶段

学生的真实状况表现出来后，教师将再次说明，学生所出现的这些情绪和行为反应都是正常现象，并再补充一些尚未被表达出来的创伤事件后通常会出现的症状的知识让学生了解。在这阶段中还应该给学生提供一些排解压力和调整不良情绪的正确的应对方式。在这一阶段，学生会希望教师给他们提供一些相关的预防知识，面对创伤事件应该怎样应对，怎么做更恰当。

教师作为这个讨论分享过程的组织和引导者，要注意以下两个方面：

（1）善于使用开放式问句。"能否多告诉我一些关于……你会怎么做？"，"我希望你多说一些……"要注意营造一种让人有表达的欲望，并且能帮助人成长的气氛。

（2）同理心（尝试让自己设身处地的了解学生们的观点），包括注视说话者的脸，专注地倾听，集中注意力在学生的世界（不要随意打断学生所想说的，让他自由表达，以进入他的经验中，给他足够的时间，让他们感觉到说话很自在。对学生语言和非语言（如学生的眼神、音调和肢体动作等）所传递的信息保持同理性的了解。有时可以通过提问的方式来表达你正在认真地倾听，也有助于对一些观点做出必要的澄清。

在经过以上团体辅导后，若发现个别学生仍然表现出行为失控、退缩、上课精神涣散、或不明原因的生理病痛等，可以进一步与当地的精神医疗或心理辅导专业人员进行咨询，以寻求帮助。

 本章小结

创伤是在遭受一种或一连串（外在）打击的情况下，导致个体表现出暂时性无助或失去一般应对方式和防卫能力的精神状态。本章第1节介绍了创伤后情绪与行为障碍的概念、产生的原因和在儿童、青少年中检出率的基本状况。

本章第2节帮助我们了解儿童创伤后情绪与行为障碍的行为特征与评估方式。儿童在经受创伤后，都可能会产生许多不同的反应，会出现不同程度的胆怯、恐惧心理，退缩与退化行为，攻击性行为等。对儿童创伤后情绪与行为障碍的诊断主要采用量表评估的方法，有创伤经验症状评估和创伤问题评估两大类。

本章第 3 节系统地介绍了创伤后情绪与行为障碍儿童如何进行心理辅导与教育干预。其中包括：创伤后儿童心理辅导的基本原则；创伤后心理辅导的注意事项；创伤后儿童心理辅导的内容和方法。创伤后情绪与行为障碍儿童干预层次和实施方法。对于创伤后情绪与行为障碍儿童的干预要充分注意以下几点：采用集体治疗的方法，尽快恢复儿童的安全感和控制感，恢复儿童的归属感。

 思考与练习

1. 什么是创伤后情绪与行为障碍？
2. 儿童创伤后情绪与行为障碍表现出什么特点？
3. 创伤后情绪与行为障碍儿童如何进行评估？有哪两种评估？
4. 创伤后情绪与行为障碍儿童的心理辅导与教育干预的基本原则和注意事项有哪些？
5. 创伤后情绪与行为障碍儿童的心理辅导与教育干预的内容和方法有哪些？

附录 工读生攻击性行为的社会认知的实验研究

 学习目标

1. 了解如何通过实验、调查问卷、个别访谈等不同的研究方法来探讨和研究工读生攻击性行为的社会认知特点。

2. 了解不同类型（工读生和普通生）、不同性别的学生在攻击性行为的外显和内隐社会认知的特点、攻击性行为情绪状况、攻击性行为的归因方式、攻击性行为在环境线索发生变化后对信息的识别、攻击性行为问题解决、攻击性行为的自我效能感和行为反应后果等方面存在的异同。

工读生是指那些年龄在12~17岁，有严重的情绪与行为问题的特殊学生，在我国这类学生主要集中在工读学校。事实上，这类有严重情绪与行为问题的学生是一个庞大的群体，不仅包括工读生，在普通生中、小学学生中也占5%~9%的比例。攻击性行为（aggressive behavior）在工读生中是一种比较突出的社会行为表现方式。在认知和行为上，工读生是一个特殊群体。

本章通过实验、调查问卷、个别访谈等不同的研究方法，比较不同类型（工读生和普通生）不同性别的学生在攻击性行为的外显和内隐社会认知的特征，攻击性行为情绪特征，攻击性行为的归因方式，攻击性行为在环境线索发生变化后对信息的识别，攻击性行为问题解决、攻击性行为的自我效能感和行为反应后果等方面存在的异同，以期为特殊教育领域中工读生的教育和发展提供一定的借鉴。

第1节 攻击性行为外显和内隐社会认知特点的实验研究

一、实验设计

（一）实验目的与假设

实验的基本假设之一是，在实验材料的再认测验中，将反映出攻击性行为的外显社会认知特征。工读生可能比普通生，缺乏对弱者的普遍同情。社会对攻击性行为的否定评价，憎恶弱肉强食的观念和社会道德的基本规范在工读生的头脑中并未形成。实验的基本假设之二是，在实验材料的偏好判断测验中，将反映出攻击性行为的内隐社会认知特征，工读生可能比普通生偏好攻击者，而且偏好的程度更为显著。

(二) 实验方法

1. 实验设计

(1) 被试和设计

实验组：工读生 34 名（男生 18 名；女生 16 名）年龄：12～16 岁

对照组：普通生 32 名（男生 16 名；女生 16 名）年龄：12～15 岁

自变量：组别、性别、实验任务

因变量：作业成绩

(2) 实验设备与实验材料

自制人物图片（有现代人物、古装人物和卡通人物），均为 20×15 cm 的彩色图画。取材于《七龙珠》、《妖精大战》、《2002 拳皇》、《魔法骑士》、《X 战记》、《非常家庭》等。用奥林帕斯（OLMPAS）数码相机制成电脑图片，共 122 张（包括 2 张样图）。

实验材料：学习阶段图片 40 张，每张图片中有两个人物，一为攻击者，另一个为被攻击者。再认测验图片 80 张，每张图片中有一个人物，其中 40 张为旧图片人物，40 张为新图片人物。旧图片人物选自 40 张单人图片，这些单人图片是采用曲线分割技术，在电脑上把学习过的 40 张双人物的图片分割而成的，但将单人的尺寸放大保持原来图片的大小，其中攻击者和被攻击者各半。40 张新图片人物也是保持攻击者和被攻击者各半的比率。偏好测验图片 40 张（攻击者和被攻击者各半），均为旧图片人物，图片的呈现均由计算机随机排序。图片样例见图 1。

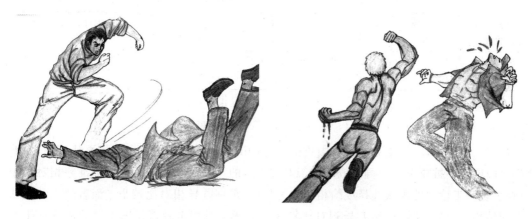

图 1　学习阶段攻击者与被攻击者图例两张

2. 实验程序

实验程序用 Flash 软件在 586 计算机上进行呈现，要求被试按照指导语的要求进行实验操作。实验分学习和测验两个部分。

在学习部分，被试学习 40 张攻击性图片，每张图片呈现 3 秒。先出示两张样图，要求被试看清楚这是张有关攻击性的图片，以及图片上人物的身份和行为。指导语为："下面将依次呈现 40 张和样图类似的图片，每张图片中有两个人物，一个是攻击者，另一个是被攻击者，请集中注意力，记住每张图片上的人物形象，每张图片只呈现 3 秒，请认真看，仔细记。"

测验部分分为两个阶段。

再认测验阶段。指导语为："现在进行第一个测验,这里共有80张图片,每张上只有一个人物,其中40张为前面已经看过的,另40张为新图片。每张图片的呈现时间为3秒钟。前面看过的请按图片右边的'看过'。没看过的请按图片的右边的'没看过'。对每张图片都必须做出选择,答不出时可以猜。前一张图片选择点击后,将自动呈现下一张图片。"

偏好判断阶段。指导语为："现在进行第二个测验,这里共有40张图片,每张上只有一个人物,每张图片的呈现时间为3秒,你喜欢的人物形象请按图片右边的'喜欢'。不喜欢的人物形象请按图片的右边的'不喜欢'。对每张图片都必须做出选择。"

要求被试在开始实验之前由主试给被试阅读指导语并加以解释,确认被试理解和掌握实验程序之后开始进行实验。由计算机自动纪录实验结果。

二、实验结果与分析

1. 不同类型、不同性别的学生对攻击者和被攻击者的再认结果

剔除10位(工读生4位,普通学生6位)数据缺损和随机作答的被试,有效被试为工读生30名,普通生26名。使用SPSS 8.0软件对实验数据进行分析。两组被试对旧项目再认和偏好测验的平均数和标准差见表1。

表1 两组被试对旧项目再认的平均数和标准差及显著性检验

旧项目再认成绩	工读学生($n=30$)		普通学生($n=26$)		统计检验		
	M	SD	M	SD	t	df	p
攻击者	16.0938	2.3329	13.6667	3.2393	-3.262^*	54	.002
被攻击者	15.1667	2.2683	15.3750	3.0169	-2.95^*	54	.003

注:旧项目再认是指在学习阶段学习过的图片,在测验阶段能够正确地识别出来。
*** 表示 $p<0.001$ 极其显著;** 表示 $p<0.01$ 非常显著;* 表示 $p<0.05$ 显著。下同。

从表1中可见,工读生对旧项目中攻击者的再认成绩高于对被攻击者的再认成绩,而普通生对旧项目中被攻击者的再认成绩高于对攻击者的再认成绩。工读生的标准差相对小于普通生,表明工读生的再认选择成绩相对较为集中,个别差异相对比较小。而普通生的再认选择成绩相对比较分散,个别差异相对比较大。工读生对攻击者再认旧项目的成绩好于普通生,工读生对被攻击者再认旧项目的成绩差于普通生。从平均数差异的显著性检验的结果来看,两组学生在攻击者和被攻击者的再认方面有显著的差异。

不同性别的两组被试再认旧项目的平均数和标准差见表2。从表2中可见,无论是工读生还是普通生,男生对旧项目中攻击者的再认均高于女生,对被攻击者的再认低于女生,标准差表明男工读生的再认选择相对较女工读生集中、个别差异较小。男普通生的再认选择相对较女普通生分散、个别差异相对较大。

表 2　两组被试再认旧项目性别差异比较及显著性检验

旧项目再认成绩		女生 (工读 $n=14$;普通 $n=13$)		男生 (工读 $n=16$;普通 $n=13$)		统计检验		
		M	SD	M	SD	t	df	p
工读学生	攻击者	15.8571	2.5975	16.2778	2.1640	−1.481	28	.146
	被攻击者	15.6143	2.3346	14.3333	2.1390	−.500	28	.621
普通学生	攻击者	13.2314	2.4618	14.3671	3.5248	.806	24	.429
	被攻击者	15.8889	2.4121	15.0000	3.4989	2.174*	24	.041

从平均数差异的显著性检验的结果,在再认测验中,对攻击者的再认成绩普通生性别差异不显著,工读生的性别差异也不显著。对被攻击者的再认成绩普通生性别差异显著,工读生性别差异不显著。

2. 不同类型、不同性别的学生在对攻击者和被攻击者偏好测验上的平均数和标准差

全体学生在对攻击者和被攻击者偏好测验的平均数和标准差见表3。从表3我们可以明显看到,对攻击者的喜好是对被攻击者的喜好的2.2倍。从标准差可看出对被攻击者的喜好选择相对比较集中,对攻击者的喜好选择相对比较分散。从显著性检验的结果可以看出全体学生对攻击者和被攻击者的偏好差异非常显著。

表 3　全体学生偏好测验的分数及显著性检验

比较项目	喜欢攻击者($n=56$)		喜欢被攻击者($n=56$)		统计检验		
	M	SD	M	SD	t	df	p
偏好分数	7.7143	5.1864	3.4821	3.6080	−5.1864***	110	.000

两类被试在对攻击者和被攻击者偏好测验的平均数和标准差见表4。从表中可见,工读生对攻击者的偏好得分高于普通生。而普通生对被攻击者的偏好得分略高于工读生。

平均数差异的显著性检验的结果可以看出,两组学生对攻击者和被攻击者的偏好差异不显著。

表 4　两组被试偏好测验分数及显著性检验

偏好分数比较	工读学生($n=30$)		普通学生($n=26$)		统计检验		
	M	SD	M	SD	t	df	p
攻击者	8.2188	4.2917	7.0417	5.6250	.838	54	.406
被攻击者	3.2162	3.5537	3.6792	3.7472	−.901	54	.323

不同性别的两组被试平均数和标准差见表5。从表5可见,无论是工读生还是普通生,男生对攻击者的喜好得分均高于女生,女工读生对攻击者的喜好的得分高于女普通生。女工读生对被攻击者的喜好得分高于男工读生。男普通生对被攻击者的喜好得分低于女普通生。从平均数差异的显著性检验的结果可见,不同性别的普通学生和工读学生对攻击者和被攻击者的偏好差异都不显著。

表 5　两组被试偏好测验性别差异比较及显著性检验

偏好分数比较	女生 (工读 $n=14$；普通 $n=13$)		男生 (工读 $n=16$；普通 $n=13$)		统计检验		
	M	SD	M	SD	t	df	p
工读学生							
偏好攻击者	7.7857	5.2062	8.5556	5.3492	−.409	28	.686
偏好被攻击者	3.9167	3.7736	2.8333	3.2944	−1.454	24	.156
普通学生							
偏好攻击者	5.6667	3.7336	8.4167	3.7739	−1.332	28	.200
偏好被攻击者	4.6429	2.6054	2.6667	4.6604	−.811	24	.426

3. 不同类型的学生在攻击和被攻击偏好测验中的差异分析

我们对工读生与普通生在攻击偏好和被攻击偏好的选择与攻击者和被攻击者数的一半（$n=10$）进行比较，平均数差异的显著性检验结果从表 6 可见，工读生对攻击者的偏好与均数相比差异不显著。普通生对攻击者的偏好与均数相比差异显著。工读生和普通生对被攻击者的偏好与均数差异非常显著。

表 6　工读生与普通生在攻击偏好和被攻击偏好的选择与均数的比较[a]

比较项目	偏好分数		统计检验		
	M	SD	t	df	p
工读学生					
攻击偏好	8.218	5.2162	−1.932	22	.066
被攻击偏好	3.625	3.5537	−10.148***	22	.000
普通学生					
攻击偏好	7.042	5.1792	−2.79*	30	.011
被攻击偏好	3.292	3.7472	−8.770***	30	.000

a. 以上与攻击者和被攻击者选择的一半（$n=10$）总体进行比较。

三、讨论与结论

从以上的实验结果中我们可以看到，不同类型（工读生和普通生）和不同性别的学生"攻击性行为"的社会认知在内隐和外显两个层面上的认知特点的确存在着一定的差异。

1. 工读生攻击性行为外显社会认知特点

从对旧图片再认的研究结果可以看出，工读生对攻击者的再认成绩高于被攻击者，表明在工读生的外显记忆（explicit memory）中，攻击者的形象更易于被储存并提取。而普通生恰恰相反，对旧项目中被攻击者的再认成绩要好于对攻击者的再认，被攻击者的形象更易于被储存并提取。工读生对攻击者再认旧项目的成绩好于普通生，工读生对被攻击者再认旧项目的成绩差于普通生。

普通生反应倾向的原因主要是基于同情心。同情心使我们能约束自己的行为，视他人的痛苦为自己的痛苦，对他人宽容。另外，在我们的社会道德规范中，对攻击性行为持否定态度这一社会道德规范，已构成人类认知和处理问题的基本模式，甚至成为我们人格结构中超我的一个部分。所以当人们面对违反社会道德规范的现象时,同情弱者,憎恶弱肉强食的倾向就表现得比较一致。普通生对再认信息的提取过程充分显示了人类同情心和社会道德规范的作用。

相对于普通生而言,工读生在攻击性行为的外显社会认知特征上,缺乏对弱者的普遍同情。尽管在社会的道德价值观念中对攻击性行为持否定态度,但在工读生的生活经历中,攻击性行为曾帮助他们保护自己的利益并获得相应的奖赏,所以社会规范和他们内心对攻击者的崇尚和喜欢常会形成一定的矛盾冲突。在这个矛盾冲突中,常常对攻击者的崇尚相对来说更占上风。和普通生相比,工读生更关注自己的利益,同情他人和设身处地的理解、宽容别人的能力都比普通生差。

从表2中我们可以看到不同种类的学生在旧图片的再认上存在着性别差异。无论是工读生还是普通生,男生对旧项目中攻击者的再认高于女生,对被攻击者的再认低于女生。说明在外显记忆中,和女性相比,男性对攻击者的形象更易于被储存并提取。女性和男性相比,对被攻击者的形象更易于被储存并提取。男性对攻击者的崇拜总体上多于女性。而女性对被攻击者的同情要多于男性。这与博尔顿(Boulton)和史密斯(Smith)在1994年的研究结论相一致。造成差异的原因将在下面偏好测验中加以分析。

2. 工读生攻击性行为内隐社会认知特点

在偏好测验中,工读生和普通生都存在对攻击者偏好的内隐态度,而且工读生的偏好程度更强烈。从性别差异的角度来看,男性对攻击者的偏好大于女性。女性对被攻击者的偏好大于男性。

内隐社会认知是个体已有的态度在新客体上的自动投射。实验中被试的刺激-反应时间只有3秒,一刹那间的选择常常难以表达他们为什么偏好某一人物。即使有的被试在事后的访谈中能说出理由,但那也是事后主观分析的结果。所以可以认为,偏好攻击反映了被试的内隐态度,被试的认知态度受情绪的影响,而学习攻击性图片的过程对愤怒情绪和带有攻击性的内隐态度产生了启动效应。

由于社会判断、自我认知等方面的复杂性,以及工读生对暴力问题态度上的特殊性。在攻击性行为的内隐社会认知中,虽然教育使人们在意识状态中更多的同情被攻击者,但本能和后天的不良的学习等使人们无意识地保存攻击性,在适当的条件下会被启动并产生相应的行为。这是不为人类意识控制的无意识反应倾向。内隐社会认知不能被简单地视为先天固有的本能,它固然含有先天生物本能的攻击性的影响成分,但更多的却是后天的环境和社会文化对人深层次的潜移默化的影响,并在此基础上的逐步积累和内化。

在偏好测验性别差异的研究结果表明,男性对攻击者的崇拜和偏好相对要多于女性。女性对被攻击者的同情要多于男性。可能有两方面的原因:一是本研究的图片材料涉及的均为直接的身体攻击。在直接的身体攻击情境中,男性因为力量和身体状况的优势,和女性相比,更崇尚通过武力和直接的身体攻击来解决矛盾冲突。女性使用语言或其他间接的攻击形式解决矛盾冲突更普遍一些,但在本实验中没有涉及间接攻击。二是从社会给男性和女性赋予的性别角色来看,人们对男性攻击性行为的认可程度要高于女性。在中国的北方,以往民间有一种广为接受的文化:"男性吵架和女性打架同样的不可思议。"这意味着在我们的社会文化中,人们更能接受女性通过口头言语攻击的形式,男性通过身体攻击的形式来解决矛盾冲突。如调换往往不能为人们所接受。罗德金(Rodkin)等人在2000年的一项研究也发现,受欢迎的男性可分为两种类型,一类是以亲社会行为为特征,另一类是以反社会行为为特征。本研究的结果和后面的访谈都发现,许多男生表现出的攻击性行为,并不都会引起大家的厌恶。他们可能通过攻击性来显示自己的强大和社会控制能力,从而赢得一部分同学的认同和好感。特别是更容易得到女性的欣赏和青睐。处在青春期的青少年能得到异性的欣赏是一件非常重要的事情,女性作为社会中相对力量弱小的一个群体,渴望能得到男性的庇护。攻击性强的男性和攻击性弱的男性相比会让女性感到有一份安全感,能使她们得到保护(只要他们的拳头不要落在自己头上就行)。无论是男性还是女性,如果和攻击性强的男性做朋友或交往过密,自然会"狐假虎威",别人都会对他(她)怀着一份小心和畏惧,如果他(她)被别人欺负和冒犯,自然会有这些人替他(她)出气和报复。所以攻击性强的男性常常能得到朋友的认可。

女性对被攻击者往往表现出更多的同情和支持。这可能与女性的生理条件和我国传统文化对男女两性的不同社会角色期待有关。从生理上来说,女性体格赢弱,力量不足,在身体攻击上往往不是男性的对手,极少能占上风,所以自古女性总是以弱者的形象出现。女性对"弱者"往往表现出更多的同情和支持,对攻击者表现出愤恨。社会文化对男女两性的不同社会角色期望也有很大的差异。一般说来,社会期望男性刚强、有力量,而期望女性依赖、柔顺、沉静。被欺负可能使男性的"刚强"、"有力量"等特征受损,进而影响到周围人对他们的态度(如鄙视)和交往价值的评价。而女性对被攻击者表现出同情和支持,也体现出她们自身作为一个弱势群体希望能得到社会应有的尊重、支持和保护的需要。

3. 两类被试对攻击和被攻击的偏好

我们对工读生与普通生在攻击偏好和被攻击偏好的选择的均数,与攻击者和被攻击者选择的一半($n=10$)进行比较,从结果中可见,除工读生对攻击者的偏好接近攻击者选择的一半外,两类学生对攻击者和被攻击者的喜好程度,均远远低于攻击者和被攻击者选择的一半。

在偏好测验中虽然没有出现中性人物(非攻击者和被攻击者),但在偏好测验中显示对中性人物的偏好率明显地高于攻击者和被攻击者的总和。说明在日常生活中大多数人除非迫不得已,是不愿意卷入是非矛盾冲突之中,成为攻击者和受害者的。战争和冲突无论对攻击者还是被攻击者来说都是两败俱伤的一场灾难。人们大多不愿意成为麻烦的制造者和麻烦的受害者,不愿意轻易伤害别人和被别人伤害。一旦矛盾冲突不可避免时,人们为了免遭痛苦,宁愿奋起攻击来保护自我,扮演攻击者的角色,也不愿意被动地遭受攻击,受人欺辱,扮演受害者的角色。另外对中性人物的偏好还源于我们对传统的社会文化的认同。"和为贵"是我国儒家学说的核心,也是几千年来教育人们控制思想和行为的准则,并已成为一种自动化的内隐态度。人们在内心深处往往期盼和平与和谐的人际关系。但工读生在这一点上和普通生不同,他们仍然更偏好于攻击者。

从本实验可以归纳出以下结论。

(1)与普通生相比,工读生在攻击性行为的外显社会认知特征上,缺乏对弱者的普遍同情心,社会对攻击性行为作否定评价的这一社会道德规范在他们头脑中并未牢固建立,没有强烈憎恶弱肉强食的倾向。男性和女性相比,男性对攻击者的崇拜总体上多于女性。女性对被攻击者的同情要多于男性。

(2) 在攻击性行为的内隐社会认知特征上,两类学生都表现出偏好攻击者,其中工读生的偏好程度更强烈。

(3) 本节研究的结果还发现,对中性人物的偏好率明显高于攻击者和被攻击者的总和。这也说明除非迫不得已,人们是不愿意扮演攻击者和被攻击者的角色。但一旦陷入麻烦与冲突,都宁愿成为攻击者奋起自我保护,也不愿成为被攻击者受人欺辱。但工读生在这一点上和普通生不同,他们仍然更偏好于攻击者。

第2节 攻击性行为情绪状况的实验研究

一、实验设计

(一) 实验目的与假设

本节的实验采用情绪的斯特鲁普(Stroop)效应的研究范式,通过两类(工读生、普通生)和两种性别的学生对攻击性词汇和消极退缩性词汇的加工的比较来探讨他们之间是否存在差异,以及工读生攻击性在情绪方面表现出的特点。

实验的基本假设之一是,和普通生相比,工读生对攻击性词汇和消极退缩性词汇都更易产生情绪反应和认知加工。表现在他们在给有攻击性和消极退缩性语词的颜色进行命名时的反应时可能比普通生长。

实验的基本假设之二是,女生和男生相比,男生在对有攻击性的词汇、女性在对消极退缩性的词汇都更易产生情绪反应和认知加工。表现在他们在给相应的语词的颜色进行命名时,反应时可能会存在差异。

(二) 实验方法

1. 实验设计

被试和变量:

实验组:工读生 34 名(男生 18 名;女生 16 名),年龄 12~16 岁。

对照组:普通生 32 名(男生 16 名;女生 16 名),年龄 12~15 岁。

自变量:组别、性别、实验任务(攻击性语词、消极退缩性语词)。

因变量:情绪受干扰的程度。(反应时、错误率)

设计:本节的实验采取 2 组别(实验组、对照组)×2 性别(男、女)×2 任务(攻击性语词、消极退缩性语词)的多因素混合设计。

2. 实验设备与实验材料

实验设备:一台与主机相连的显示器。

实验材料:两字词语(攻击性的词语 25 个、消极退缩性语词各 25 个)

词语分别用五种颜色(红、蓝、绿、黄、紫)呈现在黑色的背景上。每种性质的语词分别用五种颜色书写,每种颜色占 20%,为实验统计的便利,给 50 个词语编号,但所编号码不在呈现的词语图片上出现。词语图片以 2/3 屏呈现在计算机屏幕中央。攻击性行为情况状况的实验材料如下：

攻击性行为情绪状况的实验材料

实验材料：词语（攻击性词汇25个，逃避退缩性词汇25个）

（1）攻击性词汇：

谋杀、袭击、狂怒、攻击、掐死、摧毁、折磨、敌视、打死、仇恨、伤害、敌意、杀死、威胁、暴力、破坏、强迫、拒绝、报复、拷打、欺负、痛打、烧死、对抗、屠杀。

（2）逃避退缩性词汇：

无助、遗弃、自责、消失、放弃、无能、退缩、失败、沮丧、隐居、自闭、悲观、躲开、抑郁、沮丧、否定、自卑、孤独、软弱、丧失、逃避、不顺、怠慢、无望、避免。

（三）实验程序

1. 在黑色的背景上先出现一个白色块，然后出现汉字"白色"作为示范。接下来在黑背景上依次给被试呈现五个色块（红、蓝、绿、黄、紫），每呈现一个色块要求被试按上面的示范形式对色块进行汉字命名。五种色块均答对者，才能进入下一个实验程序。答错者将返回到开始重新进行颜色命名。三次不能答对者将不允许参加此项实验。该程序可保证色盲从此项实验中被剔除。

2. 由计算机对不同颜色和不同性质的语词按随机顺序呈现。每呈现一个色词，在屏幕的右侧同时出现用统一的非实验用色书写的红色、蓝色、绿色、黄色、紫色的五个字样，从上到下依次排列，由被试使用鼠标点击选择相匹配的答案。点击完一个词语后，前张词语消失，第二张词语呈现，词语选择的反应时被计算机以毫秒为单位记录下来。选择的对错用1，0来记录（正确的选择记1，不正确的选择记0）。

3. 指导语为："下面将会依次呈现50张分别用以上五种颜色书写的词语。在图片的右侧用橙色分别写有红色、蓝色、绿色、黄色、紫色字样，请您以最快的速度选出所呈现的词语的颜色。反应尽量既快又准确。"

指导语在实验开始之前呈现在屏幕上，被试在开始实验之前一边看一边由主试给被试阅读指导语并加以解释，确认被试理解和掌握了实验程序之后，开始进行实验。实验程序用Flash软件呈现。由计算机自动纪录实验结果。为了防止工读生对50个词汇在识别和理解上存在困难，我们找了4位非被试工读生进行了预测验，还咨询了他们的语文老师，以确保工读生被试对50个词在识别和理解上不存在困难。

二、实验结果与分析

剔除3位因数据缺损和随机作答的普通学生被试，有效被试为工读学生34名，普通学生29名。使用SPSS 8.0软件对实验数据进行分析。因为测试任务比较简单，据统计结果显示，被试实验反应的平均正确率为98.2%，错误率极低，说明被试都能认真参与实验，实验数据可靠，错误率就不再作为一项反应指标。

1. 工读生与普通生两类词汇的反应时的差异比较

不同类型的学生对两类词汇反应时的平均数和标准差见表7，从表中可见，工读生对两类词汇的反应时的平均数和标准差均大于普通学生,表明工读生对两类词汇的反应时比普通学生要长,且个别差异相对较大。

表7 两组学生对两类词汇反应时的平均数和标准差及显著性检验

比较项目	普通学生($n=29$)		工读学生($n=34$)		统计检验		
	M	SD	M	SD	t	df	p
攻击性词汇	1350.1975	209.9124	1478.9318	211.2482	−2.418*	61	.019
消极退缩性词汇	1370.7100	200.9154	1481.8282	224.9633	−2.030*	61	.047

从两类词汇平均数差异显著性检验的结果来看,两组学生对攻击性词汇和消积退缩性词汇的反应时的平均数差异显著。

2. 不同性别的工读生与普通生两类词汇的反应时差异的比较

两组学生对两类词汇反应时的性别差异的平均数和标准差见表8。从表中可见,男工读生对攻击性词汇的反应时大于女工读生。女工读生对消极退缩性词汇的反应时大于男工读生,女工读生的标准差均小于男工读生。说明女工读生在反应时上个别差异较小。男普通生对攻击性词汇的反应时大于女普通生。女普通生对消极退缩性词汇的反应时大于男普通生,女普通生在两类词汇反应时的标准差均大于男普通生。说明女普通生反应时个别差异较大。

从平均数差异的显著性检验的结果见表8。从表中可见,工读男女生对攻击词汇的反应时的平均数差异不显著,对消极退缩性词汇的反应时的平均数差异不显著,普通男女学生对攻击词汇反应时的平均数差异不显著,对消极退缩性词汇反应时平均数差异不显著,说明组内不同性别间的差异较小,达不到显著性水平。

表8 两组学生对两类词汇反应时的性别差异的平均数和标准差及显著性检验

比较项目	女生(工读$n=13$ 普通$n=14$)		男生(工读$n=16$ 普通$n=20$)		统计检验		
	M	SD	M	SD	t	df	p
普通学生							
攻击性词汇	1346.79	277.48	1354.4	143.63	.095	27	.925
消极退缩词汇	1412.91	255.93	1339.06	148.77	.961	26	.345
工读学生							
攻击性词汇	1476.11	111.88	1488.79	148.22	.092	32	.927
消极退缩词汇	1482.97	262.53	1476.96	269.83	.149	32	.883

我们对组间同一性别的差异也进行了比较和显著性检验,结果见表9,从表中可见,工读男生和普通男生对攻击性词汇反应时的平均数差异显著,对消极退缩性词汇反应时的平均数差异显著,工读女生和普通女生对攻击性词汇的反应时的平均数差异显著,对消极退缩性词汇的反应时差异不显著。

表 9　性别组间差异的显著性检验

比较项目	普通男生			普通女生		
	t	df	p	t	df	p
工读男生						
攻击性词汇	-2.318*	34	.029			
消极退缩词汇	-1.988*	34	.037			
工读女生						
攻击性词汇				-2.320*	25	.027
消极退缩词汇				-.942	24	.356

从统计数据来看,组内不同性别间的差异较小,达不到显著性水平。组间同一性别间的差异比较显著。说明工读生和普通生相比在攻击性的情绪反应上的确是一个同质群体。

三、讨论与结论

1. 工读生与普通生两类词汇反应时的差异分析

本节研究假设工读生和普通生相比,对敌意性攻击性词汇和消极退缩性词汇都更易产生情绪反应和认知加工。表现在他们给有攻击性和消极退缩性语词的颜色进行命名时,反应时可能要比普通生长。从表7的实验结果来看,和普通学生相比,工读学生对两类词汇的反应时比普通生都要长,且两者的差异呈显著性水平,说明试验结果验证了我们的假设。

已有的许多研究发现,与攻击性行为有关的物体被称为攻击性刺激物(aggressive stimulus),它会诱发人的攻击性情绪,进而诱发攻击性行为。例如,在某种状态下,一支枪(攻击性物品)就比一只羽毛球拍(中性物品)更能诱发人的攻击性情绪。某些具有煽动性的刺激因素,可能更容易唤起受挫的经历和攻击性或消极退缩的情绪。词语也可作为一种刺激物,容易唤起与之相关的联想、认知加工和情绪反应。本节实验在识别攻击性词汇、消极退缩性词汇的颜色时,这些含有情绪色彩的词语对被试的攻击性和消极退缩性内隐态度产生了启动效应,如果一个人攻击性情绪和消极退缩的情绪较为强烈,那么这些具有情绪色彩的词就更易引起相应的联想、认知加工和情绪反应。那么所花费的反应时必然就比较长。

在本节实验中,和普通生相比,工读学生对两类词汇的反应时比普通生都要长,且两者的差异呈显著性水平。从另一个角度也说明和普通生相比,工读生在攻击性和消极退缩情绪上的表现的确比普通生要强烈。白玉春(1998)的一项研究调查结果显示工读生在攻击性、抑郁、偏执、焦虑等方面总体上呈阳性,得分都显著高于普通生对照组。在本节研究中两类学生在两类词汇反应时上的差异,也验证了以上的调查结论。

早年身心受虐的儿童,大多在或年后会对敌意的情境线索有高度的警觉,易将模棱两可的信息解释为敌意的。儿童早期受虐的经验会影响儿童认知模式的产生,且这种认知模式会以潜在的知识结构的形式储存在个体的记忆库里,在儿童成长过程中,会随时被提取出来,早年的受虐经历可解释将近2/3的攻击行为的产生。我们曾访谈过大量的工读生,发现早年身体和精神受虐的经历,在这个群体中是普遍存在的一个现象。

2. 不同性别的工读生与普通生两类词汇的反应时差异的分析

以往的研究发现,攻击性有两种表现方式,可同时向内或向外爆发。表现为向外的攻击性和向内的抑郁消极情绪表现。① 压力、抑郁和暴力都是密切关联的。向外的攻击和向内的抑郁和消极退缩两者似乎是同一事物的两个方面,暴力指向外,指向社会,表现为犯罪行为。忧郁是指向内,指向自己,通常内心不断地重复长篇独白,其中充满了自我责备与否定。这和来自生活的压力,以及不善处理日常生活的压力密切相关。他们都倾向于把世界看成充满敌意的世界。差别在于抑郁者把敌意归咎于自己,攻击性强的人则谴责别人。他们在感受到敌意后如何作出反应方面,两者也存在差别。抑郁者在困境面前常感到无能为力,往往选择退缩。攻击性强者往往选择攻击。研究发现在这个问题上,常常表现出性别上的差异。男性从事暴力犯罪的可能性较女性高,女性患抑郁症的可能性比男性高。

本节实验假设女生和男生相比,男生在对有攻击性的词汇、女性在对消极退缩性的词汇更易产生情绪反应和认知加工。表现在给相应的语词的颜色进行命名时,反应时可能会存在一定的差异。从表8中我们发现在对攻击性语词和消极退缩性语词的认知加工上,的确存在着一定的性别差异。无论是工读生还是普通生,男生在对有攻击性的词汇、女性在对消极退缩性的词汇都更易产生情绪反应和认知加工。表现在反应时上都较异性要长。但这种差异比预想到的要小得多,达不到显著性水平。组内不同性别间的差异要比组间同一性别间的差异小得多(见表8和表9)。但从实验的结果来看,性别差异不如组间差异大,说明两种情绪的困扰在本节研究中不存在显著的性别差异。男性和女性在这个年龄阶段,都同时受两类情绪的困扰。也说明了工读生在攻击性情绪表现上的确是一个同质性的群体。

(三)结论

从结果的分析和讨论中,我们可以得出以下两点结论。

1. 工读生和普通生相比,对攻击性词汇、消极退缩性词汇都更易产生情绪反应和相应的认知加工,说明工读生的攻击性情绪和消极抑郁情绪表现的确较普通生突出。

2. 女生和男生相比,男生在对有攻击性的词汇、女性在对消极退缩性的词汇更易产生情绪反应和相应的认知加工。他们在反应时上存在一定的差异,但差异并不显著。

对工读生攻击性行为社会认知特点的实验研究表明工读生比普通生表现出更明显的攻击性行为特征和攻击性情绪倾向。

但攻击性的社会认知是一个非常复杂的问题。不仅需要通过量化研究在宏观层面上证实有关工读生攻击性行为社会认知的状况和一般趋势,还应该通过质的研究方法在微观层面上对工读生攻击性行为社会认知进行细致、动态的描述和分析。透视工读生对攻击性行为的思维方式、价值取向、情感倾向和行为方式。单一的实验研究不足以满足本问题研究的需要,只有两种研究方式相结合,更易获得比较全面、丰富的研究结论。下面3节的三项实验研究,更侧重用质化研究的方式来反映工读生攻击性行为社会认知特点。

---

① (英)苏珊·阿尔德里奇. 愤怒和抑郁之联系生活[M]. 北京:读书·新知·三联书店,2002:10.

第3节 攻击性行为归因方式的研究

一、研究设计

本节研究利用投射技术(projective technique)中的故事完成法,通过集体开放式问卷测验的形式来探讨两类(工读生、普通生)和两种性别的学生攻击性行为归因方式的特点,例如,当学生在模糊的社会冲突情境中,遭受到意图不明的伤害,对他人行为意图的解释和反应方式上是否存在一定的差异?差异在何处?从而探讨两类学生对攻击性行为归因方式的异同。

1. 被试:工读生 59 名(男生 43 名;女生 16 名),普通生 100 名(男生 53 名;女生 47 名),年龄:12~17 岁。通过集体测验的形式进行。

2. 实验材料及记分方式:调查要求被试完成一个省去前因后果的故事。这是一个在日常生活中常会碰到的情境。假设被试在一个模糊情境中遭受到意图不明的伤害。在缺少归因所需要的信息的条件时,会有多种可能、设想和猜测。被试的想法和态度[例如,这个故事当初是怎么发生的?他(她)当时会有什么感受?会做出什么样的反应?预计他(她)的做法会产生什么样的结果等]都会从填补前后的部分,有意或无意地投射出来。通过对故事的完成,了解不同的被试在对意图不明的伤害的归因和反应上的差异。攻击性行为归因方式研究的调查问卷如下:

攻击性行为归因方式的研究材料

问 卷 调 查

姓名_____ 学校_____ 年龄_____

这是两个省去前因后果的故事。假设你就是故事中的主人公,请发挥你的想象力给这个故事编一个开始和后来的发展以及结局。包括:这个故事当初是怎么发生的?你当时会有什么感受?你会做出什么样的反应?预计你的做法会有什么样的结果?谢谢您的合作。

1. "_____
_____
_____突然一只足球飞来,砸在我的脸上,我的鼻血立刻流了出来……
_____
_____
_____"。

2. "_____
_____
_____周末我买了不少东西正从超市走出,突然他急匆匆的走进超市,把我撞翻在地,把连我给家里买的酱油和醋都打碎了……

"。

本节研究采用两种记分方式:① 归因:敌意性归因(1 分)、意外归因(0 分);② 反应:攻击性消极的反应(1 分)、积极或建设性的反应(0 分),得分越高,说明敌意性归因倾向和攻击性消极反应越强烈。对调查问卷归因和反应方式进行量化数据统计分析,并对所有被试开放式问卷的文字资料进行整理和深入分析。

二、结果与分析

1. 工读生与普通生归因和反应倾向差异的比较

本节实验通过对两类学生给两个故事编前因后果,来了解他们的归因和反应方式,并对结果进行统计,将两种情境中的归因和反应先分别求和,再求平均数和标准差。统计结果见表 10。

表 10 两组学生归因和反应的平均数和标准差及显著性检验

比较项目	工读学生($n=59$)		普通学生($n=100$)		统计检验		
	M	SD	M	SD	t	df	p
归因	1.3051	.7934	.6000	.7785	5.478***	157	.000
反应	.7627	.8375	.1900	.5064	5.378***	157	.000

从表 10 中我们可以看出,工读生归因和反应的平均数均大于普通生,从标准差来看,两组学生在归因上的差异不是很大。在反应上工读生的标准差大于普通生。说明工读生在模糊情境中攻击性消极反应的个别差异相对要大于普通生。从平均数差异的显著性检验的结果来看,两组学生在归因中和反应中的差异非常显著。表明和普通生相比,工读生在模糊情境中遭受意图不明的伤害时,他们的确更易做出敌意性的归因偏好和攻击性的行为反应。

另外,我们将归因和反应的数据进行了皮尔逊相关分析,结果显示相关非常显著。说明敌意性的归因偏好和攻击性的反应倾向之间的确存在着非常显著的相关,但是敌意性的归因偏好的平均数要远远大于攻击性的反应倾向。在工读生中几乎是两倍的差异,在普通生中几乎是四倍多的差异。说明尽管敌意性的归因偏好和攻击性的反应倾向之间存在着非常显著的相关,但它们并不是一一对应的。并不是有敌意性的归因偏好,就会产生攻击性的行为反应。在归因和行为反应之间,认知和自我控制的确起了非常重要的作用。从下面编故事的材料的分析和讨论中也可以明显发现这一点。

2. 不同性别的学生归因和反应的差异的比较

我们对不同性别的学生在两个编故事材料中归因和反应方式的平均数和标准差进行了统计分析(结果见表 11)。

从表中可见,男生的敌意性归因和攻击性反应的平均数均大于女生,标准差女生均小于男生。说明女生在敌意性归因和攻击性反应上的个别差异较男生要小。平均数差异的显著性检验结果也显示:男女生在敌意性归因中差异非常显著。男女生在攻击性反应上的差异也非常显著。

表 11　不同性别的学生差异的平均数和标准差及显著性检验

比较项目	男生($n=94$)		女生($n=65$)		统计检验		
	M	SD	M	SD	t	df	p
归因	1.1170	.8658	.4923	.6875	4.853***	157	.000
反应	.5851	.7953	.1385	.4285	4.130***	157	.000

结果表明，和女生相比，男生在模糊情境中，遭受意图不明的伤害时，他们更易做出敌意性的归因偏好和攻击性的行为反应。

三、讨论与结论

我们对两类（工读生、普通生）和两种性别的学生在两个编故事测验中归因和反应方式的特点进行了整理分析，发现在模糊的社会冲突情境中，遭受意图不明的伤害，他们在对他人行为意图的解释和反应方式上，的确存在着明显的差异，差异主要表现在以下几个方面。

1. 工读生对意图不明的伤害更倾向于做敌意性归因解释和攻击性反应预测

从表10明显地看出，工读生在模糊情境中遭受意图不明的伤害时，做出的敌意性的归因偏好约是普通生的2.1倍，做出攻击性的行为反应约是普通生的4倍。从编故事问卷的分析中可看出，有80%的工读生通常更擅长保护自己的利益不受一点伤害，表现出"宁可我负人，不能人负我"的特点。为了不让自己吃一点亏，他们容易把事态扩大化，把伤害严重化，表现出睚眦必报的特点。相比较而言，60%的普通生大多不太在乎和计较自己的小损失。更能通情达理、宽宏大量地对待别人的无意冒犯，常常会把大事化小，希望能尽快平息事态。例如，在编故事中，对遭受伤害和损失，两类学生的典型处理方式就有很大的差异。

从普通生所编的故事情境中，我们发现他们（她们）大多会设想到对方会来给他（她）赔礼道歉，并赔偿他（她）的损失。因为他们认为如果他（她）是肇事者，他们通常也会这样去对待受害者，这也是他内心的善意和对别人尊重的投射。他们认为，给别人造成了伤害就应该道歉，给别人造成了损失就应该赔偿。如果对方不给他赔偿，他也会寻找恰当合理的方式来解决这个问题。下面这个普通生的表现就比较有代表性。

一般来说他会给我道歉和赔偿的。他若不给我赔，我就去找保安，对他进行教育，因为撞坏人家的东西是不对的，我要是他，我就一定会赔的。这样往往能使事情以恰当平和的方式得到解决。

有四分之一的普通生，常常还善用幽默调侃的方式来化解冲突。在生活中，幽默调侃和轻松的话语往往是化解冲突紧张的最好方式也是智慧和人格成熟的表现。以下这个普通生的答案比较有代表性。

其中一个球员跑过来，看到我鼻子流血了，就对我说："你没事吧？"我问他："有没有带纸？能不能借用？"他说："没有，我还要接着比赛呐！"我说："等你比完，我也over（完蛋）了。"他马上换下场带我去水龙头上冲洗，看着他后悔的样子，我忍痛硬是挤出笑容对他说："没关系，下次可要记住把你射脸的功夫用来瞄准球门。"

70%的工读生大多预设：对方在有意的伤害别人，即使无意，对方惹了祸以后，第一反应就是逃避责任，免受惩罚。不会主动赔礼道歉，也不愿赔偿损失。并且还需靠付诸武力的方式来挽回自己遭受的伤害，力争自己的损失得到赔偿。这种预设一方面表明了工读生的敌意性归因和攻击性反应预测；另一方面也投射出工读生在现实生活中作为肇事者，通常以这种态度对待受害者。从而更易导致攻击性行为的发生。以下例子所代表的态度在男工读生中很典型。

> 我当时非常恼火，从地上爬起来，先一把揪住他，不能让他跑了，那家伙居然对我不理不睬，连声"对不起"也不说，他不给我赔，我就打死他，我估计这样做了他肯定会赔给我的。如果他不赔，就叫他父母来赔。我会打110把他抓起来，然后和他家人联系怎样让他赔钱给我。如果就他一个人，我就一脚把他踢倒在地，叫他再买新的来，并把现场打扫干净。等他买来后，我又打了他两个耳光。我觉得我做得还不算过分。如果他们人多，我就回去找人带上刀，去砍他们。

从表10还可以看出，普通生的敌意性归因的均值远远小于工读生的均值，表明普通生更倾向于非敌意性归因和非攻击性的行为预测。调查问卷的分析中也发现，与工读生相比，普通生能设身处地的给伤害者的激惹情境寻找一个恰当合理的解释，来说服自己平息怒气，原谅别人。而从工读生的调查问卷中极少看到这一点。

> 我止住血，把球还给了他们。我本人也喜欢踢球，也常会把球踢到别人身上，所以我很能理解，也不会过于计较。因为毕竟足球是没长眼睛的，别人也不一定是有意的。都怪我今天的运气不好。

2. 对行为意图的解释和给对方造成的损失的赔偿是否合理是敌意性归因偏见是否转化为攻击性行为的主要因素

正如"挫折—攻击假说"(frustration-aggression hypothesis)所认为的，引发攻击性的主要因素是挫折。挫折和攻击之间存在着无条件的因果关系。大多数人在生活中无缘无故地遭受到意图不明的挫折和伤害（在本节投射调查中制造的挫折是被突如其来的足球砸到脸上，鼻血立刻流了出来。或在超市门口被撞翻在地，连给家里买的酱油和醋都打碎了），都会表现出异常的恼怒，并欲做出言语和身体上的反击。但挫折并不直接导致攻击，它只为攻击行为的实际发生创造了一种唤醒或准备状态。攻击行为的实际发生还需要有一定的内外线索。决定攻击性行为最终是否付诸实施的最重要的因素，是对伤害者伤害意图的解释。正如齐尔曼(Zillmann,1988)认为的，攻击性的降低可以通过双方观点的交流而实现，他说："攻击性冲突最好的解决途径是，一个人明白了对方的痛苦，一个人看到了另一个人观念中的善念。对方的目标是合法的，行为是合理的。"[①]从我们的调查问卷上可明显发现，假如我们被某人或某事激怒或伤害，如果我们在事情发生之后，能听到他对其行为的合理的解释（这种解释无论是出自伤害者之口，还是来自受伤害者对伤害者的合理的猜测），能向对方表

---

① Huesmann, L. R. & Guerra. Children's beliefs anout aggressive and aggressive behavior. Journal of personality and Social Psychology. 1997, Vol. 72, No. 2, 408-419.

达真诚的歉意,给予对方切实的关怀和安慰,并能赔偿给对方造成的损失。攻击性行为就会大大减少。但如果对方态度蛮横,拒不认错道歉,对给对方造成的伤害和损失漠然处之。这往往会成为导致攻击行为发生的重要条件。这一点无论从普通生还是从工读生的调查中都可以明显看到。以下这个普通学生的回答就比较有代表性。

> 我当时心中的怒火腾地一下子就燃了起来,我有点按捺不住。原来的好心情早已烟消云散,我真想破口大骂,上去痛揍他一顿。但他主动跑过来问我有没有伤着,一个劲儿地道歉,帮我拣东西,要给我赔钱重买。并解释说:"我妈重病,想喝鱼汤。所以我急急忙忙赶来,不料……"听了他一席话,我心中的怒火一下子就灭了,心情也渐渐平静了。我立马就原谅了他,并说:"没关系,你又不是故意的。"他那么有责任心,我对他反而产生了敬意。我婉言谢绝了他的赔偿。但他不愿意这样了结,硬把钱塞到我的手里。转身就跑了。

下面这个工读学生的回答在工读生中也比较有代表性。

> 我用纸塞在鼻子里,不让血流下来,他如果主动帮我拣地上的东西,和我说声对不起的话,我也就算了,最多和他说以后小心点。如果他没有说道歉的话,我肯定先过去骂他,他敢还嘴我就狠狠地打他。他让我鼻子出血,我就让他头出血。我打完他就马上开溜。

由此看来,当现实生活中伤害发生时,如果能对攻击性行为的原因做合理的解释,如赔礼道歉,赔偿对方的损失,是化解冲突的关键因素之一。

3. 工读生和普通生在伤害事件中对"理"和"利"看法的倾向侧重也有所差异

我们在调查中发现,75%的普通生在伤害事件中常常更看重"公道"和"理"。比如对方在伤害别人之后对此事表现出的态度,是否讲理,是否赔礼道歉。如果对方通情达理,他们往往能大度地原谅对方,不过于计较自己的伤害和损失。如果对方态度粗暴蛮横,不赔礼道歉而仅拿金钱来了结此类纠纷,在普通生中大多被看成是人格受到了侮辱。他们看重"理"大于"利",并不看重不义之财。他们通常能寻求恰当的赔偿和合理的解决方式,他们期望的赔偿也不过是等值的赔偿,并不期望多占别人的便宜。以下是一个有代表性普通生的情景模拟。

> 打碎的酱油、醋溅了我一身,把我的衣服也弄得脏乱不堪。我想如果他能道歉,并重新给我买一份酱油和醋的话也就算了。如果他不道歉也不打算赔,我就去找保安,对他进行教育。谁知他仍过来几百块钱,嘟嘟囔囔着说:"陪你钱就是了!"我当时觉得受了屈辱似的,他这样就是不尊重我的人格。我气得咬牙切齿,拣起钱向那人脸上狠狠地扔去。

从编故事测验中,我们发现80%的工读生在事情发生后,虽然也很看重对方的态度是否讲理。但与普通生不同的是他们更在乎自己的利益得失,甚至还幻想和期盼着借助此事敲诈勒索,发不义之财,表明了"利"大于"理"的价值取向。例如,一半以上的工读生在幻想对方给他一瓶酱油、醋的赔偿都大于50元,幻想自己碰到的是大款,不在乎这点钱。以下是两个工读生的反应比较典型。

A 工读生:"你看这怎么办?"他说:"算了吧。"我说:"这不可能算了。你得给我100元,把钱放下你人再走,或给我买被他打碎的东西。"如果他不给,我就踢他几脚,打他几拳,然后逃走。如果是个年纪差不多大的,我就把他拉到人少的地方,把他身上的钱全拿光,买好东西,直接回家。

　　B 工读生:"怎么回事,走路不长眼睛呀?""实在太对不起了!""就光道歉呀,对不起顶什么用呀,你说这事怎么办吧!""那我赔给你,不就200元吗。""嗨,你说这话我就不爱听了。我不是想要你钱,你把东西全给我买回来。"那人气呼呼地从包里掏出500元钱,塞到我手里说:"不就想多要点钱吗?现在我多赔给你就是了。我有急事先走了。"我嘴上虽然还说着"这不是钱的问题,这是原则性的问题"。可是已经没有原来说的那么响了。我想,这样就可以请我的那帮把兄弟下馆子了,这样多有面子,想想就觉得心里美滋滋的。

4. 工读生和普通生在攻击性情绪反应的控制和攻击性结果的预测上,存在着差异

　　工读生在事情发生时往往更冲动,更不顾后果。事后对后果的预测更多考虑的是对自己的不利,较少考虑对受害者造成的伤害。

　　从编故事测验中我们可以看出,工读生攻击性反应模式更直接和情绪化,而且在攻击性行为发生后,更愿意考虑自己的利益得失,缺乏对受害者的同情、关心和造成伤害的歉意和赔偿。在工读生中约40%,其中在男工读生中占到55%以上都有此表现。以下这位工读生的反应比较有代表性。

　　那天我和兄弟们去玩,看到球场上已经有人了。我们过来,他们竟敢不让。我就对他大叫:"全部给我滚!"只看见他们的人走过来,其中的一个人还敢用足球踢我。我的兄弟们火大了,就一起冲上去打,最后他们被我们打得落荒而逃。哈哈!原来他们是这么不经打的货色。运动场就归我们玩了。

　　另外,20%的男工读生有时即使别人赔礼道歉了,仍然不能原谅别人的过失,不肯善罢甘休。而且动起手来没有轻重,缺乏自控。下面这个工读学生的反应比较有代表性。

　　我当时很疼,一边擦血一边破口大骂:"哪个白痴?有种的给我站出来!"有个人走了过来说对不起,不是故意的。可是我没有理他,心想:你把我踢伤了,对不起管什么用,这下子该你倒霉了,我对着他一阵乱踢,他抱着肚子在地上打滚。我知道不对头了,脑子里想,这下子可惨了。我会被父母骂,还得送他去医院检查,真是的。如果把他什么地方踢坏了,麻烦可就大了,我可赔不起呀。回家后,我的内心非常不安,生怕他会伤得很重,会报警。

　　工读生情绪上表现出的冲动性和自我克制能力,都较普通生要差得多。他们在攻击性行为发生之前往往不作过多的思考,攻击性反应模式似乎已经自动化了。但过后能意识到自己的行为造成的后果的严重性,甚至会有些后怕。但他们更多考虑到的还是给自己带来的不利,较少考虑到给对方造成的伤害和痛苦。有时也能根据对方的态度和攻击

性行为给自己带来的不利后果,适当克制自己的冲动。下面这个工读学生的表现就比较有代表性。

  我当时很痛,气极了,不管三七二十一朝着那个踢我的人凌空一脚,踢了再说,把他踢死活该,谁让他先惹我的。他如果叫人来打我,我也会叫人来的。人太多不好,我就和他单挑。他让我鼻子出血,我就让他的头出血。打完之后我就马上开溜。我当时非常痛快。可事后我还是非常后悔的。其实我估计他们没那么容易善罢甘休,以后还会来找我报复,这样双方打起来,万一我打伤了他,或他打伤了我,最后倒霉的还是我们自己,万一我下手没了轻重,把他打伤打残进了医院,我就得蹲大牢。我家就得给他家赔钱,那我可赔不起。祸惹大了,回家我免不了要挨父母的一顿恶揍,我只好离家出门躲一段时间,等我爸妈气消了再说。可能我还要被学校处分。

  工读生上述明显的特征和他们近乎自动化的攻击性反应方式的原因,也许是与他们成长的环境以及长期生活经历有关。这些学生大多在原校原地区都是赫赫有名,称霸一方的"霸王"和"霸王花"。在他们所处的亚文化环境中,对"权势和拳头"的崇尚往往大于"公理和公义"。"强者为王败者为寇"谁厉害就服从谁,懦弱和善良反而会受人欺负,被人瞧不起,如长期被人欺负,自尊和自信都会受到极大的挫伤。他们使用攻击性行为曾使他们自我的利益得到了一定的维护。在他们的生活圈子中,他们通过强权豪夺的方式已经尝到了不少的"甜头",所以在矛盾冲突的情境中,他们对自己攻击性冲动的克制较少,甚至他们认为自己没有过于克制的必要。

  从以上的分析和讨论,我们可以得到以下结论。
  (1) 工读生对意图不明的伤害更倾向于作敌意性归因解释和攻击性反应预测。
  (2) 对行为意图的解释和对给对方造成的损失的赔偿是否合理,是敌意性归因偏见是否转化为攻击性行为的主要因素。
  (3) 工读生和普通生在伤害事件中对"理"和"利"看法的倾向侧重也有所差异。
  (4) 工读生和普通生在攻击性情绪反应的控制和攻击性结果的预测上,存在着差异。工读生更冲动,不顾后果,但事后对后果的预测更多考虑的是对自己的不利,较少考虑对受害者的伤害。

第4节 攻击性行为环境线索发生变化后的信息识别

一、研究设计

  以往的研究发现,攻击性强的儿童面对大量的外界信息刺激,觉察到的环境线索非常有限。斯克拉比(Sklaby,1988)也指出,攻击性强的儿童很少会主动搜索额外信息。澄清不明晰的情境。他们对外界信息的变化不敏感,处于麻木混沌状态,并且倾向于扭曲情境中较有煽动性但并不一定是攻击性的信息。荀泽(Gouze,1987)的研究也证实,儿童如果不能正确地觉察情境线索的变化,和其可能做出的攻击性反应有一定的关系。

  本节研究的目的是在上述编故事投射测验的基础上,通过深入的个别访谈来探讨两类学生(工读生、普通生)在以上模糊情境中,环境线索相应的信息条件发生变化时对他人行为意图的解释和反应方式是否作相应的调整,有无明显差别。例如,当他人的意图、他人对自己造成的伤害的严重程度、他人的身体优势、他人的社会地位、伤害者与受伤害者之间的人际关系发生变化时,他们能否准确识别线索的变化,并对反应方式做出灵活的调整。工读生是否存在信息识别能力的不足,是否因为这个不足导致攻击性行为的发生?还是另外存在什么原因?

1. 被试:研究的被试是在本章第3节编故事投射测验的结果的基础上,在工读生和普通生中各选取10名学生(男生5名,女生5名),年龄:12～16岁。

2. 实验材料:实验材料中情境变化的线索(以第一个编故事情境为例)依据以下五点:① 意图的变化(有意、无意);② 结果的严重程度的变化(严重、轻微);③ 伤害者社会地位的变化(长辈和老师、同龄人);④ 力量对比的变化(强大、弱小);⑤ 人际关系变化(熟人朋友、不认识的人、有过节的人)。攻击性行为线索信息识别变化的研究问卷如下:

攻击性行为线索信息识别变化的研究材料

访谈问题

指导语:"刚才,你编完了故事,我能接着问你几个问题吗?"(以故事一为例,故事二也是同样的提问模式)

(1) 意图(有意、无意)

如果他们看见你走过来,有意把球踢向你,你会如何反应?

如果他们不小心把球踢过来,砸到你,你会如何反应?

(2) 结果的严重程度(严重的、轻微的)

如果只是鼻血立刻流了出来,你会如何反应?

如果你被砸成脑震荡,花了半个月检查治疗才痊愈,你会如何反应?

(3) 伤害者的社会地位(师长、同龄人)

如果踢球的人是你的老师和长辈,你会如何反应?

如果踢球的人是你的同龄人,你会如何反应?

(4) 身体强壮程度(个头、力气比我大;个头、力气不如我)

如果踢球的人个子比你高,力气比你大,你会如何反应?

如果踢球的人个子没有你高,力气没有你大,你会如何反应?

(5) 人际关系(熟人朋友、不认识的人、有过节的人)

如果踢球的人是你的朋友或熟人,你会如何反应?

如果踢球的人是你不认识的人,你会如何反应?

如果踢球的人是以前和你有过节的人,你会如何反应?

研究通过个别访谈的形式来进行,访谈过程用索尼(Sony)数码录音笔(ICD-ST20)作记录,之后转存在电脑中进行文字整理和分析。

二、结果与分析

我们对通过访谈所获得的资料经过整理统计和分析,得到以下结果。

(一) 当意图发生变化时(有意、无意)的反应

工读生通常的反应：如果对方造成的伤害是有意的，攻击报复反应占90%，能原谅对方的仅占10%。如果对方是无意造成了伤害，攻击报复反应占60%，能原谅对方的占40%。

普通生通常的反应：如果对方造成的伤害是有意的，攻击报复反应占70%，能原谅对方的仅占30%。如果对方是无意造成了伤害，攻击报复反应占20%，能原谅对方的占80%。

由此可以看出，对于对方有意造成的伤害，大部分人都会采取攻击报复的反应，工读生尤甚。如果对方是无意造成了伤害，工读生大多仍然不肯原谅对方，他们通常认为管你是有意的还是无意的，只要你给我造成了伤害，我就要进行报复，他们看重结果甚于意图。而普通生则能更宽容、原谅对方。

(二) 当后果的严重程度发生变化时(严重的、轻微的)的反应

工读生通常的反应：如果对方的伤害给自己造成了严重的后果，攻击报复反应几乎占90%，还会揪住不放，索求赔偿。几乎不肯轻易原谅对方。他们通常很擅长保护自己的利益。如果后果是轻微的，攻击报复反应仍占80%，能原谅对方的占20%。不管后果严重与否，只要你伤害了他们，触犯了其利益，他们一般很少会原谅对方。

普通生通常的反应：如果对方的伤害给自己造成了严重的后果，他们一般会看对方的意图和事后是否赔礼道歉，主动关怀。如果是有意的，而且蛮横无理，攻击报复反应占70%。如果是无意的且主动道歉，一般90%的人都会大度地原谅对方。如果后果是轻微的，只要对方态度好，能赔礼道歉，一般都不太在乎，会很快平息事态。

(三) 当伤害者社会地位变化时(长辈和老师、同龄人)的反应

工读生通常的反应：碰到伤害者是自己的长辈和老师，通常是只能自认倒霉的占60%，还有40%的学生认为，管他是谁，如果把我气急了，我都一样会报复他，尤其是曾对我不好的老师和长辈，他们早就看我不顺，说不定他们是蓄意报复，所以我更要以牙还牙。如果伤害者是同龄人，那就更无所顾忌地做出报复反应。

普通生通常的反应：如伤害者是自己的长辈和老师，那么他们更容易对他们做出无意的归因，他们认为长者都是爱护弱小的，而且认为老师和长辈做错了事，通常都会来道歉的。他们认为老师为人师表，他们的行为理应更符合社会规范的要求。所以90%的同学一般都会原谅。如果伤害者是同龄人，可能要根据对方的意图和态度来决定做出何种反应。

(四) 当力量对比变化时(身体强壮、年纪大；身体瘦弱、年纪小)的反应

工读生通常的反应：碰到个头、力气、年龄比他大，自己打架占不了上风的，50%的人会回去叫人，确认力量足以和对方抗衡时，才敢跟对方叫板。还有50%的人说自己从来没有向个头、力气、年龄比自己大的人低过头，从来就没有惧怕过他们，哪怕被打得头破血流也不会表现出怯意和退缩，他们认为只有这种心态和气势才不会输给对方，也不会让对方耻笑。碰到个头、力气、年龄比自己小的，他们会表现出恃强凌弱的一面，但有时也会表现出同情保护弱小的一面。

普通生通常的反应：碰上个头、力气、年龄比自己大的，看自己不是对手，出于自我保护的本能，通常会退缩。或者会去找几个人，一起来和他理论。很少有逞一时之勇冲动蛮干的。遇到个头、力气、年龄比自己小的，通常会爱护弱小，不予计较。

(五) 当人际关系发生变化时(朋友、陌生人、有过节的)的反应

工读生通常的反应：碰上熟人朋友，通常不会像往常一样做得那么苛刻和无理，一切好

说,他们通常比较讲义气,对自己认可的小团体的朋友比较爱护。对于不认识的人肯定会很生气,常常会做出攻击报复的反应。特别是曾有过结的人,还会乘机作为报一箭之仇的机会和借口。

普通生通常的反应:如果对方是自己的同学或朋友,通常会认为没关系而不予计较。若是陌生人,因为不认识所以他们认为无意的可能性就比较大,对方说对不起也就算了。曾有过节和矛盾的人,就要看对方的动机,如果是无意的,可能会有点生气,但也就算了,不会过于计较,如果是有意报复,那就对他不客气了;如果他实在太坏就打他一顿。

三、讨论与结论

人类天生就具有对挑衅性行为作出反应的倾向,但攻击性永远是一种选择性的方案。攻击性是否表现出来,取决于先天倾向、先前的社会经验和对当前所处的具体社会情境之间的复杂的相互作用尤其是精确"阅读"社会环境的能力。从本节研究对普通生和工读生的访谈中也能发现这一点,他们先前的社会经验、头脑中的价值观、当前所处的具体社会情境的变化影响到了他们行为反应的方式。

在本节研究中,通过对访谈资料和对前一个完成故事的投射测验材料的整理和分析发现,工读生和普通生的确存在着一定的差异。差异表现在两方面:首先,在对完成故事的投射测验材料的分析中,我们发现有65%的人(其中普通生80%,工读生40%)已经出现了"如果……那么……"的条件句型,说明他们已经能够通过分析来使模糊情境更加分化和明确化,且能够根据环境线索中相应的信息条件的变化做出不同的反应。一个典型的句型是:"如果他肯过来赔礼道歉的话,就算了;如果他不道歉,我肯定要揍他(或骂他)"。在笔者进一步的访谈中,笔者提供了更加明确的环境线索变化的情况,两类学生几乎都能敏感地觉察环境线索的变化,并对反应方式做出相应的调整。但和普通生相比,工读生反应方式调整的灵活度和范围相对来说都较小。

其次,和普通生相比,工读生在编故事测验中,在对事情的来龙去脉的叙述中情节和线索都过于简单贫乏。而且联想的线索大多和攻击性有关。有35%的工读生只用一两句话来叙述故事(注:留给他们30分钟的时间来完成两个故事的编写)。例如,下面这个工读生的叙述比较有代表性:"我打了他一顿,他进了医院,我进了大牢"。而80%的普通生故事编写得都比较完整而丰富多彩。十几岁的初中生正处在思维最活跃,最善于幻想和创造的年龄,但这部分工读生除了他们文化知识有限,表达能力较差之外,他们对社会信息的知觉能力不足,缺乏精确"阅读"社会环境的能力也是一个重要的原因。有时工读生虽能意识到信息条件的变化,但常常缺乏冷静而精细的思考分析的习惯,行为反应往往比较冲动。这和他们先前的社会经验,他们头脑中对事物评判的价值标准都有一定的关系。

具体来说有以下特点。

1. 少部分工读生社会信息的知觉能力不足。大部分工读生虽能敏感的觉察环境线索的变化,但反应比较冲动和单一化,普通生则更能进行冷静灵活的分析和处理

在访谈中,笔者发现有70%的工读生认为如果当时情绪不好,他们不管伤害者是谁,具有何种特征,出于何种意图,他们都会做出报复的反应。他们的反应通常比较冲动和单一化。下面这个工读生的反应比较典型。

> 我心情好的时候就算了。如果那时我的心情很不好的话,因为我这个人报复心理是很强的。这点我心里很清楚的。如果我真的气极了,管他人高矮强弱,管他是谁,我都会觉得他们是有意的。我都要发泄和报复。反正他惹了我了,把我砸得鼻血都流出来了,我就要骂他。

普通生相对来说更能正确地识别情境的变化,而且能够把对情境变化的知觉整合到自己的反应策略中去。他们遇事比较冷静并善于分析,对对方的行为易作善意的猜测。下面这个普通生的回答比较有代表性。

> 在球场上踢球,应该是无意的。人家过来赔礼道歉也就算了。有意的话,要看他是啥心态,要先了解清楚了再说。我妈妈常对我说,事情发生了要先了解清楚,碰到什么事情都要沉着对待,大呼小叫解决不了问题,过于冲动事后你再后悔也没有用了。

2. 工读生更在意伤害行为结果的严重程度,普通生更注重对方的意图和态度

工读生通常更注重伤害造成后果的严重性,还会揪住不放,索求赔偿。他们通常很擅长保护自己的利益,几乎不肯轻易原谅对方。如果后果是轻微的,一般也很少会原谅对方。只要你伤害了他,触犯了他的利益,他就会报复。工读生总是从伤害造成的后果来决定是否该原谅对方。下面这个工读女生的反应比较有代表性。

> 一个小男孩跑来递给我一张餐巾纸并道了歉,我当时没说什么,但回家一照镜子,脸淤青了一块,我的泪不知不觉地就流了下来。我是一个爱漂亮的女孩,全身上下最喜欢的就是我的脸了,在脸上花了很多时间和钱,班里几个女生也说:"你现在要毁容了,面子也丢尽了,这回出洋相了"之类的话。我听了简直快要发疯了,我真后悔不该就这么便宜了那个小男孩。如果对我伤害不大,即使是你有意的,我也可以算了。但如果对我伤害很大,即使你是无意的我也不会因为你说了对不起就轻易地原谅你。

普通生在受到伤害时通常更注重对方的意图和事后是否赔礼道歉,主动关怀和给予适当的赔偿,而非伤害结果的严重性。如果是无意的且已主动道歉,一般都会大度地原谅对方。如果后果是轻微的,只要对方态度好,能赔礼道歉,一般都不太在乎。这一点在本章第3节已有论述,在此不再赘述。

3. 和普通生相比,工读生对部分老师怀有敌意,蔑视权威的倾向比较严重

中国的传统文化向来崇尚"尊师爱生"、"师道尊严",所以老师通常在学生心目中具有相当的地位和尊严。但在我们的访谈中却发现,不少工读生对部分老师怀有敌意、不尊重。据徐刚、余永范等(1995)在上海15所工读学校的一项调查显示,工读生在与原校老师的关系的自评中表明师生关系对抗、较紧张的占65.3%左右。对抗、紧张的直接原因是他们认为老师办事不公的占40.81%,歧视差生,讽刺挖苦的占50.81%。[①] 也许在原来的学校作为双差生,经常扰乱正常的教学和生活秩序,曾是老师的心病,常常受到老师的厌弃,或者曾遭受到老师的不公正对待。所以工读生对部分老师怀有敌意,蔑视权威的倾向比较普遍。

---

① 张民生. 上海工读教育四十年[M]. 上海:上海教育出版社,2001:117.

在笔者访谈中,工读生谈到

  如果造成伤害的是我很讨厌的老师,那他肯定就是有意对我进行报复。那我必然要斗争到底。有个学生曾谈到她和老师之间发生的冲突。有一次我把老师气极了,他开始用难听的话讽刺我,让我滚。我说,我每年都交学费的,凭什么要滚?你又不是生我养我的父母,我干吗要听你的话?你做老师的就是吃我们的饭的。如果我们都不上学,你们哪有饭吃?如果你有本事的话,就去找一个工资高的职业去,早就不当教师了。

他们一旦自尊受伤时,总是通过极力贬低老师来取得心理上的优势。他们后来和老师缓和矛盾大多也是出于自我利益的考虑。一位工读生说:

  以前老师批评我,我就和她吵。不过以后我是不会再和老师吵架了。我现在学聪明了,学会了'尊重'老师。我认为和老师顶撞吵架,最终倒霉的还是我自己。因为我觉得这个社会就是谁有钱和权就听谁的。在学校就得听老师的。最后毕业写评语都是要靠老师,就算你家里再有钱,如果你对老师态度不好,老师照样有权随便写你。而且老师都是一条心的,如果这个老师对我印象不好,几个人就会在一起讨论我的不好。那么所有老师都会认为我不好。所以只要是老师说的话,对的也是对的,不对的也是对的。

从以上的例子工读生的想法和做法可以看出,教师在他们的心目中,并没有作为学问和品行的榜样而得到应有的尊重和敬仰。社会道德规范和主流文化通常是通过教师作为媒介来引导和潜移默化地影响年轻一代的。这个影响产生作用的一个首要因素,是年轻一代对教师权威的尊重和认可。"亲其师而信其道",如果学生在情绪上和老师产生强烈抵触,在心理上贬低老师的教化,那么社会道德规范和主流文化就不可能对他们产生影响。

4. 强势和弱势对方对工读生攻击性反应的影响

普通生碰上个头、力气、年龄比他大的,看自己不是对手,出于自我保护的本能,通常会退缩,灵活地选择其他的反应,很少有冲动蛮干的。遇到个头、力气、年龄比他小的,通常会爱护弱小,不予计较。有个普通生的反应比较有代表性。

  球砸伤了我,我愤怒地大吼:"谁踢的?"一个比我高大强壮的青年跑了过来,笑嘻嘻地说:"是我。"我一看不是他的对手,于是脸色一变,和颜悦色地回答:"没关系,没关系,下次小心点。"一个人单枪匹马通常是不敢和他吵的。我想我又打不过他,还不如给他留下一个心胸宽广的好印象。他如果态度蛮横,我可以回班里叫上同学,一起来和他评评理。碰到比我们小的,我们通常会说话委婉一点,吓唬吓唬就算了,不至于把他们吓着。一般不会太过于计较。

工读生碰到个头、力气、年龄比他大,有怕硬畏惧的一面,也有不畏强暴的一面。自己打架占不了上风的,50%的人会回去叫人,确认力量足以和对方抗衡时,才敢跟对方叫板。还有50%的人说自己从来没有向个头、力气、年龄比他大的人低过头,从来就没有怕过他们。哪怕被打得头破血流也不会表现出怯意和退缩。他们认为只有这样一种决不服输心态和气势才不致让对方小瞧。如果懦弱退缩在学校里就会永远抬不起头来。永远成为别人的笑柄。下面这个工读生的反应比较有代表性。

我很小的时候就一直看我爸爸打架,长大以后,看到外面打架也不会有什么恐惧的反应,人家打我也从来不会怕。即使对方比我厉害十倍百倍,我看到他也不会怕,也敢跟他顶撞到底。在社会上就是这样,"愣的怕横的,横的怕不要命的"。你拿出不要命的样子,别人就会怕你,以后不敢轻易惹你。

碰到个头、力气和年龄比他们小的,工读生的反应变化很大,有恃强凌弱的一面。也有同情保护弱小的一面,但更多的还是处于自我的考虑,怕攻击性行为会给自己招来负面的社会评价。例如下面这个工读生的反应就比较有代表性。

其实我不太喜欢跟比我小的人计较什么。如果他太瘦小,又那么老实就算了,顶多瞪他一眼,说他几句就算了。如果我打了他还要背处分,而且还会有个不好的名声。而且比我小的人是不经打的,一打就会坐在地上哇哇大哭。中国有一个传统,如果发生了事情,不管谁对谁错,凶的那个人总归是不对的。人家都会同情帮助弱小者。理好像总在弱小的那边。让人觉得你欺负弱小者,你得背一个欺负弱小的坏名声。

(五)人际关系对工读生攻击性反应的影响

按中国的文化,遇事向来对"自己人"和"外人"有着截然不同的两种反应方式。在做出反应之前,往往先需要确定对方和自己之间的关系,然后决定反应方式。如果是"自己人"那就政策放宽,一切好说。如果是"外人"可能就政策从严,公事公办。对于平时有"过节"的人,也许这恰好是个打击报复的好机会。工读生的反应也遵循以上的原则。同样是给自己造成伤害,如果是朋友和熟人,就不会做得那么苛刻和过分。如果是陌生人和有过节的人,肯定会很生气并要进行报复。工读生通常比较看中小团伙中的哥们义气。为了"朋友"他们会两肋插刀,不顾一切。他们经常会把小事化大、聚众斗殴。替受人欺辱的"小兄弟姐妹"申冤报仇,似乎成了他们在日常生活中发泄过剩精力的一项很重要的活动。

普通生在伤害情境中对"自己人"和"外人"也会区别对待,有截然不同的反应方式。但总的来说,他们比工读生待人要友善、宽容且大度得多。如果对方是自己的同学或朋友,通常会认为没关系而不予计较。若是陌生人,他们认为无意的可能性就比较大,对方说对不起也就算完了。曾有过节和矛盾的人,就要看是有意的还是无意的。如果是无意的,可能会有点生气,但也就算了。如果是有意报复,那就对他不客气了。如果他实在太坏就打他一顿。他们分析问题要理智冷静得多。

从以上的分析和讨论,我们可以得到以下结论:

(1)少部分工读生社会信息的知觉能力不足。大部分工读生虽能敏感地觉察环境线索的变化,但反应比较冲动和单一化。普通生则更能进行冷静灵活的分析和处理。

(2)当后果的严重程度发生变化时,工读生更在意伤害行为的严重程度。普通生更在意对方的意图和态度。

(3)和普通生相比,工读生对部分老师怀有敌意,蔑视权威的倾向比较严重。

(4)面对强势和弱势对方,工读生和普通生的攻击性反应也有很大不同。普通生面对强势对方会退缩,通常会爱护弱势对方。工读生在强势面前兼有欺软怕硬和不畏强暴、冲动蛮干的特点。在弱势面前兼有恃强凌弱和处于自我的考虑同情弱小的一面。

(5) 面对人际关系的变化,工读生和普通生都能区别对待。工读生通常重哥们义气,爱憎分明。普通生待人要友善、宽容、大度得多。

第5节 攻击性行为问题的解决

一、研究设计

以往的研究发现,攻击性强的学生在社会问题的解决中提出的策略通常要少于非攻击性学生,且争斗、操纵、古怪和不正常的策略较多,亲社会策略较少。当被要求寻找其他替代性的策略去解决问题时,他们提出的策略的数量、变通性、可行性都较非攻击性学生差。

本节研究设计了三个人际冲突性情境,通过个别访谈的形式探讨了工读生和普通生在社会冲突情境中的反应搜索和问题解决策略上是否存在明显的差异?与普通生相比,工读生是否表现出反应搜索简单、富有攻击性且缺乏问题解决的反应策略?

1. 被试:工读生和普通生各14名,男女生各一半,年龄在12~16岁。
2. 研究材料:在参考国外已有的研究的基础上[①],自己设计了三个情境故事作为研究材料。访谈的材料为三个在日常生活中常见的,由别人的排斥、嘲笑和干扰引起的人际冲突的情境,了解被试在这三种情境中他会有什么感受?通常会怎么做?除此以外,还有没有别的解决办法?如果这个办法行不通该怎么办?并让其对自己解决问题的方式的利弊做出评价。攻击性行为问题解决的研究问卷调查如下:

攻击性行为问题解决的研究材料

访 谈 问 题

指导语:"以下是你们在学校生活中经常会遇到的情况。假设你就是每个故事中的主人公,在这种情况下你通常会怎么做?除此以外,还有没有别的解决办法?如果这个办法行不通该怎么办?"

1. 当班里的其他同学去参加课外体育活动时,你耽误了几分钟时间,当你赶到操场时,其他同学已经在那里玩了。有几名男生正在打篮球,你非常想和他们一起玩。但其中有一个男生对你说,"我们人够了,不需要你"。

(1) 你会有什么样的感觉?你认为他们为什么要这样做?
(2) 你该怎么办?除此之外还有别的办法吗?
(3) 你设想的办法对自己和他人有什么有利和不利的方面?能帮你达到目的吗?

2. 有一天早晨你穿戴整齐的来到学校,因为下课以后,你要和父母一起去看一个从国外回来的亲戚。当你走进教室时,看到你认识的两个男生在指着你的穿着打扮窃窃私语,还偷偷地掩着嘴痴痴地笑。

[①] Jina S. Yoon, Jan N. Hughes et. al. Social Cognitive Difference Between Aggression Rejected and Aggressive-Nonrejected Children. Journal of School Psychology, 2000(3): 551-567.

(1) 你会有什么样的感觉？你认为他们为什么要这样做？

(2) 你该怎么办？除此之外还有别的办法吗？

(3) 你设想的办法对自己和他人有什么有利和不利的方面？能帮你达到目的吗？

3. 上自习时，你正在集中精力做一道数学题，题目非常的难。你绞尽脑汁的在苦思冥想。这时候，坐在你后面的男生一边做作业一边用铅笔敲打着桌子玩，这个声音干扰了你，让你无法集中精力思考问题，弄得你心里很烦。

(1) 你会有什么样的感觉？你认为他为什么要这样做？

(2) 你该怎么办？除此之外还有别的办法吗？

(3) 你设想的办法对自己和他人有什么有利和不利的方面？能帮你达到目的吗？

注：该样例的题目是为男性设计的。对于女性被试，只需把名词、主语和个别活动（例如第一个活动可换成跳皮筋）替换即可——挑衅者的性别和实验参与者的性别总是一致的。

此外，访谈内容除了围绕着事先设计好的排斥、嘲笑、干扰情境以外，还进行了扩展，增加了对他们以往生活中真实情境的调查。包括访谈对象的家庭状况（包括家庭的经济状况、父母的职业、父母受教育的程度等），和他（她）的成长经历。特别了解被试在其成长的经历中是否有印象深刻的和父母、老师、同学发生冲突的事件，叙述当时的情境、自己的感受和反应方式，以及事件对他们产生的影响，特别是成人在事件过程中对他们的教导。以期从对模拟情境和真实情境两方面的反应，分析工读生攻击性行为问题解决的特点。

3. 研究方法：本节研究采用个别访谈法，访谈内容用索尼（sony）录音笔作记录，之后转存到电脑中进行文字整理，并进行分析。

二、结果示例

1. 在拒斥情境中

访谈者给被访者描述了一个拒斥情境：班里其他同学在跳皮筋，她晚到了一会儿，非常想和她们一起玩。但其中有一个女生对她说："我们人够了，不需要你"。

在拒斥情境中两类学生表现出的特点和典型的反应：

笔者对访谈的14名工读生和14名普通生在拒斥情境中的反应作了一个大致的统计，发现85%的工读生在遭到别人拒斥时，几乎都会生气，很小的激惹往往会带来很强烈的反应。他们大多数人敏感、自尊心较强、自私、气量较狭窄、报复心强。他们解决问题的策略大多是攻击性的。而与此形成鲜明对比的是，70%普通生在这种拒斥情境中的反应通常没有工读生那么强烈的情绪和过激的反应，处理方式比工读生要豁达得多。

以下这段对话在访谈的工读生中比较有代表性。

访谈者：遇到这种情况，你会有什么感觉？你会怎样反应？

被访谈者：我会很难过，会很讨厌这个人的。今后不会再理睬她了。不过我也很自卑，会觉得自己很微不足道，没有地位，别人想要就要，不想要就拉倒。像一个玩偶一样让人支配。不过一般情况下我是不会哭的。我不希望他们伤害了我，还要我用眼泪去洗刷。

访谈者：你会不会生气？会不会去报复他们？

被访谈者：肯定会的。我这个人就是这样子的，你如果惹了我，我肯定会十倍地奉还给你的。

访谈者：下一次玩的时候你也不要她吗？

被访谈者：我才不会给她这么小的报复。我以后会抓住机会专挑那些足以让她"扣假"的原则性的问题去揭发她。（注：对于半封闭式管理的工读生，周末能回家成为最大的渴望，如果被扣假就意味着这周末无法回家，这对他们来说是很大的痛苦和惩罚。）

访谈者：除此之外还有什么别的办法吗？

被访谈者：把我很不喜欢的那个人换掉，要她们把我加上。或者我就硬冲进去跳，她越不要我，我就偏要跳。气死她。

访谈者：你把人家换掉，人家会愿意吗？

被访谈者：我不喜欢这个人的呀，我才不管她愿不愿意。或者她不和我玩，我就去找别人一起玩。

访谈者：你认为哪一种处理方法会更好一些？

被访谈者：最后一种吧。因为我找得到人玩了也就不会太生气了。也不和她吵了，老师也不会批评我们了。

访谈者：你发脾气的时候会不会想到后果？

被访谈者：不大会。发脾气的时候我通常不会想太多，发完了之后就会想，也许会被老师批评、扣假之类的，如果又打起来的话，就得进学习班了。我以前真的是想干什么就干什么。凭心情和当时自己脑子里一刹那想到的念头。脑子怎么反应就怎么去做。我有时想也不想的，我总是这样。

访谈者：你这样做会有什么结果？会有什么好处？

被访谈者：没想过。不过骂了人，起码心里觉得很痛快的呀！

以下是在同样的拒斥情境中，一位普通女生比较有代表性的反应。

访谈者：你会有什么感觉？你会怎么做？

被访谈者：我们以前女生跳皮筋和打沙包的时候也常会遇到这种情况。他们人够了当然就不要我了。这也很正常。或许我可以和她们商量一下，多带我一个行不行。或者我给她们撑皮筋。等她们跳累的时候再换我上去跳。如果实在不行的话就算了，我就到别的地方去玩别的。

访谈者：你会不会很生气？会不会报复她们？

被访谈者：那倒不至于。不过以后玩的时候，人特别多的时候，就也不会优先考虑她们。当然在别的方面和她们还是挺好的。

访谈者：除此之外还有什么别的想法吗？

被访谈者：也没什么了，不过我以后玩的时候，如果人够了说话也委婉一点，说话这么冲让人心里有些不舒服。

2. 在嘲笑情境中

访谈者给被访者描述了一个嘲笑情境：有一天早晨你穿戴整齐来到学校，下课后准备和父母一起去看一个远道来的亲戚。当你走进教室时，看到两个同学在指着你的穿着打扮窃窃私语，还偷偷地掩着嘴痴痴地笑。

在嘲笑情境中两类学生表现出的特点和典型的反应。

笔者对以上两类学生的访谈记录作了一个大致的统计分析发现，在嘲笑情境中，有90%的工读生在遭受嘲笑时更容易生气，更容易把对方的态度理解为是对她(他)有敌意。他们的第一反应通常也是以攻击性的反应方式回应。而且认为如果退让和宽容往往会让对方认为你软弱可欺。他（她）们认为非攻击性解决问题的方式对他（她）来说意义和价值并不大。70％的普通生在这种嘲笑情境中的反应通常没有工读生那么剧烈，他们认为在日常生活中这类事情是很正常的，很容易对此淡然处之。

以下是在嘲笑情境中笔者对一个工读生的访谈记录，在工读生中具有一定的代表性。

访谈者：你有什么感觉？你会怎么做？这样做估计会有什么结果？

被访谈者：我会很不开心的，也会用指桑骂槐的话去嘲讽她们。估计这样一来，我们可能就会讽刺来，讽刺去的，然后吵起来。弄不好还会打起来。

访谈者：你有没有动过脑筋，想想其他的处理方式？

被访谈者：别的方式啊？让我想想看，如果他们说的话充满恶意。我或许就会指着她们说："你有本事再说一遍试试看！有本事把话讲得响一点，让我听到，别在后面指指戳戳窃窃私语的。"有时，我可能也会想，算了算了，反正今天我的亲戚从大老远过来看我，就算看在亲戚的面子上，不和他们计较了。

访谈者：你设想的办法中，你认为哪种更好？

被访谈者：我估计后一种方式，大家讽刺来讽刺去，就吵起来了。而如果我不说话了，不和他们计较了，她们会表现得更加过分的，会觉得你软弱可欺。在生活中我就遇到过好几次这样的事情。

访谈者：除了争吵之外，还有没有其他更好的解决办法？

被访谈者：绝对没有。

以下是在嘲笑情境中笔者对一个普通生的访谈记录，在普通生中具有一定的代表性。

访谈者：在这种情景下你有什么感觉？你会怎么做？

被访谈者：我会觉得有啥好笑的。

访谈者：你认为他们为啥笑？

被访谈者：可能我以前从来没有这样穿，现在突然这样穿，他们觉得怪得很。平时，他们最多是怪叫几声，说你换新装了，一般也不会说很多，有时还会起哄，弄得你很尴尬，很不好意思。

访谈者：你会不会生气？和他们吵架？

被访谈者：那倒不会。随便他们去说好了，只要我自己觉得好看就行。平时你的穿着打扮被别人议论也是很正常的事，我也会议论别人的。看到别人的穿着打扮，我也起哄议论过。我们班同学喜欢恶作剧，平时看到你穿了新鞋上学还会故意上来踩的。弄得我都不敢把新鞋穿到学校。

3. 在干扰情境中

访谈者给被访者描述了一个干扰情境：上自习时，你正在集中精力绞尽脑汁地苦思冥想一道很难的数学题，这时候，坐在你后面的男生一边看书一边用铅笔敲打着桌子玩，发出声音，这个声音干扰了你，让你无法集中精力思考问题，弄得你心里很烦。

在干扰情境中两类学生表现出的特点和典型的反应：

从对以上干扰情境中两类学生的访谈结果的大致的统计和分析，笔者发现，85％的工读生在干扰情境中更容易生气，更容易把对方的态度理解为是对他（她）有敌意。只要对方干扰到他(她)的生活,常常不能原谅,反应方式也是以攻击性的反应方式为主。他们认为最好的解决问题的方式就是告诉老师,求助成人。自己很少构想出建设性的解决问题的方式,所以常用缺乏建设性的、导致人际关系破裂的行为方式来处理人际的纠纷。而60％的普通生在这种干扰情境中,更能通过建设性的、非激化矛盾的方式有效地解决问题。他们比较注重说话和解决问题的技巧和方式,正是这些技巧和方式能帮助他们有效地化解冲突。

以下是在干扰情境中笔者对一名工读生的访谈记录,在工读生中具有一定的代表性。

访谈者:你有什么感觉?你会怎么去做?

被访谈者:我会回过头去很凶地瞪着他,如果他还没有反应的话,我会对他说:"你敲好了没有?"如果他还不听的话,我就会把他的笔夺过来丢在地上。他再不听的话我肯定要打他的呀。我大概不会和他浪费口舌去解释什么。我不管他是无意的还是故意的,反正他影响到我了嘛。

访谈者:你估计对方会有什么反应?

被访谈者:他肯定会和我吵起来的。

访谈者:除此以外,还有没有别的处理方式?

被访谈者:应该没有了吧。或者我还会说,你要敲就去外面敲好了,别影响到我。我刚开始可能会轻描淡写地说。他可能会不当一回事。我可能就会乱骂。他就会收敛一点点。

访谈者:还有没有别的方法?

被访谈者:还有就是去告诉老师。告诉老师总归要好一点。我发脾气老师总会说我不对的。我把他的笔扔掉的话,老师会批评我的。在我们学校是不可以和别人有很大的矛盾的,这样是要扣假的。

访谈者:你觉得你设想的办法对自己和他人有何有利和不利的地方?

被访谈者:可能告诉老师,让老师来处理是最好的方法。这样我俩就不会越吵越厉害,最终都被扣假的。

以下是在干扰情境中对一个普通生的访谈记录,在普通生中具有一定的代表性。

访谈者:你会有什么感觉?

被访谈者:我自己学不进去,当然是烦得很。我们班就有过这种情况,有一次坐在我后面的同学,他学习比较好,是留级到我们班的,他都学过了,上课他不听就敲桌子。我们班同学都挺烦他的。

访谈者:你会怎么办?

被访谈者:我就会转过去对他说,你挺聪明的,不用听都会了。你不听我还要听呢。你帮助一下我们吧。

访谈者:除此以外还有没有别的处理方法?多几种方法能帮助你在选择时衡量利弊。

被访谈者:我是班干部,我可能会吓唬吓唬他说,你再敲,我会在班会上点你的名的。他可能就不敲了。反正好学生听课都没有那个样子的。

访谈者:你估计对方会有什么反应?

被访谈者:一般人提醒一下可能就不敲了。我上课有时也经常无意识地摇腿,别人说说我也就不摇了。

三、讨论与结论

20世纪80年代后期,利用社会问题解决的模型来研究儿童的攻击性行为得到国际上广泛的认可。有关攻击性学生解决问题的特点的研究,大多采用"假设—反应"(hypothetical-reflective)的方法,通过呈现一些假设的解决冲突的问题情境,了解攻击性学生的反应,来研究他们的策略生成和策略选择。比尔曼等的一项研究也显示(Bierman,Smoot & Auiller,1993;Bierman & Wargo,1995)攻击性强的儿童和非攻击性的儿童相比,在解决矛盾冲突的事件中,常表现出很高的情绪和行为失控,表现出好争斗辩解的特点,对环境信息的变化无感觉,处在一种麻木混沌的状态,常用缺乏建设性的导致人际关系破裂的行为方式来处理人际的纠纷。本节研究设计了日常生活中常见的排斥、嘲笑、干扰情景,了解工读生和普通生在激惹的情境中的反应方式。从以上结果我们可以明显发现,工读生和普通生在对冲突情景的反应、策略生成和策略的选择与评估上都表现出很大的差异。具体来说表现出以下特点。

1. 和普通生相比,工读生在社会问题的解决中攻击性和操纵性反应比较明显、亲社会策略较少

和普通生相比,工读生对通过攻击性行为解决问题的方式相对来说比较首肯,他们认为非攻击性解决问题的方式对她来说意义和价值并不大。工读生在冲突问题的解决上大多还停留在凭自己的冲动、好恶和意愿来处理人际关系的阶段。在第一反应策略上,多以攻击和争斗的方式为主,技能和方法比较欠缺,这是社会化程度偏低的一种表现。而普通生已经能够运用建设性的问题解决策略,来处理人际矛盾和冲突,采取非激化矛盾的办法使问题得到解决。并使自己的行为更符合社会认可的角色的要求。到了初中阶段,更愿意自己来处理问题,而不总求助于人。

在工读生的社会认知中,在冲突情境中问题解决的策略模式往往分为两大类,攻击性反应模式和消极退缩性反应模式。"是选择战还是降",工读生往往首选攻击性行为方式解决问题,他们认为在某些情景中,如果表现出宽容和退缩往往会让对方觉得他软弱可欺,对方会表现得更加过分。他们认为非攻击性行为就等于退缩。当主试一再提醒他(她)除了他(她)所选择的策略以外,是否还有其他的可替代性的策略去解决问题时,他们大多数人都认为没有或绝对没有。在他们头脑中并没有构想出第三种可供选择的,建设性的解决问题的方式。他(她)们认为,为了避免通过攻击性行为的方式解决问题的最好办法就是求助老师。他们常说:"他不听,我就去告诉老师。"在工读学校中老师常会这样告诫工读生,遇到那种由别人挑起的激惹情境,不要动嘴动拳头,可以直接告诉老师,老师会去批评他(她)们。而没有通过启发帮助学生自己分析问题,寻找切实可行的解决问题的办法。

2. 工读生提出的解决问题的策略的数量通常少于普通生,解决问题的方式、变通性和可行性都较普通学生差,可以看出,他们缺乏人际冲突解决的必要技巧和方法

工读生通常不仅缺乏人际交往技能与控制愤怒的技巧,也缺乏社会问题解决能力。所谓社会问题解决能力,是指学生在社会互动中既能达到个人目标,同时又能与他人保持良好关系的能力。儿童处理人际关系的能力是儿童社会化过程中社会适应的一项重要指标,是儿童在与同伴交往的过程中,对人际冲突和人际矛盾的基本应对策略的应用。这与他们与

同伴间的人际关系有着直接的联系。研究表明：儿童随着年龄的增长和社会经验的丰富，越来越多的应用问题解决的策略来处理人际关系和人际矛盾的冲突。从普通生身上可以明显地看到社会问题解决能力的成长。但工读生较少有效地使用问题解决技能，如辨别不同的可能性，思考行为后果，了解因果关系，方法和目的的思考，以及了解他人观点等。

工读生习惯性地使用攻击性行为的方式处理问题，这与他们在生活环境中面对冲突和问题时，常常得不到有效的指导和纠正有关。有效地解决问题的技能和方式和成人不断的指导和纠正有很大的关系。在访谈中，笔者特意对这些工读生的家庭、其成长过程等进行了深入的了解，对他们的家庭结构状况作了大致的统计：特殊家庭（指父母离异、分居、一方判刑或死亡，导致孩子无人管教的）占了三分之一。父母虽是双职工（包括父母在外地工作、出国、忙于工作）但教育力量薄弱的占到近四分之一，家庭教育不当（包括溺爱、放纵、暴力、包庇）的占到近四分之三。从访谈中我们发现，大多数工读生的父母通常对他们漠不关心，或者根本不在他们身边，或者教育方式不当，对他们表现出的攻击性行为非打即骂。或者对他们的攻击性行为表现出赞赏的态度甚至给予强化。工读生过去交往的朋友则大多是具有攻击性和反社会行为的人，他们的老师大多早就放弃他们了。在他们成长的过程中缺乏成人正面的指导和矫正，受到不良影响，是其缺乏恰当的解决问题的策略的重要原因。

从以上的分析和讨论，我们可以得到以下结论：

（1）和普通生相比，工读生在社会冲突情境中攻击性和操纵性反应比较明显，亲社会策略较少。

（2）工读生解决问题的方式、变通性和可行性都较普通学生差，可以看出他（她）们缺乏必要的人际冲突解决的技巧和方法。

第6节 攻击性行为的自我效能感和行为反应后果的评估

一、研究设计

以往的研究发现，与非攻击性儿童相比，攻击性强的儿童对自己通过攻击性行为方式解决问题的能力常常估计过高，对攻击行为的后果常常抱有乐观的期待。在对自己通过攻击性行为的方式解决问题的能力的估计上，男生常常高于女生。在对攻击行为的后果的期待上男生常常也比女生更加乐观。

本节研究拟通过问卷调查来探明两类（工读生、普通生）两种性别的学生在攻击性行为的自我效能感和行为反应的后果的评估上是否存在差异，是否和以往的研究结果一致。

1. 被试：本节研究拟采用集体问卷测验的形式进行测量，以59名工读生（男生43名，女生16名）和100名普通生（男生53名，女生47名）为研究对象，年龄为12~16岁。

2. 研究材料：

（1）问卷：对攻击性行为自我效能感的测试问卷（见附录6）参考保蒂扎等人（Boldizar et al,1989；Perry et al., 1986；Perry, Williard, Perry, 1990）所编写的问卷（据国外研究反映，该测试问卷在内部效度和重复使用上都取得了令人满意的效果。），并对部分情境稍加调整，以更符合中国国情。攻击性行为自我效能感和行为反应的后果评估研究问卷如下：

攻击性行为自我效能感和行为反应的后果评估的研究材料

问卷调查

姓名_____ 学校_____ 年龄_____

指导语:"请你仔细阅读以下问卷调查的每个题目,需要在□中填出哪种情况更符合自己,请按你们的能力和实际想法做出反应,而不是你们自己更愿意怎样表现。请注意,四个答案选择其中之一。每个题目都要填写,不要漏填。"

1. 有人深深地伤害了你的感情,你想狠狠地反击一下。
   (a) 有些人擅长伤害别人。　　非常像我 □　　部分像我 □
   (b) 有些人不太擅长伤害别人。非常像我 □　　部分像我 □

2. 一个男生狠狠地撞过来,把我手中的书全部撞落在地,我想对他大声喊叫,让他把我的书都给我拣起来。
   (a) 我敢肯定,那个家伙不会把我的书拣起来的。　□
   (b) 那个家伙可能不大会把我的书拣起来的。　　□
   (c) 那个家伙也许会把我的书拣起来的。　　　　□
   (d) 我敢肯定,那个家伙会把我的书拣起来的。　□

3. 下课以后,你急急匆匆地穿过走廊向外走,一个男生狠狠地撞了你一下,看起来他好像是故意的。你想把这个撞你的男生狠狠地揍一顿,如果你这样做了,那个男生看起来伤得很重。你认为那个男生伤得很重吗?
   (a) 我敢肯定,那个家伙不会伤得很重。　□
   (b) 那个家伙可能不会伤得很重。　　　　□
   (c) 那个家伙可能会伤得很重。　　　　　□
   (d) 我敢肯定,那个家伙会伤得很重。　　□

4. 你和班里的同学外出旅游,你们班有一个男生突然把排在前面的你推开,抢占了公共汽车上最后一个座位,这可能会让人觉得他控制了其他人,有的人不在乎去控制别人,但有些人很想控制别人。你是怎么感觉的?
   (a) 我很喜欢控制别人。　非常像我 □　　部分像我 □
   (b) 我不喜欢控制别人。　非常像我 □　　部分像我 □

5. 你正在想着对一个男生新买的T恤衫嘲笑奚落一番,因为他曾嘲笑过你新剪的头发。如果你这样做的话,他看起来难过地快要哭了。有些人可能会感觉特别的不舒服,另一些人可能不在乎他是否会难过和哭。你是怎么感觉的?
   (a) 我会感觉特别地不舒服。　非常像我 □　　部分像我 □
   (b) 我不在乎他是否会难过和哭。非常像我 □　　部分像我 □

6. 你正在排队等公共汽车,车来了。这时候有个人突然插到你的前面,把你推到了一边,自己挤上了公共汽车。
   (a) 有的人非常喜欢推开别人插队。　　　非常像我 □　　部分像我 □
   (b) 有的人觉得自己很难做到推开别人插队。非常像我 □　　部分像我 □

7. 在食堂里,大家排着队正在买午餐。你很喜欢吃鸡腿,马上就要排到你的时候,你发现盘子里只有一个鸡腿了。排在你前面的男生要买这个鸡腿,你想威胁他,叫他不要买这个鸡腿。如果你这样做了,你认为你能得到这个鸡腿吗?

(a) 我敢肯定,那个家伙不会把鸡腿让出来。 ☐
(b) 那个家伙可能不大会把鸡腿让出来。 ☐
(c) 那个家伙也许会把鸡腿让出来。 ☐
(d) 我敢肯定,那个家伙会把鸡腿让出来。 ☐

8. 在班里,一个男生在往自己的座位上走的时候,狠狠地撞了你一下,看起来他好像是有意的。你想用你的尺子把这个撞你的男生狠狠地戳一顿,如果你这样做了,那个男生看起来受伤了,而且很痛。你认为那个男生受伤了而且很痛吗?

(a) 我敢肯定,那个家伙不会受伤而且不会痛。 ☐
(b) 那个家伙也许不会受伤而且不会痛。 ☐
(c) 那个家伙也许受伤了而且很痛。 ☐
(d) 我敢肯定,那个家伙会受伤而且很痛。 ☐

9. 上课时你在黑板前解老师要求你去做的数学题的时候碰到了麻烦,你们班有个男生开始吹着口哨嘲笑你,你想叫他难听的绰号来伤害他的感情。如果你这样做的话,有人会感到自己比其他人更强大更能压服别人。但也有些人并不在乎自己是否比其他人表现得更强大有力。你是怎么感觉的?

(a) 我会感到自己比其他男生更强大有力。 非常像我 ☐ 部分像我 ☐
(b) 我并不在乎自己是否比其他男生更强大有力。 非常像我 ☐ 部分像我 ☐

10. 下课后,一个男生一边叫着你的绰号,一边急匆匆地从走廊向校外走去。你想追上去,狠狠地踢他一脚。如果你这样做了,那个男生可能会疼得坐在地上哭叫。你是怎么感觉的?

(a) 我可能不在乎他看起来是否会很疼。 非常像我 ☐ 部分像我 ☐
(b) 看到他很疼的样子我可能会感觉特别的不舒服。非常像我 ☐ 部分像我 ☐

注:该样例的题目是为男性设计的。对于女性被试,只需把名词和主语替换即可——挑衅者的性别和实验参与者的性别总是一致的。

问卷包括以下五种认知(五个量表尺度):① 对攻击性自我效能的感知(儿童对自己采取攻击性行为的能力的自信);② 期待攻击性行为能给他(她)们带来地位和实质性的奖赏;③ 期待通过攻击性行为能使对方遭受伤害,能给对方带来痛苦;④ 攻击性行为的价值和作用表现在获得地位和实质性的奖赏上;⑤ 行为的价值集中在给对方造成的痛苦和伤害上。

问卷的每一个量表尺度有2个测试题目,共有10道测试题目。每道测试题目都假设被试正在经历一种来自同伴的较温和的激惹,每一道题目都描述了四种不同的选择,参与者需要确定哪种情况更符合自己。不同的测试选择分别记1,2,3,4分。例如:对攻击性行为自我效能感的测试,描述了这样两类儿童——有能力实施攻击性行为的和对实施攻击性行为缺乏效能感的。参与者首先需要确定自己更像哪一类儿童,然后指明,这种选择是完全符合他还是部分符合他:① 他很像那个很少或无能力采取攻击性行为的孩子;② 他部分像那个无能力采取攻击性行为的孩子;③ 他部分像那个有能力采取攻击性行为的孩子;④ 他非常像那个有能力采取攻击性行为的孩子。得分越高,反映对攻击性行为的自我效能感越强,通过伤害行为得到的价值的评价也越高,对攻击性行为肯定的认知也越强烈。

被试应该按他们的实际能力做出反应,而不是他们自己更愿意怎样表现(有些题目是反向计分)。总分数的范围为10~40。调查问卷的结果用软件SPSS 8.0进行统计处理。

(2)访谈:本节研究还采用访谈法让工读生回忆以往日常生活中类似的人际冲突情境中,他(她)的真实感受,如何想的,如何做的,为什么会这样想和这样做。

二、结果与分析

1. 两组被试对攻击性行为自我效能感和结果评估调查研究差异的分析

工读生和普通生攻击性自我效能感和结果评估各量表尺度的平均数与标准差见表12。从表中可见,工读生攻击性行为自我效能感和结果评估的调查在五个量表尺度上的平均数均高于普通生,而标准差稍大于普通生,表明工读生的选择结果相对比较分散。个别差异要大于普通生。

表12 两组被试对攻击性行为自我效能感和结果评估的调查研究的平均数和标准差分析

组别		I	II	III	IV	V
工读学生($n=59$)						
	SD	5.0508	5.6610	5.4068	5.9831	5.6610
	M	1.5583	1.6147	1.6517	1.5443	1.7182
普通学生($n=100$)						
	M	3.4100	4.9200	5.2300	4.3300	3.9700
	SD	1.1984	1.4262	1.6197	1.5255	1.4802

注:I. 攻击性行为自我效能感;II. 期望获得奖赏;III. 期望受伤害者遭受痛苦;IV. 奖赏的价值;V. 受伤害者遭受痛苦的价值

对工读生和普通生平均数差异的显著性进行检验的结果见表13。从表13中可见,除了第三个量表尺度期望受伤害者遭受痛苦中两组的差异不显著以外,其他四个量表尺度均表现出非常显著的差异。表明工读生对攻击性行为肯定的认知远比普通生要强烈。具体来说,工读生对攻击性行为自我效能的感知(对自己采取攻击性行为的能力的信心),期待攻击性行为能给他(她)们带来地位和实质性的奖赏,能给对方带来痛苦,攻击性行为的价值和作用表现在获得地位和实质性的奖赏上,行为的价值集中在给对方造成的痛苦和伤害上都比普通生要强烈得多。

表13 两组被试平均数差异的显著性检验

比较项目	T	df	P
I 攻击性自我效能感	7.444***	157	.000
II 期望获得奖赏	3.012**	157	.003
III 期望受伤害者遭受痛苦	.660	157	.510
IV 奖赏的价值	6.550***	157	.000
V 受伤害者遭受痛苦的价值	6.551***	157	.000

2. 两组被试对攻击性行为自我效能感和结果评估调查研究的性别差异的分析

两组被试对攻击性行为自我效能感和结果的评估的性别差异平均数和标准差见表14。从表14中可见,从总体上说,工读生攻击性行为自我效能感和结果评估的调查在五个量表尺度上的总和的平均数均高于普通生,而标准差相对稍大于普通生,表明工读生的选择结果相对来说比较分散,个别差异较大。在工读生和普通生中,男生总和的平均数和标准差均大于女生,表明女生的选择结果相对来说比较分散,个别差异较大。

表14 两组不同性别的被试攻击性行为自我效能感和结果的总和的平均数和标准差

组别	性别	人数(n)	总和均数(M)	标准差(SD)
工读学生				
	女	16	27.3023	6.1536
	男	43	29.0000	3.9493
普通学生				
	女	47	20.7234	3.9176
	男	53	22.8679	2.6268

从各量表尺度分别来看性别的差异见表15,从表15的统计结果可以看出,在工读生中,男生除了在奖赏的价值量表尺度上,攻击性行为自我效能感、期望获得奖赏、期望受伤害者遭受痛苦、受伤害者遭受痛苦的价值四个量表尺度上的平均数均高于女生。在普通生中,男生在攻击性行为自我效能感、期望获得奖赏、期望受伤害者遭受痛苦、受伤害者遭受痛苦的价值、奖赏的价值五个量表尺度上的平均数和标准差均高于女生。

表15 两组不同性别的攻击性行为自我效能感和结果评估的平均数和标准差

组别		Ⅰ	Ⅱ	Ⅲ	Ⅳ	Ⅴ
工读学生						
男($n=43$)	M	5.2500	6.3750	5.5625	5.8750	5.9375
	SD	1.3416	1.6683	1.5903	2.0290	2.0484
女($n=16$)	M	4.9767	5.3953	5.3488	6.0233	5.5581
	SD	1.6401	1.5297	1.6887	1.3182	1.5932
普通学生						
男($n=53$)	M	3.5849	4.9787	5.4528	4.5283	4.4340
	SD	1.3928	1.6761	1.6001	1.7165	1.5255
女($n=47$)	M	3.2128	4.8679	4.9787	4.1064	3.4468
	SD	.9074	1.0932	1.6217	1.3061	1.2478

注:Ⅰ. 攻击性行为自我效能感;Ⅱ. 期望获得奖赏;Ⅲ. 期望受伤害者遭受痛苦;
Ⅳ. 奖赏的价值;Ⅴ. 受伤害者遭受痛苦的价值

不同性别的工读生和普通生平均数差异的显著性检验结果见表16,从表16可见,普通生除了第Ⅴ个量表尺度受伤害者遭受痛苦的价值性别的差异显著以外,其他四个量表尺度均表现出性别差异不显著。在工读生中男女除了第Ⅱ个量表尺度期望获得奖赏性别差异显著以外,其他四个量表尺度性别差异均表现出不显著。

表16　两组被试不同性别平均数差异的显著性检验

	普通学生			工读学生		
	t	Df	p	t	df	p
Ⅰ 攻击性行为自我效能感	−1.561	98	.122	.595	57	.554
Ⅱ 期望获得奖赏	.386	98	.700	2.134*	57	.037
Ⅲ 期望奖赏的价值	−1.469	98	.145	.439	57	.663
Ⅳ 奖赏的价值	−1.370	98	.174	−.329	57	.743
Ⅴ 受伤害者遭受痛苦的价值	−3.514**	98	.001	.751	57	.456

三、讨论与结论

攻击性行为的表现、维持和升级扩大,社会认知的确在其中扮演了十分重要的角色,从本节研究的结果我们可以看出,和普通生相比,工读生对自己通过攻击性行为的方式解决问题的能力的确估计过高,对攻击性行为的后果的期待比较乐观。从性别差异上来看,男生对自己通过攻击性行为的方式解决问题能力的估计高于女生,对攻击行为后果的期待也比女生更为乐观。这和国外已有的研究结论,以及本节研究假设基本一致。

以往的研究发现,某种社会条件促进和助长了(或者说,强化和鼓励了)攻击性认知的发展。例如,许多孩子因为在看到别人的攻击性行为受到奖赏(无论是从现实生活中,还是从电视和书籍中),他们就可以推断出这样一个结论:他们如果模仿这种行为也会得到奖赏。父母对孩子滥用惩罚和虐待的历史,使孩子从成人的行为中感受到敌意,父母行为本身也成为孩子模仿的对象。这些都会使孩子获得一种攻击性行为的习惯,支持着孩子内在的,以及人与人之间的相当多的攻击性行为及其发展的特征。①

从已有的调查访谈中也发现,工读生对自己通过攻击性行为的方式解决问题的能力的高估和对攻击行为的后果乐观的期待,和他们成长的经历、生存的社会环境和亚文化团体的影响都有很大的关系。一位工读生有如下一段深刻的记忆。

> 记得小时候,我在玩滑梯。楼上的小东正对着滑梯撒尿。我滑下去的时候撒了我一身。我呜呜地哭了。爸爸正巧经过,脸都气歪了,说:"哭有什么用?去狠狠地踢他几脚,看他下回还敢不敢。"晚上小东的爸爸带着他来我家告状,我吓得躲在里屋不敢出来。爸爸不仅没道歉,还对他说:"是你儿子先故意把尿撒到我儿子身上,我儿子踢他是为了让他长记性,以后少做坏事。"小东的爸爸和我爸爸吵了起来,我爸挥手给了他一个直拳,将他仰面朝天打翻在地,然后若无其事地'砰'地关上了门。自那以后小东见了我,就像老鼠见了猫,远远地躲着。
>
> 也就从那时起,父亲在我眼里成了英雄和崇拜的偶像,我甚至为父亲的拳头而骄傲。有父亲拳头的保护,我变得骄横又霸道。想欺负谁就欺负谁。我想要谁的东西谁就得给我。如果有人想违抗,我就用拳头去教训他。遇到我被打的时候,父亲就会毫不留情地将对方教训一顿。回来还安慰我:"不要紧,打倒了爬起来再打。那才是真正的

---

① 杨慧芳. 早期受虐经验与攻击行为——儿童和青少年攻击性行为的社会信息加工模式研究简介[J]. 当代青年研究, 2003(2).

男子汉。"在父亲的怂恿下,我在暴力的路上越走越远。

　　父亲希望我成龙,我却成了一条害人虫,这个结果也许是他万万没有想到的。我相信父亲当初并不是有意要将我往坏道上引。他只是不希望我吃亏受人欺负,成一个孬种。但这种怂恿却潜移默化地告诉我一个道理:拳头就是真理。让我错误地认为:我有了一双厉害的拳头,就有吃有喝有玩,就能天不怕地不怕。审视自己走过的路,原来我只是怨恨父亲动不动就打我,现在我怨恨的是父亲不该在我年纪那么小的时候就让我迷恋上了暴力。①

　　攻击性行为总是和他们的行为所表现出的能力和对攻击性行为会带来一定奖赏的期待相一致的。但有些因素和经验对于个别儿童攻击性认知的奖赏是无效的。对攻击性起鼓励作用的环境,和尚未建立起攻击性行为习惯的孩子相比,对于已经养成攻击性行为惯的孩子有更强的影响力。有攻击性行为的儿童比那些没有攻击性行为的儿童有更多的机会去体验来自攻击性行为的肯定和鼓励,对攻击性行为的煽动和教唆,都会促进和提升他们攻击性行为的发展。那些常常成为攻击性行为受害者的儿童,常常是体格羸弱,在攻击性和武力冲突表现中总是体验失败,达不到效果,占不了上风的儿童。在一定程度上,他们总是极力地逃避攻击性行为得到鼓励的认知。在他们的认知中,这种增强攻击性的认知会遭到否定和排斥。对攻击性进行鼓励的认知,对非受害者攻击性的提高要远远地强于受害者。

　　研究者伊利欧特(Elliot,1994)认为,女性的攻击性行为确实不像男性那样普遍,男性比女性更多地表现出以暴力的方式解决冲突的倾向。当女性产生攻击性行为时,往往比男性更容易产生罪恶感和焦虑。这些差异与生理因素,以及社会文化的影响都存在一定的关系。

　　从生理上来说,与男性相比,女性体格羸弱,力量不足,在身体攻击上往往不是男性的对手,也占不了上风,所以自古女性就是以弱者的形象出现的。女性对被攻击者往往表现出更多的同情和支持,对攻击者表现出愤恨。在社会文化中对男女两性的不同社会角色期望有很大的差异。一般来说,社会期望男性刚强、有力量,而期望女性依赖、柔顺。受他人欺负可能使男性的"刚强"、"有力量"等特征受损,进而影响到周围的人对他们的态度(如鄙视)和交往价值的评价;而女性恰恰相反。所以男性对攻击者的崇拜多于女性,女性对被攻击者的同情要多于男性。

　　总的来说,对攻击性行为认知的强化和鼓励,是长期影响攻击性的一个重要因素。如果儿童这种认知能够受到来自社会环境因素的支持,且通过攻击性行为能获得一定的利益,他们又不经常成为同伴攻击性行为的受害者,这种认知就会得到不断的强化,成为攻击性的信念。

　　从以上的分析和讨论,我们可以得到以下结论:
　　(1)和普通生相比,工读生对自己通过攻击性行为的方式解决问题的能力常常估计过高,对攻击行为的后果常常抱有乐观的期待。
　　(2)对自己通过攻击性行为的方式解决问题的能力的估计,男生常常高于女生。男生对攻击行为的后果的期待常常也比女生更加乐观。

---

① 吴泌雯.是谁"杀"了我——毁了孩子一生的一件小事[M].北京:中国青年出版社,2004:56.

第7节　工读生攻击性行为社会认知偏差及其影响因素

以上关于工读生攻击性行为的社会认知的实验研究结果,让我们认识到,和普通生相比,工读生的确在攻击性行为的社会认知方面存在偏差,正是这些认知上的偏差导致他们产生攻击性行为。我们将对造成工读生攻击性行为社会认知偏差的影响因素做深入的分析和挖掘,这将加深我们对工读生攻击性行为社会认知特点的理解,为攻击性行为的鉴定、预防和干预工作都将起到一定的启示作用。

一、工读生在攻击性行为社会认知方面明显不同于普通生

从以上六个工读生攻击性行为的系列实验研究的结论中我们发现,工读生在攻击性行为社会认知方面明显不同于普通生,主要表现在以下三个方面:

（一）攻击性行为表现是工读生明显的行为特征

实验研究的结果显示,无论是在外显的、还是内隐的社会认知方面,工读生都表现出明显的攻击性行为特征。

在外显认知特征上,普通生的反应倾向表现出同情被攻击者。同情心使我们视他人的痛苦为自己的痛苦,对他人采取理解和宽容的态度。另外,在社会主流文化道德规范中,对攻击性行为持否定态度的社会道德规范已构成人类认知和处理问题的基本模式,甚至成为他们人格结构中超我的一个部分。所以在面对违反社会道德规范的现象时,同情弱者,憎恶弱肉强食的倾向就表现得比较一致。而工读生的表现恰恰相反,他们缺乏对弱者的普遍同情心。社会对攻击性行为持否定评价的社会道德规范,在他们头脑中并未牢固地建立,使之没有强烈的憎恶弱肉强食的倾向。而且,在工读生的生活经历和生活的环境中,攻击性行为是他们自我"利益"和"奖赏"的保障。所以社会规范和他们从生活经历和生活的环境中得到的经验会形成一定的冲突,在冲突中常常对攻击者的崇尚更占上风。

在攻击性行为的内隐社会认知特征上,两类学生都表现出偏好攻击者的倾向。工读生表现出的偏好程度更强烈。对普通生来说,虽然教育使人们在意识状态中更多地同情被攻击者,但本能和后天的不良学习等使人们无意识的保存攻击性,在适当的条件下会被启动并产生相应的行为。这是不为人类意识控制的无意识反应倾向。工读生这种无意识的反应倾向更明显,再加上社会主流文化的道德规范对他们内在的约束又少,所以工读生对攻击者的反应更强烈。他们对攻击性的社会认知固然含有先天生物本能的成分,更多的却是后天的环境和社会文化,对人深层次心理潜移默化的影响的逐步积累和内化。

在攻击性行为的情绪状况上,和普通生相比,工读生的攻击性情绪和消极抑郁情绪表现都比较突出。向外的攻击和向内的抑郁与生活压力和不善于处理这些压力密切相关。说明工读生在社会适应和心理调节上,都存在一定的不足和缺陷。

研究还发现,普通生对中性人物的偏好明显地高于攻击者和被攻击者。矛盾和冲突常常容易造成两败俱伤。生活中大多数人除非迫不得已,是不愿意卷入是非矛盾冲突之中的。但一旦矛盾冲突发生在自己身上不可避免时,人们为了免遭痛苦,宁愿奋起攻击保护自我,也不愿意被动地遭人攻击,受人欺辱。另外对中性人物的偏好还来源于儒家传统文化中"和

为贵"的思想。人们在内心深处同样期盼和平与和谐的人际关系。但工读生仍然对攻击者的偏好更强,在矛盾冲突中,他们的认知是非此即彼的,只能在攻击者与被攻击者之间选择其一,较少构想出中性人物的存在和双赢的冲突解决策略。

(二)工读生在攻击性行为信息加工过程中表现出明显的认知偏差和不足

和普通生相比,工读生在攻击性行为的信息加工过程的各个层面上,都表现出明显的认知偏差和不足,也是本附录研究的发现之一。

对攻击性行为归因方式的研究表明,工读生对意图不明的伤害更倾向于作敌意性归因解释和攻击性反应预测。工读生在伤害事件中"自我中心"的倾向非常明显,他们更看重自己的利益而不重公理。在攻击性情绪反应上,表现得更冲动而不顾后果,事后对后果的预测上,更多考虑到的是对自己产生的不利,较少考虑给对方造成的伤害。当环境线索变化时,有一部分工读生对环境变化不敏感,处于麻木混沌状态,缺乏精确"阅读"社会环境的能力。大部分工读生虽能敏感觉察环境线索的变化,并能对自己的反应方式做出相应的调整,但反应的方式比较冲动和单一化,灵活性较小。特别是他们头脑中已有的经验和价值标准,使他们在反应方式上和普通生相比存在一定的差异。当环境线索变化后,与对伤害者的意图和态度相比,工读生更在意伤害者给自己造成的伤害的严重程度。本研究还发现,工读生对师长和同辈人的反应有所差异,工读生对部分老师怀有敌意,蔑视权威的倾向比较严重。和普通生相比,工读生对强势对方或弱势对方的攻击性反应也有很大的变化。工读生在强势对方面前兼有怕硬畏惧和不畏强暴、冲动蛮干的两重特点。在弱势面前兼有恃强凌弱和出于社会负面形象的考虑而同情弱小的矛盾冲突的一面。

对工读生在社会冲突情境中行为反应的研究,旨在探讨其行为反应搜索的能力和问题解决策略。结果显示,和普通生相比,工读生在社会冲突情境中表现出反应搜索简单、富有攻击性且缺乏必要的人际冲突解决的技巧和方法。他们提出的策略的数量、变通性、可行性都较普通生差。

对攻击性行为的自我效能感和行为反应后果的评估的研究显示,和普通生相比,工读生对自己通过攻击性行为方式解决问题的能力表现得更有信心。他们更相信通过攻击性行为能给他们带来积极的结果。工读生认为攻击性行为在社会矛盾冲突的情境中是一种合情合理的反应方式,反映出非主流社会价值取向对他们产生的影响。他们认为,在生活中你不欺负别人就会被别人欺负。为了避免被人欺负,就必须支配或奴役他人。"人善被人欺,马善被人骑。"你对他们客气,他们就会欺负到你头上。在他们生活的亚文化环境中,攻击者比受伤害者具有更高的地位,更受崇拜。正是这些非主流社会的价值取向,支持着他们通过攻击性行为方式来获得他们期望获得的目标。

(三)工读生在攻击性行为的社会认知上还存在明显的性别差异

在攻击性行为表现上是否存在着性别差异,一直是个有争议的问题。伊利欧特(Elliot)等一些研究者认为,男性比女性更具有攻击性(Elliot, 1994; Maccoby & Jacklin, 1974);另一些研究者(Cotton, 1994; Shedon & Chesney-lind, 1993)认为性别差异并不存在,只是表现形式不同。

工读生社会认知的性别差异在本章研究中得到部分证实。在对攻击性行为的倾向研究的结果发现,男性对攻击者的崇拜和偏好总体上多于女性,女性对被攻击者的同情要多于男性。在工读生和普通生中都是如此,只是程度上存在差异。攻击性情绪的研究结果显示,男性的攻击性情绪较女性强烈,女性的消极退缩性情绪较男生强烈,但差异并不显著。在攻击性行为的自我效能感和行为后果评估的结果显示,男生对自己通过攻击性行为的方式解决问题的能力常常高于女生,对攻击行为的后果的期待常常也比女生更加乐观。

造成攻击性行为社会认知上的性别差异原因可以归结为两点:首先,本章研究的材料图片涉及的均为直接的身体攻击。在直接的身体攻击情境中,男性因为力量和身体状况的优势,更崇尚通过武力和直接的身体攻击来解决问题。女性的攻击性行为更多的使用间接形式和言语攻击的形式。但这种间接的攻击由于其攻击者和攻击行为的隐蔽性难以被观察测量,常常被忽视,使得女性攻击的普遍性容易被低估。其次,从社会文化上来看,人们更能接受男性通过身体攻击的形式、女性通过口头言语攻击的形式来解决矛盾冲突。从社会文化赋予男性和女性的性别角色来看,社会更期望男性刚强、有力。男性可以通过表现攻击性来显示自己的强大和社会控制能力,不仅能够自我保护,还能庇护周围的朋友。男性表现出的攻击性行为和社会对他的性别角色的期待是一致的。不仅不会引起厌恶,还能赢得朋友和同伴的认同和好感。尤其是更易得到希望通过异性的保护而获得安全感的女性的欣赏,成为被攻击者会使男性的"刚强"、"有力量"的形象受损,进而影响到人们对他的态度和交往价值的评价,所以男性更崇拜攻击者,不喜欢被攻击者。女性对被攻击者更多地表现出同情和支持。女性由于力量和身体状况上表现出的劣势,在社会文化中常常以弱者的形象出现。而女性对被攻击者表现出同情和支持也是她们自身作为一个弱势群体,希望能得到社会应有的尊重、支持和保护的需要的体现。

本研究还发现,一部分工读生并不缺乏认识和分析问题及理解他人的能力,但却缺乏移情能力和同情心。人与人之间的关爱与温情、生命之间的相互尊敬和同情、人性的尊严、慈悲、不忍以及许多深刻、内在的社会性情感在工读生中都表现得很少,很淡。这可能和他们在生活中缺乏关爱照顾和正面的引导有关。和普通生相比,工读生家庭都或多或少的存在各种各样的问题,他们时常会觉得家庭和社会亏欠他们的太多。缺乏感恩之心,而更多地表现出抱怨、甚至仇恨。有个工读生说:"要我同情关心别人,谁又同情和关心过我?"家庭中父母对孩子的亲情对于培养儿童的责任感和善良等品质起着特殊的作用。人往往是在温情中体验善良,在接受别人的关怀照顾中学会去关怀照顾别人,而这方面许多工读生的确缺乏体验和学习的机会。

二、工读生攻击性行为社会认知偏差的影响因素

从工读生对攻击性行为的社会认知特征可以看出,和普通生相比,工读生在攻击性行为的社会认知特征上的确存在着诸多偏差。本研究通过深入访谈,进一步挖掘了造成工读生攻击性行为社会认知偏差的诸多因素,对这些因素的挖掘,不仅加深了对工读生攻击性行为社会认知特点的理解,也有助于我们更好地做好工读生攻击性行为的矫治和预防工作。

(一)社会认知上存在的偏差是影响工读生的攻击性行为的内在因素

从社会认知的角度看关于攻击性行为发生的原因有三种不同的观点,信息加工的观点、价值观和目标的观点和心理理论的观点。

信息加工的观点从社会认知和信息加工的能力方面,来探讨工读生攻击行为发生的原

因。攻击性行为的价值观和目标的观点注重从价值观方面,来分析攻击性行为发生的原因。心理理论的观点注重从移情能力方面,来了解攻击性行为发生的原因。本研究的结论表明,和普通生相比,工读生在攻击性行为认知加工过程的各个环节上存在着明显的不足和缺陷。工读生在对社会事件的评价上有着不同的价值观,他们的价值取向与社会的主流文化之间的确存在很大的差异。在大多数工读生的头脑中没有形成理解他人思想、感情和动机的方式。工读生在信息加工能力上表现出的不足和偏差,在攻击性行为的价值观上表现出的特点,在攻击性行为移情能力上表现出的特征,这些与他们表现出的攻击性行为有着很大的关系。这三种观点对工读生攻击性行为特点的描述,分别来自三个不同的侧面和角度。三者并不是相互矛盾和对立的,单纯只强调一个观点或一个方面都无法对他们的攻击性行为有一个全面的解释。三种观点的综合恰恰能给工读生攻击性行为特征一个全面而丰富的描述。

(二)"问题家庭"对工读生攻击性行为社会认知偏差产生的影响

笔者在调查和访谈中发现,工读生表现出的攻击性行为的特点、和社会认知上存在的不足和缺陷,与他们的家庭环境和生活经历有着很大的关系。这部分学生大多数生存的家庭环境都或多或少的存在着一定的问题,父母的教养方式尤其是早期受虐经验,给工读生形成的早期社会化经验,对他们攻击性认知模式(如错误的译码,敌意归因偏好,攻击性行为的表现,攻击性行为结果的正向评价),以及非主流文化的价值观和同情心,移情能力的形成都有很大的影响。

提到"残疾儿童",父母和社会常常"哀其不幸",充满了同情和愧疚,觉得由于种种原因父母没能把他们健全的带到这个世界,享受常人所能享受到的一切。但对于"问题学生",常常"怒其不争",充满了叹息和怨恨,认为他们身体健全,头脑不笨,但不行正道。其实许多"问题学生"往往是"问题父母"和"问题家庭"的产物。它们主要表现在以下几个方面:

1. "问题家庭"的结构和状况

问题儿童的问题行为与他们家庭的结构状况,父母个人的教养方式及文化程度等都有很大的关系。从本研究取样的上海某工读学校学生的家庭状况、家长职业、文化程度等方面的一些调查数据来看:

"问题学生"家庭结构状况的大致统计:特殊家庭(指父母离异、分居、一方判刑或死亡、导致孩子无人管教的占了三分之一。父母虽是双职工(包括父母在外地工作、出国、忙于工作)但教育力量薄弱的占到近四分之一,家庭教育方式不当(包括溺爱、放纵、暴力、包庇)的占到近四分之三。

从本研究中我们可以了解到,工读生的家庭都或多或少的存在一定的问题。工读生的家庭结构趋于不稳定的占了相当大的比例。由于家庭原因导致孩子无人管教,家长无力管教,教育力量较为薄弱,家长教育方式不当的居多。家长的文化程度偏低,相当一部分家庭社会和经济地位不高,这样相对来说,不易给他们提供一个安全而有保障的生活环境。而且家长的职业不稳定,文化程度不高,也对孩子的教育产生不利的影响。

2. 早期受虐经验和家庭暴力

家长教育方式不当对工读生攻击性行为产生了极为不利的影响。已有的研究发现,儿童在社会信息加工过程中表现出的缺陷,部分归因于父母对攻击性行为采取辱骂的教养方式。研究者推测,儿童早期社会化经验,尤其是受虐经验可能导致儿童攻击性认知模式的产生,且攻击性的认知模式会以潜在的知识结构的形式存储在个体的记忆库里,在儿童成长的过程中,会随时被提取出来,而攻击性的认知模式,又会引导儿童攻击性行为的表现。道奇(Dodge,1995)的研究认为,早年的受虐经验可解释将近2/3的攻击性行为的产生。

家庭暴力虐待儿童的问题一直以来都受到全社会的关注。对儿童的虐待包括人身攻击这样导致伤害的作为行为(commission)和疏忽孩子的物质需要和情感需要导致消极后果的不作为行为(omission)。许多西方国家对虐待儿童的行为进行刑事司法部门的干预,已越来越多的得到认可。但在中国,不少家庭仍然对虐待儿童持十分宽容的态度。甚至还被默认为是"正常的",是教育孩子的有效方式。典型的观念认为:"打是疼,骂是爱。不打不骂烂白菜。""我打的是我自己的孩子,我不认为打他有什么过错。不打他就会更厉害!收拾一顿他就老实了。"因为支持惩戒的社会文化因素的存在,使虐待儿童成为"社会默认现象"。这种责罚权(right of chastisement)是父母位于孩子之上的不平等权利。

许多的调查研究都发现,经常挨打的孩子会出现说谎、粗暴、怪癖、懦弱、孤独、喜怒无常等心理偏差。不良的亲子关系是攻击性行为增加的一个习得性条件。遭到父母的忽视和粗暴对待的儿童,常常会产生消极情绪,并通过模仿成人的行为增加了对他人的攻击性。一个在家庭中,经常因为攻击性受到严厉惩罚的孩子,在外面往往表现出更强的攻击性。

笔者在对工读生的访谈中,了解到许多由于父母的惩罚对孩子的心灵造成很大的伤害,由此而产生对暴力行为的错误认识和体验并对行为产生不良影响的事例。一位工读生给笔者叙述了一段刻骨铭心的经历:

> 我5岁时,因为问了一个在母亲看来极为愚蠢的问题,就莫名其妙地挨了母亲一个巴掌,我不知道自己错在哪里。我心想,难道因为你是大人,力气大就可以不讲理随便打人吗?从那以后,每当她打骂我时,我都咬牙切齿地暗暗发誓:"等我长大了,我一定要报复。"这件事让我认识到,一个人弱小就会被别人欺凌,强大了就能欺凌别人。后来长高了,在心理上就感觉自己很强大。经常对冒犯我的,或我看不顺眼的同学大打出手。每次看到被打的同学抱头惨叫着在地上翻滚,我心里就有一种征服和复仇的冲动和快感。我想当年母亲打我,我无力反抗,抱头鼠窜,她心里也许就有这种快感。征服人和被人征服,那感觉是完全不同的,是母亲用她的暴力让我明白了这一点。5岁那年她给我的第一个耳光,我当时不懂她为什么要打我,今天我明白了。她是要用暴力来显示和证明一种心理上的强势。

儿童偶尔的攻击性行为表现是否会转化为攻击性行为习惯或性格,与父母对他们如何进行正确的引导有很大的关系。家长不同的引导方式会产生不同的影响,带来不同的效果。在儿童发展过程中许多看似有问题的行为,其实只是正常的发展过程中的偏离。如果引导教育的方法得当,问题行为很快就能得到及时的矫正。

笔者在对一名普通生的访谈中听到了这样一个故事:

> 有一次我和人打架了。学校停了我的课,让我回家写检查。我以为回到家又是一场狂风暴雨,可没想到一整天妈妈都让我一个人在家看书,什么也没说。我提心吊胆地过了一天,吃晚饭时妈妈才问起我打架的事。我低着头不敢看她,妈妈说:"其实男孩

子打架也没什么，哪个男孩子没打过架呀？"这句话非常出乎我的预料，接下来妈妈依旧心平气和地说："以后就是别人欺负你，你也不要动手。首先应当考虑什么是最合理的解决问题的办法，采用武力来解决问题是最笨的办法，你说是不是？"我不由得点点头。"你是个学生，好好学知识和本事，以后好好做事赚钱，父母总有老的一天，不可能永远照顾你。等爸爸妈妈老了还指望靠你来照顾呢！"我心里猛地一惊，生平第一次感到自己对家庭和父母也有一份责任。为了不让父母再担心，我要做个聪明人，有责任感的人。此后，我的确没有再犯过类似的错误。

父母营造的成长环境和教养的方式对儿童的个性和行为方式影响极大。有时改变"问题学生"的问题行为，需要同时改变家长存在的"问题"行为。

3. 早期不安全亲子依恋和亲情缺失

与普通生相比，家庭残缺、家庭结构不稳定是工读生家庭结构中比较突出的问题。这种残缺、不稳定的家庭结构对他们心灵、认知和情感造成了极大的伤害，对工读生产生了极大的负面影响。

家庭环境对儿童早期行为的塑造起了关键性的作用。研究发现，儿童早期与照看者之间形成的依恋（attachment）类型影响着儿童将来处理人际关系的"内部工作模式"（Inner Work Model，简称IWM）。在儿童期一旦形成不安全的IWM，可能会造成儿童日后在学校里产生不安全的和焦虑的行为，从而导致攻击性行为的发生。大量的对亲子关系和攻击性行为的研究结果都表明：缺乏温暖和关怀的家庭、不良的家庭教养方式，以及对儿童缺乏正确和明确的行为指导与活动监督，母亲表现出的抑郁情绪和对婴儿需要和反应的拒绝或忽视都可能造成儿童以后的攻击性行为。家庭环境中，父母的婚姻冲突、争吵斗殴和随之而来的离婚、分居、出现第三者等伴随现象，以及在养育子女问题上产生的冲突，对儿童心理造成的阴影和性格上产生的影响，都比我们所料想到的要大得多。研究还发现，父母的离异给孩子造成一种被抛弃的感觉。他们会对双亲充满敌意、负疚感还混杂着自卑感。在充满矛盾的家庭里长大的孩子，大多都表现出敏感、自卑和苦恼、自闭、消极情绪明显等特征。他们常怀疑自己的能力，缺少耐心和自我克制能力，尤其缺乏安全感，因此表现出极强的攻击性以达到自我保护的目的。

笔者在工读学校的调查数据显示：无父母，父母不全、不合、离异，长期不在身边导致无人管教的工读生占了一半以上。在笔者对一位工读生的访谈中，她给我诉说了父母离婚时她的一段经历和感受：

> 爸爸妈妈离婚时我什么也没想，什么也想不出来。我突然觉得一切都变得茫然起来。我的生活就此没有了秩序。我不知道自己以后的生活会变成什么样子。没有人在乎我的眼泪，过问我的感受。我变得非常胆小，没有一点安全感。我那时还那么小，怎么能够承受这么大的事情。从此心里蒙上了一层阴影，性格也变得沉闷和内向。

另一位离异家庭的工读生的诉说：

> 我有时觉得我做好做坏又有谁在乎？我做事就没有了动力。在人生的路上遇到一些挫折和难事时，如有亲情和爱在背后作支撑就有可能扛过去，而在内心感觉无望的时

候就很容易自弃和放纵自己。

由此可见，亲情、亲子的沟通和鼓励是使儿童在遇上心理危机时最后的也是最安全的庇护所。还有个工读生说：

> 我的爸爸总共结过五次婚，我觉得这些年家里像走马灯花似的不停地在换。家也一直搬，学校也一直换。初一时我就开始对家有了一种厌恶感，对读书也失去了信心，就逃出去玩，晚上也不回来。我爸爸出去找到我，拉回家就毒打一顿，然后锁在家里。有一段时间我一直过着这样的生活。我就在外面和那些乱七八糟的人混在一起。我觉得我应该把自己彻底糟蹋掉，我就是要让爸爸看到，他对我这样做的结果会是什么。他不对我负责，我也就不必对他负责，不必对自己的行为负责。我的成绩也被我自己搞得一塌胡涂。

儿童和成人对环境力量和变化的依赖程度是不同的。儿童更多的是生活环境变化的承受者而非发起者。相对于成人而言，儿童几乎没有力量采取行动来消除或预防环境带给他的压力。他们只能被动地对父母的离婚、搬家、学校和同伴的压力、学业的压力等做出反应。他们的行为和情绪失调可能是对环境的压力较为正常的反应。有人说，经历就是财富。然而，对于一个幼小的儿童来说，过早的经历这样一些压力并不是什么好事，他们的承受能力还很差，生活的变故会让他们觉得世事叵测，前途暗淡。

其实，情感体验的根源之地是每个人自己的家。家不只是给孩子提供一个吃饭和睡觉的场所，更需要传递父爱、母爱、温暖及传统的道德准则、人生的教养和向上的理念。

生活在"问题家庭"中的工读生，由于在生活中缺乏关怀照顾和正面的引导。此即古人所说的养而不教。这样的家庭出来的孩子难免会出现人格上的缺陷。这就是我们所说的成长过程中的空心化，心灵的内涵的稀薄，从根子上是家庭情感教育的缺失。家庭中的亲情对于培养一个人的责任感和善良等品质起着特殊的作用。人往往是在温情中体验善良。在接受别人的关怀照顾中学会去关怀照顾别人。在这方面许多工读生的确缺乏体验和学习的机会。工读生表现出的自私、缺乏同情心、非社会主流价值观，都与此有关。弗雷德曼（Freedman，1978）指出，如果成人让他们感觉到在他们成长的过程中并不曾真正关心和尊重他们，没有从他们那里得到爱。那么这些孩子往往根本就不愿意服从成人的权威和教导。你没有对他们负责任，他们也不会对你负责任，更不可能对自己的行为负责，也不会为自己的前途和未来负责。缺乏责任感是产生越轨行为的重要因素。

（三）"问题教师"和"不良环境"对工读生攻击性行为社会认知产生的影响

教师不恰当的教育方式和不良环境的感染，也是导致工读生成为"问题学生"的一个重要原因。

教师教育方式不当，滥用惩罚对工读生攻击性行为也会产生极为不利的影响。下面是一个工读生叙述的教师不公正的惩罚给他造成的伤害和影响。

> 我的一个老师惩罚学生的手段很多。要么罚站站得你头昏眼花腿发软，要么讥讽得你无地自容，要么骂得你狗血喷头。同学们表面怕他，背后都对他恨得咬牙切齿。一次有个同学在黑板上画了一幅他的肖像，惹恼了他。他武断地认为是我干的，抽了我两

个耳光,揪着我的衣领把我扔出教室。我心里又委屈又气愤。他还把我爸爸叫到学校。爸爸非要让我给老师道歉,否则就不要我这个儿子了。老师和父亲的行为使我的心理防线一下子崩溃了。我虽然极不情愿地认了错,但代人受过的委屈,使我对这个老师积蓄了一股无处发泄的怨恨,我于是就变着法子害他。我常常盯着他的脸,幻想着自己一拳头就把他揍扁。在家中挂了一个画着他的脸的沙袋,常常挥拳狠狠击打。这种刺激性的游戏,使我成了爱跟人挑衅的打架大王。对此,父母对我伤透了心。父亲一次次地将我往死里打,我越挨打越是出去寻衅找人打架。有次听到父母在议论我:"这孩子是不是心理上有问题,骂也骂了,打也打了,一点也不管用。变得这样不可理喻。"父亲还带我去看心理医生,这个做法让我非常反感。我对医生提的问题敷衍了事,我真想对着那个医生的脸说"扯淡!"他不是扯淡是什么?他知不知道,我没有做错事,也被人无缘无故地冤枉打骂。

可见,案例中发生的事情不仅扭曲了这个工读生心灵,也使他的人生之路变得灰暗不明。

也许像这样极端的教师毕竟是少数。但在笔者的访谈中却发现,无论工读生还是普通生,来自老师的训斥和惩罚的确有一定的普遍性。有项研究曾对1000名教师进行的问卷调查中有一个问题是:你惩罚过你的学生吗?结果,80%的教师回答:"惩罚过。"随手翻阅近年来的媒体报道,发生在校园里教师体罚学生的暴力事件触目惊心:有老师打学生的耳光,将学生打聋的;有老师让学生用刀片刮自己的脸,刮不出血不让上课的;有让学生吃屎的;有让学生在地上爬着学狗叫的……从事情发生后记者的访谈中,这些老师的出发点似乎都是为学生好,想用这种惩罚让学生长记性,不再犯错误。可是他们却不知道这种惩罚已深深伤害了学生。惩罚留下的阴影也许会伴随孩子的一生。甚至会改变孩子的一生。在本研究取样的上海某工读学校提供了一份关于教师品质的问卷调查结果见表17。

表17 上海某工读学校关于最喜欢和最不喜欢的教师的品质的调查

我最喜欢的老师的品质	百分比	我最不喜欢的老师的品质	百分比
1. 公正对待学生	40.99%	1. 讽刺挖苦	51.592%
2. 尊重、信任学生	33.57%	2. 不公正、偏听、偏信	32.33%
3. 和蔼可亲	28.80%	3. 不尊重学生	28.09%
4. 耐心教育学生	25.87%	4. 爱训斥学生	17.67%
5. 理解并能满足我的要求	17.31%	5. 讲课枯燥	12.72%
6. 严格要求学生	9.36%		

从调查结果中我们可以看出,工读生对教师对待学生的态度的要求是否公正、不偏听偏信;是否尊重、信任学生;是否和蔼可亲的耐心教育学生;将教师是否讽刺挖苦训斥学生看得很重,甚至重于教师的知识是否渊博、讲课是否有趣、要求是否严格等。这可能和他们在生活中曾在不同程度上受到过教师的不尊重和不公正的对待有关。

工读生周围生活的不良环境(亚文化团体)对其攻击性行为也产生了极为不利的影响。

人在一定的社会群体中共同拥有一定的文化与习俗,形成并遵守一定的行为规范、价值观念以及各种生活方式。但就具体的个人而言,他往往是通过参与一定的组织或群体来介入社会文化的。这样就构成了一些存在于上述统一的文化范围之内具有不同样式的局部文化,这些局部文化被称为亚文化。有些经常存在于儿童、青少年中的亚文化群体往往是不适当的。处在成长发育过程中的青少年,对各种新异事物很容易表现出好奇和兴趣,同时又赋予激情,容易走极端。各种外部文化(如西方生活方式、价值观)和新潮思想(如一些时尚和流行音乐)对主体文化产生冲击时,最容易为青少年所接受。一些具有类似价值观念的年轻人聚集在一起,在他们盲目冲动心态的推动下,容易使一些行为达到极致。他们所崇尚的内容各不一样(包括暴力、金钱、色情等)。按照齐姆巴多(Zimbardo,1970)的个性丧失(deindividuation)理论,他们聚集在一起,互相影响、激励,借助群体对个人身份的掩护,做出很多冲动和偏激的行为。现代社会中许多问题儿童和青少年与这种亚文化群体的泛滥有关。

研究发现,在暴力和攻击性行为表现的方式和程度上,在主流文化和工读生所处的亚文化中也存在一定的差异。也就是说人类的文化和环境因素在攻击性问题的层面上显示出巨大的差异。在社会主流文化中,强调和平的价值,推崇人与人之间平等相处、相互尊重、学会双赢和多赢的成功之道。培养关心、善意、真诚、透明、开放、向上、建设性,以及沟通技能和宽容精神等现代公民品质。对个人成就的评价是以个人愉快程度为主,并不强调对他人的支配和控制。还特别强调通过合作来达到彼此之间的双赢。如果对别人表现出的敌意和攻击性,有时易招致别人的疏远或报复性攻击,这会使他们在惴惴和惶恐中度日,有时不仅无法保护自己,也无法以此为手段达到自己希望的目的。但在亚文化群体中却不尽然。

研究者对工读生的访谈和调查发现,在工读生生活的亚文化群体中,他们大多认为攻击性行为在社会矛盾冲突的情境中是一种合情合理的反应方式。攻击性行为可以帮助他们保护自我、免受欺辱,甚至可以此为手段达到自己想要达到的目的。所以,在他们的内心并不贬低攻击性,反而认为攻击性对他们的社会适应和生存发展有一定的价值和意义。工读生混迹于社会的亚文化圈子,的确和普通生在生活内容、情趣、价值观上存在很大的差异,本研究中工读生在攻击性行为的社会认知上表现出的特点,几乎都能看到这个亚文化圈子对他们产生的影响。

这种亚文化怪圈的存在,恰恰是由于工读生的家庭和学校教育环境中存在这样或那样的问题。使他们缺乏安定感和爱的温暖,致使他们很容易走出家庭和学校去寻找"关怀"和"爱"。有个工读生告诉我:"看到爸爸妈妈整天吵架,我无法在家里待着,我烦得没办法就只好出去玩,出去寻找所谓的快乐。"他们往往比任何同龄人都更迫切地希望在同伴群体中寻找一种归属感。在学校里,由于学业负担过重,教师教学方法枯燥,致使不少学生容易产生厌学情绪,他们在校的学业和表现状况不佳,自然容易受到师生不公正的待遇和歧视,人际关系的紧张,教师的白眼和同学的躲避,常使他们倍感压抑和痛苦。在班级里和家中寻找不到平等和被尊重的感觉。主流文化的排斥和不接纳,使他们转向社会,去寻求能够接纳他们(她们)的亚文化团体以找到"平等"、"尊重"和愉快的感觉,并得到"保护"。这些"出去玩"的孩子很容易和社会中的不良团体混在一起。他们以自我为中心,缺乏社会责任感和义务感,极端利己,追求享乐,不劳而获,崇尚拜金主义,主张读书无用论的价值观念,重哥们义气,以吃、喝、玩、乐为纽带聚集在一起。缺乏责任感是越轨行为的重要因素。个人自由的极端化,造成了自我控制的软弱无力。个人至上、贪图享受的价值观,导致工读生的社会规范紊乱,权威没落,使学校和家庭的教育、控制、监护变得软弱无力。

他们的生活的确比那些每天奔波在家和学校之间,为繁重的学业忙碌,为考上理想的大学做着准备的同学复杂而丰富得多。在他们眼里,这样的同学都显得太幼稚,和同学之间存在着隔膜。他们及其同学对彼此的生活方式既不能理解也不感兴趣。而不良群体的生活方式和价值观又不断得到强化。长此以往,他们就和普通生代表的这个社会的主流文化群体相距越来越远。

下面是工读生对具有明显的攻击性行为的亚文化团体的态度的典型表现。

被访谈者:我喜欢和学校里那些称王的男生在一起玩,他们常过来和我聊天,还带我出去玩。

访谈者:你挺欣赏他们的是吗?

被访谈者:也不是欣赏他们,起码他们对我从来没有那么凶过。他们像哥哥一样的护着我。

访谈者:他们很保护你,遇到事情很帮你?

被访谈者:是的。我有什么事只要找到他们,他们都很帮忙。我进了这个学校以后,我们学校所有的人不论男生,还是女生都知道我和这些人在一起,都来讨好我,都对我备加小心,不敢随便欺负我了。

访谈者:他们为什么要讨好你?

被访谈者:他们讨好我,可能是因为如果将来他们有什么事情,可以让我去叫那些男生过来帮忙什么的。其实我是那种为了朋友可以不顾一切的人,只要他们没有对不起我,但如果做了对不起我的事,我是不会原谅他的。就是这样子的。

从以上这段对话中可以看出,他们对具有霸气的攻击者欣赏和崇拜的原因,是因为攻击者能通过其攻击性行为在周围的社会环境中显示出强大的社会控制能力。那些对他们产生认同和好感的人,与其说崇拜他们,不如说是出于畏惧和希望借助他们的影响力使自己得到庇护。

总之。造成工读生攻击性行为社会认知偏差的影响因素主要来自家庭、学校、社会存在的问题,家庭结构的不稳定,父母的教养方式不当,早期不安全的亲子依恋和受虐经验,教师教育方式不当,滥用惩罚对工读生的心灵和情感都造成了伤害。亚文化团体不良的价值观等对工读生攻击性行为的社会认知都产生了很大的影响。

以上的研究的分析对工读生攻击性行为的干预的启示体现在两个方面。

(1) 对攻击性行为的早期鉴别有着重要的意义。

由于攻击性行为具有牢固的稳定性,个体早期的社会信息加工模式(如错误的译码、敌意归因偏好、攻击性解决问题的策略、攻击能力的高估和攻击性行为结果的正向评价等)和攻击性行为之间存在着密切的关系。儿童早期的行为表现能够用来预测它日后攻击性的发展。奥勒沃斯等(D. Olweus 1979;L. R. Husmann, 1984;Weiss 1992;Kupersmidt, Coie, & Dodge, 1990)认为对攻击性行为早期的评估与鉴别,可以帮助我们早发现,早矫治,有助于他们向着健康的方向发展。

本研究探讨了工读生攻击性行为的社会认知加工过程中,攻击性行为外显和内隐社会认知的特点、攻击性行为情绪状况、攻击性行为归因方式、攻击性行为线索信息识别变化、攻击性行为问题解决、攻击性行为的自我效能感和行为反应结果评估等一系列认知特征,为建立完整的攻击性行为的社会认知评估体系提供有益的借鉴。

（2）本研究在工读生攻击性行为社会认知上所获得的研究结论，可以针对工读生在攻击性行为的社会认知方面表现出的特点，存在的不足和缺陷，有的放矢地设计一套具体的、可操作性的干预方案。

国内外有关攻击性行为的干预计划和干预方案的提出，都是建立在心理学、特殊教育学和社会学等方面实证研究的基础上的。我国目前在攻击性行为的矫治方面，采取的多是一种经验性的，以惩罚约束为主、辅以简单的谈话和心理调控的方式。在攻击性行为的矫治上没有起到应有的效果。以往国外不少研究者也曾借鉴社会信息加工理论尝试通过观察和了解社会线索来矫治不良少年的攻击性行为，降低他们对环境刺激进行敌意归因的倾向。研究结果发现经过教育训练确实有助于减少它们的敌意性归因倾向。然而，研究者也注意到，也有不少的训练虽使攻击行为有所改善，但并未达到预期的效果。原因之一可能是有些训练仅注意到信息加工过程中单一或片断的问题，而攻击行为是由一组和一连串过程造成的。因此，干预可能要通过多方面的认知行为训练矫治方法才能达到持久的效果。

根据本章研究的发现，攻击性行为的矫治应该综合治理、治标治本，可从以下几个方面进行。

其一，攻击性行为的归因训练。帮助他们观察和分析社会线索，来降低他们对环境刺激进行敌意性归因的倾向。

其二，冲突解决的技巧的训练（攻击行为以外的选择）。需用通过一定的方式来帮助他们在冲突情境中表现出具有建设性的、攻击性以外的而且令人满意的行为表现方式。

其三，攻击性情绪控制和调整的训练。工读生攻击性和消极抑郁性情绪表现比较突出，训练他们学会识别和了解自己的情绪状况并控制愤怒情绪与攻击性行为。例如做自我对话式的驳斥训练，并重新调整期待或结果等。另外，学会用恰当的方式来释放和表达愤怒的情绪，给激惹者提供有效的反馈。

其四，同情心的培养。同情心可以阻止攻击性行为。训练攻击性强的学生通过推测和体验被攻击对象的痛苦和感受，进一步产生自我谴责感，进而抑制自己的攻击性行为。攻击性的降低可以通过双方观点的交流而实现。如果攻击者明白对方的痛苦，看到别人观念中的善念，理解对方目标的合理性，从而达到对攻击性行为抑制的作用。

其五，形成贬低攻击性的价值取向。工读生更多地看到攻击性行为给他带来的积极的一面，而较少的看到攻击性给自己带来的消极负面的影响。所以在他们内心并不贬低攻击性行为，通过帮助他们全面、透彻、客观地对攻击性这种行为方式进行分析，更重要的是帮他们看到攻击性行为带来的消极负面的影响，强调通过合作来达到彼此双赢的人际交往方式的价值。

 附录小结

本附录详细介绍了工读生攻击性行为的社会认知的六个实验研究：攻击性行为外显和内隐社会认知特点的实验研究；攻击性行为情绪状况的实验研究；攻击性行为归因方式的研究；攻击性行为环境线索发生变化后信息识别的研究；攻击性行为问题解决的研究；攻击性

行为的自我效能感和行为反应后果的评估的研究。介绍了每个实验的设计和程序,实验结果的分析,讨论与结论。通过实验、调查问卷、个别访谈等不同的研究方法研究了解不同类型(工读生和普通生),不同性别的学生在攻击性行为的外显和内隐社会认知的特征,攻击性行为的情绪状况,他们对敌意性线索的偏向注意、社会冲突情景中对他人行为的解释、行为反应搜索和问题解决策略、对解决问题的能力和后果估计等方面存在的异同。另外,在以上研究的基础上,对工读生攻击性行为社会认知偏差及其影响因素,做了总体的概括和总结,为攻击性行为的鉴定和预防干预提供了建议。

 思考与练习

1. 工读生和普通生相比,在攻击性行为外显和内隐社会认知特点上有何不同?
2. 工读生和普通生相比,在攻击性行为情绪状况上有何不同?
3. 工读生和普通生相比,在攻击性行为归因方式上有何不同?
4. 工读生和普通生相比,攻击性行为环境线索发生变化后信息识别上有何不同?
5. 工读生和普通生相比,攻击性行为问题解决上有何不同?
6. 工读生在攻击性行为社会认知方面与普通生相比有何明显的偏差?
7. 造成工读生攻击性行为社会认知偏差的影响因素有哪些?
8. 本附录的研究对工读生攻击性行为的干预有哪些启示?

参 考 文 献

一、中文文献

[1] 威廉·赫伍德.特殊需要儿童教育导论(第八版)[M].肖非,等译.北京:中国轻工业出版社,2007.
[2] 方俊明,汪海萍,等.今日学校中的特殊教育[M].上海:华东师范大学出版社,2004.
[3] 朴永馨.特殊教育学[M].福州:福建教育出版社,1997.
[4] 顾定倩.特殊教育导论[M].大连:辽宁师范大学出版社,2001.
[5] 方俊明.特殊教育学[M].北京:人民教育出版社,2005.
[6] [美]艾里克·J.马施 大卫·A.沃尔夫.儿童异常心理学[M].孟宪璋,等译.广州:暨南大学出版社,2004.
[7] [美]马克·杜兰德,大卫·巴洛.变态心理学纲要(第四版)[M].王建平,张宁,等译.北京:中国人民大学出版社,2009.
[8] [德]乌尔苏拉·努贝尔.不要恐惧抑郁症[M].王泰智 沈惠珠,译.北京:生活·读书·新知三联书店,2003.
[9] 张福娟,马红英,杜晓新.特殊教育史[M].上海:华东师范大学出版社,2000.
[10] 唐健.情绪与行为异常儿童的教育[M].天津:天津教育出版社,2007.
[11] 李雪荣.儿童行为与情绪障碍[M].上海:上海科学技术出版社,1987.
[12] 陶然,应力,岳晓东,郝向宏.网络成瘾探析与干预[M].上海:上海人民出版社,2007.
[13] 埃利奥特·阿伦森著.社会性动物[M].郑日昌,等译.北京:新华出版社,2001.
[14] Arnold P. Goldstein,Berj Harootuaian & Jane Close Conoley.学生攻击行为——预防与管理[M].林丽纯,译.台北:五南图书出版公司.
[15] Breakwell G. M.应对攻击行为[M].王新超,译.北京:北京大学出版社,2002.
[16] 金盛华,张杰.当代社会心理学导论[M].北京:北京师范大学出版社,1997.
[17] 康罗·洛伦兹.攻击与人性[M].王守珍,等译.北京:作家出版社,1987.
[18] Burl. E. Gilliland,Richard. K. James.危机干预策略[M].肖水源,等译.北京:中国轻工业出版社,2000.
[19] [美]H. Thompson Prout,Douglas T Brown.儿童青少年心理咨询与治疗:针对学校、家庭和心理咨询机构的理论及应用指南[M].林丹华,等译.北京:中国轻工业出版社,2002.
[20] [美]Judith S. Beck.认知疗法:基础与应用[M].翟书涛,等译.北京:中国轻工业出版社,2001.
[21] Madonna M. Murphy.美国"蓝带学校"的品性教育——应对挑战的最佳实践[M].周玲,等译.北京:中国轻工业出版社,2002.
[22] R. G. Miltenberge.行为矫正的原理与方法[M].胡佩诚,等译.北京:中国轻工业出版社,2000.
[23] Ronald Blackburn.犯罪行为心理学——理论、研究和实践[M].吴宗宪,等译.北京:中国轻工业出版社,2000.
[24] 班杜拉.思想和行动的社会基础——社会认知论[M].上海:华东师范大学出版社,2001.
[25] 蔡墩铭.犯罪心理学[M].台北:黎明文化实业公司出版.

[26] 陈向明. 在行动中学作质的研究[M]. 北京：教育科学出版社，2000.
[27] 陈向明. 质的研究方法与社会科学研究[M]. 教育科学出版社，2000.
[28] 江晨清，杨安定，等. 中国工读教育[M]. 上海：上海教育出版社，1992.
[29] 范春玥，等. 单翅，我也要飞—与单亲孩子的心灵对话[M]. 海口：海南出版社，2003.
[30] 方俊明. 当代特殊教育导论[M]. 西安：陕西人民教育出版社，1998.
[31] 方俊明. 认知心理学与人格教育[M]. 西安：陕西师范大学出版社，1990.
[32] 佛朗茨·M. 乌克提茨. 万怡，等. 恶为什么这么吸引我们？[M]. 北京：社会科学文献出版社. 2001、11
[33] 傅宏. 儿童青少年心理治疗[M]. 合肥：安徽人民出版社，2000.
[34] 高妙根，朱秋泉. 工读学校学生的教育与管理[M]. 北京：华夏出版社，2000.
[35] 康树华，吴峥岚主编. 未成年人犯罪预防与法治教育读本[M]. 北京：北京师范大学出版社，2000.
[36] 理查德·哈什，等. 道德教育模式[M]. 傅维利，等译. 学术期刊出版社，1989.
[37] 汤盛钦. 特殊教育概论[M]. 上海：上海教育出版社，1998.
[38] 吴泌雯. 是谁"杀了我"——毁了孩子一生的一件小事[M]. 北京：中国青年出版社，2004.
[39] 杨安定，江晨清. 世纪之交的工读教育[M]. 上海：上海教育出版社，1996.
[40] 张民生. 上海工读教育四十年[M]. 上海：上海教育出版社，2001.
[41] 张日昇. 青年心理学[M]. 北京：北京师范大学出版社，1997.
[42] 张文新. 儿童社会性发展[M]. 北京：北京师范大学出版社，1999.
[43] 周长根. 爱的奉献[M]. 北京：学林出版社，1998.
[44] 周长根主编. 叩启心灵之门——学生不良心理和行为的矫治[M]. 北京：学林出版社，1993.
[45] 庄孔韶. 人类学通论[M]. 太原：山西教育出版社，2002.
[46] [美]金伯利·S. 扬(Kimberly S. Young). 网络心魔：网隐的症状与康复策略[M]. 毛英明，毛巧明译. 上海：上海译文出版社，2005.
[47] [美]Christopher A. Kearney. 儿童行为障碍个案集[M]. 孟宪璋，冼漪涟译. 广州：暨南大学出版社，2004.
[48] 岑国祯，李正云，等. 学校心理干预的技术与应用[M]. 南宁：广西教育出版社，1999.
[49] (苏)列·符·赞科夫. 和教师的谈话[M]. 杜殿坤，译. 北京：教育科学出版社，1980.
[50] [美]Sandra Holling sworth. 国际视野中的行动研究——不同的教育改革实例[M]. 黄宇，等. 北京：中国轻工业出版社，2002.
[51] John F. Taylor, Ph. D., Salem, OR. 帮助注意缺乏和多动—冲动的孩子[M] (1997) Rockin, CA; Prim.
[52] Nussbaum, N, & Bigler, E. (1990). 注意缺乏障碍的鉴别和治疗[M]. Austin, TX; Pro-Ed.
[53] H. C. Parker, 1996, ADD Warehouse Articles on ADD. 适应：为帮助注意缺陷障碍学生做的调整[M]. http://www.addwarehouse.com.
[54] 2008年5月30日. http://space.tv.cctv.com/article/ARTI1212563067934582.
[55] 2008年5月31日. http://space.tv.cctv.com/article/ARTI1212563446629808.
[56] 陈世平，乐国安. 中小学生校园欺负行为的调查研究[J]. 心理科学. 2002(3).
[57] [美]Shium Andrew Chen，杨治良等. "攻击性行为"社会认知的实验研究[J]. 心理科学，1996(2).
[58] 雷江华. 学前特殊儿童教育[M]. 武汉：华中师范大学出版社，2008.
[59] 陈世平. 儿童人际冲突解决策略与欺负行为的关系[J]. 心理科学，2001(2).
[60] 高琨，邹泓，等. 初中生社会交往策略的发展及其与同伴接纳的关系[J]. 心理发展与教育，2002(4).

[61] 谷传华,张文新,秦丽丽.儿童欺负研究的问题与前瞻[J].心理发展与教育,2003(1).

[62] 郭晓飞.自我控制行为研究概述[J].人大复印资料:心理学,2002(10).

[63] 李彩娜.聋童与听力正常儿童内隐社会认知的比较研究[J].中国特殊教育,2000(1).

[64] 刘明,邓赐平,桑标.幼儿心理理论与社会行为发展关系的初步研究[J].心理发展与教育,2002(2).

[65] 庞丽娟,田瑞清.儿童社会认知发展的特点[J].心理科学,2002(2).

[66] 任朝霞,浅谈移情对儿童攻击性行为的影响[J].人大复印资料,心理学,2003(2).

[67] 桑标,陈国鹏.校园内外欺负现象的心理学分析与解决对策[J].当代青年研究,2003(1).

[68] 孙华平,董会芹,程学超,等.小学儿童亲社会行为、攻击行为归因的比较研究[J].山东师大学报,1997(2).

[69] 王益文,张文新,侯逾璋,等.母亲行为与儿童行为问题的探讨[J].中国心理卫生杂志,2002(4).

[70] 唐洪,张梅玲,施建农.社会认知因素对儿童有损人者情绪归因的影响[J].心理学动态,2001(2).

[71] 王美芳,张文新.中小学中欺负者、受欺负者与欺负－受欺负者的同伴关系[J].心理发展与教育,2002(2).

[72] 王益文,张文新.3~6岁儿童"心理理论"的发展[J].心理发展与教育,2002(1).

[73] 王永丽,俞国良.学习不良儿童的心理行为问题[J].心理科学进展,2003(11).

[74] 辛自强,俞国良.学习不良儿童研究的社会认知取向[J].心理科学,2001(5).

[75] 徐大真,杨治良.内隐社会认知中攻击性行为的性别差异研究[J].河南大学学报,2001(4).

[76] 杨慧芳.早期受虐经验与攻击行为——儿童和青少年攻击性行为的社会信息加工模式研究简介[J].当代青年研究,2003(2).

[77] 杨治良,刘素珍,钟毅平等.内隐社会认知的初步实验研究[J].心理学报,1997(1).

[78] 曾玲娟.攻击行为研究综述[J].株洲师范高等专科学校学报,2001(3).

[79] 张文新,Kevin Jones,武建芬.Olweus儿童欺负问卷中文版的修订[J].心理发展与教育,1999(2).

[80] 张文新,武建芬,程学超.儿童欺侮问题研究综述[J].心理学动态,1999(3).

[81] 陈世平,乐国安.国外关于学校情景中欺负行为的研究进展[J].天津师大学报,1999(4).

[82] 张文新,程学超,儿童对伤害情景的意图认知与反应倾向关系的发展研究[J].心理科学,1995,(3).

[83] 张文新,王益文,鞠玉翠,等.儿童欺负行为的类型及其相关因素[J].心理发展与教育,2001(1).

[84] 张文新,谷传华,鞠玉翠.儿童欺负问题与人格关系的研究述评[J].心理学动态,2000(3).

[85] 李闻戈,方俊明.工读生和普通生攻击性行为归因方式的比较研究[J].中国特殊教育,2004(9).

[86] 张文新.关注中小学生的欺负问题[J].山东教育,2000(8).

[87] 张文新.论观点采择及其研究中存在的若干问题[J].华东师范大学学报,1998(4).

[88] 李闻戈.工读学生攻击性行为与社会问题解决的特点的研究[J].中国特殊教育,2006(2).

[89] 张文新.中小学欺负/受欺负的普遍性与基本特点[J].心理学报,2002(4).

[90] 李闻戈.工读学生与普通学生攻击性行为外显和内隐社会认知特点的比较研究[J].福建师大学报,2005(2).

[91] 张文新,等.中小学生欺负问题中的性别差异的研究[J].心理科学,2000(4).

[92] 赵莉,雷雳.关于校内欺负行为中受欺负者研究的述评[J].心理科学进展,2003(11).

[93] 钟毅平.社会认知中的自我及自我表征[J].西北师大学报,1999(4).

[94] 朱晓宏.学校对学生道德成长影响之检计[D].博士论文,2003(4).

[95] 林彬.儿童社会观点采择能力发展的实验研究[D].硕士论文,2002(4)

[96] 张文新.儿童社会观点采择的发展及其与同伴交往关系的研究[D].博士论文,1998(4).

[97] 朱新秤,焦书兰.国外内隐社会认知研究现状[J].社会心理研究,1998(3).
[98] 辛自强,林崇德,等.教师互动问卷中文版的初步修订及应用[J].心理科学,2000(4).
[99] 叶子,庞丽娟.师生互动的本质与特征[J].教育研究,2001(4).
[100] 王沛,林崇德.社会认知的理论模型综述[J].心理科学,2002(1).
[101] 徐大真,杨治良.内隐社会认知中攻击性行为的性别差异研究[J].河南大学学报,2001(4).
[102] 肖阳梅.聋生的社会认知及其培养[J].中国特殊教育,2001(3).
[103] 刑强.性别形成和差异的社会认知理论述评[J].南京师大学报,2002(9).
[104] 雷雳.学习障碍学生的社会认知特点[J].高等师范教育研究,1997(4).
[105] 钟毅平.社会认知中的自我表现及自我表征[J].西北师大学报,1999(7).
[106] 蔡蓓瑛,孔克勤.自闭症儿童行为评定与社会认知发展的研究[J].心理科学,2002(3).
[107] 俞国良.社会认知视野中的亲社会行为[J].北师范大学学报,1999(1).
[108] 辛自强,俞国良.学习不良儿童研究的社会认知取向[J].心理科学,2001(5).
[109] 庞丽娟,田瑞清.儿童社会认知发展的特点[J].心理科学.2002(2).
[110] 张文新,王益文,鞠玉翠,林崇德.儿童欺负行为的类型及相关因素[J].心理发展与教育,2001(1).
[111] 朱新秤.社会认知心理学研究的新进展[J].心理学动态,2000(2).
[112] 徐大真.内隐社会认知研究新进展[J].信阳师范学院学报,2002(4).
[113] 钟毅平,杨治良.内隐社会认知:印象形成的启动效应研究[J].心理学报,1998(1).
[114] 叶泽雄.论社会认知和社会评价的科学化途径[J].学海,2001(2).
[115] 张文新.80年代以来儿童攻击行为认知研究的进展与现状[J].山东师大学报,1995(2).
[116] 李闻戈.工读学生攻击性行为情绪状况的实验研究[J].青少年犯罪问题,2008(5).
[117] 杨治良,高桦,郭力平.社会认知具有更强的内隐性——兼论内隐与外显的"钢筋水泥"关系[J].心理学报,1998(1).
[118] 李闻戈.工读生对攻击性行为的自我效能感和行为反应的后果的评估的研究[J].青少年犯罪问题.2009(4).
[119] 张文新,等.儿童对待欺负问题态度的研究[J].心理科学,2002(2).
[120] 钱志亮.问题儿童咨询实用手册[M].广西师范大学出版社,2006.
[121] 林文正.儿童行为的塑造与矫正[M].北京:北京师范大学出版社,2008.
[122] 玺興.儿童心理障碍个案与诊治[M].广州:广州出版社,2004.
[123] 钟友彬.认知领悟疗法[M].贵阳:贵州教育出版社,1999.
[124] [英]Derrick Silove,Vijaya Manicavasagar.克服恐慌[M].迟立忠,施承孙,译.北京:中国轻工业出版社,2000.
[125] [英]Helen Kennerley.战胜焦虑[M].施承孙,宫宇轩,译.北京:中国轻工业出版社,2000.
[126] 高妙根,朱秋泉.工读教育文集:1979—1999[C].上海浦东新区工读学校,1999.

二、英文文献

[1] Douglas Cullina. Students with Emotion and Behavioral Disorders-An Introduction for Teacher and Other Helping Professionals[M]. Upper Saddle River, New Jersey Columbus, Ohio. 2007.
[2] E. M. Hegherington & B. Martin, Family Interaction, In H. C. Quay & J. S. Werry(eds.), Psychopathological Disorders of Childhood (2nd) [M]. New York: John Wiley & Sons, 1979.
[3] J. S. Werry, The Childhood Psychoses, In H. C. Quay & J. S. Werry(eds.), Psychopathological Disorders

of Childhood (2nd), New York: John Wiley & Sons, 1979.

[4] G. Norris, Haring & Linda McCormick, Exceptional Children and Youth: An Introduction to Special Education[M]. Columbus: C. E. Merrill Publishing Co. , 1986.

[5] Eisenberger, Conti-D'Antonio, & Bertrando, 2000: 17.

[6] M Katherine Hudgins. Experiential Treatment for PTSD—The Therapeutic Spiral Model[M]. copyright 2002 by Springer Publishing company, Inc. New York 2002: 13.

[7] D. H. Stoott. Studies of Troublesome Children[M]. The International Behavioural and Social Science Library, (first published in 1966) Reprinted in 2001.

[8] David Erasers, Eli Ginzberg. Adolescents at Risk Medical and Social Perspectives[M]. United States of American by westview press, 1992.

[9] Erica Frydenberg. Learning to cope: Developing as a person in Complex Societies[M]. University of Melbourne Australia, Oxford University Press, 1999.

[10] Sylvia McNamara, Gill Moreton. Changing Behaviour Teaching Children with Emotion and Behavioural Difficultes in Primary and Secondary Classrooms[M]. David Fulton Publishers (Second edition published), 2001.

[11] Anderson, Craig A et. al. Examining an Affective Aggression Framework: Weapon and Temperature Effects on Aggressive Thoughts, Affect, and Attitudes[M]. Personality and Social Psychology Bulletin, Vol22, No.4, Apr, 1996: 366-376.

[12] Beth Doll, Mark A. Lyon, Risk and Resilience: Implications for the Delivery of Educational and Mental Services in Schools[M]. National Association of School Psychologists, 1998.

[13] Bing Kong Choy. the Assessment of Cognitive Mediators of Aggression in Adolescents of Hong Kong [D]. a dissertation submitted in partial fulfillment of the requirements for the degree of Doctor of Philosophy, University of Wisconsin-Madison, 2001.

[14] Craig A. Andersonn, William E. Deuser, Kristina M. DeNeve. Hot Temperatures, Hostile Cognition, and Arousal: Tests of a General Model of Affective Aggression[J]. , Personality and Social Psychology Bulletin, University of Missouri-Columbia, May, 1995.

[15] T. Rowand Robinson, Stephen W. Smith. Effect of a cognitive-Behavioural Intervention on Responses to Anger by Middle School Students with Chronic Behavior Problems[J]. Behavioral Disorders, 2002, 3.

[16] Fred Bemak • Susan Keys. Violent and Aggressive Youth Intervention and Prevention Strategies For Changing Times. CORWIN PRESS, INC. California.

[17] Herbert W. Marsh et. al. Aggressive School Troublemakers and Victims: A Longitudinal Model Examining the Pivotal Role of self-concept[J]. Journal of Educational Psychology, 2001.

[18] Hongling Xie, Dylan J. Swift, Beverley D. Cairns, and Robert B. Cairns. Aggressive Behaviors in Social Interaction and Developmental Adaptation: A Narrative Analysis of Interpersonal Conflicts During Early Adolescence. Center for Developmental Science, University of North Carolina at Chapel Hill Social Development, 11, 2, 2002.

[19] Jina S. Yoon, Jan N. Hughes et. al. Social Cognitive Differences Between Aggressive-Rejected and Aggressive-Nonrejected Children[J]. Journal of School Psychology, March, 2000.

[20] Jo Webber, Comprehending Youth Violence. A Practicable Perspective. Remedial and Special Education. Vol. 18, No. 2, March/April, 1997: 94-104.

[21] John E. Lochman, Karen C. Wells. A social-Cognitive Intervention with Aggressive Children: Prevention Effects and Contextual Implimentation Issues Prevention Childhood Disorders, Substance Abuse and Delinquency[J]. 1996.

[22] Kenneth A. Dodge. Social-cognitive Mechanisms in the Development of Conduct Disorder and Depression[J]. Annual Review of Psychology, Volume 44, 1993.

[23] Lee N. Robins, the Role of Prevention Experiments in Discovering Causes of Children's Antisocial Behavior preventing antisocial behavior Interventions from Birth through Adolescence[M]. 2001.

[24] Michael B. Ruef, Cindy Higgins, et. al. Positive Behavioral Support: Strategies for Teachers[J]. Intervention in School and Clinic, Vol. 34, No. 1, September, 1998.

[25] Susan K. Egan, Thomas C. Monson, David G. Perry. Social-cognitive influences on Change in Aggression over time. Developmental Psychology, Vol. 34, No. 5, 1998: 996-1006.

[26] Huesmann, L. R. & . Guerra, (1997) Children's beliefs about aggressive and aggressive behavior. Journal of Personality and Social Psychology, Vol. 72, No. 2, 408-419.

[27] Craig A. Andersonn, William E. Deuser, Kristina M. DeNeve. Hot Temperatures, Hostile Cognition, and Arousal: Tests of a General Model of Affective Aggression, Personality and Social Psychology Bulletin, University of Missouri-Columbia, May, 1995.

[28] D'Zurilla, T. J. & Goldfried, M. E (1971) Problem solving and behavior modification. Journal of Abnormal Psychology. Vol. 78, No. 1 107-126.

[29] Dodge, K. A. & Crick, N R. (1990). Social information-processing bases of aggressive behavior in children. Personality & Social Psychology Bulletin, vol. 16, No. 1, pp. 8-22.

[30] T. Rowand Robinson, Stephen W. Smith, M. David Miller. Effect of a Cognitive-Behavioral Intervention on Responses to Anger by Middle School Students with Chronic Behavior Problems. Behavioral Disorders, May, 2002, 3.

北京大学出版社
教育出版中心 精品图书

21世纪特殊教育创新教材·理论与基础系列
特殊教育的哲学基础　　　　方俊明 主编 36元
特殊教育的医学基础　　　　张　婷 主编 36元
特殊教育导论（第二版）　　雷江华 主编 45元
特殊教育学（第二版）　　雷江华 方俊明 主编 43元
特殊儿童心理学（第二版）方俊明 雷江华 主编 39元
特殊教育史　　　　　　　朱宗顺 主编 39元
特殊教育研究方法（第二版）
　　　　　　　　杜晓新 宋永宁等 主编 39元
特殊教育发展模式　　　　任颂羔 主编 33元
特殊儿童心理与教育（第二版）
　　　　　　　杨广学 张巧明 王　芳 主编 36元
教育康复学导论　　　　杜晓新 黄昭鸣 55元
特殊儿童病理学　　　　王和平 杨长江 48元

21世纪特殊教育创新教材·发展与教育系列
视觉障碍儿童的发展与教育　　邓　猛 编著 33元
听觉障碍儿童的发展与教育　　贺荟中 编著 38元
智力障碍儿童的发展与教育
　　　　　　　　　　刘春玲 马红英 编著 32元
学习困难儿童的发展与教育　　赵　微 编著 39元
自闭症谱系障碍儿童的发展与教育
　　　　　　　　　　　　　　周念丽 编著 32元
情绪与行为障碍儿童的发展与教育
　　　　　　　　　　　　　　李闻戈 编著 36元
超常儿童的发展与教育（第二版）
　　　　　　　　　　　苏雪云 张　旭 编著 39元

21世纪特殊教育创新教材·康复与训练系列
特殊儿童应用行为分析　　李　芳 李　丹 编著 36元
特殊儿童的游戏治疗　　　　周念丽 编著 30元
特殊儿童的美术治疗　　　　孙　霞 编著 38元
特殊儿童的音乐治疗　　　　胡世红 编著 32元
特殊儿童的心理治疗（第二版）杨广学 编著 45元
特殊教育的辅具与康复　　　蒋建荣 编著 29元
特殊儿童的感觉统合训练　　王和平 编著 45元
孤独症儿童课程与教学设计　王　梅 著 37元

自闭谱系障碍儿童早期干预丛书
如何发展自闭谱系障碍儿童的沟通能力
　　　　　　　　　　　　朱晓晨 苏雪云 29元
如何理解自闭谱系障碍和早期干预 苏雪云 32元
如何发展自闭谱系障碍儿童的社会交往能力
　　　　　　　　　　　　　吕　梦 杨广学 33元

如何发展自闭谱系障碍儿童的自我照料能力
　　　　　　　　　　　　倪萍萍 周　波 32元
如何在游戏中干预自闭谱系障碍儿童
　　　　　　　　　　　　朱　瑞 周念丽 32元
如何发展自闭谱系障碍儿童的感知和运动能力
　　　　　　　　　韩文娟 徐芳 王和平 32元
如何发展自闭谱系障碍儿童的认知能力
　　　　　　　　　　　　潘前前 杨福义 39元
自闭症谱系障碍儿童的发展与教育　周念丽 32元
如何通过音乐干预自闭谱系障碍儿童 张正琴 36元
如何通过画画干预自闭谱系障碍儿童 张正琴 36元
如何运用ACC促进自闭谱系障碍儿童的发展
　　　　　　　　　　　　　　　苏雪云 36元
孤独症儿童的关键性技能训练法　　李　丹 45元
自闭症儿童家长辅导手册　　　　　雷江华 35元
孤独症儿童课程与教学设计　　　　王　梅 37元
融合教育理论反思与本土化探索　　邓　猛 58元
自闭症谱系障碍儿童家庭支持系统　孙玉梅 36元

特殊学校教育·康复·职业训练丛书（黄建行 雷江华 主编）
信息技术在特殊教育中的应用　　　　　55元
智障学生职业教育模式　　　　　　　　36元
特殊教育学校学生康复与训练　　　　　59元
特殊教育学校校本课程开发　　　　　　45元
特殊教育学校特奥运动项目建设　　　　49元

21世纪学前教育规划教材
学前教育概论　　　　　　　　李生兰 主编 49元
学前教育管理学　　　　　　　　王　雯 45元
幼儿园歌曲钢琴伴奏教程　　　　果旭伟 39元
幼儿园舞蹈教学活动设计与指导　董　丽 36元
实用乐理与视唱　　　　　　　　代　苗 40元
学前儿童美术教育　　　　　　　冯婉贞 45元
学前儿童科学教育　　　　　　　洪秀敏 39元
学前儿童游戏　　　　　　　　　范明丽 39元
学前教育研究方法　　　　　　　郑福明 39元
外国学前教育史　　　　　　　　郭法奇 39元
学前教育政策与法规　　　　　　魏　真 36元
学前心理学　　　　　　　涂艳国、蔡　艳 36元
学前教育理论与实践教程
　　　　　　　　王　维 王维娅 孙　岩 39元
学前儿童数学教育　　　　　　　赵振国 39元

大学之道丛书

书名	作者	价格
市场化的底限	[美] 大卫·科伯 著	59元
大学的理念	[英] 亨利·纽曼 著	49元
哈佛：谁说了算	[美] 理查德·布瑞德利 著	48元
麻省理工学院如何追求卓越	[美] 查尔斯·维斯特 著	35元
大学与市场的悖论	[美] 罗杰·盖格 著	48元
高等教育公司：营利性大学的崛起	[美] 理查德·鲁克 著	38元
公司文化中的大学：大学如何应对市场化压力	[美] 埃里克·古尔德 著	40元
美国高等教育质量认证与评估	[美] 美国中部州高等教育委员会 编	36元
现代大学及其图新	[美] 谢尔顿·罗斯布莱特 著	60元
美国文理学院的兴衰——凯尼恩学院纪实	[美] P.F.克鲁格 著	42元
教育的终结：大学何以放弃了对人生意义的追求	[美] 安东尼·T.克龙曼 著	35元
大学的逻辑（第三版）	张维迎 著	38元
我的科大十年（续集）	孔宪铎 著	35元
高等教育理念	[英] 罗纳德·巴尼特 著	45元
美国现代大学的崛起	[美] 劳伦斯·维赛 著	66元
美国大学时代的学术自由	[美] 沃特·梅兹格 著	39元
美国高等教育通史	[美] 亚瑟·科恩 著	59元
美国高等教育史	[美] 约翰·塞林 著	69元
哈佛通识教育红皮书	哈佛委员会撰	38元
高等教育何以为"高"——牛津导师制教学反思	[英] 大卫·帕尔菲曼 著	39元
印度理工学院的精英们	[印度] 桑迪潘·德布 著	39元
知识社会中的大学	[英] 杰勒德·德兰迪 著	32元
高等教育的未来：浮言、现实与市场风险	[美] 弗兰克·纽曼等 著	39元
后现代大学来临？	[英] 安东尼·史密斯等 主编	32元
美国大学之魂	[美] 乔治·M.马斯登 著	58元
大学理念重审：与纽曼对话	[美] 雅罗斯拉夫·帕利坎 著	40元
学术部落及其领地——当代学术界生态揭秘（第二版）	[英] 托尼·比彻 保罗·特罗勒尔 著	33元
德国古典大学观及其对中国大学的影响（第二版）	陈洪捷 著	42元
转变中的大学：传统、议题与前景	郭为藩 著	23元
学术资本主义：政治、政策和创业型大学	[美] 希拉·斯劳特 拉里·莱斯利 著	36元
21世纪的大学	[美] 詹姆斯·杜德斯达 著	38元
美国公立大学的未来	[美] 詹姆斯·杜德斯达 弗瑞斯·沃马克 著	30元
东西象牙塔	孔宪铎 著	32元
理性捍卫大学	眭依凡 著	49元

学术规范与研究方法系列

书名	作者	价格
社会科学研究方法100问	[美] 萨子金德 著	38元
如何利用互联网做研究	[爱尔兰] 杜恰泰 著	38元
如何为学术刊物撰稿：写作技能与规范（英文影印版）	[英] 罗薇娜·莫 编著	26元
如何撰写和发表科技论文（英文影印版）	[美] 罗伯特·戴 等著	39元
如何撰写与发表社会科学论文：国际刊物指南	蔡今忠 著	35元
如何查找文献	[英] 萨莉拉·姆齐 著	35元
给研究生的学术建议	[英] 戈登·鲁格 等著	26元
科技论文写作快速入门	[瑞典] 比约·古斯塔维 著	19元
社会科学研究的基本规则（第四版）	[英] 朱迪斯·贝尔 著	32元
做好社会研究的10个关键	[英] 马丁·丹斯考姆 著	20元
如何写好科研项目申请书	[美] 安德鲁·弗里德兰德 等著	28元
教育研究方法（第六版）	[美] 乔伊斯·高尔 等著	88元
高等教育研究：进展与方法	[英] 马尔科姆·泰特 著	25元
如何成为学术论文写作高手	华莱士 著	49元
参加国际学术会议必须要做的那些事	华莱士 著	32元
如何成为优秀的研究生	布卢姆 著	38元

21世纪高校职业发展读本

书名	作者	价格
如何成为卓越的大学教师	肯·贝恩 著	32元
给大学新教员的建议	罗伯特·博伊斯 著	35元
如何提高学生学习质量	[英] 迈克尔·普洛瑟 等著	35元
学术界的生存智慧	[美] 约翰·达利 等主编	35元
给研究生导师的建议（第2版）	[英] 萨拉·德拉蒙特 等著	30元

21世纪教师教育系列教材·物理教育系列
中学物理微格教学教程（第二版）
　　　　　　　张军朋 詹伟琴 王 恬 编著 32元
中学物理科学探究学习评价与案例
　　　　　　　张军朋 许桂清 编著 32元
物理教学论　　　　　　邢红军 著 49元
中学物理教学评价与案例分析
　　　　　　　王建中 孟红娟 著 38元

21世纪教育科学系列教材·学科学习心理学系列
数学学习心理学（第二版）
　　　　　　　孔凡哲 曾 峥 编著 38元
语文学习心理学　　　　董蓓菲 编著 39元

21世纪教师教育系列教材
教育学基础　　　　　　庞守兴 主编 40元
教育学　　　　　　余文森 王 晞 主编 26元
教育研究方法　　　　　刘淑杰 主编 45元
教育心理学　　　　　　王晓明 主编 55元
心理学导论　　　　　　杨凤云 主编 46元
教育心理学概论　　连 榕 罗丽芳 主编 42元
课程与教学论　　　　　李 允 主编 42元
教师专业发展导论　　　于胜刚 主编 42元
学校教育概论　　　　　李清雁 主编 42元
现代教育评价教程（第二版）　吴 钢 主编 45元
教师礼仪实务　　　　　刘 霄 主编 36元
家庭教育新论　　　闫旭蕾 杨 萍 主编 39元
中学班级管理　　　　　张宝书 主编 39元
教育职业道德　　　　　刘亭亭 39元
教师心理健康　　　　　张怀春 39元
现代教育技术　　　　　冯玲玉 39元
青少年发展与教育心理学　张 清 42元
课程与教学论　　　　　李 允 42元
课堂教学艺术（第二版）　孙菊如 陈春荣 49元

21世纪教师教育系列教材·初等教育系列
小学教育学　　　　　　田友谊 主编 39元
小学教育学基础　　张永明 曾 碧 主编 42元
小学班级管理　　　张永明 宋彩琴 主编 39元
初等教育课程与教学论　罗祖兵 主编 45元
小学教育研究方法　　　王红艳 主编 39元

教师资格认定及师范类毕业生上岗考试辅导教材
教育学　　　　　　余文森 王 晞 主编 26元
教育心理学概论　　连 榕 罗丽芳 主编 42元

21世纪教师教育系列教材·学科教育心理学系列
语文教育心理学　　　　董蓓菲 编著 39元
生物教育心理学　　　　胡继飞 编著 45元

21世纪教师教育系列教材·学科教学论系列
新理念化学教学论（第二版）　王后雄 主编 45元
新理念科学教学论（第二版）
　　　　　　　崔 鸿 张海珠 主编 36元
新理念生物教学论（第二版）
　　　　　　　崔 鸿 郑晓慧 主编 45元
新理念地理教学论（第二版）　李家清 主编 45元
新理念历史教学论（第二版）　杜 芳 主编 33元
新理念思想政治（品德）教学论（第二版）
　　　　　　　胡田庚 主编 36元
新理念信息技术教学论（第二版）
　　　　　　　吴军其 主编 32元
新理念数学教学论　　　冯 虹 主编 36元

21世纪教师教育系列教材·语文课程与教学论系列
语文文本解读实用教程　荣维东 主编 49元
语文课程教师专业技能训练
　　　　　　　张学凯 刘丽丽 主编 45元
语文课程与教学发展简史
　　　　　　　武玉鹏 王从华 黄修志 主编 38元
语文课程学与教的心理学基础　韩雪屏 王朝霞 主编
语文课程名师名课案例分析　武玉鹏 郭治锋 主编
语用性质的语文课程与教学论　王元华 著 42元

21世纪教师教育系列教材·学科教学技能训练系列
新理念生物教学技能训练（第二版）　崔 鸿 33元
新理念思想政治（品德）教学技能训练（第二版）
　　　　　　　胡田庚 赵海山 29元
新理念地理教学技能训练　李家清 32元
新理念化学教学技能训练（第二版）　王后雄 36元
新理念数学教学技能训练　王光明 36元
新理念小学音乐教学法　吴跃跃 主编 38元

王后雄教师教育系列教材
教育考试的理论与方法　王后雄 主编 35元
化学教育测量与评价　　王后雄 主编 45元
中学化学实验教学研究　王后雄 主编 32元
新理念化学教学诊断学　王后雄 主编 48元

西方心理学名著译丛
荣格心理学七讲　　　　[美]卡尔文·霍尔 45元

书名	作者	价格
拓扑心理学原理	[德] 库尔德·勒温	32元
系统心理学：绪论	[美] 爱德华·铁钦纳	30元
社会心理学导论	[美] 威廉·麦独孤	36元
思维与语言	[俄] 列夫·维果茨基	30元
人类的学习	[美] 爱德华·桑代克	30元
基础与应用心理学	[德] 雨果·闵斯特伯格	36元
记忆	[德] 赫尔曼·艾宾浩斯 著	32元
儿童的人格形成及其培养	[奥地利] 阿德勒 著	35元
幼儿的感觉与意志	[德] 威廉·蒲莱尔 著	45元
实验心理学（上下册）	[美] 伍德沃斯 施洛斯贝格 著	150元
格式塔心理学原理	[美] 库尔特·考夫卡	75元
动物和人的目的性行为	[美] 爱德华·托尔曼	44元
西方心理学史大纲	唐钺	42元

心理学视野中的文学丛书

书名	作者	价格
围城内外——西方经典爱情小说的进化心理学透视	熊哲宏	32元
我爱故我在——西方文学大师的爱与爱情心理学	熊哲宏	32元

21世纪教学活动设计案例精选丛书（禹明 主编）

书名	价格
初中语文教学活动设计案例精选	23元
初中数学教学活动设计案例精选	30元
初中科学教学活动设计案例精选	27元
初中历史与社会教学活动设计案例精选	30元
初中英语教学活动设计案例精选	26元
初中思想品德教学活动设计案例精选	20元
中小学音乐教学活动设计案例精选	27元
中小学体育（体育与健康）教学活动设计案例精选	25元
中小学美术教学活动设计案例精选	34元
中小学综合实践活动教学活动设计案例精选	27元
小学语文教学活动设计案例精选	29元
小学数学教学活动设计案例精选	33元
小学科学教学活动设计案例精选	32元
小学英语教学活动设计案例精选	25元
小学品德与生活（社会）教学活动设计案例精选	24元
幼儿教育教学活动设计案例精选	39元

全国高校网络与新媒体专业规划教材

书名	作者	价格
文化产业概论	尹章池	38元
网络文化教程	李文明	42元
网络与新媒体评论	杨娟	38元
新媒体概论	尹章池	39元
新媒体视听节目制作	周建青	45元
融合新闻学	石长顺	39元
新媒体网页设计与制作	惠悲荷	39元
网络新媒体实务	张合斌	39元
突发新闻教程	李军	45元
视听新媒体节目制作	周建青	45元
视听评论	何志武	32元
出镜记者案例分析	刘静 邓秀军	39元
视听新媒体导论	郭小平	39元
网络与新媒体广告	尚恒志 张合斌	49元
网络与新媒体文学	唐东堰 雷奕	49元

全国高校广播电视专业规划教材

书名	作者	价格
电视节目策划教程	项仲平 著	36元
电视导播教程	程晋 编著	39元
电视文艺创作教程	王建辉 编著	39元
广播剧创作教程	王国臣 编著	36元

21世纪教育技术学精品教材（张景中 主编）

书名	作者	价格
教育技术学导论（第二版）	李芒 金林 编著	38元
远程教育原理与技术	王继新 张屹 编著	41元
教学系统设计理论与实践	杨九民 梁林梅 编著	29元
信息技术教学论	雷体南 叶良明 主编	29元
网络教育资源设计与开发	刘清堂 主编	30元
学与教的理论与方式	刘雍潜	32元
信息技术与课程整合（第二版）	赵呈领 杨琳 刘清堂	39元
教育技术研究方法	张屹 黄磊	38元
教育技术项目实践	潘克明	32元

21世纪信息传播实验系列教材（徐福荫 黄慕雄 主编）

书名	价格
多媒体软件设计与开发	32元
电视照明·电视音乐音响	26元
播音与主持艺术（第二版）	38元
广告策划与创意	26元
摄影基础（第二版）	32元

21世纪教师教育系列教材·专业养成系列（赵国栋 主编）

书名	价格
微课与慕课设计初级教程	40元
微课与慕课设计高级教程	48元
微课、翻转课堂和慕课设计实操教程	188元
网络调查研究方法概论（第二版）	49元
PPT云课堂教学法	88元